RICHELIEU

ET LES MINISTRES DE LOUIS XIII

OUVRAGES DU MÊME AUTEUR

A LA LIBRAIRIE HACHETTE.

L'HISTOIRE DE FRANCE RACONTÉE PAR LES CONTEMPORAINS, collection dont les volumes suivants ont paru :

La Gaule romaine. 1 vol. petit in-16.   » 50
La Gaule chrétienne. 1 vol. petit in-16.   » 50
Les invasions barbares. 1 vol. petit in-16.   » 50
Clovis et ses fils. 1 vol. petit in-16.   » 50
Les fils de Clotaire; Frédégonde et Brunehaut. 1 vol. petit in-16.
  » 50

RICHELIEU. 1 vol. in-16, faisant partie de la *Bibliothèque des écoles et des familles.*   1 fr.

A LA LIBRAIRIE DIDIER.

HENRI IV ET MARIE DE MÉDICIS (ouvrage couronné par l'Académie française). 1 vol. in-8º.   6 fr.
LE CONNÉTABLE DE LUYNES, MONTAUBAN ET LA VALTELINE. 1 vol. in-8º.   6 fr.

COULOMMIERS. — Typog. PAUL BRODARD.

ÉTUDE CRITIQUE SUR LE RÈGNE DE LOUIS XIII

RICHELIEU

ET

LES MINISTRES DE LOUIS XIII

DE 1621 A 1624

LA COUR, LE GOUVERNEMENT, LA DIPLOMATIE
D'APRÈS LES ARCHIVES D'ITALIE

PAR

Berthold ZELLER

Ancien élève de l'École normale supérieure
Professeur d'histoire au lycée Charlemagne
Docteur ès lettres

PARIS
LIBRAIRIE HACHETTE ET Cie
79, BOULEVARD SAINT-GERMAIN, 79

1880

Tous droits réservés

A MON BIEN-AIMÉ PÈRE

A MON MAÎTRE

JULES ZELLER

**Membre de l'Institut
Inspecteur général de l'enseignement supérieur**

Hommage d'affection et de reconnaissance.

INTRODUCTION

L'objet du présent travail est de faire connaître dans le détail l'intervalle de trois années qui sépare la mort du duc de Luynes de l'avènement définitif du cardinal de Richelieu au pouvoir. Entre ces deux noms, dont la renommée est si différente, mais qui, à des titres inégaux, ont plus particulièrement fixé l'attention de la postérité, l'histoire semble avoir laissé un vide; il n'est pas sans intérêt d'essayer de le combler.

Ce n'est pas que les personnages qui gouvernent la France pendant ce temps méritent dans l'histoire générale une place comparable à celle du cardinal de Richelieu, ou même du connétable de Luynes. — Le prince Henri II de Condé, alors âgé de trente-trois ans, ennemi de Henri IV pendant les derniers jours du roi, rival, adversaire et enfin prisonnier de la reine régente, obligé du duc de Luynes, qui le fait sortir de la Bastille sans lui donner l'autorité qu'il revendique en qualité de premier prince du sang, s'impose à Louis XIII, après la mort du connétable; il ne tarde point, par son esprit d'intrigue et de domination, à perdre les bonnes grâces du souverain. — Après lui s'élève au premier rang le vieux chancelier Brûlart, serviteur dévoué de Henri IV, homme d'affaires consommé, habile, mais intéressé; secondé par son fils Puisieux, héritier de son caractère et d'une ambition qui n'a guère de scrupules, il essaye de gagner le roi en lui rendant la vie et l'exercice du pouvoir faciles, mais au détriment de la réputation et des intérêts mêmes de la France. Ils tombent pour avoir trop sacrifié aux côtés faibles de l'esprit de Louis XIII et à leur propre amour du repos, la passion très profonde pour la gloire et pour la grandeur qui animait ce prince apathique et en somme incapable par lui-même. — Le surintendant La Vieuville, qui provoque leur disgrâce et qui en recueille le bénéfice, ne réussit pas mieux qu'eux; esprit sans suite, plus propre à l'intrigue qu'au commandement, beaucoup moins rompu que ses prédécesseurs au maniement des hommes et des choses, il tombe d'une chute encore plus lamentable que les Brûlarts.

Aucun de ces personnages qui tour à tour l'emportent dans les conseils de Louis XIII de 1621 à 1624 ne présente un de ces caractères puissants dans le bien ou dans le mal qui impriment à l'histoire d'un règne ou d'une époque une marque ineffaçable. Aussi ne les connaît-on guère.

Cette étude aurait toutefois atteint son but, si nous avions réussi à montrer que les trois années pendant lesquelles se succèdent ces ministres ne sont pas indignes d'attirer l'attention de l'histoire au moins érudite, et si nous avions pu donner une idée nette du rôle de ceux-ci, de leur influence, des causes qui ont rendu la prédominance de chacun d'eux instable et éphémère. Entre Luynes et Richelieu, la France a vécu; comment l'a-t-on fait vivre? Comment ses intérêts ont-ils été défendus à l'extérieur, au commencement de cette grande lutte engagée par les deux branches de la maison d'Autriche pour la suprématie politique en Europe, non moins que pour l'asservissement des consciences, la guerre de Trente ans? Comment les ministres ont-ils su concilier le légitime souci de la paix et de la sécurité à l'intérieur avec le respect dû à l'autorité royale et avec l'intérêt suprême de l'unité morale et matérielle du pays? Telles sont les questions que nous nous sommes posées et qui ne sont pas en elles-mêmes indifférentes.

Il ne faut pas oublier en effet que, pendant les trois années dont nous entreprenons de raconter l'histoire, se sont accomplis ou préparés de grands événements ; une guerre civile qui mène le roi dans l'extrême midi de son royaume et qui remet sous son autorité de nombreuses places, parmi lesquelles Montpellier et Nîmes, occupe une année presque entière. L'usurpation de la Valteline par les Espagnols donne lieu à des négociations qui aboutissent à la formation d'une alliance entre Paris, Venise et Turin. Dès lors la France est engagée dans la voie où elle se trouvera un jour face à face, les armes à la main, avec la maison de Habsbourg, comme le champion de la liberté et de l'équilibre en Europe. Le mariage du prince de Galles avec une infante espagnole semble sur le point de se conclure et se rompt; la diplomatie française va pouvoir faire d'une fille de France une reine d'Angleterre; les puissances protestantes de l'Europe, la république des Provinces-Unies, les cantons helvétiques, le Palatin déchu, Mansfeld, l'infatigable épée de la cause, tournent vers la France leurs regards et réclament son assistance.

Nous sommes entrés dans de grands détails sur toutes les négociations relatives à ces différents objets, et nous espérons que l'on trouvera dans les documents dont nous

nous sommes servis et dont un petit nombre seulement avait été mis à profit avant nous par l'historien Vittorio Siri [1], si plein d'ailleurs d'informations précises puisées à la source des archives italiennes, des faits peu connus et des considérations nouvelles sur ces matières.

Quelque intérêt que le lecteur veuille bien prendre aux événements que nous venons d'indiquer ou aux personnages que nous avons énumérés plus haut, il est certain que son attention sera plus particulièrement éveillée sur les détails qui concernent soit Louis XIII, soit la reine mère, soit surtout le cardinal de Richelieu. C'est sur eux naturellement que se fixera la curiosité de ceux qui voudront chercher ce que notre travail présente de plus nouveau. Nous avons essayé de répondre à leur attente.

Dans l'histoire de Richelieu se résume celle de Louis XIII et de Marie de Médicis de 1621 à 1624. L'évêque de Luçon sera-t-il cardinal? Entrera-t-il au conseil? Sera-t-il enfin premier ministre? Autant de questions qui se posent l'une après l'autre et qui divisent la mère et le fils jusqu'au jour où l'ambition de Richelieu pleinement satisfaite ne fera plus obstacle à leur rapprochement, mais pour combien peu de temps, on le sait. Nous voudrions éclairer cette histoire des trois années pendant lesquelles Richelieu, si énergiquement secondé par Marie de Médicis, chemine sourdement vers le pouvoir. Les ministres qui se succèdent pendant cet intervalle ne font que masquer inconsciemment ses travaux d'approche. Aussi, bien qu'il ne soit pas au premier plan dans cette étude, il en est, à vrai dire, le personnage principal.

---

[1]. Vittorio Siri, *Memorie recondite dell' anno 1601 sino a 1640*. Rome et Paris, 1676-1679, 8 vol. in-4°.

Aucune partie de la vie de Richelieu n'est plus obscure que cette époque. Les Mémoires du temps sont superficiels ou tronqués, pour ces trois années. Le vaillant et trop galant maréchal de Bassompierre [1], qui écrit pendant ses loisirs forcés de la Bastille, se ragaillardit au souvenir de ses bonnes fortunes ou de ses campagnes; il a peu de rancune et n'aime guère à s'occuper de l'homme terrible qui l'a fait enfermer. Le marquis de Fontenay-Mareuil [2], ambassadeur sous Richelieu, est peu explicite sur tout ce qui concerne le cardinal, à cette époque; ses informations sûres et son jugement droit nous ont été toutefois sur quelques points d'un grand secours. Le médecin Héroard [3] est, comme on le sait, plein de détails curieux, mais qui ont trait surtout aux menus faits et gestes de Louis XIII. Il est de peu de ressource pour l'histoire politique; en outre, pour l'année 1623, son journal n'existe pas; il a été mutilé dans le manuscrit.

Si nous nous adressons aux plus complets et aux plus intéressants des Mémoires contemporains, c'est-à-dire à ceux du cardinal de Richelieu [4], nous sommes forcés de reconnaître que, en plus d'un endroit essentiel, l'auteur a voulu déguiser la vérité; en tout cas l'époque intermédiaire dont nous nous occupons est celle sur laquelle il croit devoir le moins s'étendre. Il y a là une altération de l'histoire qui ne peut être dissimulée.

Les historiens du XVIIe et du XVIIIe siècle ont tiré un

---

1. L'édition dont nous nous servons quand nous citons Bassompierre est celle de la Société d'histoire de France, par le marquis de Chantérac. Paris, Vve J. Renouard, 1873.
2. Pour nos citations de Fontenay-Mareuil, voir l'édition de la collection Michaud.
3. Pour nos citations d'Héroard, voir l'édition de M. Eudore Soulié. Paris, Firmin Didot. 1868.
4. Pour nos citations de Richelieu, voir l'édition de la collection Michaud.

excellent parti des documents connus de leur temps. Antoine Aubéry [1] a recueilli une foule de pièces intéressantes pour l'histoire du cardinal, mais du cardinal-ministre. Levassor [2], prêtre catholique devenu protestant, écrit l'histoire de Louis XIII, tantôt comme un pamphlet, tantôt comme un roman ; son savoir est toutefois incontestable, mais il n'est pas facile de démêler chez lui la part de la déclamation de celle de la vérité. Le Père Griffet [3], continuateur du Père Daniel, est un historien consciencieux, d'un bon jugement, d'une impartialité qui laisse peu à désirer. Il n'y a pas de meilleure histoire de Louis XIII que la sienne; mais il passe rapidement et d'une manière incomplète sur les faits relatifs au cardinal de Richelieu dont nous traitons plus en détail.

Quant à la critique contemporaine, elle ne nous paraît pas avoir jeté une grande lumière sur cette courte, mais curieuse époque. M. Avenel [4] indique à peine dans sa préface ces trois années, qui ne lui fournissent que de rares et presque insignifiants documents. L'un des plus récents apologistes du cardinal, M. Marius Topin [5], n'apporte aucune pièce concluante à l'appui de sa thèse, à savoir la sympathie affectueuse qu'aurait constamment inspirée à Louis XIII l'évêque de Luçon. Or nous pouvons affirmer que, pour l'époque décisive à laquelle a trait ce volume, nous trouvons presque jusqu'au dernier jour les preuves du contraire.

1. Aubéry, *Mémoires pour l'histoire de Richelieu*. 1667. 4 vol. in-12.
2. *Histoire générale de l'Europe sous le règne de Louis XIII*. Amsterdam, 1700-1711. 10 vol. in-12.
3. *Histoire du règne de Louis XIII*. Paris, chez les libraires associés. 1718. 2 vol. in-4°.
4. Avenel, *Lettres et papiers d'État du cardinal de Richelieu*. Collection des documents inédits relatifs à l'histoire de France.
5. Marius Topin, *Louis XIII et Richelieu*. Paris, Didier. 1876.

Pour toutes ces raisons, l'histoire des années qui s'écoulent entre la mort du connétable de Luynes et l'avènement définitif de Richelieu au pouvoir nous paraît devoir être étudiée à nouveau. Quoi de plus intéressant en effet que de suivre, au moyen des indications les plus sûres, les diverses phases de la fortune du cardinal pendant cette période, au début de laquelle il n'est rien moins qu'en faveur et dont la fin le voit déjà au faîte de la puissance? Quelle curieuse suite d'intrigues et de péripéties se déroule dans l'histoire de sa promotion même au cardinalat! Quoi de plus attachant que le spectacle des luttes qui se passent dans l'âme de Louis XIII entre ses aversions, ses goûts et sa raison? Quelle étude plus humaine que celle du cœur de ce prince revenant insensiblement aux sentiments d'affection les plus sincères vis-à-vis de cette mère que la raison d'État l'avait forcé naguère à traiter si durement? Tel est, en même temps que l'importance qui s'attache aux événements dont nous avons parlé plus haut, l'intérêt que nous trouverons aussi dans l'histoire des personnes.

Les documents nouveaux qui forment le fond de ce travail proviennent de sources inédites auxquelles nous avons eu recours pour une publication précédente dont celle-ci est la continuation [1]. Les correspondances du nonce, de l'ambassadeur vénitien et du résident florentin nous ont encore fourni les éléments principaux de cette nouvelle étude. Nous devons faire connaître au lecteur ces diplomates, qu'il retrouvera presque à chaque page du présent volume, et dont les biographies, abstraction faite de leurs correspondances mêmes, présentent un certain intérêt.

[1]. *Le connétable de Luynes, Montauban et La Valteline.* Paris, Didier. 1879.

1° LE NONCE DU PAPE, OTTAVIO CORSINI, ARCHEVÊQUE DE TARSE [1]. — Ottavio Corsini, issu de cette noble famille de Florence qui donna un saint (André Corsini), un pape (Clément XIII) et de nombreux cardinaux à l'Église romaine, était fils du marquis Lorenzo Corsini et de Marietta, fille de Francesco Rinuccini; il naquit à Florence le 12 août 1588. Il étudia à l'Université de Bourges, puis à celle d'Ingolstadt, où il prit le grade de docteur en 1606. De retour en Italie, il se fixa à Rome et entra dans la prélature. Paul V le nomma clerc de la Chambre apostolique et Grégoire XV l'envoya comme nonce pontifical à la cour de France, avec le titre d'archevêque de Tarse. Ottavio Corsini espérait que cette mission le mènerait promptement aux honneurs du cardinalat, qu'il ambitionnait ardemment; le succès ne répondit point à ses espérances. Il eut le tort de se mettre mal avec le duc de Luynes, et après lui de mécontenter Richelieu, candidat aussi à la pourpre romaine; il ne réussit pas non plus à gagner les bonnes grâces de la cour de Rome, dont il ne servit pas la politique envahissante avec assez d'énergie. Rappelé par Urbain VIII, il fut nommé préfet de la Romagne et de l'exarchat de Ravenne. En 1642, le pape l'accrédita auprès de la République de Venise pour négocier le traité qui mit fin à la guerre entreprise par les Barberini, contre le duc de Parme [2]. Revenu à Rome après cette mission, il mourut le 13 juillet 1642 et fut enseveli dans l'église de Saint-Jean des Florentins. Sur son mau-

---

1. *Registro delle lettere scritte da monsig. Ottavio Corsini, chierico di camera, arcivescovo di Tarso nella nunziatura del chr^{mo} Re di Francia Lodovico XIII negli anni 1621, 22, 23.* Copie manuscrite de la bibliothèque Corsini à Rome. Cod. 999.
2. Le pape Urbain VIII s'était saisi de la ville de Castro, appartenant à Édouard, duc de Parme, en garantie de certaines créances. Les Médicis, les d'Este et Venise s'unirent contre le pape et portèrent la guerre jusque sous les murs de Rome. La médiation du gouvernement français mit fin à cette guerre.

solée est placé un buste de lui sculpté par Algardi. Ses traits nous ont été aussi conservés par un portrait de grandeur naturelle, peint par Sustermans et qui figure actuellement dans la galerie Corsini à Florence.

Ottavio Corsini est un correspondant prolixe et zélé; il se prodigue avec exagération dans ses lettres au Saint-Siège et dans les copieux mémoires, qu'il ne néglige point, à chaque occasion importante suivant lui, d'adresser au roi de France ou à ses ministres. Sa volumineuse correspondance nous fournit des détails précieux, des renseignements neufs, dont l'importance n'échappera pas à ceux qui nous liront [1].

Les lettres de l'archevêque de Tarse trouvent un complément naturel dans les dépêches que lui adresse la secrétairerie d'État du pape. Elles ont été rédigées, au nom du cardinal neveu Ludovisi, par le secrétaire Agucchia, archevêque d'Amasie, prélat de grande valeur, qui mourut nonce à Venise en 1631 [2]. Nous avons rapproché ces deux correspondances pour en tirer les lumières nécessaires à notre sujet, notamment en ce qui concerne la recherche de la pourpre par l'évêque de Luçon et la politique du Saint-Siège au commencement de la guerre de Trente ans. On y verra le contre-coup, souvent instructif, des intérêts temporels sur ceux de la religion.

1. Indépendamment du recueil en 4 volumes in-f°, qui existe à la bibliothèque Corsini de Rome, on trouve aux Archives des Corsini, à Florence, de très nombreuses lettres d'Ottavio, que l'inspecteur actuel de ces Archives, M. Ulderico Medici, est en train de rassembler et de coordonner, sous l'inspiration libérale et éclairée du marquis Corsini, actuellement vivant. Les détails relatifs au nonce Corsini, que nous donnons ici, sont extraits des papiers de ces archives.

2. *Registro di lettere di mons⁰ Agucchia scritte per il card¹⁰ Ludovisio in risposta a mons⁰ Corsino nuntio in Francia nel pontificato di Gregorio XV.* Copie manuscrite de la bibliothèque de la Minerve, X, VI, 16, 17.

2° L'AMBASSADEUR VÉNITIEN GIOVANNI DA PESARO [1]. — Giovanni da Pesaro, fils de Vittore da Pesaro, fut le personnage le plus illustre de cette noble maison vénitienne. Etant encore enfant, il tomba dans la mer, du haut du palais de sa famille, situé à Santa Maria Mater Domini; il échappa au danger comme par miracle. L'imagination superstitieuse des Vénitiens vit dans son salut un signe prophétique de ses hautes destinées. La première fonction importante qu'il exerça fut celle de *Sage de terre ferme* [2]; il fut ensuite envoyé comme ambassadeur résident à la cour de Savoie en 1620, puis comme ambassadeur en titre à la cour de France en 1627, ensuite en Angleterre et enfin à Rome en 1630. Dans cette dernière ambassade, il se brouilla avec don Tadeo Barberini, neveu du pape Urbain VIII. En 1636, il alla comme ambassadeur assistant à la diète de Cologne, puis il fut *Sage grand*, *Sénateur des Pregadi* [3], *Proviéditeur des confins* [4]; le 24 juin 1641 il fut créé *Procurateur de Saint-Marc* [5] et *Réformateur de l'Université de Padoue*.

1. *Archives de Venise*, SENATO. SECRETA, n°s 56 et sqq.
2. Les *Sages grands* étaient des nobles qui traitaient toutes les matières qui devaient être agitées aux *Pregadi* ou au Sénat. Ils étaient six, et chacun avait sa semaine pour porter au Sénat le résultat des consultations. La république n'envoyait point d'ambassadeur à l'empereur, au pape, ni au Grand Seigneur, qu'il n'eût la qualité de *Sage grand*. Les cinq *Sages de terre ferme* n'avaient guère moins d'autorité dans le collège que les Sages grands; car ils consultaient avec eux sur toutes les matières qui s'y traitaient et qui devaient être portées au Sénat. La République donnait la qualité de Sage de terre ferme à tous les ambassadeurs qu'elle envoyait aux rois et aux princes souverains.
3. Le Conseil des Pregadi, ou Sénat de Venise, émanation du Grand Conseil, discutait toutes les affaires qui concernaient la paix, la guerre, les alliances et les ligues.
4. Provéditeurs, gouverneurs envoyés dans les provinces avec un commandement absolu dans les affaires de la paix et de la guerre.
5. Les Procurateurs de Saint-Marc étaient commis à la distribution des grandes richesses laissées à l'Église de Saint-Marc et aux pauvres; ils étaient les exécuteurs de tous les legs pieux, les tuteurs des orphelins. Ils étaient au nombre de neuf divisés en trois procuraties ou chambres.

Il était doué de grandes qualités oratoires, et c'est un discours prononcé par lui qui décida le Sénat à prendre sous sa protection le duc de Parme, attaqué par les Barberini. Nommé contre eux capitaine de 1800 chevaux, il fit preuve d'une grande valeur et, la même année, fut désigné comme ambassadeur extraordinaire vers Ladislas, roi de Pologne, pour le féliciter de son avènement au trône. Mais cette mission fut remplie par un autre, car la présence de Pesaro était nécessaire en Italie ; en effet, l'an 1643, il fut promu *Général des armes publiques*, et acheva la guerre contre les Barberini. En 1648, étant *Sage du Conseil* [1], dignité qu'il exerça vingt-quatre fois, il soutint dans le Sénat l'avis de continuer la guerre contre les Turcs et fit tomber la proposition d'acheter la paix avec eux, moyennant la cession de Candie. En 1655, le Sénat l'envoya comme ambassadeur d'obédience au pape Alexandre VII. Deux ans après, toujours en qualité de Sage du Collège, il soutint le projet de réintégrer dans l'État de Venise les Jésuites exilés. Il prêta en 1658 à la république 6000 ducats pour la continuation de la guerre contre les Turcs. Cette vie, si pleine d'actions de mérite et honorée de tant de dignités, fut couronnée par l'élévation de Giovanni da Pesaro au rang suprême de prince de la république, le 8 avril 1658. Il fut doge un an cinq mois et vingt-trois jours ; il mourut le 30 décembre 1659 et fut solennellement enterré dans l'église des Frari, où s'élève son mausolée [2].

La correspondance de Giovanni Pesaro est celle d'un homme d'État consommé, d'un conteur habile et disert, d'un

---

[1]. Le Collège ou Conseil était composé de vingt-six seigneurs. Il donnait audience aux ambassadeurs et portait leurs demandes au Sénat.
[2]. Ces détails biographiques sont extraits pour la plus grande partie du *Campidoglio Veneto* de Cappellari, manuscrit de la bibliothèque Marciana.

diplomate profondément dévoué aux intérêts de son pays. Un sentiment religieux profond s'allie chez lui à une notion très nette des droits de l'État. Il juge les choses de France avec clairvoyance et impartialité.

3° LE RÉSIDENT FLORENTIN GIOVANNI BATTISTA GONDI [1]. — Gio. Battᵃ Gondi, de Florence, fut attaché de bonne heure à la personne de Camillo Guidi, diplomate qui, après avoir été à Rome un des principaux négociateurs de la dissolution du mariage de Henri IV et de Marguerite de Valois, fut longtemps accrédité à la cour de France. Battᵃ Gondi s'y trouvait avec lui, pendant l'année 1618, lorsque, après la mort de Concini et au moment de la persécution des Florentins établis en France, le résident Matteo Bartolini fut expulsé. Le chevalier Guidi fut envoyé en France pour accommoder cette affaire, sous la médiation du duc de Lorraine, qui avait accueilli Bartolini dans ses États. Pendant l'éloignement du résident officiel, alors que durait encore la mission de Guidi, Battᵃ Gondi fut chargé d'informer le secrétariat d'État de Toscane de tout ce qui se passait à la cour de France, et particulièrement des affaires concernant la reine mère. Louis XIII s'étant réconcilié avec Marie de Médicis, Bartolini fut rappelé à Paris, à titre de réparation pour le grand-duc qui était alors Cosme II ; il n'y resta que quelques mois et s'en retourna à Florence en 1621. C'est à partir de ce moment que Battᵃ Gondi exerça avec suite les fonctions de résident, mais sans en avoir encore le caractère officiel ; il fut donc l'agent du grand-duc auprès de la reine mère, plutôt qu'auprès du roi. La partie de sa correspondance qui se rapporte à cette époque est celle dont l'analyse et les extraits figurent dans le présent travail.

---

[1]. *Archivio mediceo*, FRANCIA, Filza 4627, ancien XLVII.

En 1624, Gondi reçut de Ferdinand II le titre de résident du grand-duc, et occupa ce poste jusqu'au mois de mars 1637. Il montra autant de prudence que d'habileté dans sa conduite pendant les luttes de Richelieu et de la reine mère, et au commencement des guerres entreprises par le cardinal contre les deux branches de la maison d'Autriche.

En récompense de ces services, le grand-duc adjoignit Gondi à son premier secrétaire d'État Cioli, par une décision du 12 octobre 1636, et lui assura la survivance de toutes les charges de ce dernier. En effet, à la mort de Cioli, survenue le 10 février 1641, il prit sa place et eut en conséquence la direction supérieure de toutes les affaires. Il fut plénipotentiaire du grand-duc pour la conclusion de la ligue formée en 1642 contre les Barberini et pour la signature de la paix faite par cette ligue avec le pape en 1644. C'est lui qui maintint la neutralité de la Toscane pendant la suite des guerres entre la maison d'Autriche et la France, notamment en l'année 1646. Il avait épousé, en 1637, Maria Maddalena Buonoccorsi, et mourut en l'année 1664 [1].

Batt^a Gondi est abondant et minutieux ; il excelle dans l'art de pénétrer et d'exposer les petits détails des intrigues de la cour.

Comme on peut s'en rendre compte au moyen de ces notices biographiques, il n'est aucun de ces trois personnages, si souvent mêlés aux mêmes événements, qui n'ait fini par exercer dans son pays les plus hautes fonctions de l'État. Ce fait suffirait à lui seul pour donner à leur témoi-

---

[1]. Ces renseignements biographiques sont tirés du *Spoglio della segretaria vecchia*, aux Archives de Florence, t. VII.

gnage une haute valeur. On nous permettra de rappeler, en outre, ce que nous avons exposé plus longuement au début de notre étude précédente, à savoir que, représentants de gouvernements différents, aux intérêts ennemis ou rivaux, ils offrent un contrôle réciproque de leurs informations. Nous n'avons pas manqué d'avoir recours à ce procédé de critique, à l'aide duquel nous espérons être arrivés à la vérité sur quelques points délicats de notre exposition, et particulièrement lorsque nous avons eu à attaquer le texte des Mémoires de Richelieu.

On se demande en effet souvent, en les lisant, si le cardinal, dans la conscience de son génie trop longtemps tenu à l'écart, n'a pas cherché, en composant ses Mémoires et en les dictant, à prendre en quelque sorte une revanche historique du retard apporté à l'essor de ses glorieuses destinées, soit en rabaissant outre mesure ses prédécesseurs, soit en dissimulant ses manœuvres pour arriver au pouvoir dont il était si digne, soit même en anticipant sur son rôle. Nous tâcherons de prouver qu'en effet les Mémoires n'ont pas eu souvent d'autre objet. Nous avons dû critiquer l'historien, dévoiler des intrigues; notre admiration reste entière pour le grand politique.

La correspondance des trois diplomates que nous appelons à déposer est trop volumineuse pour que nous ayons pu songer à donner le texte des nombreuses citations qu'on trouvera dans ce volume. Nous avons cherché au moins à être un traducteur scrupuleusement fidèle; notre français est, pour ainsi dire, calqué sur la phrase italienne qui s'y adapte en général avec précision. L'appendice ne comprendra donc que quelques textes caractéristiques et propres à donner une idée de la manière de chacun de nos diplomates. La correction littéraire n'est pas leur principal mérite; la phrase est chez eux souvent lourde, compliquée, mal construite; ces défauts tiennent à la hâte de la rédaction des dépêches et à l'exubérance de leur zèle d'informateurs; mais ils sont presque toujours rachetés par la hardiesse, l'imprévu ou le tour pittoresque de l'expression, non moins que par l'importance même des renseignements donnés. Les autres documents sont des extraits destinés à compléter notre exposé, ou des pièces curieuses qui s'y rattachent.

Tel est le dessein de notre ouvrage, tel est l'esprit dans lequel nous l'avons conçu, heureux si, au milieu de tant de travaux qui ont mieux fait connaître le xviie siècle, nous avons pu apporter, pour notre faible part, à l'œuvre commune quelques connaissances nouvelles.

Berthold ZELLER.

RICHELIEU

ET

LES MINISTRES DE LOUIS XIII

DE 1621 A 1624

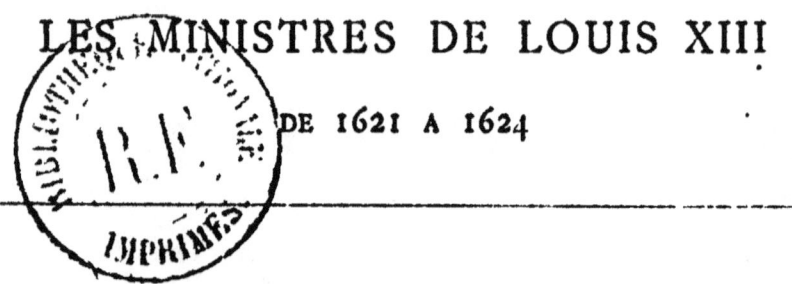

I

LE ROI, LES DEUX REINES ET LE PRINCE DE CONDÉ

Situation intérieure de la France à la mort du duc de Luynes. — L'opinion publique demande au roi de gouverner lui-même. — La faveur royale objet de compétitions diverses. — Attentions du roi pour la famille du connétable de Luynes. — Rivalité de la reine mère et du prince de Condé. — Rentrée de Louis XIII à Paris. — Son attitude vis-à-vis des deux reines et de la duchesse de Luynes. — Nouvelles démarches de la reine mère en vue du cardinalat de Richelieu. — Marie de Médicis rentre au conseil. — Démêlés de la reine mère et du prince de Condé à propos d'une insolence de l'abbé Ruccellai. — Scène entre le roi et sa mère. — Le prince de Condé l'emporte dans l'esprit de Louis XIII.

(15 Décembre 1621 — Mars 1622.)

Lorsque, après la mort du connétable de Luynes devant Monheur, Louis XIII reprit le chemin de Paris, il n'avait en réalité jamais exercé par lui-même l'autorité souveraine. Laissé par sa mère et par l'odieux maréchal d'Ancre dans un état d'ignorance indigne du fils de Henri IV, livré à des occupations frivoles dans lesquelles on l'avait à dessein entretenu, il ne connaissait pas les affaires; mais il devait à son ami le fauconnier, devenu connétable, d'avoir conçu une notion juste et élevée de ses droits et de ses devoirs de souverain. Il s'était mis hors de pages par un coup d'État sanglant, malheureusement conforme aux mœurs du temps, et peut-être nécessaire. Tiré de sa vie oisive, au lieu de terrains de chasse, il avait vu des champs de bataille ; il avait fait la guerre à ses sujets rebelles, il s'était montré en roi. La catastrophe de Monheur, en le privant d'un conseiller tout-puissant sur son esprit, le rendit à lui-même.

La situation intérieure de la France à ce moment n'était pas sans difficultés. Après l'échec de Montauban et la retraite vers le nord des troupes royales qui avaient opéré contre les huguenots, on ne pouvait considérer comme vidé le différend qui s'était élevé entre la monarchie traditionnelle unitaire et les tentatives du fédéralisme protestant. D'autre part, la haute aristocratie, qui, pendant la minorité de Louis XIII, s'était si impudemment jouée de la couronne par des semblants de révolte et qui avait été ménagée ensuite par le connétable de Luynes, avait pris l'habitude ou de faire plier devant elle l'autorité souveraine, ou de se faire acheter son obéissance. Enfin, à la cour, de violentes inimitiés, par exemple entre la maison de Bourbon et celle de Guise, entre les partisans de Marie de Médicis et ceux de la *faveur*, c'est-à-dire des créatures du duc de Luynes, menaçaient chaque jour de dégénérer en conflits armés. Ces factions de cour, les résistances de l'aristocratie au pouvoir monarchique, les dissensions des partis qui divisaient le pays allaient-elles être maîtrisées par Louis XIII ? En un mot, la France était-elle à la veille d'être gouvernée par son chef naturel ?

« Ouvrez donc vos oreilles, grand roy, et rompez cette profonde léthargie. Il est temps de prendre le tymon. Il y a un certain moment aux affaires, lequel, si vous ne prenez à propos, en vain vous tourmenterez-vous après pour en venir à bout[1]. » Telle est l'invitation que mettait dans la

---

1. *Remonstrance faicte au roy par messieurs les princes contre les perturbateurs du repos de l'Estat.* MDCXXII. (Recueil de pièces sur le règne de Louis XIII, à la bibliothèque de l'Institut.)

bouche des princes un écrit paru peu de temps après la mort du connétable de Luynes [1]. Ce vœu de l'opinion publique était unanime, et Louis XIII fit quelques efforts pour y déférer : « Sa Majesté, écrit le nonce Ottavio Corsini, a été très sensible à la mort du connétable; mais Elle s'est mise incontinent aux affaires et gouverne toutes choses avec tant de pénétration d'esprit, assiste avec tant de patience à tous les conseils, pourvoit à ce qui est nécessaire avec un jugement si éclairé, que tout le monde est dans l'admiration et que tous ses sujets sont remplis d'allégresse. » (24 décembre 1621.) Richelieu confirme ce témoignage : « La réputation commençait à s'épandre par toute la France, dit-il, de la prudence avec laquelle le roi agissait en son conseil [2]. » La résolution que le roi prenait ainsi de gouverner par lui-même et dont semble s'être inspiré plus tard, au lendemain de la mort de Mazarin, mais avec une énergie plus persévérante que son père, le roi Louis XIV, rencontra bien des incrédules. La difficulté que le fils de Henri IV éprouvait à s'exprimer faisait qu'il n'aimait se confier qu'à une seule personne, et la cour s'attendait à le voir prendre bientôt un autre favori, au moins pour s'éviter l'embarras d'expliquer lui-même ses volontés [3]. Cette prévision se fondait sur l'amour-propre et sur la timidité de Louis XIII; mais c'était méconnaître la droiture de son jugement et le mérite véritable du duc de Luynes que de supposer que le roi substituerait un insignifiant favori à l'homme qui s'était maintenu dans ses bonnes grâces jusqu'à la dernière heure, parce qu'il avait su rendre à la couronne d'incontestables services. Ceux qui cherchèrent à pousser des jeunes gens comme d'Esplans, confident du défunt connétable, ou Toiras, compagnon assidu des chasses royales, crurent trop à la frivolité des goûts de Louis XIII.

---

1. Voir notre ouvrage *Le connétable de Luynes*.
2. Richelieu, *Mémoires*, p. 257.
3. Ambassadeur vénitien, dépêche n° 12, 15 déc. 1621.

Le nom du comte de Bassompierre fut aussi mis en avant. Bassompierre avait en effet assez d'agréments dans l'esprit pour faire un favori; mais son caractère n'était pas assez sérieux pour diriger les affaires d'un État, bien qu'il fût à ses heures un fort bon politique, autant qu'il était brave soldat et expérimenté capitaine. Ni le rôle de favori, ni celui de premier ministre ne convenait d'ailleurs à son humeur. Pour remplacer le duc de Luynes dans la plénitude de sa confiance, Louis XIII sut patienter, mettre les hommes à l'épreuve, chercher à les connaître; il attendit près de trois ans.

Le cardinal de Richelieu, sur lequel devait à la fin, et malgré les plus vives répugnances, se fixer le choix éclairé du prince, ne nous paraît pas avoir rendu un compte exact à la postérité des sentiments qui agitèrent l'âme de Louis XIII après la mort du connétable. Il rapporte que le roi, écrivant à la reine sa mère pour lui faire part de cet événement, « lui témoigna qu'il connoissoit bien l'insolence de cet homme et le tort qu'il lui faisoit; que, s'il ne fût mort, la patience lui échappoit; qu'il y avoit longtemps qu'il lui tardoit d'être délivré de cette servitude; qu'il la remercioit de la patience qu'elle avoit eue; qu'il n'auroit jamais connétable ni favori; mais que son principal soin seroit de lui faire connoître qu'il l'avoit toujours tendrement aimée [1]. » Ces paroles respirent l'animosité bien connue de Richelieu contre la mémoire de son prédécesseur; mais, outre qu'une aussi dure façon de se déjuger sur la tombe d'un ami n'est guère vraisemblable de la part de Louis XIII, le sens et la portée que Richelieu donne aux déclarations du roi vis-à-vis de Marie de Médicis ne sont nullement confirmés par le témoignage sûr, quoique bienveillant pour la reine mère, de l'ambassadeur florentin. La page suivante de Giovanni Battista Gondi nous semble rétablir les faits :

---

[1]. Richel., *Mém.*, p. 257

« Le roi, dit-il, a expédié à la reine mère un gentilhomme qui est arrivé hier matin (22 décembre). Le roi fait part à sa mère de l'accident survenu et, à cette occasion, lui témoigne des dispositions si favorables, qu'elle s'en montre pleine de joie et manifeste l'espoir de vivre dorénavant avec plus de contentement qu'elle n'en a eu jusqu'à ce jour. Dans la lettre qui lui a été remise, et je tiens ce renseignement de bonne source, le roi n'use pas seulement vis-à-vis d'elle de termes de courtoisie; ses paroles laissent clairement entendre qu'il veut lui laisser quelque part dans le gouvernement de l'État. Car il dit qu'étant désormais résolu à gouverner par lui-même, il tiendra le plus grand compte des avis qui lui seront suggérés par sa haute et maternelle prudence [1]. »

Il n'est pas permis de douter que, si la lettre de Louis XIII se fût exprimée à l'égard du connétable sur le ton acrimonieux que suppose Richelieu, le résident florentin n'en eût soigneusement informé son gouvernement. Les Mémoires du cardinal sont donc ici suspects au moins d'exagération. On est d'autant plus fondé à le croire que les premiers actes du roi à l'égard de la famille du connétable sont en contradiction évidente avec les sentiments que lui prête celui qui n'est encore que ministre de la reine mère. En effet, aussitôt après la mort du duc de Luynes, le roi fait passer sur la tête du fils le gouvernement de la Picardie et toutes les autres charges et dignités du père, à l'exception de la connétablie; et il confère à l'un des oncles de l'enfant, le duc de Chaulnes, la tutelle provisoire et la surintendance des fonctions dont le mineur demeure titulaire [2]. Tel est le premier mouvement du roi; il annonce ces volontés par une lettre au duc de Chaulnes, et il prie la reine sa femme d'aller consoler, de garder auprès d'elle madame de Luynes

1. Ambass. florent., dépêche du 23 déc. 1621.
2. Ambass. florent., 18 déc. 1621.

et de l'assurer qu'il aura soin de son fils, qu'il veut le protéger et le favoriser toujours. Lorsque le duc de Luxembourg, l'autre frère du connétable, vient se jeter aux pieds de Louis XIII pour lui recommander son neveu, le roi le relève en le faisant du conseil [1]. Comment Louis XIII aurait-il insulté à la mémoire du duc de Luynes lorsqu'il entourait ses proches parents de tant de prévenances et qu'il leur partageait en quelque sorte l'héritage de sa puissance?

Ces attentions pour la famille du connétable ne décidaient toutefois pas la question de savoir où Louis XIII irait désormais chercher des inspirations pour gouverner. Les principaux membres du conseil, restés auprès du roi, tous gens de valeur, mais de peu de résolution, le cardinal de Retz, le nouveau garde des sceaux de Vic, le comte de Schomberg, surintendant des finances, le marquis de Puisieux, secrétaire d'État des affaires étrangères, étaient plus soucieux de conserver leurs charges que d'imprimer aux affaires une direction qui pût les compromettre eux-mêmes. L'ambassadeur vénitien nous dépeint leur embarras : « Ces messieurs du conseil, dit-il, s'assemblent fréquemment avec Sa Majesté ; mais d'eux-mêmes ils ne veulent rien entreprendre, ne sachant point avec certitude quelles sont les intentions du roi, ni de quel côté il penchera. Ces messieurs concluent cependant de la situation qu'il arrivera nécessairement ou que la reine mère ou que le prince de Condé l'emportera auprès du roi et qu'il n'y aura pour aucun favori possibilité de se soutenir sans l'appui de l'un ou de l'autre. Mais comme le roi a déclaré à un personnage autorisé, avec une certaine vivacité, qu'il n'aimerait plus jamais aucun favori, on peut présumer que les bonnes grâces de Sa Majesté seront partagées [2]. »

L'ambassadeur vénitien devinait avec la perspicacité d'un

---

1. Ambass. vénit., n° 15, 24 déc. 1621.
2. Ambass. vénit., *ibid.*

esprit politique la tournure que devaient prendre les événements. Dès la fin de décembre 1621, en effet, deux influences rivales se trouvaient en présence : la reine mère et Richelieu d'une part, le prince de Condé de l'autre, aspiraient à prendre possession du gouvernement. L'idée d'attribuer la survivance de la situation politique du connétable à ses frères était inadmissible; car l'inclination du roi ne l'y portait pas. Abondamment pourvus de charges, le duc de Chaulnes et le duc de Luxembourg étaient dénués d'autorité. Le passé de la reine mère et la valeur de Richelieu, les talents et la haute situation du prince de Condé rendaient au contraire inévitable l'établissement prépondérant de l'une ou de l'autre de ces deux influences.

La reine mère et l'ancien prisonnier de Marie de Médicis commencèrent adroitement à jouer chacun sa partie. La reine mère, sentant bien que le roi ne consentirait jamais à donner à son rétablissement en faveur l'apparence d'un désaveu du coup d'État qui avait renversé le maréchal d'Ancre, et de la révolution qui en avait été la suite, alla visiter ostensiblement la duchesse de Luynes et lui dit, en présence de la jeune reine, qu'elle ne se souviendrait pas que le connétable lui avait toujours été contraire, mais qu'elle était résolue à aimer sa veuve, ses enfants et à les protéger toujours [1]. Elle dépêcha ensuite au roi le sieur de Marillac pour le remercier de ses bonnes dispositions à son égard, le prier d'y persévérer et voir s'il y aurait moyen « de nouer quelque trame à son avantage [2]. » Le message fut donc loin d'être aussi désintéressé que l'affirme Richelieu.

Quant au prince de Condé, il envoya sa femme offrir ses services aux deux reines à Paris; mais, suivant l'ambassadeur florentin, la princesse « fit bien plus sa cour à la jeune reine Anne d'Autriche qu'à la mère ». De son côté, le prince avait

1. Ambass. florent., 23 déc. 1621. — Ambass. vénit., n° 17, 4 janv. 1621.
2. Ambass. vénit., *ibid.* — Richel., *Mém.*, p. 257.

couru du fond de son gouvernement de Berri [1] au-devant du roi, sous prétexte de lui porter l'acceptation du commandement d'une armée en voie de concentration autour de Genève et destinée à agir en Valteline ; le roi lui avait en effet récemment offert cette distinction. Il rencontra Louis XIII à Châteauneuf-sur-Charente et venait, suivant la pittoresque expression de Bassompierre, « pour reconnaître le cours du marché » (6 janvier).

Le marché ne lui était pas, en somme, défavorable. Car la reine mère inspirait au roi plus de crainte que de confiance. Le nonce s'exprime à ce sujet avec une clairvoyance parfaite : « A l'égard de sa mère, le roi, dit-il, est plein du soupçon qu'elle ne veuille l'assujettir, comme du vivant de Concini. Lorsqu'on voit auprès d'elle l'évêque de Luçon, on peut redouter que celui-ci ne prenne pied trop avant ; car sa cervelle est ainsi faite qu'il est capable de tyranniser et la mère et le fils [2]. » Tel était le sentiment de Louis XIII. Les confidents de Marie de Médicis ne l'ignoraient pas, et l'ambassadeur florentin, examinant la question de savoir si les effets correspondraient aux paroles écrites du roi, répondait par la négative : « Bien des gens, dit-il, croient qu'il n'en sera rien, et pensent que la raison d'État seule a voulu, dans la présente mutation, que l'on donnât bon espoir à la reine mère, pour la faire reculer devant des pensées et des desseins qui pourraient être contraires à ceux des favoris [3]. »

Marie de Médicis ne renonçait cependant pas à tirer parti de la situation. Le gentilhomme qu'elle avait envoyé auprès de Louis XIII était chargé d'une démarche de nature à dissiper des préventions graves. Il se plaignit au nom de la reine que l'on eût écrit au pape pour l'accuser d'être devenue partisan et fautrice des huguenots, et demanda qu'il

---

1. Le P. Griffet se trompe en disant que le prince partit de Paris pour aller retrouver le roi.
2. Nonce, dépêche du 10 janv. 1622.
3. Ambass. florent., 23 déc. 1621.

fût fait justice de cette calomnie. Cette protestation, fort politique, fut bien accueillie du roi. Il donna l'ordre d'envoyer un exprès au pape pour avoir communication de la lettre et du nom de son auteur. L'ambassadeur vénitien, qui rapporte ce détail, attribue à des agents du duc de Luynes, M. de Modène et l'abbé Ruccellaï, cette dénonciation, que ne justifiait évidemment pas l'attitude de Marie de Médicis dans les derniers temps de la vie du connétable. Il est à remarquer cependant qu'en faisant déclarer à son fils par le même gentilhomme qu'elle ne prétendait pas gouverner, mais qu'elle désirait avoir sa place au conseil et participer aux affaires de l'État, comme il convenait à la mère du roi, elle se prononça formellement pour la conclusion de la paix avec les huguenots [1]. Il y avait dans les deux parties de ce message une sorte de contradiction qui était de la part de Marie de Médicis une habileté au moyen de laquelle, cherchant à mettre hors de suspicion ses sentiments à l'égard des protestants, elle prenait cependant position en face du prince de Condé, partisan déterminé de la guerre à outrance.

La difficulté de pénétrer les intentions de Louis XIII commandait la réserve à tous ceux qui convoitaient, suivant l'expression de l'ambassadeur florentin, « le siège vacant. » Le roi était plus jaloux de son pouvoir qu'il n'éprouvait de plaisir à l'exercer; et de sourdes manœuvres se croisaient autour de lui pour imposer insensiblement à cet esprit, qui se laissait si volontiers dominer par l'habitude, une direction qu'il ne demandait pas mieux, au fond, que de subir, à la condition qu'elle lui fût sympathique. Les ministres essayèrent de le circonvenir au moyen de l'apprentissage des affaires; mais ils y mirent peu de discrétion. Le roi les traita de pédagogues et se débarrassa de leurs importunités par une singulière sortie qu'inspira Bassompierre; il leur commanda de ne venir l'entretenir d'affaires qu'aux heures de

---

[1]. Ambass. vénit., n°s 18 et 19, 19 et 29 janv. 1622.

son choix. Le conseil, tout décontenancé, chercha dès lors son point d'appui auprès du prince de Condé, qui gagnait évidemment du terrain dans l'esprit de Louis XIII. Ces influences, unies principalement dans l'intention de faire échec à la reine mère, en retardant le retour du roi à Paris, ne réussirent cependant point à le retenir à la tête de ses troupes. Louis XIII s'achemina rapidement vers la capitale.

Cette décision fut regardée comme de bon augure par le parti de la reine mère. Richelieu vint en son nom complimenter le roi à Orléans. Le cardinal, à ce propos, met dans sa propre bouche une harangue raffinée qui a toutes les apparences d'un morceau de style composé après coup. Que l'évêque de Luçon eût déjà conçu les plus hautes ambitions, le fait n'est pas douteux. Mais nous hésitons à croire qu'il se soit avancé à ce moment jusqu'à dire, sous la forme d'une maxime générale dont l'application à sa propre personne était à peine déguisée, « que tous les princes les plus avisés ont toujours tenu le timon du vaisseau, mais se sont servis de bons pilotes pour les aider à le conduire [1]. » Cette insinuation eût été de nature à détruire l'effet des protestations d'humilité et de dévouement désintéressé au moyen desquelles Marie de Médicis, par l'organe de Richelieu, se recommandait à son fils. L'évêque de Luçon était le principal obstacle au rapprochement sincère de la mère et du fils. Richelieu ne l'ignorait point, et le roi lui-même était loin de le dissimuler [2].

Toutes les incertitudes qui pesaient sur la situation politique semblaient devoir prendre fin avec le retour du roi à Paris. Les détails circonstanciés que donnent les différents

1. Richel., *Mém.*, p. 258.
2. Il y a lieu de s'étonner, si l'on considère l'importance donnée par Richelieu à cette entrevue et à sa harangue, que ni Bassompierre, ni Fontenay-Mareuil, ni le médecin Héroard, qui signale l'arrivée à Orléans du comte de Soissons, ni aucun de nos ambassadeurs, n'ait fait la moindre allusion au fait en question.

ambassadeurs italiens accrédités auprès de la cour de France [1] sur la rentrée de Louis XIII dans sa capitale attestent l'importance qu'attachait l'opinion publique à cet événement. Le roi, après une année d'éloignement, allait se retrouver en face de la reine sa femme, de la reine mère et d'une population dont le fanatisme catholique, violemment surexcité, avait compliqué récemment, par de sanglantes manifestations, les embarras qui provenaient de la guerre civile. Louis XIII arriva par la route de Bourg-la-Reine sous Paris le 27 janvier [2]. Les milices bourgeoises sortirent à sa rencontre en armes et au nombre de plus de 10 000 hommes, avec dix pièces d'artillerie, un corps de cavalerie, et se rangèrent en bataille sous les murs.

« Les magistrats de la ville, dit le résident florentin, accompagnés d'une brillante et nombreuse cavalcade, se portèrent à une demi-lieue en avant et adressèrent à Sa Majesté une très belle harangue pour la féliciter de ses victoires. Car, bien que Sa Majesté n'ait point pris Montauban, on ne peut nier cependant qu'elle soit retournée victorieuse. En réduisant sous son obéissance soixante-treize places, elle a délivré de la tyrannie des huguenots deux provinces entières, le Poitou et la Guienne, et ce n'est point une petite affaire. Hors de la ville sortit encore une multitude de personnes à pied et à cheval, en sorte qu'on estime que plus de la moitié de Paris est allée au-devant du roi. Sur les murs il y avait encore une grande quantité d'artillerie, et l'on tirait des pièces d'artifice. Le soir, il y a eu illumination par toute la ville. »

Louis XIII alla directement à Notre-Dame, accueilli par des cris universels de : « Vive le roi ! » pour entendre le *Te*

---

1. Fontenay-Mareuil, Bassompierre et Richelieu également sont muets sur les circonstances caractéristiques qui signalent le retour du roi à Paris et que nous rappelons, d'après les récits de nos ambassadeurs : Ambass. vénit., n° 19, 29 janvier 1622. Ambass. florent., 29 janv. Nonce, 30 janv.

2. Le P. Griffet fixe au 22 janvier la rentrée du roi; Richelieu, au 28. Le résident florentin dit formellement, à la date du 29 : « avant-hier », c'est-à-dire le 27. C'est la date exacte.

Deum. Les deux reines le regardèrent passer d'une maison voisine où elles s'étaient rendues incognito ; Marie de Médicis put voir, avec une secrète satisfaction, les deux frères du connétable s'avancer tristement à la queue du cortège, au milieu des démonstrations peu sympathiques de la population parisienne. Les capitaines du peuple, si l'on en croit le résident florentin, leur avaient fait l'affront, quand ils s'étaient présentés devant le roi entouré de sa suite, de ne point répondre à leur salut. Cette situation était d'autant plus pénible que les sentiments du roi à leur égard s'étaient singulièrement modifiés depuis le départ de Bordeaux.

Le roi se rendit ensuite au Louvre, où il avait été précédé par les deux reines, qui vinrent l'attendre à la porte du palais. « Le roi, reprend ici le résident florentin, leur fit à toutes les deux des saluts et des caresses également tendres. La reine mère lui dit qu'elle ne se tenait pas de joie de le voir de retour avec gloire et en bonne santé, après avoir couru tous les périls de la guerre et de la maladie et être devenu véritablement le maître. Le roi répondit d'une voix forte et de telle façon que chacun pût l'entendre : Madame, vous avez bien raison de vous en réiouir, car ie vous diray en peu de mots, n'estant pas bon harangueur, que ie vous feray paroistre par les effects, que iamais filz n'ayma ny honora mieux sa mère de ce que ie feray. Ie le dis de cœur et d'affection véritable et filiale. — Paroles qui sont d'une telle portée que je les ai voulu relater ici en français, pour ne leur rien enlever. — Le roi ajouta : Madame, allons à votre chambre, je vous entretiendray plus particulièrement [1]. Ainsi firent-ils, et ils restèrent ensemble plus d'une heure. » Le nonce dit une demi-heure, ce qui est sans doute plus vraisemblable, car la jeune reine était là et attendait.

Le Florentin s'étend avec complaisance sur les détails qui

---

[1]. Ambass. florent., 29 janv. 1622. Le nonce (30 janv.) et l'ambassadeur vénitien (29 janv.) donnent la traduction textuelle de ces paroles en italien.

concernent Marie de Médicis ; le nonce du pape est plus curieux des particularités du tête-à-tête des deux époux : « Le roi, dit-il, accompagna ensuite dans ses appartements la reine sa femme, qui témoigna plus de hardiesse que d'ordinaire. Il s'y montra fort empressé vis-à-vis de madame la connétable, mère du duc de Montmorency, qui était bien mal en cour par le passé, puis il alla dîner, et à minuit se retira pour dormir avec la reine. Il y resta jusqu'à cinq heures, et, après s'être levé et avoir dit ses prières, il retourna voir sa mère, ce qu'il fit encore à l'issue du conseil tenu après déjeuner. » Ainsi l'arrivée du roi remit l'accord entre les deux reines, qui avaient depuis quelque temps laissé quelque aigreur se glisser dans leurs relations, et l'ambassadeur vénitien caractérise leur bonne entente nouvelle d'un trait leste et piquant : « *Sono concordi nella pace*, dit-il, *la madre per dominare, et la moglie per goder l'otio et il letto*[1]. »

Le contentement de l'une et de l'autre allait-il être de longue durée? La reine mère montrait un visage joyeux; elle pensait avoir reconquis tout son empire sur son fils et croyait n'avoir plus rien à dissimuler de ses anciennes haines. Les deux frères du connétable, à leur arrivée, s'étaient profondément inclinés et confondus en respect devant elle; Marie de Médicis ne les avait honorés ni d'un regard ni d'une réponse. Elle triomphait trop tôt, par suite d'une confiance exagérée dans les symptômes de défaveur que le roi avait laissés paraître vis-à-vis de la famille du duc de Luynes.

Avant son arrivée, Louis XIII avait fait dire à la connétable qu'elle eût à quitter le Louvre, où elle demeurait. Il n'était pas convenable, lui fut-il représenté de la part du prince, maintenant que son mari ne vivait plus, qu'elle fît ses couches, lesquelles étaient imminentes, dans la maison du roi, comme cela avait eu lieu les deux premières fois; car c'était là un honneur qui n'était accordé ordinairement

---

[1]. Ambass. vénit., n° 19, 29 janv. 1622.

qu'aux princesses du sang. La connétable était cependant restée au Louvre ; mais le roi n'alla voir, quoique elle y eût compté, ni elle ni ses enfants. Elle se retira donc, pleine de mortification, dans son hôtel, non sans l'espoir d'un très prochain retour. Le roi fit le même commandement à M. de Luxembourg, qui habitait aussi dans le Louvre, et donna son congé à la sœur du duc de Luynes, madame de Verneuil ; elle avait, dit le résident florentin, mauvaise renommée, dès le temps même où elle était à Avignon [1]. »

Faut-il attribuer ces rigueurs à des motifs politiques ? La suite montrera qu'elles provenaient de considérations d'une nature plus privée. En voici une première preuve : le roi ne crut pas devoir maintenir son exclusion dans toute sa rigueur à l'égard de Mme de Luynes. La connétable ayant mis au monde une fille, le roi l'admit à rester au Louvre ; mais il la fit prier d'abandonner l'appartement trop en vue qu'elle y occupait et lui en assigna un autre plus petit et plus écarté. Louis XIII ne crut pas non plus devoir s'abstenir plus longtemps d'aller la visiter. « Il l'a fait, dit l'ambassadeur vénitien, avec le dessein de manifester que, par le passé, il n'a subi ni violence ni chaînes. Il n'a cependant usé vis-à-vis d'elle d'aucune démonstration de tendresse [2]. » Il ressort de ce passage que l'éloignement dans lequel se tenait le roi à l'égard de la duchesse venait de motifs personnels à celle-ci et ne devait pas être pris comme une condamnation rétrospective des actes du connétable de Luynes.

Louis XIII en effet se refusa noblement à toute mesure qui aurait été un désaveu de son ancienne inclination pour M. de Luynes. On faisait grand bruit d'une mission secrète confiée à un ancien favori du connétable, M. de Contades, chargé par le roi de faire un relevé de tout ce que laissait le défunt ; on prétendait que Louis XIII avait l'intention de

1. Ambass. florent., 29 janv. 1622.
2. Ambass. vénit., n° 15, 24 déc. 1621.

reprendre une partie des biens de celui-ci. D'autres ajoutaient que le roi, en lisant l'inventaire, avait pris note d'une quantité de joyaux et de perles, en particulier, qui appartenaient à la reine mère et à la couronne, et qu'il avait été indigné de cet accaparement dont il n'aurait pas eu connaissance [1]. Ce qui donnait créance à ces rumeurs, c'est que le secrétaire du connétable avait été mis en prison. Le commissaire instructeur ayant fait savoir au roi qu'on ne pouvait poursuivre la cause sans porter atteinte à la mémoire du connétable, Louis XIII avait, disait-on, répondu de passer outre et de faire justice. Il se trouvait cependant, en fin de compte, que l'on ne touchait point à la fortune du connétable et que son secrétaire obtenait une abolition du roi, par l'intercession, il est vrai, du prince de Condé, au dire des malveillants, et moyennant une forte somme.

Loin de vouloir maltraiter la mémoire du connétable ou nuire à ceux qu'il laissait après lui, Louis XIII était entré dans une violente colère contre le chapitre de Tours, qui avait fait difficulté de laisser reposer dans la cathédrale le corps du duc de Luynes à son passage [3]. Informé des contestations soulevées entre le duc de Chaulnes, désigné par lui comme tuteur du jeune Luynes, et le duc de Montbazon, qui, soutenant que l'on avait fait tort à sa fille, revendiquait pour lui-même le titre donné à l'oncle, Louis XIII s'était déclaré tuteur de l'enfant. Il lui confirma le gouvernement de la Picardie [4] et la plupart des offices de son père; et, s'il mit les places fortes de ce gouvernement entre les mains de capitaines dont il était sûr, il nomma cependant le duc de Chaulnes lieutenant et administrateur de la province pendant la minorité de son propre pupille. « On raconte ouvertement, dit à ce propos l'ambassadeur vénitien, que le prince

---

1. Ambass. vénit., n° 18, 19 janv. 1622.
2. Ambass. vénit., n° 25, 22 fév. 1622.
3. Ambass. florent., 29 janv. 1622.
4. Ambass. florent., *ibid.*

de Condé a reçu, pour avoir arrangé cette affaire, cent mille francs; car ce prince est très porté au lucre et à l'acquisition des richesses par tous les moyens. » Quoi qu'il en ait été de ces médisances, il est incontestable qu'il n'y eut contre ce qu'on appelait le parti de la faveur aucune réaction violente et que des mesures de rigueur, bien mitigées d'ailleurs, n'atteignirent que la duchesse de Luynes et par contre-coup son père, le duc de Montbazon.

Quels étaient donc les motifs de ces dispositions médiocrement bienveillantes? Une curieuse dépêche du nonce va nous en instruire. Corsini écrit à la date du 23 février :

« Les princes sont tenus de répondre des mœurs et des actions de ceux qui les entourent; car il est telle occasion où leur bonté et leur ingénuité attirent sur eux le blâme de choses dont ils sont absolument innocents. C'est ce qui est arrivé à la reine régnante, laquelle, n'ayant certes rien dans l'intention qui soit indigne de sa grandeur et de la pureté de sa conscience, a cependant donné quelque lieu de murmurer, pour avoir supporté avec trop de bénignité la liberté plus que française de certaines dames qu'elle est obligée d'aimer, à cause de leur qualité. On m'a fait entendre à ce sujet qu'il convient à mon office de trouver quelque moyen pour porter remède à ces inconvénients, afin que le bruit n'en parvienne point aux oreilles du roi par les rapports de personnes mal intentionnées; ce qui lui ferait peut-être croire le mal beaucoup plus grand qu'il n'est, et il pourrait en résulter les scandales les plus dommageables à toute la chrétienté. Beaucoup de dames et des principales vivent licencieusement en présence de la reine, et, n'imposant aucune retenue à leur langue dans leurs conversations avec d'autres dames, ne contiennent point leurs aspirations dans les limites de la modestie et de la convenance, ce qui fait craindre d'épouvantables catastrophes. J'ai été prié de divers côtés d'agir en sorte que la reine comprenne combien elle s'expose aux mauvais propos du peuple et d'autres encore, et de faire en outre éloigner d'elle non seulement la veuve, mais la sœur du défunt connétable, Mme de Verneuil. Je me trouve ainsi dans un véritable labyrinthe. Comme les personnes qui m'ont parlé sont des gens du conseil ou des familiers de la reine, esprits très déliés d'ailleurs et en mesure de m'aider, je me résous à entretenir de cette affaire le confesseur de la reine, en usant bien entendu de la plus grande précaution; car je sais avec quelle délicatesse il faut toucher à certaines matières. Mais la grandeur du danger et la considération des graves inconvénients qui pourraient survenir ne souffrent pas que je m'excuse entièrement, comme je le devrais peut-être [1]. »

Cet exposé du nonce nous fait mettre le doigt sur les seules raisons qui dictèrent les ordres du roi relatifs à Mme de Luynes et à Mme de Verneuil. Il y avait un certain relâchement dans la tenue du cabinet de la reine. Louis XIII n'avait pas eu besoin des bons offices du nonce pour en être informé et pour prendre la décision que lui commandait son devoir de chef de la famille royale. L'ambassadeur de Venise achève de donner son véritable caractère à cet épisode par les détails suivants : « On a fait éloigner le secrétaire de la reine, dit-il, comme suspect de trop grande familiarité avec Sa Majesté [2]; mais, suivant l'usage du pays, il aura en compensation de sa charge 50 ou 60 000 écus. En outre, Mme de Verneuil, sœur du feu connétable et première dame d'honneur, a été chassée du Louvre et de sa charge [3]. » La politique n'était donc pour rien dans cette affaire, d'où s'éleva entre le roi et sa femme un nuage qui vint se mettre en travers de leur bonne intelligence.

Quant à Marie de Médicis, elle avait particulièrement à cœur deux affaires dans lesquelles les résolutions du roi

---

1. Voir l'appendice, n° 2.
2. M. de Beauclerc (Charles, sieur d'Achères et de Rougemont) fut fait secrétaire de la reine. (*Journal* d'Heroard, 14 mars 1622.)
3. Ambass. vénit., n° 25, 22 février 1622.

allaient être la pierre de touche de ses véritables dispositions à l'égard de sa mère. C'étaient, d'une part, la promotion de l'évêque de Luçon au cardinalat, et, de l'autre, la rentrée de la reine mère au conseil. Richelieu ne fait aucune allusion à celle de ces prétentions qui l'intéressait le plus directement. Les dépêches diplomatiques et les lettres privées sont, sur ce point, moins discrètes que les Mémoires du cardinal.

Dès le commencement de l'année, la reine mère écrit :

A MONSIEUR DE PISIEUX, SECRÉTAIRE D'ESTAT

« Monsieur de Pizieux, ayant sceu par le retour de Desgaretz et encore depuis plus particulièrement par le sieur de Marillac le soing que vous avez apporté pour mon contentement en l'affaire dont le Roy Monsieur mon fils a commandé l'expédition, j'ai donné charge au sieur Evesque de Luçon qui le va trouver de ma part de vous dire combien en cela vous avez faict chose qui m'est agréable. Le sieur Chancelier votre père peult mieux dire que persone qui soit en ce royaume si j'ay mérité d'estre mecreue de favoriser ung tiers party pour l'avantage de ceux de la religion. Aussy ayant bon esprit n'ignorez-vous pas que ce ne soit ung artifice de ceux qui portent impatiemment la bonne intelligence qui est entre le filz et la mère. Sa Sainteté la cognoistra telle par lettres du Roy et par l'instance qu'il faict de la promotion dudict sieur de Luçon qu'il m'a promise au veu de tout le monde. Attendant de vous ce que vous me promettez par votre dernière lettre, je ne vous en diray pas davantage sinon que je seray tousiours, Monsieur de Pisieux,

V^{re} *bone amie Marie.*

A Paris, ce 22 janvier 1622 [1]. »

A la même époque, le nonce faisait savoir à son gouvernement que l'évêque de Luçon était venu le voir pour l'entretenir de son espoir d'arriver prochainement au cardinalat. Une nouvelle dépêche du 9 février informe le Saint-Siège « que la reine mère désire extrêmement l'avancement de M. de Luçon [2] » ; le nonce ajoute, sous forme de recommandation personnelle, « que ce prélat en est bien

[1]. Coll. Godefroy. (Inédite.) Les mots en italiques sont autographes.
[2]. Nonce, 9 février 1622.

digne par ses mérites, sa science et les services rendus à l'Église [1]. » Mais la cour de France et la cour de Rome n'étaient en somme que médiocrement favorables à l'ambition de Richelieu. Les anciens ministres, devenus fort puissants, grâce aux hésitations du roi entre sa mère et le prince de Condé, redoutaient son humeur entreprenante « *cervello forse trappo gagliardo del vescovo di Lusson.* » Aussi le roi, ayant à présenter deux candidats pour le chapeau, avait-il désigné, en même temps que l'évêque de Luçon, l'archevêque de Lyon, M. de Marquemont. « Le roi désire, disait le nonce, mais sans y insister beaucoup, que la préférence soit donnée à Luçon. » Cette communication officielle laissait une certaine liberté au choix de la cour de Rome, et M. de Puisieux, le plus en faveur des anciens ministres, cherchait à déterminer dans un sens défavorable aux intérêts de Richelieu, mais conforme d'ailleurs à l'inclination du Saint-Père, la décision de la curie ; il faisait répandre le bruit que l'archevêque de Lyon serait sans doute préféré à son compétiteur, parce qu'il avait été autrefois, comme auditeur de rote, collègue de Grégoire XV. Les services rendus aux deux cours par M. de Marquemont, dans les emplois qu'il avait occupés auprès du Saint-Siège, étaient éclatants. Mais la reine mère s'offensa du tort fait à son candidat par les propos qui circulaient, et elle s'en expliqua vivement avec le nonce [2]. Il n'en est pas moins vrai que le pape inclinait réellement à donner le chapeau à l'archevêque de Lyon [3], qui avait la faveur de Puisieux.

Un fait des plus curieux, mais qu'il en eût trop coûté à l'amour-propre de Richelieu de faire connaître, est le compromis suivant, par lequel le roi voulut mettre fin à toutes ces intrigues : « Le roi, dit l'ambassadeur florentin, laisse voir qu'il désire que l'évêque de Luçon

---

1. Nonce, 30 janvier 1622.
2. Nonce, 7 mars 1622.
3. Nonce, 12 mars 1622.

s'éloigne de la reine sa mère, afin que ni lui ni elle ne fassent plus crier le monde par le fait de leurs favoris; mais la reine, pour ne point manquer à la reconnaissance des services qu'elle dit avoir reçus dudit évêque, ne peut pencher à lui donner son congé si l'on ne trouve moyen qu'elle puisse le faire sans marque d'ingratitude et avec honneur pour elle. Aussi Leurs Majestés ont dû convenir ensemble que l'on fera tous les efforts possibles à Rome pour assurer le chapeau cardinalice à l'évêque, lors de la prochaine promotion, mais sous la condition expresse qu'aussitôt après il partira pour Rome. On dit que la reine consent volontiers à adopter ce moyen terme, et, pour en assurer l'effet, on a, l'autre jour, mandé un courrier extraordinaire en cour de Rome [1]. » Richelieu se fit humble, sans doute, comme il le dit lui-même, « pour que l'ombrage qu'on avait de sa personne ne portât point préjudice à sa maîtresse; » mais ajoutons aussi parce qu'il savait que c'était le meilleur moyen de servir ses propres intérêts.

Quant au second point, qui concernait la rentrée de la reine mère au conseil, il est certain qu'elle obtint une sorte de satisfaction : « La reine mère, dit l'ambassadeur vénitien (14 février), a été faite du conseil, avec beaucoup de paroles d'honneur ; » mais cette concession était purement honorifique. « La reine mère, dit Richelieu au milieu de subtiles amplifications oratoires d'où se détache ce trait si expressif, reconnaît bien d'abord qu'on ne lui

---

[1]. Ambass. florent., 12 mars 1622. — Si l'incident en lui-même n'est point rapporté par les Mémoires du cardinal, on sent néanmoins le dépit profond qu'il dut lui causer, dans les paroles suivantes, dont les premières sont belles et fières : « Ils connaissaient en moi (les ministres) quelque force de jugement; ils redoutaient mon esprit, craignant que, si le roi venait à prendre quelque connaissance particulière de moi, il me vînt à commettre le principal soin de ses affaires. A cet effet, ils se servaient de plusieurs personnes qui vomissaient mille calomnies contre moi, afin que, ayant prévenu le jugement de Sa Majesté par une mauvaise impression qu'on lui donnait de ma personne, toutes mes actions lui fussent suspectes et odieuses. » (*Mém.*, p. 258.)

fait voir que la montre de la boutique et qu'elle n'entre point au magasin. »

Ni la reine mère ni la reine régnante n'avaient donc reçu de Louis XIII, après son retour, tous les sujets de contentement qu'elles espéraient de lui. Anne d'Autriche était patiente et tenace, mais savait se résigner. Marie de Médicis était violente et emportée et ne savait plus dissimuler, à cette époque de sa vie. Un incident qui n'était pas sans gravité, mais que Marie de Médicis, en femme vindicative, sut envenimer à plaisir, fit éclater la mauvaise humeur qui recommençait à l'animer contre tout le monde.

Le 10 mars, le prince de Condé, qui occupait au Louvre l'ancien appartement de la duchesse de Luynes, devait y donner la comédie. La reine mère n'avait point manifesté un grand désir de s'y rendre; mais elle en avait été priée trois ou quatre fois avec de vives instances par la reine sa belle-fille. Pour complaire à celle-ci et pour ne pas donner à Monsieur le Prince lieu de croire qu'elle manquât de considération pour sa personne, elle prit la résolution de se rendre à la fête. L'heure approchant, elle monta dans l'appartement de la reine régnante, qui était au-dessus du sien, et s'arrêta dans la chambre de Sa Majesté, pour s'entretenir avec elle et avec les princesses de la cour, qui étaient presque toutes réunies là, en attendant que l'on annonçât que tout était prêt chez le prince de Condé. Mais voilà que Ruccellaï, cet abbé italien ambitieux et intrigant, qui, longtemps un des confidents et des hommes d'affaires de la reine mère, avait fini par être évincé, à l'instigation de Richelieu, du rang distingué auquel il prétendait dans l'affection de Marie de Médicis, et qui s'était vengé en devenant l'âme damnée du duc de Luynes, fit son apparition; sans se laisser intimider par la présence de son ennemie, il vint se placer vis-à-vis d'elle et la regarda avec hardiesse et fixement. La reine mère fut saisie de colère, et le rouge lui monta subitement au visage. Ruccellaï s'en aperçut, comme toutes les personnes présentes ; il échangea quelques mots avec la princesse de Condé et la princesse de Conti, et tous les trois se prirent à sourire. La reine, pensant qu'ils riaient de son changement de visage, se fâcha tout à fait, et, appelant M. de Bonneuil, le maître des cérémonies, lui ordonna d'aller trouver Ruccellaï pour commander à celui-ci de sortir de sa présence et lui signifier qu'il ne lui arrivât plus désormais de se trouver là où elle serait. Bonneuil obéit, et l'abbé se retira immédiatement dans une autre pièce.

Les deux reines allèrent ensuite voir la comédie et, quand elle fut terminée, regagnèrent chacune son appartement. Ruccellaï entra alors dans la salle où avait eu lieu la représentation, vint trouver le prince de Condé, auprès duquel il avait cherché un appui après la mort du duc de Luynes, lui raconta ce qui s'était passé et le supplia de le prendre sous sa protection ; il lui demanda en outre de prier le roi d'aller parler lui-même à la reine mère pour tenter de l'apaiser, les démarches qu'il avait fait faire en ce sens au cardinal de La Valette, au duc de Bellegarde et à beaucoup d'autres seigneurs n'ayant eu aucun succès.

Le prince de Condé trouva dans cet esclandre une occasion de ruiner le peu de crédit qu'avait regagné la reine mère, et il alla sur l'heure chez le roi pour lui parler de l'affaire. Le roi lui répondit que, sachant combien la reine mère était exaspérée contre Ruccellaï, il ne voulait point lui parler à ce propos. Mais le prince insista vivement ; il proposa à Louis XIII l'expédient suivant, pour éviter à sa timidité et aux hésitations de sa parole l'embarras d'une entrée en matière, et aussi pour pallier ce que l'initiative directe du roi en cette occasion aurait pu avoir de blessant pour Marie de Médicis : on enverrait à la reine mère le président Jeannin, pour tenter auprès d'elle les bons offices réclamés par Ruccellaï ; presque en même temps, le roi se rendrait chez sa mère, comme par hasard, et, à l'occasion de la rencontre qu'il y ferait du président, entrerait en conversation sur le même sujet que ce dernier. Le prince fit tant que le roi approuva le plan ; et le lendemain même de la scène qui avait eu lieu, au lever de Marie de Médicis, le président Jeannin se présenta. Tandis qu'il exposait gravement la commission dont il était chargé, la reine mère entra dans une telle fureur que le pauvre président en resta tout abasourdi. Elle lui dit entre autres paroles indignées que ce Ruccellaï l'avait offensée de la façon la plus sensible en mainte et mainte occasion, et qu'elle ne lui pardonnerait jamais ; qu'elle se considérait comme d'autant plus gravement offensée que cet homme était sujet de sa sérénissime maison, et que le roi devait plutôt le faire punir que lui procurer son pardon ; elle savait bien que tout cela ne provenait pas du roi, mais du prince de Condé, qui, pour lui causer du déplaisir à elle, avait pris l'abbé sous sa protection, et en fin du compte, puisque le prince se plaisait à lui jouer aussi ouvertement de pareils tours, il pouvait s'attendre de sa part à des procédés semblables, en tout et pour tout.

Le roi arriva sur ces entrefaites, et, avant qu'il eût commencé à parler, la reine le prévint en disant qu'elle s'étonnait grandement qu'il se fût laissé induire par le prince de Condé à lui causer un déplaisir aussi extrême que celui de lui faire parler en faveur de Ruccellaï, qui l'avait, dit-elle en propres termes, trahie, bernée, décriée, et au dedans et au dehors du royaume. Puis elle énuméra tous les griefs qu'elle avait sur le cœur, et ajouta que non seulement elle ne voulait pas oublier tant d'injures, mais qu'elle en demandait justice à Sa Majesté et qu'au défaut du roi elle se ferait justice ellemême en faisant coucher à terre le Ruccellaï.

Louis XIII, voyant sa mère dans une si grande colère, lui répondit : « Madame, que Votre Majesté ne s'emporte pas. Je ne viens point pour lui parler en faveur de Ruccellaï ni pour la mécontenter ; je crois cependant devoir lui dire qu'à mon avis elle pouvait se montrer moins irritable qu'elle ne l'a fait hier au soir dans la chambre de la reine ma femme; car il doit suffire, ce me semble, à Votre Majesté, que Ruccellaï n'entre pas dans votre appartement, comme en effet il n'y entre point. »

Ces froides paroles, loin de calmer la reine, l'animent encore davantage : « Je l'ai fait exprès, reprend-elle, pour apprendre à la reine ma bru que, comme elle est plus jeune que moi, elle doit me porter respect; car je me suis bien aperçue qu'elle était de consentement avec Ruccellaï, quand il est venu me regarder de cette façon sous le visage. Mais, n'importe, je n'entrerai plus jamais dans cette chambre. » Le roi prit assez mal ces paroles à l'adresse de sa femme, et murmura entre ses dents que la reine mère pourrait bien se contenter d'être maîtresse chez elle et que chacun aimait à être le maître chez soi. Quant au prince de Condé, « il n'avait point, dit-il, assez d'empire sur son esprit pour lui faire perdre le respect et l'amour qu'il lui devait à elle, qui était sa mère et une mère qu'il aimait tendrement. »

Marie de Médicis, sentant que l'émotion à laquelle s'abandonnait son fils semblait tourner à son avantage, éclata en sanglots et reprit au milieu de larmes abondantes qu'elle faisait savoir partout sa résolution de ne plus souffrir que personne lui mît le pied sur la gorge, quel qu'il fût; et que Sa Majesté eût en conséquence à faire en sorte que le prince de Condé ne se mît point en tête une telle entreprise; car elle saurait bien se défendre elle-même. Quant à Ruccellaï, elle n'en parlerait plus; mais, si elle ne recevait point satisfaction pour le fait dont il s'était rendu coupable, elle trouverait moyen de lui faire connaître à quel point il avait dépassé les bornes de la témérité.

Le roi, qui avait montré tant de bon sens et de dignité pendant cette scène violente, se retira sans avoir réussi à apaiser sa mère. Il revint peu de temps après pour prendre congé d'elle; car il allait passer cinq ou six jours à Saint-Germain. Marie de Médicis avait eu le temps de réfléchir; elle se montra moins véhémente. Elle dit au roi : « Quant au fait d'avoir usé d'autorité dans la chambre de la reine, j'en ai regret, et je prie Sa Majesté et vous-même d'excuser ma colère et d'en imputer toute la faute au Ruccellaï, qui est venu, comme chacun l'a pu voir, me faire l'affront qu'il m'a fait en face. En ce qui touche Vos Majestés dans cette affaire, je suis prête à leur donner toutes les satisfactions désirables; mais, pour ce qui regarde le Ruccellaï, je n'aurai point de repos qu'il ne me soit donné à moi la satisfaction exemplaire qui m'est due. Si encore il était Français, ou serviteur actuel de Votre Majesté, je l'aurais supporté plus patiemment; mais c'est un étranger, un sujet de ma maison, et non pas un serviteur de Votre Majesté, encore moins un serviteur nécessaire, ni même utile en aucune façon, soit à Votre Majesté, soit à la France; bien au contraire, car il n'est bon à autre chose qu'à semer des zizanies. » La reine mère termina en invitant le roi à considérer quelles fâcheuses conséquences pourrait produire le fait de supporter que le prince de Condé, pour montrer sa malveillance vis-à-vis d'elle, s'ingérât de vouloir protéger le Ruccellaï, au risque de diviser la cour en deux camps.

Ce n'était pas là une vaine menace. Le roi se contenta de répondre à Marie de Médicis qu'il lui ferait donner tout contentement, et il partit. Le soir même, il y avait au Louvre deux partis; car la déclaration ouverte d'hostilités entre Marie de Médicis et le prince de Condé était venue à la connaissance de chacun. Les anciennes factions de Condé et de la reine mère, qui avaient été jusque-là dissimulant les passions qui les animaient, se réveillèrent. On vit se porter du côté de la reine, pour se mettre publiquement à son service, les ducs de Longueville, de Nemours, de Vendôme, et le grand-prieur de France; le comte de Soissons, n'osant pas prendre franchement une attitude contraire à une réconciliation avec M. le Prince, que le roi lui avait récemment imposée, vint sous main assurer la reine de sa fidélité. Tous ces personnages ne s'en tinrent pas à de chaudes protestations en faveur de Marie de Médicis; le bruit courut que le duc de Vendôme, en particulier, lui avait proposé de faire tuer Ruccellaï. La reine mère, contente de montrer les forces dont elle disposait pour l'intrigue, en raison de ce concours empressé de dévouements, leur répondit, avec une habileté dont elle entendait se faire un mérite vis-à-vis du roi, qu'elle les remerciait des bonnes dispositions dans lesquelles ils se trouvaient pour l'assister; mais que, vivant dans la protection et la bienveillance du roi son fils, il n'était point nécessaire qu'elle eût recours à d'autres qu'à lui.

Le duc de Guise et son frère, et la nombreuse clientèle dont ils disposaient, se rangèrent au contraire du côté du prince de Condé. Le prince, qui ne quittait point la personne du roi, avait de sérieux avantages dans cette lutte, où l'on n'en était encore qu'au choix des positions. Des messagers de paix s'entremirent entre les deux camps : le duc de Bellegarde multipliait ses pas pour essayer de rajuster les choses, et le nonce crut devoir aussi se mettre de la partie. On chercha une base d'accommodement : Condé se désisterait de la protection de Ruccellaï, et la reine ferait sa paix avec lui. Quant à Ruccellaï, il se retirerait de la cour pour quelque temps et irait faire un séjour dans une abbaye que le duc de Luynes lui avait fait obtenir sur la confiscation des biens du duc de Rohan. Marie de Médicis ne consentait cependant à déposer les armes qu'à la condition que Ruccellaï sortirait de France.

On ne se fait qu'une idée fort inexacte de toute cette affaire, d'après le récit de Richelieu [1], très court d'ailleurs, dans lequel il attribue à la reine une constante modération de tenue et de langage, et dissimule à tel point sa propre personne qu'on ne la voit point paraître. L'évêque eut cependant son rôle. « M. de Luçon, dit l'ambassadeur florentin, craignant que cette intrigue ne gâte l'affaire de sa promotion,

---

[1] Richel., *Mém.*, p. 259.

est revenu de la campagne et s'emploie de tout son pouvoir afin que la reine s'apaise et se contente de ce qu'elle pourra obtenir. Et monseigneur le nonce l'exhorte à remettre le tout spontanément entre les mains du roi, pensant que c'est là un moyen de l'obliger davantage à donner à la reine la satisfaction qu'elle désire, sinon pour le moment, au moins au bout de quelque temps, quand elle demandera de sang-froid que Ruccellaï soit renvoyé en Italie. » N'est-ce pas une révélation curieuse que celle qui nous montre Richelieu soignant ainsi ses propres affaires, de connivence avec le nonce, aux dépens peut-être de la dignité de celle qu'il appelle sa maîtresse [1] ?

Les conseils de modération l'emportèrent du reste dans l'esprit de Marie de Médicis; et il convient de reconnaître que, si son amour-propre en souffrit, ses intérêts s'en trouvèrent mieux. Le résident florentin déplore en ces termes le tort qu'elle s'était fait : « Les affaires de la reine allaient trop bien, dit-il, sans cette malencontreuse histoire; et il faut avouer que sa mauvaise fortune n'est point encore épuisée. Elle a en vérité un puissant ennemi, le prince de Condé, qui, par sa naissance et sa grande assiduité auprès du roi, est en possession d'une autorité considérable dans le gouvernement et à la cour. »

Telle était en effet la situation trois mois après la mort du duc de Luynes. A travers les vicissitudes dont nous avons exposé le détail, le prince de Condé était arrivé à occuper la première place dans les conseils de Louis XIII; dominant les ministres subalternes, qui le servaient avec le dévouement intéressé de courtisans de la faveur, il les employait à jeter le discrédit sur les actes du feu connétable et sur sa valeur, pour mieux faire ressortir la sienne; il

---

1. Voy., pour tout le récit de cette affaire avec Ruccellaï, l'ambass. florent., 12 mars 1622. Il dit tenir les détails aussi intéressants que précis et abondants de son récit, du nonce, de M. de Marillac, principal confident de la reine, et de son secrétaire. Il recommande instamment le secret à la cour du grand-duc. Voy. l'appendice, n° 3.

n'avait rien fait pour dissiper les ombrages du roi à l'égard de sa femme ; il sortait victorieux de l'engagement dans lequel la reine mère et lui avaient mesuré leurs forces, puisqu'on ne donna aucune suite à l'affaire. L'abaissement ou l'effacement de toutes les autres influences rendait la sienne sans rivale ; il était aussi puissant qu'un premier ministre. Aussi l'ambassadeur florentin constate-t-il la haute faveur du prince dans les termes suivants :

« Dimanche prochain, le prince de Condé offre un banquet au roi et à tous les grands de la cour ; son autorité croît de jour en jour : lieutenant général de Sa Majesté dans le commandement des armées, premier dans le conseil, avec sa hauteur d'esprit et sa pénétration, il dispose de tout et fait ce qu'il veut ; cela fait beaucoup parler et mécontente bien des gens ; mais le roi est dans l'obligation de lui laisser ainsi le maniement des affaires afin de le contenter et de l'avoir de son côté dans cette guerre si importante contre les huguenots. Les choses pourraient aussi changer de face s'il se montre en vérité tel qu'il paraît être dans les questions extérieures ; car, plein de zèle pour le bien et le service du royaume et du roi, il est un des premiers à ne point admettre le manque de foi de l'Espagne au sujet de la Valteline [1]. »

Le prince de Condé justifiera-t-il cette opinion et ces espérances ? Quel usage va-t-il faire de son pouvoir ? Quel parti saura-t-il en tirer ?

---

[1]. Cette dépêche de l'ambassadeur florentin porte évidemment une date erronée dans le manuscrit que nous avons eu sous les yeux : elle est intercalée parmi les dépêches du mois de mars, vient après celle du 23 de ce mois et est datée du 3 juin. L'indication du mois de juin est inadmissible, car il était difficile d'offrir un banquet au roi et aux princes en pleine guerre ; d'autre part, la faveur du prince baissait à ce moment. Il y a donc lieu, suivant nous, de lire *mars* au lieu de *juin* ; le *Journal* d'Héroard, qui laisse une lacune du 25 février au 13 mars, ne s'oppose point à cette rectification, d'autant moins contestable que le commencement de cette dépêche se rapporte probablement aux fêtes dont il est parlé plus haut.

II

LES AFFAIRES DE LA VALTELINE ET LE TRAITÉ DE MILAN

Situation de la France vis-à-vis de l'étranger. — Caractère des principaux ministres de Louis XIII. — Le gouvernement pontifical pousse Louis XIII à continuer la guerre contre les protestants. — Obstacles suscités par les Espagnols à l'exécution du traité de Madrid, relatif à la Valteline. — Prise d'armes des Grisons. — Le gouverneur de Milan et l'archiduc Léopold s'emparent de points fortifiés sur leur territoire. — Menaces impuissantes du gouvernement français. — Découragement des Grisons. — Ils se livrent à l'Espagne par le traité de Milan. — Duplicité de la cour d'Espagne. — Indécision du gouvernement français. — Revirement de la cour de Rome en faveur des intérêts français. — Causes de cette évolution. — La situation du cardinal secrétaire d'État Ludovisi est ébranlée. — La France réclame l'annulation pure et simple du traité de Madrid. — Louis XIII fait part au conseil de sa résolution de reprendre la guerre contre les protestants.

(Mai 1621 — Mars 1622.)

Depuis la courte expédition conduite, après la mort de Henri IV, par le maréchal de La Châtre, jusque sous les murs de Juliers, pour sauver la succession de Clèves, Berg, etc., de la tentative d'usurpation de la maison d'Autriche, la France ne s'était pas mêlée activement aux affaires du dehors. Marie de Médicis n'avait songé, pendant toute sa régence, qu'à établir ses filles sur les trônes les plus brillants de l'Europe. Après avoir marié la princesse Élisabeth avec l'héritier de la couronne d'Espagne, elle avait voulu donner sa seconde fille Christine au prince de Galles. L'Angleterre protestante et l'Espagne catholique représentaient en Europe deux principes politiques absolument opposés; Marie de Médicis, dont la faiblesse ne voulait mécontenter ni l'une ni l'autre puissance, dut conséquemment s'en tenir, dans ses relations extérieures, à une ligne de conduite molle et indécise. Les alliances préparées par Henri IV à la France furent abandonnées, sans être véritablement remplacées. Le mobile et ambitieux duc de Savoie, Charles-Emmanuel, notamment, ne fut point soutenu contre les ambitions de l'Espagne en Italie. Pierre de Tolède, gouverneur du Milanais espagnol, put entrer sur le territoire piémontais, mettre le siège devant Verceil et s'en emparer, au mépris du traité d'Asti, dont le roi Louis XIII était garant. D'autre part, le traité de Xanten (1614) ayant partagé entre les compétiteurs protestants et catholiques le territoire contesté de Clèves, Berg et Juliers, les puissances protestantes dont Henri IV s'était ménagé le concours cessèrent de compter sur l'appui de la France.

Le duc de Luynes s'était efforcé de relever la politique française de cet abaissement. Il avait imposé à l'Espagne la restitution de Verceil, et au duc de Savoie un désarmement qui, pour le moment, coupait court aux difficultés pendantes en Italie. Il avait fait plus : revenu franchement à l'alliance piémontaise, il avait dédommagé le prince de Savoie Victor-Amédée de la perte de Madame Elisabeth, mariée à l'héritier de la couronne espagnole, en lui faisant accorder la main de la princesse Christine. Si, au commencement de la guerre de Trente ans, Luynes sembla faire le jeu de l'empereur Ferdinand II contre le comte palatin Frédéric V, élu roi de Bohême, en favorisant au profit de l'empire la conclusion d'une trêve entre l'*Union évangélique protestante* et la *Ligue catholique;* plus tard, il voulut localiser les hostilités en décidant l'*Union évangélique* à se désintéresser de la querelle entre l'empereur et Frédéric V tant que les États héréditaires de ce dernier seraient épargnés (1620); il poursuivait le même but quand il détourna le Hongrois Bethlen Gabor de faire cause commune avec les Bohémiens révoltés. Après la ruine des espérances du Palatin en Bohême, par suite du désastre de la Montagne Blanche (1620), lorsque les impériaux de Tilly, secondés par les Espagnols de Spinola, s'emparèrent du haut Palatinat (1621), Luynes protesta énergiquement contre la politique de Ferdinand II. Les graves affaires de la Valteline avaient été également l'objet de ses préoccupations.

Les Espagnols s'étaient, par surprise, et sous prétexte de protéger les intérêts religieux des habitants catholiques, saisis de ce petit pays, sujet des trois Ligues grises protestantes. Par sa configuration géographique, la Valteline donne accès aux principaux passages qui font communiquer l'Allemagne avec l'Italie et qui, à cette époque, unissaient à travers les Alpes les deux branches de la maison d'Autriche. Le traité de Madrid (15 avril 1621), dont le négociateur, choisi par le connétable de Luynes lui-même, fut le comte de Bassompierre, décida la restitution du *dominium* de la Valteline aux Grisons, moyennant certaines garanties religieuses en faveur des Valtelins. La mort empêcha le duc de Luynes de tenir la main ferme à l'exécution de cette convention.

Si la politique du connétable n'avait pas été plus décidée à l'extérieur, c'est qu'il avait, non sans raison, jugé qu'il convenait d'en finir d'abord avec les résistances des protestants contre l'autorité royale. A cette œuvre, il avait usé les derniers jours de sa vie.

En 1622, comme l'année précédente, au dehors ainsi qu'au dedans du royaume, des questions où la politique et la religion étaient mêlées l'une à l'autre formèrent, à côté des affaires de la cour, le principal souci du gouvernement;

La nature des difficultés que Louis XIII et ses ministres avaient à résoudre ou à trancher donne un intérêt particulier à une dépêche du nonce apostolique, dans laquelle il apprécie, au point de vue de la cour de Rome, le caractère et la valeur des hommes qui étaient alors au pouvoir :

« Les principaux ministres sont, dit-il, le comte de Schomberg, contrôleur général des finances et grand-maître de l'artillerie. C'est une personne solide, prudente, un soldat qui n'est pas sans mérite, et un bon catholique. Mais il est lent, et ce n'est point un génie supérieur, ni un esprit bien vif.

« Il y a chez le cardinal de Retz (chef du conseil), avec une égale mesure, droiture dans les intentions, franchise, sincérité, uniformité dans la conduite politique, égalité d'humeur et prudence dans les avis; mais il a une timidité naturelle qui lui fait suivre le plus souvent les opinions d'autrui et non pas les siennes, cherchant ainsi à se mettre à couvert derrière sa renommée de prudence et désirant volontiers se maintenir dans les bonnes grâces de ceux qui sont les plus puissants [1].

« Le garde des sceaux (de Vic) est un homme simple et bon, et porte de l'affection à l'église et au Saint-Siège apostolique; mais la vigueur et la fermeté ne répondent point chez lui à tant de bonnes parties [2].

---

1. Richel., *Mém.*, p. 267 : « Le cardinal de Retz, étant tombé malade à Lunel, mourut le 16 août (1622) d'une fièvre d'armée; il fut regretté, parce qu'il avait l'esprit doux, mais était faible, de nulles lettres et de peu de résolution. Il ne fut pas appelé à la dignité de cardinal par extraordinaire mérite qui fût en lui, mais par la faveur de ses alliances, et le sieur de Luynes l'établit chef du conseil pour autoriser les choses qu'il voulait. » Nous recueillons sur le même personnage le trait satirique suivant dans un pamphlet du temps (*la France mourante*) : « Les simagrées de suffisance du cardinal de Retz. »

2. Ambass. vénit., n° 15, 24 déc. 1621 : « Vic, garde des sceaux, sujet qui a la réputation d'être un bon Français, vieux ministre de la couronne et serviteur du feu roi, a été ambassadeur de Sa Majesté chez les Suisses et les Grisons. Il est octogénaire. »

« Le chancelier (Brûlart de Sillery) a au suprême degré l'expérience, la prudence, l'habileté, la capacité et l'entendement, mais point de sincérité, point de bonne foi, point d'affection ni d'amitié pour la religion ; et il mesure toute chose d'après l'intérêt.

« M. de Puisieux incline au bien par sa nature ; mais, par suite des enseignements paternels, il agit souvent d'après des règles purement politiques ; dans une charge proportionnée à ses forces, il rendrait des services.

« Le prince de Condé est un esprit bien doué, un négociateur délié, un beau diseur ; il a de l'action, de la vivacité, du feu, de la véhémence ; mais il est léger, mais il est dissolu, mais il est avare.

« C'est au président Jeannin qu'il faut donner la supériorité sur tous. Lui est un homme tout droit, d'une prudence solide, d'une longue expérience et qui n'a pas moins de franchise que d'adresse, que de désintéressement, que de fidélité, que d'affabilité. Aucuns l'ont estimé plus politique que religieux, et bien qu'à l'occasion il ait en effet donné quelque raison de le croire tel, même en matière de religion, il mérite aussi sa louange (23 février 1622). »

Tels étaient les principaux personnages qui allaient avoir à se prononcer sur les décisions à prendre au retour du printemps. La situation politique comportait encore, comme l'année précédente, soit une expédition nouvelle à l'intérieur contre les huguenots, soit une démonstration militaire contre les Espagnols, toujours établis en Valteline. Il ne parait pas en effet que le gouvernement ait cru devoir sortir de sa réserve vis-à-vis de l'étranger ailleurs que sur ce point. La fin de la trêve de 12 ans, entre l'Espagne et les Provinces-Unies, approchait cependant ; déjà la république fournissait de l'argent à Frédéric V et à ses lieutenants pour recouvrer le Palatinat. Mais la France n'était pas disposée à seconder les Provinces-Unies, à ce moment, pas plus qu'elle n'encouragea à sortir de la neutralité l'*Union évangélique* un instant réunie à Heilbronn. C'est que le gouvernement était bien plus préoccupé, avec raison, des huguenots en France, et de la Valteline dans les Alpes. Entre ces deux alternatives de guerre, soit intérieure, soit extérieure, le Saint-Siège poussait ardemment au choix de celle qui consistait à reprendre avec vigueur la partie interrompue contre les protestants français; et c'est au point de vue de leurs dispositions à cet égard que le nonce jugeait les ministres. Mais la France avait en sa sauvegarde d'autres intérêts que ceux de la religion, et il importe de rappeler lesquels, pour mieux apprécier dans quelles conditions avait à se mouvoir la politique du gouvernement.

L'habile et heureuse négociation du comte de Bassompierre à Madrid semblait avoir mis fin au litige dont la Valteline était l'objet [1]. Le gouvernement espagnol s'était engagé à évacuer toutes les positions qu'il avait occupées dans la Valteline et dans la vallée de Chiavenne. Les Grisons, d'autre part, devaient également retirer leurs troupes des points dont ils n'avaient pas été délogés par les Espagnols, et accorder une amnistie générale à tous leurs sujets de la Valteline, de Chiavenne et du comté de Bormio. En ce qui concernait la religion, il était convenu que toutes les nouveautés préjudiciables à l'exercice du culte catholique, qui avaient été introduites dans ces contrées depuis l'année 1617, seraient abolies. Ces clauses fondamentales du traité de Madrid, conçues d'après une appréciation équitable des intérêts politiques et religieux qui se trouvaient en question, étaient empreintes cependant, de la part des Espagnols, d'une trop grande modération pour ne point cacher quelque piège.

Le piège se trouvait en effet dans les clauses d'exécution. L'article IV stipulait que les Grisons jureraient de se conformer aux conventions arrêtées à Madrid et que l'appli-

---

[1]. Vittorio Siri, *Memorie recondite*.

cation du traité aurait pour garants le roi de France, les treize cantons suisses et les Valésans, ou au moins la majorité des cantons [1]. L'influence que le comte de Bassompierre, en sa qualité de colonel-général des Suisses, exerçait dans ces régions, avait fait supposer au gouvernement français que l'exécution du traité ne serait point entravée du fait des Suisses. Mais on avait pu prévoir qu'il n'en serait pas de même de la part du gouverneur de Milan, l'astucieux et opiniâtre duc de Feria. Car, au moment même où le traité se négociait, le secrétaire d'État du Saint-Siège, le cardinal Ludovisi, faisait envisager la question sous cet aspect au patriarche d'Alexandrie, nonce apostolique à Madrid :

« L'exécution des choses accordées, écrivait le cardinal, devra être remise au duc de Feria et en même temps au nonce de Notre-Seigneur et aux ambassadeurs de Sa Majesté et du Roi Très-Chrétien près les Suisses. Mais il faut que les ministres de Sa Majesté Catholique s'exécutent entièrement; l'expérience a montré qu'ils ne s'y résignent pas facilement [2]. »

Le gouvernement français fut joué non-seulement par le gouverneur de Milan, mais par les Suisses. Les intrigues de l'Espagne empêchèrent en effet la majorité des cantons helvétiques de se porter garants de l'exécution du traité de Madrid [3]. Le duc de Feria, décidé d'autre part à l'éluder, entama des négociations particulières avec les Grisons, pour traiter directement avec eux, au préjudice de leur alliance avec la France. Loin de s'y prêter, les Grisons, à l'instigation des Vénitiens, entreprirent de recouvrer par les armes

1. On sait que les Ligues grises étaient non pas des membres, mais des alliés de la Confédération helvétique, ainsi que le Valais. (Voy. A. Himly, *Histoire de la formation territoriale des États de l'Europe centrale*, Paris, Hachette, 1876, t. II, p. 393, sqq.).

2. Dépêche du cardinal Ludovisi au patriarche d'Alexandrie, 10 mai 1621. Bibl. Barberini, mss, LXV, 28.

3. Voir dans *Le connétable de Luynes*, le chapitre Exécution du traité de Madrid.

ce qu'ils avaient perdu; ils descendirent en force dans la Valteline. Le duc de Feria, qui s'était préparé de longue main à l'offensive, les repoussa et profita de l'occasion pour mettre la main sur Rive et sur Chiavenne. L'archiduc Léopold, combinant les efforts de l'Autriche avec ceux du gouverneur espagnol, occupa les positions stratégiques de Mayenfeld, à l'endroit où le Rhin débouche de la vallée de Coire, et de Poschiavo, dans l'étroite et abrupte vallée qui, à la descente du Bernina, met en communication l'Engadine et la Valteline [1]. Il mit encore garnison sur d'autres points, et il se trouva qu'à la fin de l'année 1621, les portes principales du pays des Grisons étaient occupées par des armées étrangères. Feria crut les tenir et leur offrit de nouveau l'alliance espagnole.

Malgré l'inclination de Rome pour Madrid, le nonce apostolique ne peut s'empêcher de signaler en termes énergiques les inconvénients qui résultaient d'un semblable abus de la force; et on le comprend; car, si le Saint-Siège faisait des vœux pour que la maison d'Autriche restaurât son autorité en même temps que la religion en Allemagne, il en faisait naturellement moins pour que la puissance espagnole s'affermît et s'étendît sur la péninsule italienne, et il pensait d'ailleurs que donner de pareilles inquiétudes à Louis XIII, du côté des Alpes, n'était

---

[1]. Des trois Ligues grises, à savoir, *La Ligue Cadée ou de la Maison Dieu*, au sud et au sud-ouest, la *Ligue Grise* proprement dite, au sud-est; et celle des *Dix Droitures*, au centre et au nord, la dernière était la plus nouvelle. « Son origine, dit M. Himly, se place en l'année 1436, où, à l'extinction de la maison de Toggenburg, les vallées rhétiques qui en avaient dépendu s'allièrent pour la défense commune; mais tant les membres primitifs de la ligue que ceux qu'ils s'associèrent plus tard, Mayenfeld sur le Rhin, Parpan, Churwalden et le Schauffigg, dans le bassin de la Plessur, continuèrent à vivre pendant longtemps sous la haute autorité d'abord des comtes de Montfort et de Sax, héritiers des comtes de Toggenburg, puis de la maison d'Autriche cessionnaire de leurs droits. » De là la prétention de la maison d'Autriche, alors soutenue par Léopold, archiduc d'Autriche, frère de l'empereur Ferdinand II, évêque de Strasbourg et de Passa.

pas le moyen de l'engager à tourner ses forces contre les huguenots :

« Je dis, écrit le nonce le 25 janvier 1622, que les menées des Espagnols sont aujourd'hui si peu dissimulées, qu'ils font connaître, non seulement aux Français, lesquels suivent leurs actes comme ceux de rivaux pleins de ruse, mais aux amis de l'Espagne eux-mêmes, que l'aiguillon qui les a stimulés à prendre les armes contre les Grisons n'était point, à vrai dire, la religion, mais l'intérêt d'État; leur fin est d'étendre leur domaine et de tirer vengeance de ceux qui ont trouvé moyen de s'opposer à leurs tentatives. Plusieurs faits le prouvent avec la dernière évidence : les propositions que l'on émet au conseil d'Espagne pour retenir l'acquis en vue de la commodité des communications entre les États autrichiens de l'Allemagne et de l'Italie; les manœuvres qui ont pour but de renouveler la trêve en Flandre avec le prince Maurice; les efforts que l'on tente ici en faveur du Palatin et au préjudice de la religion catholique; les nouveaux armements qui ont lieu dans le Milanais, beaucoup plus considérables qu'il ne serait nécessaire contre les Grisons; les encouragements donnés, à ce que l'on rapporte, au roi d'Angleterre par l'ambassadeur d'Espagne, pour qu'il assiste les huguenots de ce royaume.

« Tous ces faits sont pesés ici par les ministres comme avec des balances d'orfèvre, et ils produisent deux effets déplorables : le premier est de remplir d'amertume le cœur de tous les bons Français; le second est de faire considérer comme suspect de connivence avec la partie adverse quiconque parle de la paix sans proposer que toutes choses soient rétablies *in pristinum*. Il s'ensuit que notre constance, qu'ils qualifient d'opiniâtreté, à vouloir maintenir les articles en faveur de la religion, fait qu'on nous attribue tous les accidents qui sont arrivés.

« Les conséquences de cette situation sont des plus fâcheuses. Les politiques et les partisans des huguenots ont le champ libre et ne manquent pas d'arguments pour déconseiller la guerre contre les hérétiques en France. Ainsi font le chancelier, le président Jeannin, Créquy, gendre de Lesdiguières, Bassompierre, ami de Créquy, Blenville, Lesdiguières et Bouillon. Le prince de Condé, le comte de Schomberg, le cardinal de Retz et le garde des sceaux veulent au contraire la continuation de la guerre intérieure. Au milieu de ces préoccupations, on songe à envoyer Lesdiguières en Italie avec 15 000 hommes; on ne s'occupe en rien des affaires de la principauté d'Orange [1], et on refuse au duc de Savoie l'autorisation d'attaquer Genève [2].

« Les Français ont, en effet, de bonnes raisons pour se plaindre. On n'observe point vis-à-vis d'eux la parole donnée; on profite du moment où ils sont occupés pour le bien du royaume et de la religion, et lorsqu'ils se reposent sur leur bonne amitié et alliance de famille avec l'Espagne, pour attaquer leurs amis.

« Aussi est-il permis d'affirmer que certainement le gouvernement français ne souffrira pas que la Valteline ou aucun des endroits récemment occupés reste entre les mains des Espagnols; ni qu'on établisse une ligue avec les Grisons aux dépens de la leur. Les seules conditions qu'il puisse accepter sont les suivantes : la ville de Coire sera remise en la

[1]. On lit dans l'instruction donnée au nonce à son départ de Rome (Bibl. Corsini, cod. 990, t. I) les recommandations suivantes, qui expliquent ce passage de la dépêche : « Veiller de la manière la plus attentive à la sûreté du comtat Venaissin et d'Avignon. La protection du roi de France est nécessaire pour le garantir contre les entreprises des hérétiques qui l'entourent de tous côtés. Orange surtout, cité pleine d'hérétiques et qui est aux flancs du Comtat, est une menace perpétuelle, surtout depuis que les hérétiques y ont élevé une citadelle; il faudrait trouver un moyen d'enlever cette ville au prince Maurice : « *Sarebbe un grand opera il poter levar di là quel pessimo nido e ricovero de gli scelerati.* »

[2]. Le duc de Luynes avait eu à lutter dans les derniers temps de son existence contre ce projet déjà ancien, qui, vivement poussé par le Saint-Siège, ne pouvait être accompli qu'en obtenant du gouvernement français le sacrifice d'une ville amie et alliée à l'ambition du duc de Savoie et aux rancunes de la cour pontificale contre la Rome du protestantisme.

possession de son évêque et du chapitre, mais à la condition que l'archiduc Léopold n'aspire point à l'évêché; le calvinisme sera complètement exclu de la Valteline; les prétentions de l'archiduc Léopold seront l'objet d'un examen et d'une sentence arbitrale, pour laquelle un des juges sera le roi de France.

« Dans le cas où Venise serait attaquée, il faut s'attendre à ce qu'immédiatement la France prenne les armes. »

Le gouvernement de Louis XIII allait-il adopter pour la défense de ses intérêts menacés dans les Alpes les résolutions énergiques auxquelles le ton de cette dépêche semble indiquer qu'il fût décidé. On put le croire, lorsqu'au milieu du mois de février le roi fit déclarer au marquis de Mirabel, ambassadeur d'Espagne, qu'il ne pouvait plus souffrir de retard dans l'exécution des conventions relatives à la Valteline. Il donna en même temps connaissance de son intention d'aller à Lyon, d'où il serait à même de s'entendre et de s'unir avec le duc de Savoie, la république de Venise et ses autres amis pour la défense de leur commune liberté menacée. Le nonce commentait ces importantes nouvelles, en ajoutant que le roi voulait très certainement se montrer à Lyon avec de grandes forces, mais qu'il était douteux qu'il se décidât à rompre avec l'Espagne. De Lyon cependant, il serait à même de marcher contre ses sujets rebelles, tandis que Lesdiguières, sans qu'il y eût guerre ouverte entre les deux couronnes, se porterait au secours des Grisons [1].

Il n'y avait cependant guère à compter sur une action efficace de la France au dehors, tant qu'un parti qui tenait encore en son pouvoir le tiers du pays resterait en armes. Résolu en apparence vis-à-vis de l'Espagne et de ses amis, le gouvernement en était réduit à faire à ceux de ses alliés qui le pressaient d'agir l'aveu de son impuissance à aller

---

1. Nonce, 14 février 1622.

jusqu'au bout de ses mesures comminatoires. Le président Jeannin, dont les paroles avaient une si haute valeur, dut s'expliquer à ce sujet avec l'ambassadeur de Venise, et le diplomate étranger se plaît à reconnaître la prudence et la sincérité de son langage : « Monsieur, lui dit le président, cette affaire de la Valteline est bien importante ; les événements se sont précipités par suite de la guerre en ce royaume ; et il est nécessaire de travailler, comme le font tous les gens de bien, à obtenir la paix, afin que Sa Majesté puisse agir comme il convient. Votre Excellence voit bien que, dans les conjonctures présentes, il n'est pas au pouvoir du roi de s'employer ailleurs. Celui qui a conduit ces événements malheureux est mort ; il faut maintenant y remédier. Je me porterai, pour ma part, de tout mon cœur, et à la paix et à l'amélioration des affaires chez les Grisons. Le maréchal de Lesdiguières, qui est un seigneur de grande valeur et qui s'est gouverné avec beaucoup de prudence, est dans des dispositions énergiques ; il a l'ambition de mourir sur un champ de bataille contre les Espagnols. Mais, si la guerre éclatait en Italie, les Espagnols feraient la paix avec les Provinces-Unies des Pays-Bas ; le roi d'Angleterre, qui devrait être en bons termes avec la France, prendrait le parti contraire et assurerait cette paix de vive force, pour le plus grand avantage et intérêt de l'Espagne, ayant plus que jamais l'espérance de faire aboutir le mariage avec l'Espagnole, et croyant que c'est là un moyen suffisant pour recouvrer le Palatinat. De la sorte, la guerre tout entière se porterait en Italie. Aussi, je le répète, il faut procurer la paix à ce royaume, et je m'y porterai, comme le font tous les gens de bien. J'ai la conviction que le roi n'abandonnera point les Grisons, ni ses amis. C'est là un intérêt qui lui importe trop.

« En somme, ce vieillard, qui est un si bon Français, ajoute l'ambassadeur, a voulu me faire entendre que, sans la paix, on ne peut compter que sur des secours bien faibles et ne concevoir que des espérances mal fondées de ce côté-ci [1]. »

Un des points les plus fortement indiqués dans cette curieuse conversation, qui résume en termes si justes la situation embarrassée de la France, c'est l'attitude singulière de l'Angleterre. Luynes avait essayé de ramener cette puissance dans des voies plus favorables à la France, en négociant le mariage de Madame Henriette avec le prince de Galles. Richelieu, qui sur ce point, comme sur beaucoup d'autres, devait reprendre l'idée du connétable, dit avec un glorieux dédain que « Dieu, qui dans le ciel fait les mariages, avait destiné autre temps et autres personnes pour moyenner celui-ci [2]. » Sans doute; mais Richelieu eût été en peine de moyenner ce mariage, si la cour d'Espagne, en attirant l'attention du roi d'Angleterre Jacques Ier sur l'infante, avait eu vraiment le dessein de la donner au prince de Galles, au lieu de faire de ce projet d'union un leurre destiné à immobiliser, au profit de ses intérêts, les forces de la Grande-Bretagne protestante. Pour avoir duré longtemps et avoir agité les chancelleries, cette affaire du mariage de l'Anglais avec l'Espagnole n'en fut pas moins une pure comédie de la part du cabinet de Madrid, comme elle ne devait être pour le prince de Galles que l'occasion d'une équipée romanesque. La cour de Rome secondait admirablement le double jeu de l'Espagne, et le nonce auprès de Philippe IV ne nous laisse aucun doute sur leur connivence, puisqu'il écrira plus tard au mois de novembre 1622 qu'à la cour d'Espagne on n'a jamais eu sérieusement l'intention de marier l'infante au prince de Galles [3]. Philippe IV voulait faire de sa fille non pas une reine d'Angleterre, mais une impératrice. En attendant, on berçait le roi Jacques Ier d'illusions qui charmaient sa pusillanimité et son amour

---

1. Ambass. vénit., n° 21, 14 février 1621.
2. Richel., *Mém.*, p. 235.
3. Ev. de Bertinovo (Bibl. Barberini, Mss. LXV, 28).

exagéré de la paix : « La conséquence du mariage d'Angleterre et d'Espagne, écrit le nonce Corsini, le 30 janvier 1622, sera de faire restituer le Palatinat à son ancien maître et de faire renouveler la trêve entre le comte Maurice [1] et le marquis de Spinola [2]. » Voir son gendre Frédéric V rétabli dans l'électorat qu'il avait presque entièrement perdu, sans que lui-même eût à y mettre la main; assister, sans qu'un effort de sa part fût nécessaire, à la consolidation de l'indépendance des Provinces-Unies, telles étaient les espérances chimériques attachées par le roi de la Grande-Bretagne à la conclusion du mariage espagnol. Ainsi tenu en laisse par Madrid, Jacques Ier mettait doublement en échec le gouvernement français : dans le royaume, par l'appui qu'il donnait aux protestants; à l'extérieur, par sa neutralité, toute bienveillante pour la politique espagnole.

Le cabinet de Madrid connaissait trop bien la force de la situation qu'il s'était faite par une diplomatie sans scrupules pour ne point chercher à en retirer absolument tous les profits qu'elle pouvait donner. « La nature de l'Espagnol, écrit le secrétaire d'État du pape, est de prendre tout ce qui se trouve à son avantage, et, en voulant toujours mieux, de gâter les meilleurs desseins [3]. » Depuis les nouveaux progrès accomplis par les armes de l'Autriche et de l'Espagne aux dépens des Grisons, tout un réseau habilement noué d'intrigues diplomatiques entoura les Ligues grises pour les faire tomber dans le piège de l'alliance espagnole, la Valteline pour la jeter dans la dépendance de Milan, et le Saint-Siège pour forcer son adhésion à ce bouleversement complet de l'ancien équilibre établi dans les pays suisses. Le duc de

---

1. Maurice de Nassau.
2. Gouverneur des Pays-Bas.
3. *Registro di lettere di Mons[re] Agucchia, scritte per il cardinale Ludovisio in risposta a Mons[re] Corsino, nuntio in Francia nel pontificato di Gregorio XV.* 2 vol. mss., à Rome, Bibl. de la Minerve, X, VI, 16, 17, dépêche du 11 mars 1622.

Feria prit tout sur lui, eut l'air d'agir à l'insu du gouvernement de Philippe IV, et négocia, en tout cas, à l'exclusion des ministres de Louis XIII. Par ce moyen, le cabinet espagnol, tout en se tenant prêt à recueillir le bénéfice des opérations de son agent, si elles étaient heureuses, se réservait, dans le cas contraire, la possibilité de les désavouer. Ce sont les dépêches de la chancellerie pontificale au nonce Corsini qui nous mettent au courant des manœuvres du gouverneur espagnol et des tergiversations de la cour de Rome en présence d'actes qu'elle n'était pas loin d'approuver, mais dont elle redoutait d'avoir à endosser la responsabilité ou de subir en Italie les conséquences.

« Les affaires de la Valteline, avait écrit le secrétaire pontifical Agucchia, dès le 31 décembre 1621, ont pris un cours dont il sera bien difficile aux Français de changer la direction. Car les Grisons se trouvent en la puissance du gouverneur de Milan et de l'archiduc Léopold, qui, avec leurs armes, les tiennent opprimés. Pour s'en débarrasser et pour recouvrer ce qui est à eux, ils seront amenés à traiter avec les Autrichiens et les Espagnols du côté desquels ils ont à redouter de continuelles atteintes; ils ne peuvent plus faire grand cas, en effet, de leur confédération avec la France, voyant que les secours qu'ils en peuvent tirer, soit par l'autorité d'heureuses négociations, soit par la force des armes, les assistent d'une manière insuffisante; les Français sont trop loin et ont d'autres sujets d'occupation. Semblablement, les Suisses, et particulièrement les catholiques, ont plus d'inclination pour les Espagnols que pour les Français. D'où il suit que les ambassadeurs du Roi Très-Chrétien ne possèdent plus la même influence qu'autrefois..... Grâce à ces circonstances, le gouverneur de Milan s'efforce de faire une confédération avec les Grisons et de les enchaîner de telle sorte qu'ils ne se puissent tourner d'un autre côté. Quant au fait de la Valteline, la prétention du gouverneur est qu'elle reste libre et qu'elle se gouverne sous la forme d'une république, moyennant le payement d'une redevance annuelle aux Grisons, suivant le compromis déjà mis en avant par don Giovanni Vivez. C'est un beau mot que celui de liberté, c'est une apparence bien agréable; mais, en fait, ce sera la servitude avec les Espagnols, parce que les Valtelins n'ont ni le moyen de se gouverner par eux-mêmes, ni celui de conserver les forts. »

Cependant le gouvernement français était informé par ses agents des progrès de cette négociation secrète conduite par un habile homme, don Giovanni Vivez, représentant de l'Espagne à Gênes. On apprenait que le gouverneur de Milan, précisant les premières conditions faites aux Grisons, était sur le point de traiter avec eux en leur restituant la position de Chiavenne, moyennant une compensation pécuniaire [1], mais en exigeant d'eux la renonciation à la Valteline et au comté de Bormio. La Valteline resterait libre de se liguer avec qui elle voudrait, à la condition que ce ne fût point contre la maison d'Autriche. Louis XIII, au reçu de ces nouvelles, fit déclarer à Venise par son représentant qu'il allait envoyer de nouveaux ambassadeurs à Madrid, avec l'ordre de parler haut et résolument et de dire au roi d'Espagne, pour le contraindre à l'observation de sa parole, que le roi de France avait assez de forces pour réduire à l'obéissance les rebelles de son royaume et pour faire la guerre au dehors. La curie, plus intimidée que l'Espagne, redoutait déjà la formation d'une ligue entre la France, Venise, la Savoie et tous les ennemis de la maison d'Autriche. Elle chercha à agir sur le roi de France au nom des scrupules religieux qui avaient souvent prise sur son esprit, et elle prescrivit au nonce Corsini de lui représenter que, puisque les Grisons consentaient d'eux-mêmes à renoncer à leurs droits, Sa Majesté voulût bien s'abstenir de faire en

---

1. Cette compensation devait être fixée à 25 000 écus de la monnaie des Grisons, ce qui faisait 12 000 ducats de Milan. Agucchia, 24 janvier 1622.

sorte qu'un peuple catholique retombât au pouvoir des hérétiques. A l'appui de ces raisons, le Saint-Siège invita le roi à consulter ses théologiens [1].

Le point de vue particulier de la cour de Rome est nettement indiqué dans le passage suivant d'une dépêche du 24 janvier : « La mise en liberté de la Valteline est assurément illusoire. Car les Espagnols voudront en occuper les forts, sous le prétexte de protéger pendant quelque temps la Valteline contre les armes de leurs ennemis. Le pape admettra cet arrangement; car il doit avoir plus égard à la raison de religion qu'à la raison d'État [2]. »

Le Saint-Siège ne pouvait pas, à vrai dire, se placer sur un autre terrain. Le gouvernement français pouvait l'y suivre et faire de son côté des propositions de nature à garantir la liberté du culte catholique en Valteline et à maintenir en même temps l'intégrité de son alliance avec les Suisses. Mais la duplicité de la politique espagnole ne lui permettait même pas d'aborder par ce côté les questions qui se trouvaient pendantes. En effet, au moment où les négociations entreprises par le duc de Feria allaient aboutir, le cabinet de Madrid faisait savoir au gouvernement de Louis XIII que, nonobstant les progrès faits par le duc de Feria et par l'archiduc Léopold contre les Grisons, après la conclusion du traité de Madrid, et nonobstant ce qui pouvait être arrêté à Milan entre le gouverneur et les ambassadeurs des Grisons, Sa Majesté Catholique [3] voulait que sa parole fût exécutée.

Cette déclaration ne pouvait avoir pour but que d'endormir la vigilance des ministres de Louis XIII, afin de les mettre en présence d'un fait accompli, plus difficile à défaire qu'à empêcher. C'est ce qui arriva. Le gouvernement français fut avisé en même temps de la signature d'un

1. Agucchia, 13 janvier 1622.
2. Agucchia, 24 janvier 1622.
3. Nonce, 23 février 1622.

traité à Milan entre le duc de Feria et les Grisons, et de l'ouverture par le cabinet de Madrid d'une nouvelle phase de négociations, dans laquelle il saurait évidemment se prévaloir des récents avantages en possession desquels il se trouvait désormais.

La capitulation particulière faite par le gouverneur de Milan avec les Grisons au milieu de janvier était conforme aux prévisions annoncées par la chancellerie du pape et les aggravait même[1]. Elle éteignait le droit de *dominium* des Ligues grises sur la Valteline et posait la condition que les hérétiques ne pourraient y habiter. Au surplus, aucune stipulation n'obligeait les Espagnols à laisser les Valtelins libres, à évacuer les forts et à laisser la vallée ouverte. Pendant que les articles de ce traité, qui livrait pieds et poings liés au gouverneur de Milan Grisons et Valtelins, persécuteurs et persécutés, parvenaient à la connaissance du roi de France, Philippe IV, qui ne pouvait ignorer l'état des négociations engagées à Milan, se déclarait encore prêt à exécuter les conventions de Madrid. Il posait cette fois cependant une condition nouvelle : c'était que l'on s'entendît à Rome sur les questions concernant la religion. Les ambassadeurs de France et d'Espagne auprès du Saint-Siège seraient chargés des pourparlers relatifs à cet objet. Ainsi, tandis que la convention de Milan allait recevoir son exécution par le fait du gouverneur de cet État, une nouvelle négociation dilatoire était sur le point de s'engager à propos du traité de Madrid, à l'effet de permettre au duc de Feria de consolider, avec l'aide du temps, les résultats de sa politique. Pour rendre plus vraisemblable cette comédie diplomatique, Giovanni Vivez, le principal artisan de toute l'intrigue, recevait ostensiblement du duc de Feria la mission d'aller à Madrid pour engager le roi Philippe IV à ratifier son traité avec les Grisons et lui persuader qu'il

---

1. Vittorio Siri, *Memorie recondite*.

n'y avait rien à craindre des Français pour le moment [1].

Le pape, un de premiers au courant du dénouement de l'affaire, en avait donné avis à Mgr Corsini, qui tint la nouvelle secrète jusqu'à ce qu'elle fût parvenue en France par une autre voie : « Le traité a été signé avec les Grisons, lui avait écrit le secrétaire pontifical ; vous aurez à représenter à Sa Majesté les avantages que la religion catholique en tire. Sans doute il est à craindre que les Valtelins, rendus à la foi catholique, ne tombent entièrement sous la domination de l'Espagne. Mais le bien de la religion doit faire passer sur cette considération. D'ailleurs, les Espagnols, favorisés par les embarras de la France à l'intérieur et par les circonstances, sont décidés à tirer parti de leurs avantages. Cependant, s'il arrivait que le roi de France se décidât à faire la guerre, Sa Sainteté aviserait à proposer quelque autre accommodement pour la Valteline [2]. »

Les dépêches de la cour de Rome se suivent coup sur coup ; elles sont intéressantes pour les renseignements qu'elles nous fournissent sur les dispositions du Saint-Siège et sur les manœuvres du gouvernement espagnol.

« Sa Sainteté a toujours envisagé deux choses, lisons-nous encore dans la dépêche du 10 février : la religion et la paix. Sur le premier chef, la capitulation du gouverneur de Milan avec les Grisons ne laisse rien à désirer à notre Saint-Père. Il ne peut qu'approuver ce qui a été fait et agir en sorte qu'aucun autre traité n'empire la situation religieuse. — Quant aux clauses purement politiques, Sa Sainteté n'a point à approuver ou à désapprouver à cet égard, à moins qu'elle ne voie la paix publique menacée. Les conventions nouvelles du gouverneur de Milan ont-elles été faites par ordre du roi d'Espagne ? On n'en sait rien. Le roi a toutefois écrit et fait dire le contraire à notre Saint-Père ; il répète continuellement au nonce qu'il veut l'exécution pure et simple du

---

1. Nonce, 7 mars 1622.
2. Agucchia, 10 février 1622.

traité de Madrid et qu'il a donné ses ordres dans ce sens au gouverneur de Milan. Dans la situation actuelle, le Saint-Père est d'avis qu'il n'y a point lieu de presser auprès du roi d'Espagne la ratification du traité fait par le gouverneur. Car on ne saurait se dissimuler qu'il y a là un cas de guerre avec la France. »

La cour de Rome, qui tenait surtout à éviter les hostilités en Italie, était encouragée dans cette attitude hésitante, qui faisait si bien le jeu de l'Espagne, par la conviction où elle était que la France ne pouvait point faire la guerre au dehors et que par conséquent l'Italie ne serait point appelée à devenir un champ de bataille. Il faut convenir que c'était là le souci principal du Saint-Siège et d'une autre puissance italienne aussi intéressée que la papauté à ménager les intérêts de la France, c'est-à-dire la Toscane. C'est ce qui ressort de la dépêche suivante, du 13 février, écrite par le résident florentin et qui complète la précédente :

« Il semble bien que le fait seul de montrer des dispositions résolues suffise de la part de Sa Majesté, sans qu'il soit presque besoin de tirer l'épée. Le plus grand nombre est d'avis que les circonstances ne comportent pas que l'on fasse autre chose ; ainsi le fait présumer la fortune présente des Espagnols, laquelle finalement n'est pas grand'chose en substance, mais vaut par l'apparence et le bruit qu'on en fait ; si bien qu'elle en viendra à attirer sur elle tant d'envie et de haine que nous en verrons, dans un certain temps, les effets. Pour le moment, les Altesses de Toscane ne voudraient point faire les dépenses auxquelles elles seraient obligées, si la guerre se faisait en Italie, et surtout durant la minorité du grand-duc ; aussi doivent-elles faire tous leurs efforts par le moyen de la reine mère, pour écarter de l'esprit du roi les idées de guerre en Italie, et pour que les choses restent en paix de ce côté-ci des monts. Leurs Altesses voulaient envoyer en France le chevalier Guidi ;

mais, pour ne point donner d'ombrage, elles se sont résolues à faire faire les offices en question par lettres et se persuadent qu'elles réussiront, dans la pensée que la reine mère est sur le point de revenir dans son premier état de grâce et d'autorité. »

Cette dépêche, qui remet en scène la reine mère, au milieu des complications de la politique extérieure, sera utilement complétée par le récit que fait l'ambassadeur vénitien d'un entretien qu'il eut avec elle au sujet des affaires de la Valteline. On y verra combien Marie de Médicis mettait d'art à s'abstenir de tout conseil compromettant. Au fond d'ailleurs, la reine mère inclinait à favoriser la politique pacifique de la Toscane alors gouvernée par deux femmes, les archiduchesses Christine et Madeleine, l'aïeule et la mère du mineur Ferdinand, grand-duc depuis 1621, après la mort de Cosme II. Giovanni Pesaro avait essayé, par toutes sortes de considérations politiques et morales, d'intéresser Marie de Médicis aux Grisons. « Sa Majesté, dit-il, se montra très sensible à la confiance que je lui témoignai de la part de Votre Sérénité. Elle me dit que quant à elle, elle était toute disposée à user de son pouvoir pour contribuer au bien et à l'avantage de Votre Sérénité; que le roi avait un bon conseil et qu'elle espérait qu'il serait bien guidé. Pour elle, elle ne manquerait pas de rappeler à son fils les maximes du feu roi, son seigneur, de glorieuse mémoire, lequel avait eu tant de sagesse qu'il était impossible de concevoir l'idée d'une politique préférable à la sienne : Il est certain que, depuis quelque temps, les amis de cette couronne sont négligés, me dit-elle, et non pas un peu, mais trop. J'espère que le roi ne voudra pas que les Espagnols aillent toujours de l'avant, comme ils font, et, pour moi, je contribuerai au bien de tous et à la paix, jugeant que c'est là l'intérêt de mes enfants [1]. »

[1]. Ambass. vénit., n° 32, 1er avril 1622.

Voilà un langage infiniment moins décidé que celui qui est prêté à la reine mère par le cardinal de Richelieu dans le discours en trois points que renferment ses Mémoires et que Marie de Médicis aurait prononcé devant le conseil lorsque s'imposa à ses délibérations l'alternative de la guerre au dehors avec la paix à l'intérieur, ou de la paix au dehors avec la guerre au dedans. La harangue des Mémoires trahit l'expérience consommée et la tranquillité d'esprit d'un homme d'État qui écrit après coup sur les événements. Nous ne savons pas si les hésitations et les ambiguïtés de la réponse de Marie de Médicis à l'ambassadeur vénitien, nécessitées peut-être par la réserve commandée vis-à-vis d'un diplomate étranger, n'infirment pas dans une certaine mesure la créance qu'on peut accorder à l'authenticité du discours composé par le cardinal [1].

Les manœuvres tenaces et persévérantes de l'Espagne continuaient leur cours. Le duc d'Albuquerque, ambassadeur de Philippe IV à Rome, vint présenter au pape les capitulations faites par le duc de Feria avec les Grisons, comme si elles lui eussent été adressées non par le gouverneur de Milan, mais par le roi lui-même. Ainsi Philippe IV disait au nonce à Madrid le contraire de ce que son ambassadeur affirmait à Rome. La chancellerie du pape éventa le piège. L'ambassadeur d'Espagne ayant insinué au pape de remercier le duc de Feria par un bref, et d'écrire aux princes chrétiens pour approuver le traité de Milan et exalter les avantages qu'en retirait la religion catholique, Grégoire XV fit savoir à Madrid qu'il ignorait absolument la volonté du roi de France en ce qui concernait le traité et qu'il ne voulait point conséquemment que l'on pût faire considérer à la cour d'Espagne comme acquise l'approbation du Saint Siège. Le pape entendait en effet connaître les intentions du roi de France avant de manifester sa propre

---

[1]. Richel., *Mém.*, p. 260.

résolution. Il se serait, au rapport du secrétaire Agucchia, exprimé formellement dans ce sens en parlant au duc d'Albuquerque et aurait même ajouté, ce qui fit faire la grimace à l'ambassadeur, qu'il doutait fort que les occasions de jalousie et de péril fussent levées par le traité de Milan [1].

On remarquera facilement que ces nouvelles sont l'indice d'une évolution sensible dans la conduite politique de la cour de Rome. Sans méconnaître la part considérable que prenaient alternativement dans les déterminations du Saint-Siège l'intérêt de la religion et celui de la paix générale, nous ne pouvons passer sous silence les motifs d'ordre inférieur et les considérations particulières qui, dans une mesure très appréciable, influèrent aussi sur les variations de la politique pontificale.

La cour de Rome était ordinairement divisée en factions passionnément hostiles. Chaque pape qui mourait en laissait une derrière lui, composée des cardinaux de sa famille, de ses créatures, de tous ceux en un mot que son pontificat avait avancés ou enrichis. Le nouveau pape, élu le plus souvent grâce à l'alliance des factions que son prédécesseur avait sacrifiées, ne parvenait pas aisément, au début, à former, avec les éléments tirés de la coalition qui l'avait porté à la chaire de Saint-Pierre, un parti assez puissant pour tenir en bride les partisans du dernier régime et les adhérents qu'ils pouvaient recruter. Dans cette situation difficile, les pontifes cherchaient naturellement des appuis parmi les adversaires déclarés des créatures du pape défunt. Cette crise, périodique dans l'histoire de la papauté, au temps dont nous parlons, fut particulièrement aiguë sous le pontificat de Grégoire XV [2]. Le long règne de Paul V avait fortement constitué le parti des Borghèse. L'ex-cardinal-neveu et secrétaire d'État, et l'ancien nonce

---

1. Agucchia, 22 février 1622.
2. Il était pape depuis le mois de février 1621.

en France, le remuant Bentivoglio, en étaient les chefs. La faction du nouveau pape pouvait compter sur le caractère audacieux et entreprenant du jeune secrétaire d'État, le cardinal Ludovisi, et sur les immenses moyens de séduction que la disposition des bénéfices ecclésiastiques assurait à chaque pontife. Mais il fallait du temps, de l'habileté et de brillantes alliances de famille pour asseoir définitivement le parti des Ludovisi [1].

Sous le pontificat de Paul V, le marquis de Cœuvres, ambassadeur de France, avait eu maille à partir avec le cardinal Borghèse; sa maison se plaisait à faire du scandale dans les rues de Rome et jusque dans les couvents de femmes; et, quand la police pontificale voulait intervenir, les gens du marquis la traitaient avec un sans-gêne que n'autorisaient pas suffisamment les immunités dont jouissaient les ambassades. Le marquis négociait en outre avec une brusquerie et une hauteur militaire qui déplaisaient à la cour du Saint-Père. Borghèse fit plusieurs fois valoir ses griefs auprès du gouvernement français, qui dut inviter le marquis de Cœuvres à voyager en Italie hors de Rome; on songea même dès lors à pourvoir à son remplacement. Mais l'avènement du nouveau pape faisait que cet ennemi des Borghèse devenait précisément l'homme qui convenait

---

[1]. Voir l'appendice n° 1, biographie en latin du pape Grégoire XV. Elle est extraite d'un très curieux manuscrit de la bibliothèque de la Minerve à Rome, intitulé : *Summorum pontificum vivente auctore e vivis sublatorum elogia, et vitæ cardinalium*, par Amayden (Theodorus), autograph., cod. chart., in-fol., E, III, 12. Amayden, né à Bois-le-Duc, jeté par les troubles des Pays-Bas hors de son pays, vint se réfugier à Rome, où il vécut dans la familiarité des papes et des cardinaux de son temps. Il a publié de nombreux ouvrages; mais les plus importants sont encore manuscrits, notamment son traité *Delle famiglie romane nobili*, qui fait autorité. L'ouvrage que nous citons et dont existent des copies à la bibliothèque Corsini et à la bibliothèque Barberini fut composé par l'auteur pour l'instruction de son fils Philippe; il n'était pas destiné au public. Ce sont des mémoires très intéressants, souvent peu édifiants, sur les mœurs de la cour de Rome. Mais la véracité de l'auteur, fervent catholique, ne saurait être révoquée en doute.

le mieux au Vatican pour l'exercice de ces fonctions d'ambassadeur, auxquelles étaient attachées la surveillance et la direction politique des cardinaux pensionnés ou gratifiés par le gouvernement français.

La cour de Rome sollicita donc vivement le maintien du marquis de Cœuvres [1], qui venait de se faire de nouveaux titres à la bienveillance du Saint-Siège, en sollicitant, sans succès d'ailleurs, auprès du gouvernement vénitien, la réintégration des Jésuites. Mais le secrétaire d'État des affaires étrangères avait obtenu, en décembre 1621, le poste d'ambassadeur à Rome pour son oncle, le commandeur de Sillery [2]. Le marquis de Cœuvres, à cette nouvelle, avait envoyé au roi de France son secrétaire, pour le supplier de ne point porter un tel préjudice à son honneur, sans l'entendre, et il ajoutait, d'une façon cavalière qui donne une singulière idée de ses aptitudes aux fonctions diplomatiques, qu'un tel affront le mettait dans un désespoir si grand qu'il se verrait dans la nécessité d'avoir recours à la violence, et qu'à défaut d'autres moyens il donnerait au commandeur des coups de bâton. La menace n'était point du goût de M. de Sillery, qui fit offrir au marquis de Cœuvres 25 000 écus pour le calmer [3]. Mais le marquis s'entêta. La compétition se poursuivit à Paris pendant l'hiver, avec une égale ardeur des deux parts. Le commandeur de Sillery, fort de la faveur du chancelier et du marquis de Puisieux, se fondait en outre sur la parole du roi; Cœuvres arguait de son droit de possession, et répétait partout qu'il en faisait une affaire d'honneur et que, dût-il laisser sa tête en place de Grève, il chercherait à bâtonner le commandeur de Sillery [4]. L'affaire fut portée devant le conseil; le marquis de Cœuvres y fut entendu.

---

1. Nonce, 9 déc. 1621.
2. Ambass. vénit., n° 15, 24 déc. 1621.
3. Nonce, 10 janv. 1622.
4. Nonce, 9 févr. 1622.

Ses amis, désirant maintenir la bonne harmonie entre les ministres du roi et ne pas rompre avec le chancelier, le soutinrent mollement [1], et le marquis ne fut pas maintenu dans sa charge. Le cardinal de Retz, intervenant alors comme médiateur, lui offrit au nom du roi d'ajouter Paris à sa lieutenance de l'Ile-de-France et d'augmenter ses pensions. M. de Béthune, dont le marquis venait d'épouser la fille, fit accepter à son gendre cette transaction [2]. Le samedi 20 février, le marquis de Cœuvres prêta serment pour la lieutenance de Paris, et le commandeur baisa les mains de Sa Majesté, pour l'ambassade à Rome, dont il était définitivement investi [3].

Ce choix déplaisait à la cour de Rome, non seulement à cause de sa préférence pour le marquis de Cœuvres, mais aussi à cause de la liaison de la famille des Sillerys avec le cardinal Bentivoglio. Ce n'était pas à un ennemi, mais à un ami des Borghèse, que la cour de Rome craignait d'avoir affaire. Le nonce Corsini essaya cependant d'atténuer cette impression : « Le commandeur de Sillery, écrit-il, part avec l'intention de se préparer les voies au cardinalat. Aussi cherchera-t-il, si je ne me trompe, non seulement à acquérir la faveur de la cour de Rome par la splendeur de son train de vie et sa libéralité, mais aussi de gagner les bonnes grâces de Notre-Seigneur et de votre Illustrissime Seigneurie [4]. »

Le commandeur alla faire visite au nonce et lui assura que la vie de Rome était plus conforme à son caractère que celle de Paris. Le nonce chercha, dans la conversation, à lui ôter de l'esprit l'idée qu'à la cour de Rome on eût désiré plutôt le retour du marquis de Cœuvres que la venue du commandeur : « Il parle très bien italien, dit

1. Nonce, 9 févr. 1622.
2. Nonce, 14 févr. 1622.
3. Nonce, 23 févr. 1622.
4. Ibid.

Corsini ; il apporte dans sa façon de négocier beaucoup de circonspection, et fait profession d'avoir beaucoup de calme ; mais il sera très véhément dans les questions où il sera contrecarré par les Espagnols. J'ai essayé de lui imprimer dans l'esprit l'idée que Sa Sainteté et votre Illustrissime Seigneurie sont personnes paisibles, et qu'avec des manières douces on peut espérer d'elles tout ce qui est juste et raisonnable [1]..... Le commandeur ne tardera point à partir. Il représentera là-bas très noblement, parce qu'il veut se faire honneur ; il a des objets d'ameublement magnifiques et en quantité, de l'argent en telle abondance qu'il pourra briller plus que ne l'a jamais fait aucun autre ambassadeur à Rome. Il aura avec lui une maison nombreuse, des pages, des gentilshommes, tous bien disciplinés ; car je lui ai représenté combien cela est nécessaire à Rome. Il est l'ami du cardinal Bentivoglio, mais il est encore plus dévoué au service de son roi et à ses propres intérêts [2]. »

Les bruits de la cour disaient le commandeur de Sillery incapable, et la suite prouva qu'ils n'avaient pas tort. Il était destiné à être joué par la cour de Rome et par l'Espagne. En attendant, le Saint-Siège manifesta la mauvaise humeur que lui causait le choix de M. de Sillery, par cette affectation à se désintéresser des clauses politiques du traité de Milan, qui faisait dire au marquis de Puisieux : « Le pape, avec la rigueur de ses maximes, veut ruiner la religion, l'État et la liberté [3]. »

Une intrigue, dans laquelle il est difficile de dire quelle part fut prise par le gouvernement français, fit cependant réfléchir la cour de Rome sur le danger qu'il pouvait y avoir à abuser de la longanimité que les circonstances commandaient à Louis XIII. La même dépêche qui nous a fait connaître le langage plus ferme que d'ordinaire tenu

---

1. Nonce, 26 févr. 1622.
2. Nonce, 7 mars 1622.
3. Ambass. vénit., 14 févr. 1622.

par le pape au duc d'Albuquerque nous apprend aussi que la situation du cardinal-secrétaire d'État venait d'être assez gravement menacée. Le pape ayant eu des attaques de goutte qui avaient donné de vives inquiétudes, il y avait eu entre les cardinaux des allées et venues peu rassurantes pour le chef de la chancellerie; des congrégations illicites s'étaient formées, et des conciliabules s'étaient tenus dans la villa Borghèse. Le cardinal neveu avait pu être éclairé sur les dispositions hostiles d'un grand nombre de ceux mêmes auxquels il avait fait le plus de bien ; il savait que ses ennemis de Rome s'étaient efforcés de lui nuire dans sa réputation auprès des cours étrangères, et il redoutait que tant d'efforts réunis contre lui ne parvinssent à le faire tomber en disgrâce du vivant même de son oncle. Le cardinal de Sourdis, alors en séjour à Rome, et chargé des affaires de France par suite de l'absence d'un ambassadeur en titre, joua, paraît-il, un rôle des plus actifs dans la cabale montée contre le cardinal Ludovisi :

« J'ai trouvé, dit le secrétaire d'État romain dans sa dépêche, la légèreté d'esprit du cardinal de Sourdis très favorable à tous ces mauvais desseins, et, s'ils avaient pu s'accomplir, on se serait prévalu du nom du roi et de l'autorité de la couronne de France qu'il représente, comme d'une épée laissée aux mains d'un fou furieux. Sans doute, le frein de la bulle [1] est capable aujourd'hui de modérer tous ces emportements. Néanmoins, comme le caractère du cardinal de Sourdis le rend très dangereux pour le public et le particulier, je prie Votre Seigneurie de donner tous ses soins à ce qu'il soit rappelé d'ici. Car quand bien même reviendrait ici le marquis de Cœuvres, ou un autre ambassadeur ou un cardinal français, la continuation de son séjour n'en serait pas moins

---

[1]. La bulle relative à l'élection du pontife, qui instituait le scrutin secret, au lieu du scrutin par accession ou par adoration, fut conçue par le pape Grégoire XV pour laisser plus de liberté au choix des cardinaux et empêcher la formation de factions souvent tumultueuses au sein du conclave.

un danger. Il ne demeure point ici, d'ailleurs, de son plein gré, et s'en retournerait de bon cœur, si telle était la volonté du roi; d'autre part, il n'est point un sujet capable de rendre service à Sa Majesté, parce qu'il est dangereux, même pour ses amis et ses maîtres, et qu'on ne pourrait le modérer ni le gagner par adresse. Avec un tel caractère, on ne peut compter sur rien. Que Votre Seigneurie veuille donc bien employer son zèle et son habileté à obtenir son éloignement; et, pour le reste, qu'elle cherche à découvrir ce qu'auront bien pu écrire par delà, dans la conjoncture présente, le cardinal Bentivoglio ou d'autres. Dissipez les ombrages et les soupçons partout où on en aura répandu; et informez-moi diligemment de tout [1]. »

L'intervention menaçante du cardinal de Sourdis dans les intrigues de cour, le désir du cardinal Ludovisi d'en être débarrassé, voilà sans doute, avec les entreprises trop audacieuses de l'Espagne dans les Alpes, ce qui commença à rendre le Saint-Siège plus traitable. Désireux de donner des gages à Louis XIII au dehors pour le décider contre les huguenots, il fit avertir la cour d'Espagne de ne point ratifier le traité fait par la volonté du gouverneur de Milan et la pria de donner quelques satisfactions à la France [2].

Le conseil ne manquait pas d'opportunité. Lorsque la convention de Milan, tenue longtemps secrète pour le gouvernement français, fut enfin parvenue à sa connaissance, l'indignation fut très vive au sein du conseil. Sans entrer même dans l'examen des clauses qui le constituaient, le gouvernement fut d'avis d'en réclamer l'annulation pure

---

1. Agucchia à Corsini, 22 février 1622. — Cf. *Lettre de Ludovisi au marquis de Cœuvres*, par la plume d'Agucchia, 16 mai 1622. Il exprime le regret qu'il n'ait pas été maintenu dans sa charge, lui recommande ses propres intérêts et ceux de sa famille auprès de Louis XIII. Dans une récente maladie du pape, il a pu voir de combien de machinations et d'intrigues il est entouré. (Mss. Bibl. Minerve, X, v, 23, p. 5.)

2. Agucchia, 16 mars 1622.

et simple [1]. Les ambassadeurs de France à Rome et à Madrid furent nantis d'instructions dans ce sens. On décida en même temps la concentration à Lyon de forces imposantes. La guerre étrangère semblait donc imminente ; elle n'eut cependant pas lieu.

Le roi, sur le compte duquel le Journal d'Héroard ne nous apprend que le fastidieux détail de ses menus faits et gestes, promenades et chasses à Saint-Germain, visites à la volière, collations de beignets ou de petits choux au lait, n'était pas exempt des préoccupations auxquelles devaient donner lieu les dangers intérieurs, et les embarras de la politique étrangère. Il fallait prendre un parti pour remédier soit aux uns, soit aux autres ; Louis XIII assuma la responsabilité des résolutions qui furent adoptées et qui, trompant l'attente générale, se trouvèrent conformes aux vues du Saint-Siège. Il se rendit au conseil le 12 mars 1622 et, sans que personne l'eût prévu, donna connaissance de ses intentions. Voyant, dit-il, les rebelles de son royaume remuer et continuer leurs empiètements, il s'était décidé à partir le lundi saint, non pour faire un séjour à Fontainebleau, mais pour passer immédiatement à Orléans, où l'on prendrait les dispositions nécessaires. Le conseil donna son assentiment au bon plaisir de Sa Majesté [2].

Ainsi l'emportait encore l'influence du prince de Condé, et nous croyons que c'était avec raison. Le feu avait pris à la maison ; il fallait l'éteindre avant de porter secours au voisin.

1. Nonce, 7 mars 1622.
2. Ambass. vénit., n° 29, 15 mars 1622.

III

LA CAMPAGNE CONTRE LES PROTESTANTS. — LE COMMANDEMENT DU PRINCE DE CONDÉ.

Situation du parti protestant au commencement de l'année 1622. — Les progrès du duc de Soubise empêchent le succès des négociations entamées avec eux. — Le prince de Condé partisan passionné de la guerre contre les huguenots. — Nécessité de cette guerre. — Nouveaux embarras suscités au gouvernement par Marie de Médicis. — Elle veut suivre le roi et faire rester le duc d'Anjou à Paris. — Elle arrive à ses fins. — Accident survenu à la jeune reine. — Départ du roi. — Inexactitude des Mémoires de Richelieu. — Louis XIII veut éloigner d'Anne d'Autriche la veuve du connétable de Luynes. — Résistances de la reine. — Mariage de la duchesse de Luynes avec le prince de Joinville. — Continuation de la défaveur de Marie de Médicis. — Campagne du Poitou et de la Guienne. — Le prince de Condé perd les bonnes grâces de Louis XIII. — La faveur du secrétaire d'État Puisieux s'établit. — Commencement des hostilités dans le Languedoc.

(Mars — Juillet 1622.)

Ce n'était pas sans raison que la couronne s'inquiétait de la situation du parti protestant vis-à-vis d'elle. La disgrâce de Sully, sous la régence de Marie de Médicis, avait été regardée comme un désaveu du règne de Henri IV. Les huguenots ne furent même pas rassurés par la confirmation de l'édit de Nantes, premier acte du gouvernement de Louis XIII. « Le roi est mineur, soyons majeurs, » avait dit

Duplessis-Mornay. Ils demandèrent qu'on leur permît de s'assembler, comme sous le règne précédent, pour l'élection des deux commissaires qui devaient résider durant trois ans auprès du roi. Le peuple huguenot, réparti en sept cents églises et quinze provinces, sans compter le Béarn, avait ainsi ses États généraux, ses trois ordres, et, pour mieux ressembler à l'autre peuple, ses chefs militaires et féodaux, ses pairs, qui figuraient de plein droit dans l'assemblée, sans tenir leur pouvoir de l'élection, les ducs de Bouillon, de La Trémoille, de Rohan, de Soubise, de La Force, etc. Six de ces assemblées se réunirent de 1610 à 1622[1].

Lorsque, en l'année 1620, Louis XIII, conduit par le duc de Luynes, voulut rétablir le culte catholique dans le Béarn, réunir le pays à la couronne et rendre au clergé orthodoxe tous ses biens, en indemnisant par des pensions les ministres protestants, le Béarn résista, comme dans le même temps la Bohême, pour son autonomie religieuse. Malgré Sully et Duplessis-Mornay, la grande assemblée de La Rochelle proclama la république des Églises réformées de France et de Béarn. Dans cette déclaration d'indépendance, semblable à celle des Provinces-Unies et à celle que voulurent un instant faire les Bohémiens avant d'élire Frédéric V, on partageait les 722 églises réformées de France en huit cercles, dont chacun aurait ses chefs civils et militaires sous la direction d'un conseil représentatif. Bouillon fut nommé chef général des armées réformées; on demanda des secours aux chefs calvinistes de Hollande, d'Angleterre et d'Allemagne. Les huguenots de France crurent trouver dans Bouillon ou dans Rohan un Guillaume d'Orange[2].

Les deux campagnes de 1620 et de 1621 avaient porté des coups sensibles à la formation de cette république protes-

---

1. Léonce Anquez, *Histoire des assemblées politiques des réformés de France.* Paris, A. Durand. 1859.
2. Toussenel, *Histoire de l'Europe de 1610 à 1789.* Paris, Delagrave. 1879.

tante. Mais la résistance victorieuse de Montauban releva les forces et les espérances du parti. Louis XIII, on l'a vu, prit la résolution de les abattre définitivement. Son parti était arrêté, à cet égard, dès le commencement de mars 1622.

Le gouvernement crut cependant devoir cacher encore la direction définitive de la marche militaire qui avait été résolue. La diplomatie vénitienne tenta de nouveaux efforts pour acheminer le roi sur Lyon au lieu de lui laisser prendre la route du Midi. Mais Louis XIII était, au dire de Giovanni Pesaro, circonvenu et persuadé d'ailleurs que, après une campagne victorieuse contre les huguenots, il pourrait beaucoup plus contre les Espagnols et en faveur de ses amis.

« Les considérations contraires, ajoute l'ambassadeur, bien qu'elles lui aient été représentées, ne servent de rien [1]; je suis le seul à les faire arriver quelquefois jusqu'aux oreilles de Sa Majesté, laquelle n'écoute pas les offices des ministres étrangers et n'a d'autre plaisir que d'être entretenue brièvement et de pouvoir répondre ce qui lui a été appris à l'avance. Le prince de Condé est porté à cette guerre contre les huguenots par le souci de sa propre conservation et de sa grandeur. Il est convaincu que, les huguenots une fois abattus, tout prétexte de division dans le royaume tombera, et que, le parti protestant et ses chefs se trouvant ainsi abaissés, la reine-mère et Monsieur, quand il sera arrivé à l'âge de sa maturité, ne trouveront plus aucun appui de conséquence. Et ainsi le prince de Condé aura toujours une influence prépondérante, parce qu'il sera du côté du roi [2]. »

Un calcul de ce genre est trop conforme à l'humeur de Condé pour qu'on puisse douter que l'intérêt personnel du prince n'ait pas été pour lui la première considération dont s'inspirèrent ses conseils. Mais l'intérêt de l'État ne justifiait-il point d'autre part sa politique? Pouvait-on, sans danger,

---

1. Voir le discours de Richelieu déjà cité p. 50.
2. Ambass. vénit., 4 mai 1622.

détourner de la lutte engagée contre les protestants l'effort principal du gouvernement? Un rapide exposé de la situation du parti huguenot en fera juger.

L'expédition de l'année 1621 avait laissé subsister deux foyers d'insurrection, l'un dans les Cévennes et le Languedoc et qui avait pour centre Montpellier, l'autre dans le Poitou, avec la redoutable forteresse de La Rochelle. Les nombreuses places dont Louis XIII s'était emparé avaient, il est vrai, intercepté en partie les communications stratégiques de l'une à l'autre de ces deux bases d'opérations; mais l'échec du roi devant Montauban rendait fort précaire la situation des garnisons royales, serrées de près entre deux groupes de provinces ennemies. L'hiver fut utilement employé par le duc de Rohan au Midi et par Soubise dans le Poitou pour tirer avantage de leur situation. « Rohan plantait son bourdon dans le Languedoc et y faisait le roi [1]; » en assez mauvais termes avec une assemblée qui s'était constituée à Montpellier, sous l'autorité supérieure de celle de La Rochelle et qui était une sorte de gouvernement insurrectionnel pour les cinq provinces du Bas-Languedoc, des Cévennes, du Vivarais, du Haut-Languedoc et du Dauphiné, Rohan avait cependant réussi à comprimer les désordres, à établir solidement son autorité et à tenir en respect les forces royales. Menacé en effet sur trois points, par le duc de Montmorency qui faisait tomber les petites places des Cévennes, Bédarrieux, Fougères, Gignac, et qui se rapprochait ainsi méthodiquement de Montpellier du côté de l'ouest; par le duc de Guise, qui, avec les levées de Provence, passait le Rhône et préparait l'investissement de la ville du côté opposé; et enfin par le maréchal de Lesdiguières, qui avait reçu l'ordre de marcher sur le Vivarais, le chef de l'insurrection du Languedoc défendait avec succès les approches de la place confiée à sa garde; il complétait les défenses des

---

1. Rohan, *Mém.*, coll. Michaud, p. 429 et suiv.

villes de Nîmes et d'Uzès, et paralysait l'armée réunie en Dauphiné, par des négociations engagées avec le maréchal de Lesdiguières, intermédiaire du gouvernement.

Cette résistance, quoique habilement conduite, ne pouvait cependant se prolonger indéfiniment. La cour l'avait bien compris et songeait à gagner, par la concession d'avantages particuliers, le duc de Rohan, très disposé lui-même à traiter honorablement; on eût ainsi évité la guerre civile. Le duc fut donc autorisé à envoyer des députés à la cour. Mais la situation devint tout à coup très dangereuse pour le gouvernement sur l'autre point du territoire où il fallait combattre la rébellion.

A la fin de la campagne précédente, le duc d'Épernon en Saintonge et en Angoumois, le comte de La Rochefoucault en Poitou, M. de Saint-Luc dans les îles, avaient été chargés de combiner leurs opérations pour réduire le duc de Soubise. Celui-ci prit l'offensive, et, favorisé par l'inaction du duc d'Épernon, qui ne porta point ses forces au secours des deux autres généraux du roi, prit et fortifia l'île d'Oléron, s'empara de Royan, de la tour de Mournac, défit les troupes de M. de Saint-Luc, força en plein midi La Chaume et entra dans les Sables [1]. Cette rapide série de succès pour les huguenots fit une vive impression sur l'esprit du roi; leur extension le long du littoral de l'Océan devenait un encouragement et offrait des facilités nouvelles à une intervention éventuelle de l'Angleterre; l'esprit de résistance allait se propager en raison de ces victoires, qui accompagnaient si heureusement la reprise des hostilités par les protestants. Il n'y avait point, à notre avis, d'hésitation possible; cependant le cardinal de Richelieu écrit de sa propre main, en marge de ses Mémoires : « *Sa Majesté, contre l'avis de la reine sa mère, qui désirait prudemment qu'il se préparât avec plus de loisir, fut emporté par l'impatience*

---

[1]. Bassompierre, t. III, p. 16. — Rohan, *Mém.*, p. 533.

qu'avait M. le Prince de voir les affaires promptement engagées. » Nous croyons que la préoccupation, trop évidente ici, de jeter le blâme sur les actes du prince de Condé, fait méconnaître à l'historien ce qu'il y eut, sinon de spontané, au moins d'intelligent dans la résolution du roi d'agir avec une promptitude dont les conséquences furent d'ailleurs très heureuses.

Ce qu'il est juste de dire avec Richelieu, c'est que les préparatifs de la guerre n'étaient pas aussi complets qu'on aurait pu le désirer; l'ambassadeur vénitien exprime un avis conforme : « En ce qui concerne les provisions de guerre, la prise d'armes est prématurée, dit-il; on n'a pas encore de troupes en nombre suffisant. La provision d'or n'a pas encore été vérifiée au Parlement. On publie cependant qu'il a été déjà pourvu aux dépenses pour neuf mois; mais on ne saurait croire à quel point les contrats à passer sont difficiles et les affaires incertaines [1]. » Les moyens dont on disposait auraient été encore bien plus insuffisants s'il s'était agi non d'une guerre intérieure, mais d'une guerre à l'étranger. Comme le faisait observer avec justesse le secrétaire d'État du pape, « *altro denaro si richiede a venire in Italia e altro a far la guerra in casa* [2]. » Or les embarras financiers n'étaient pas ceux qui gênaient le moins Louis XIII dans la liberté d'action; il en souffrait et on en souffrait autour de lui.

Le nonce raconte qu'un jour quelques soldats des gardes du roi se mutinèrent dans le Louvre, en réclamant la solde qui ne leur était pas payée. Le roi sortit furieux, en appréhenda un au collet et ordonna de le mener pendre. Mais le jour suivant, comme on le conduisait au gibet, le roi lui envoya sa grâce juste au moment où le bourreau « allait lui donner la poussée [3] ». Il fallait sortir de ces difficultés,

---

1. Ambass. vénit., n° 30, 16 mars 1622.
2. Agucchia, 16 mars 1622.
3. Nonce, 7 mars 1622.

préjudiciables à la dignité du roi, qu'elles exaspéraient. Le Parlement fut saisi de divers édits bursaux et créations d'offices vis-à-vis desquels il montra sa mauvaise humeur habituelle. Peut-être convient-il d'attribuer une certaine importance à cette résistance du Parlement, en présence de ces lignes énigmatiques adressées en chiffres par l'ambassadeur vénitien à son gouvernement : « Le mécontentement grandit de toute part; l'opinion publique murmure ouvertement contre ce gouvernement; on parle sans se cacher de donner des tuteurs au roi, et le bruit court que le Parlement a pris quelques dispositions en vue de cette révolution; mais il n'est personne d'assez hardi pour s'engager le premier. » Il n'y eut donc rien de plus cette fois-ci que la comédie qui se jouait d'ordinaire en pareille occasion : le roi se présenta devant la cour le 19 mars et, nonobstant les remontrances des magistrats, força l'enregistrement de ses édits. C'étaient des ressources pour la guerre [1].

Une autre question plus délicate vint encore embarrasser Louis XIII dans ses préparatifs de campagne : il s'agissait comme toujours de savoir ce que ferait la reine mère, ou ce que l'on ferait d'elle. L'intention du gouvernement était de la laisser à Paris : « On a fait à la reine mère, pour qu'elle reste à Paris, dit l'ambassadeur vénitien, les propositions les plus avantageuses : le gouvernement absolu de toutes choses, le maniement des finances, le commandement de toutes les provinces confinant à l'Ile-de-France; on lui a représenté que, de cette façon, elle sera en possession de l'autorité souveraine, qu'elle sera comme le cœur du gouvernement, dirigeant elle-même toutes choses, tandis que le roi ne paraîtra que l'exécuteur de ses volontés. » Marie de Médicis, dont l'humeur contredisante ne se prêtait jamais qu'à contre-cœur aux combinaisons du gouvernement, quand elle ne le dirigeait point, repoussa ces

---

1. Ambass vénit., n° 31, 19 mars 1622.

propositions; elle se déclara éloignée de toute pensée ambitieuse, protestant qu'elle désirait uniquement les bonnes grâces et la présence de son fils. « Elle a ainsi, ajoute le résident vénitien, coupé peut-être court à quelque piège qu'elle peut craindre. Le motif secret qui la pousse à prendre part au voyage est fondé sur cette considération qu'elle veut être avec ses fils et, en cas de mort du roi, se trouver auprès de Monsieur et de plus avec les forces militaires [1]. » La raison avouée qu'elle donna à l'ambassadeur fut celle-ci : elle avait résolu son voyage, lui dit-elle, dans un entretien plein de familiarité, pour ne plus se trouver exposée au chagrin d'être éloignée des accidents, des maladies et de tous les besoins du roi; elle avait eu, l'année précédente, tant de battements de cœur, qu'elle ne voulait plus, de sa propre volonté, renouveler ses peines [2]. Louis XIII laissa la reine mère agir conformément à son désir [3]. Il fut décidé qu'elle suivrait le roi, ainsi que le prince de Condé et Monsieur. Pour ne point laisser autant que possible de préoccupations derrière lui, le roi réunit la veille de son départ une assemblée des maréchaux de France qui accommoda un différend déjà ancien du duc de Nevers et du prince de Joinville [4].

1. Ambass. vénit., n° 31, 19 mars 1622.
2. Ambass. vénit., n° 32, 1er avril 1622.
3. Voir Richelieu, *Mémoires*, p. 261. Il développe les motifs politiques invoqués par la reine mère pour autoriser son voyage. — Cf. le Père Griffet, tome I, page 333.
4. *Accord de la querelle de MM. les duc de Nevers et prince de Joinville, faict par le roy en présence de MM. les princes du sang et autres princes*, 19 mars 1622. (Bibl. de l'Institut, X, 465.) — Le chancelier Brûlart lut une pièce qui fut ensuite livrée à la publicité et de laquelle résultent les faits suivants : Le cardinal de Guise et M. de Nevers étaient en procès; chacun d'eux allait solliciter les rapporteurs. Le roi limita le nombre des gentilshommes dont il serait permis au duc de Nevers de s'accompagner dans son carrosse; celui-ci alla chez le rapporteur avec cette compagnie. « Ledict cardinal et le prince de Joinville son frère vous allèrent cercher; croyant ledict cardinal qu'en quelques escritures du procez il avoit esté par vous offensé, il se transporta de colère et vous donna un coup de sa main sur la teste, que vous luy avez rendu en le repous-

Louis XIII partit comme à la dérobée, sans aucun apparat, le dimanche des Rameaux, 20 mars; il sortit par une porte secrète du Louvre, laissant la cour en proie à la surprise; le prince de Condé et le comte de Soissons l'accompagnaient; la reine mère, suivie d'une escorte de dames, parmi lesquelles se trouvait la comtesse de Soissons, prit le lendemain matin la même route que le roi, qui était allé coucher à Berny, villa du chancelier.

Nous nous trouvons ici en présence de nouvelles obscurités dans les Mémoires de Richelieu. Le cardinal affirme qu'il avait été décidé que le duc d'Anjou, le trop célèbre Gaston, resterait à Paris; il ne semble point qu'il en ait été ainsi. Giovanni Pesaro dit en effet, à la date du 19 mars, que Monsieur devait suivre le roi, et le 1ᵉʳ avril il donne au Sénat l'information suivante : « Monsieur, frère du roi, ayant un peu d'indisposition et voulant être malade, a voulu aussi rester à Paris; on ne sait pas s'il continuera à y séjourner, mais on peut dire qu'en tout ceci il obéit aux conseils de sa mère. » Il faut rapprocher ce passage de la dépêche correspondante du résident florentin : « Le duc d'Anjou est resté ici, grâce à l'habileté de la reine mère; pour le moment, on n'a pas pris d'autre résolution que celle-ci, à savoir qu'il fera ce que fera la reine, sa belle-sœur, qu'elle reste à Paris ou qu'elle suive les opérations de la campagne; on estime néanmoins que la reine mère

---

sant d'un pareil coup. » Le cardinal demanda à sa mort pardon de cette offense. Nevers n'avait point son épée quand il fut attaqué; il se la fit donner par son écuyer pour se venger. Mais le prince de Joinville, mettant lui-même l'épée à la main, s'interposa entre le cardinal et le duc de Nevers. M. Marescot, du conseil du roi et maître des requêtes de l'hôtel, était présent; Joinville, qui pensait que Marescot fomentait la division entre les Guise et les Nevers, le frappa du plat de son épée à plusieurs reprises. A la suite de cette scène, Nevers provoqua Joinville à se battre; le roi empêcha la décision de ce fait par les armes. Un accord où les faits sont relatés impartialement et avec toutes sortes d'atténuations dans les intentions est lu aux deux parties avec commandement de s'embrasser et de vivre en paix.

prévaudra sur ce point, et elle fait tous ses efforts pour qu'il ne soit point exposé aux inconvénients d'un voyage aussi long et aussi fatigant, n'étant d'aucune utilité ni pour la guerre ni pour le maniement des affaires de l'État, puisqu'il n'y a encore aucune part[1]. »

Richelieu expose avec une éloquente précision les raisons à l'aide desquelles la reine mère aurait, contre l'avis du prince de Condé, déterminé le roi à laisser son frère derrière lui. Il résulte des fragments que nous venons de citer que c'est à la faveur de circonstances imprévues et pour ainsi dire subrepticement que Marie de Médicis en vint à ses fins sur ce point. L'indisposition de commande du frère de Louis XIII coïncide avec un accident très réel qui changea sous un autre rapport les combinaisons arrêtées à l'avance relativement au voyage des membres de la famille royale. Il avait été en effet arrêté que la reine régnante suivrait l'armée; elle était grosse à ce moment. « Il a plu à Dieu, dit l'ambassadeur florentin, d'affliger ce royaume d'un malheur qui est survenu : la reine a avorté le 16, jour où, se levant de table et s'étant pris le pied dans la frange du tapis de velours qui la couvrait, elle tomba tout de son long par terre, d'où il résulte que, forcée de garder le lit, elle attendra ici la résolution qui sera prise à Orléans relativement au voyage du roi; si l'on va à Lyon elle suivra Sa Majesté; si l'on va en Poitou, pays ruiné et plein de dangers, elle ne s'en ira pas d'ici, pour ne point s'exposer à de trop grandes incommodités et pour ne pas donner d'embarras à l'armée. Toute la cour a été dans la douleur à cause de cet accident, et le roi a montré beaucoup d'émotion; tous les ambassadeurs ont été présenter des compliments de condoléances aux trois Majestés[2]. »

---

1. Ambass. florent., 23 mars 1622.
2. Ambass. florent., 23 mars 1622. — Les informations diverses et contradictoires que nous trouvons en divers endroits sur cet événement montrent combien la vérité des faits historiques est

L'indisposition de Monsieur et le fâcheux état de la reine firent qu'on s'arrêta précipitamment aux dispositions suivantes : la reine régnante dut rester à Paris, ainsi que son beau-frère, et gouverner d'un commun accord avec lui sous l'assistance de deux vieillards d'expérience, le chancelier Brûlart et le président Jeannin, qui constituèrent la fraction du conseil résidant à Paris. Le commandement militaire, au lieu d'être confié au seul duc de Montbazon, gouverneur de la capitale, beau-père de madame de Luynes, fut partagé entre lui, le maréchal de La Châtre et le marquis de Cœuvres, lieutenant du roi dans l'Ile-de-France; ces trois personnages furent d'ailleurs subordonnés au gouvernement [1].

Le roi était arrivé à Orléans; dans cette ville, il procéda à une exécution que les événements intimes qui venaient de

difficile à établir dans le détail. Il y a sur l'accident de la reine quatre versions différentes : 1° Celle que l'on vient de lire et qui nous paraît avoir une assez grande vraisemblance, étant écrite à un moment très rapproché de l'événement. — 2° Celle de Bassompierre (tome III, page 15), qui place la chute d'Anne d'Autriche après une soirée passée chez madame la princesse : « Quand la reine s'en retournant coucher et passant par la grande salle du Louvre, madame la connestable de Luines et Mlle de Verneuil la tenans sous les bras et la faisans courir, elle broncha et tomba en ce petit relais du haut dais, dont elle se blessa et perdit son fruit. » Bassompierre ajoute qu'on cacha l'affaire au roi, tant qu'il fut à Paris, et qu'on ne l'en instruisit qu'après son départ. Nous ajouterons plus de créance au témoignage du résident florentin, écrivant sous le coup de l'accident, qu'aux souvenirs sans doute un peu obscurs du maréchal. — 3° Celui d'Héroard, assez succinct d'ailleurs : « Mercredi 16, le roi va chez la reine, à ses oiseaux, au conseil. Sur les trois heures, la reine accouche d'un embryon de quarante ou quarante-deux jours; il va chez elle à six heures trois quarts. » L'édition de M. Eud. Soulié ne porte pas la mention suivante, donnée par le marquis de Chantérac dans son édition de Bassompierre : « Lundi 14, la reine καταμην, laissée choir), » ce qui prouverait qu'il y eut un intervalle de deux jours entre la chute et l'accident qui en résulta, circonstance qui rendrait encore plus improbable l'ignorance dans laquelle aurait été tenu le roi. — 4° Celle du nonce, qui, à la date du 5 avril, parle d'une chute faite par la reine en jouant dans un escalier avec la connétable de Luynes et Mlle de Verneuil. Le nonce attribue aussi la disgrâce qu'encourut bientôt Mme de Luynes au ressentiment que cet accident aurait fait éprouver au roi.

1. Ambass. florent., 23 mars. — Ambass. vénit., n° 33, 1er avril 1622.

se passer avaient sans doute provoquée et dont son éloignement lui rendit l'accomplissement moins pénible. Il fit écrire trois lettres par M. de Puisieux : l'une à la reine sa femme, l'autre à M{}^{lle} de Verneuil, sa sœur bâtarde, et la troisième à la connétable de Luynes. A la reine il fit savoir que, « pour se conformer à l'intention qu'il avait de nettoyer sa maison, elle eût à se débarrasser de ces deux dames, auxquelles il commanda personnellement par ses deux autres lettres de se retirer du Louvre, la connétable en son hôtel, et M{}^{lle} de Verneuil auprès de M{}^{me} d'Angoulême, sa tante. » Louis XIII avait affaire à forte partie; la reine se trouva naturellement offensée; elle répondit au roi qu'elle avait tenu sa maison avec modestie et bonne renommée, et elle supplia Sa Majesté de vouloir bien lui faire connaître les fautes de ces dames, afin qu'elle pût d'elle-même en venir à la résolution qui conviendrait, et les dames, de leur côté, répondirent à Sa Majesté qu'elles étaient prêtes à lui obéir, mais en suppliant le roi de les laisser se disculper; en attendant, elles tinrent bon et restèrent au Louvre.

Le roi écrivit de nouveau qu'il voulait être obéi, et il maltraita vivement en paroles le duc de Montbazon, qui était allé le trouver pour tâcher de remédier à cette situation fâcheuse et délicate. Le pauvre duc s'en retourna plein de mortification. Anne d'Autriche ne se découragea point; elle expédia Bonneuil pour représenter de nouveau à Louis XIII la gravité de l'offense et pour lui dire qu'elle ne pouvait croire que Sa Majesté eût donné des ordres pareils de son propre mouvement, et que le roi avait certainement agi sous l'inspiration de quelque personne mal intentionnée. L'affaire fit beaucoup de bruit; on parlait du prince de Condé, de M. de Puisieux comme étant les auteurs de cette petite révolution domestique.

Il est assez difficile de pénétrer le secret de Louis XIII, dont le cœur sensible cependant aimait si peu à s'ouvrir.

Il est certain que les familiarités du prince de Joinville avec la veuve du connétable de Luynes, vis-à-vis de laquelle on sait que Louis XIII avait déployé autrefois quelque inoffensive coquetterie, l'avaient froissé, et nous croirions volontiers que son âme délicate souffrit de l'oubli si prompt dans lequel était tombée auprès de sa veuve la mémoire du connétable. L'honneur de la maison royale ne lui semblait pas non plus assez bien gardé; et peut-être cédait-il aussi au dépit d'une vague jalousie qu'il ne s'avouait point à lui-même. Quoi qu'il en soit, pour sortir d'une situation qui manquait de netteté et pour faire tomber les ombrages du roi, le prince de Joinville se rendit auprès du roi afin d'obtenir la permission d'épouser la connétable; son intention n'était pas, disait-il, de conclure immédiatement le mariage, dont il ne paraît pas douteux qu'il goûtât les charmes par avance, en attendant les gros profits qu'il devait lui assurer; mais il voulait faire connaître que c'était avec cette intention qu'il avait mené une conduite assez libre dans le cabinet de la reine. Le roi ne céda point encore; il persista à vouloir être obéi, au grand mécontentement de la reine. Mlle de Verneuil et Mme de Luynes consentirent enfin à se soumettre et à se retirer du palais, mais pour aller dormir seulement; et elles continuèrent à voir et à servir la reine pendant le jour.

« Mme de Luynes, dit l'ambassadeur vénitien, a offert deux cent mille écus de dot au prince de Joinville, et ainsi vont continuant les plaisirs et les espérances de noces [1]. » Fontenay-Mareuil donne aussi quelques détails sur ces petits événements, dont il raconte la conclusion en disant que le roi, « qui estoit bon et avoit la conscience tendre, se laissa persuader : et comme, dans ces sortes d'accidents, le temps est le plus grand remède, la chose, s'estant par ce moyen-là différée, ne se fist à la fin point du tout, ny pour la connes-

---

[1] Ambass. venit., n°s 33 et 35, 1er et 6 avril 1622.

table ny pour mademoiselle de Verneuil [1]. » Le prince de Joinville ne tarda pas d'ailleurs à s'exécuter, et l'on ne s'étonnera pas de son empressement en lisant les lignes suivantes de l'ambassadeur vénitien : « Le roi a écrit des lettres au prince de Joinville et à la connétable, maintenant duchesse de Chevreuse, pour les féliciter de leur mariage, lequel n'est cependant pas pour plaire, attendu que, par ce moyen, la maison de Guise s'unit à celle de Montbazon, ou, pour mieux dire, à celle de Rohan; en outre, les princes de ces deux maisons, unis aux anciens favoris, possèdent plus d'or que la couronne, et sous la main; on peut se faire une idée de leur richesse d'après le contrat de mariage de la connétable, qui a promis six cent mille écus d'argent comptant, et fait don de deux cent mille écus de joyaux à son mari, après la consommation du mariage, avec adjonction d'autres biens s'élevant à une valeur d'un million quatre cent mille écus [2]. »

Au commencement de la campagne de l'année 1622, Louis XIII, partagé entre le souvenir du connétable de Luynes encore puissant sur son esprit, l'ambition inquiète de sa mère et l'influence des dispositions belliqueuses du prince de Condé, pencha plus sensiblement que jamais du côté de ce dernier. « Le prince de Condé, écrit l'ambassadeur vénitien, a reçu de Sa Majesté une gratification de cent mille écus; c'est là une preuve certaine de son inclination pour le prince; on ne croit cependant point que Sa Majesté se porte entièrement vers lui, car il semble qu'elle ne veut point que toute l'autorité lui soit dévolue [3]. » D'autre part,

---

1. Fontenay-Mareuil, *Mém.*, p. 166.
2. Ambass. vénit., n° 44, 13 mai 1622. Le nonce, fort mauvaise langue, en annonçant le mariage à la cour de Rome, dit que le prince était d'une mauvaise santé et qu'il fut bientôt malade. Bassompierre dit : « M. de Chevreuse, nouvellement marié avecques la vefve de M. le connétable de Luines, vint trouver le roi à Saint-Emilion. » (T. III, p. 52.)
3. Ambass. vénit., n° 33, 1ᵉʳ avril 1622.

Louis XIII étendait encore sa protection sur la maison du défunt connétable : le maréchal de Vitry ayant engagé une dispute de préséance avec le duc de Luxembourg dans le cabinet même du roi à Orléans et ayant bousculé le frère du duc de Luynes, le roi entra dans une vive colère, et il fallut l'intervention du prince de Condé pour arranger l'affaire et obtenir le pardon du roi en faveur du maréchal [1]. A l'égard de la maison de Guise, le roi se mit au-dessus des susceptibilités que pouvait faire naître la riche alliance qu'elle venait de contracter. Le duc de Guise faisait le mécontent ; il refusait d'accepter le gouvernement de la Guienne, se montrant peu satisfait des conditions auxquelles Louis XIII aurait voulu subordonner la concession à son fils, un enfant, des bénéfices du feu cardinal de Guise ; le roi lui avait imposé de payer les dettes du cardinal et de s'abstenir d'entrer en jouissance des revenus de ces bénéfices avant que le prélat imberbe eût atteint l'âge de vingt-cinq ans [2] ; et, peu de temps après cependant, le duc de Guise obtenait sans conditions pour son fils cet opulent patrimoine ecclésiastique.

Ainsi, de tous ceux qui se disputaient la faveur royale, la reine mère était évidemment la moins bien partagée. « On est vis-à-vis d'elle en grande défiance, » écrit l'ambassadeur vénitien. Elle s'attachait d'une manière importune aux pas du roi, qui s'arrangeait toujours de manière à la devancer ; ne pouvant lui parler, elle écrivait aux ministres, suivant Richelieu, de longues épîtres dont on faisait fort peu de cas. Le cardinal a peine à dissimuler le peu de crédit

---

1. Ambass. vénit., n° 33, 1er avril 1622.
2. Nonce, 21 sept. 1621. « *Il duca di Guisa fa gagliarde instanze per haver la vacanza del morto cardinale suo fratello in petto d'un suo figliuolo di 9 anni. Il re fa carico di conscienza l'accumular tanti benefitii in una testa d'un fanciullo cosi tenero, ma particolarmente di conferirli l'arcivescovato di Rens, et l'abbatia di Clugni, ma non vorrebbe in questa occasione disgustare il duca; pero m'ha fatto dire ch'avvisi V. S. Ill*ma* che tenga mano che N. S. non si mostri facile in concedergli la dispensa et vorrebbe che questo suo pensiero non fosse penetrato.* »

dont elle jouissait. La reine mère laissée de côté, le prince de Condé en possession des bonnes grâces du roi et pourvu d'un commandement supérieur sur l'armée en qualité de lieutenant-général, tel est l'état des choses à l'ouverture des hostilités contre les huguenots. Cette situation, si avantageuse pour le prince de Condé, devait se modifier sensiblement pendant le cours même des opérations militaires, dont l'arrivée du roi à Nantes après un voyage qui ne dura que huit jours depuis Blois (30 mars — 10 avril 1622) donna le signal.

Il n'entre pas dans le cadre de notre étude de relater en détail les faits d'armes accomplis par Louis XIII dans les régions qu'il avait déjà parcourues l'épée à la main, l'année précédente, et où il avait décidé de poursuivre avec une énergie nouvelle l'œuvre monarchique dont l'inspirateur principal avait succombé à ses côtés en 1621. Nous devons rappeler toutefois les principales étapes de cette campagne, qui fut menée avec autant de vigueur que de succès. Après être descendu de Nantes vers le littoral par Vieille-Vigne (12 avril), Legey (13 avril) et Chalans (14 avril), Louis XIII remporta en personne, à la tête de ses gardes, une victoire complète sur le duc de Soubise dans l'îlot marécageux de Riez (15 avril); de là, par Saint-Gilles-sur-Vic, Aspremont (18 avril), Aizenay (19 avril), La Roche-sur-Yon (20 avril), Sainte-Hermine (21 avril), Fontenay-le-Comte (22 avril), Niort (23-27 avril) et Chisay (27 avril), il se dirigea vers Saint-Jean-d'Angély, sa précieuse conquête de l'année précédente, et il en franchit les murs récemment rasés, en enfonçant, par un geste plein d'émotion, son chapeau sur ses yeux; de là, passant par Saintes, il assiégea et prit Royan (7-11 mai), et, suivant son chemin par Mortaigne (16 mai), Mirambeau (17 mai), Montlieu (18 mai), Guitres (20 mai), il pénétra dans la Guyenne, entra à Saint-Emilion, puis à Castillon (22 mai), et reçut la soumission de Sainte-Foy (25 mai), révolté en même temps que Monheur en 1621 et que lui rendit cette fois-ci M. de La Force. Louis XIII arriva ainsi par Monségur (28 mai), Marmande (29 mai), Aiguillon (30 mai), Pont-Sainte-Marie (31 mai), Agen (1ᵉʳ-2 juin), et Moissac (4-6 juin), en vue de cette funeste place de Montauban, dont les murailles debout bravaient encore sa souveraineté [1].

En « volant par le chemin », suivant l'expression d'Héroard, Louis XIII avait fait preuve de sang-froid, de bravoure; il avait exposé sa personne à Riez et à Royan, causé des terreurs à son médecin et fait l'admiration du vaillant Bassompierre. Il semblait bien, à ce moment encore, sous l'influence du parti de la guerre; l'ascendant du prince de Condé paraissait l'emporter de plus en plus sur celui de la reine mère. Aussi l'ambassadeur vénitien écrit-il : « La reine mère a fait volte-face et suit le chemin de Pougues et de Nevers, afin d'y prendre des bains médicinaux, vu le triste état de sa santé; on croit que de là elle rattrapera le roi ou qu'elle ira à sa rencontre dans le voyage qu'il doit faire à Lyon. Et cependant le prince réalise de toute façon son désir de tenir Sa Majesté éloignée de son fils [2]. »

Y avait-il donc un nouveau duc de Luynes auprès de Louis XIII? Différents incidents pouvaient au contraire faire prévoir dès ce moment que M. le Prince, n'ayant pas le tempérament de l'ancien connétable, et aspirant cependant à l'autorité que celui-ci avait possédée, serait déçu dans ses espérances. Le prince de Condé était un esprit absolu, entier, incapable des ménagements que le duc de Luynes avait toujours apportés dans l'exercice d'un pouvoir presque souverain. Condé se plaisait à heurter violemment et l'opinion de ses compagnons d'armes et celle des ministres de robe; il n'hésitait pas à contrecarrer le roi en per-

---

1. Voir *Relation journalière de tout ce qui s'est faict et passé en France et pays estrangers depuis le départ du roy de sa ville capitale de Paris jusques à présent.* (Bibl. Instit., X, 465.)
2. Ambass. vénit., dép. n° 49.

sonne avec rudesse, au conseil de guerre, ou sur le terrain même des opérations militaires; les aspérités de son caractère étaient devenues plus saillantes au fur et à mesure que la campagne avançait; il se croyait en effet de plus en plus nécessaire et même indispensable. Il s'usa par là rapidement auprès de Louis XIII.

Ce qui avait fait la force du connétable de Luynes, c'est sa modération même. Il n'avait point recherché la guerre pour la guerre; son intérêt personnel n'avait jamais pu même paraître le mobile des hostilités contre les protestants; car elles s'étaient imposées à lui comme une nécessité politique inévitable. Aussi l'avait-on vu négocier et combattre en même temps, sacrifiant au besoin la gloire militaire au but qu'il poursuivait : l'apaisement des passions religieuses et l'affermissement de l'autorité royale. Le duc de Luynes, en mourant, avait légué cette tradition à une partie du conseil de Louis XIII, le chancelier Brûlart et son fils Puisieux, qui, après avoir été les hommes de cette politique de sagesse en 1621, cherchaient encore à la faire prévaloir contre le prince de Condé en 1622.

Condé, à la différence du connétable de Luynes, ne recherchait pas seulement dans la guerre contre les protestants les avantages matériels et le prestige du commandement d'une armée en campagne; on peut dire qu'il poursuivait encore le triomphe d'une politique toute personnelle et égoïste; c'est ce qu'explique un passage caractéristique de Fontenay-Mareuil : « Comme je luy disois qu'on s'estonnoit de luy voir poursuivre les huguenots avec tant de chaleur, M. le Prince me répondit que c'estoit parce que la couronne estant enfin venue au roy Henry le Grand, qui s'en estoit déjà veu bien plus eslongné que luy, il ne vouloit pas, sy ce bonheur arrivoit jamais à luy ou à quelqu'un des siens, qu'il luy peust estre reproché de ne les avoir pas ruinés quand il auroit peu; comme au roy Henri III, qui ne le voulust pas faire après la bataille de Montcontour, dont il se repentist bien après.

Mais il ne disoit pas tout; car il est certain que plusieurs de ces faiseurs d'horoscopes luy avoient prédit qu'elle viendroit à luy-mesme, et qu'il n'en estoit pas sans espérance, voyant que le roy n'avait point d'enfants, et Monsieur n'estre point marié [1]. » Ainsi le prince de Condé faisait passer un intérêt non seulement personnel, mais encore très aléatoire, avant l'intérêt présent de la couronne, dont il devait être le premier serviteur. Louis XIII avait le sens juste et délicat; le côté intéressé des préoccupations du prince de Condé ne devait pas lui échapper.

Le prince sentit donc le terrain se dérober sous lui lorsque, après s'être détaché du gros de l'armée pour aller à Bordeaux et assurer la soumission de quelques petites places des environs, il vint retrouver le roi à Castillon. Pendant son absence, Louis XIII avait fait engager des pourparlers avec le duc de La Force, pour obtenir la soumission amiable de ce dernier. C'était la politique du duc de Luynes qui reprenait le dessus; et il n'avait pas tenu au connétable qu'elle ne réussît un an plus tôt. Le duc de La Force traita en effet sur les bases suivantes : indemnité de 200 000 écus pour ses charges; réintégration dans tous ses biens, et promotion à la dignité de maréchal de France [2]. Le prince de Condé essaya en vain de se jeter à la traverse en éveillant les susceptibilités de deux hommes de guerre qui avaient, dans cette campagne même, servi le roi avec autant de dévouement que d'intelligence, le comte de Schomberg, surintendant des finances, chargé des fonctions de grand-maître de l'artillerie, et le colonel-général Bassompierre. « Quel sujet de mécontentement n'avaient-ils pas, disait le prince, de voir que l'on faisait les rebelles maréchaux de France et que leur fidélité, leurs services ne leur procurassent autre chose que la ruine en leurs affaires ou des coups et maladies mortels [3]. »

1. Fontenay-Mareuil, *Mém.*, p. 167.
2. Ambass. vénit., n° 45, 27 mai 1622. — Bassompierre., t. III, p. 52 et 53.
3. Bassompierre. *Ibid.*

Condé avait le tort d'avoir trop raison; le roi sentait aussi bien que lui ce qu'avaient d'injuste ces faveurs prodiguées aux révoltés; mais il savait aussi combien elles étaient politiques et nécessaires : « C'est le bien de mes affaires; je ne veux laisser aucune chose derrière moi en Guyenne; qui m'empêche de passer promptement en Languedoc, » disait Louis XIII à Bassompierre; l'âme chevaleresque de celui auquel le roi s'adressait était à la hauteur de cette abnégation. Le fait de rébellion faisait rarement perdre les droits à l'avancement sous l'ancienne monarchie. « La Force était un vieux seigneur expérimenté, auquel le feu roi avait destiné un bâton de maréchal; il avait été rebelle, mais il cessait de l'être, et c'était un acte signalé de la bonté de Sa Majesté d'oublier les fautes de ses serviteurs, pour se ressouvenir et récompenser leurs mérites et leurs services [1]. » Ainsi raisonnait Bassompierre, à la fois en courtisan habile et en homme politique.

Le prince de Condé ne montra pas plus de tact lorsqu'il voulut se servir encore de cet honnête soldat pour renverser un personnage qui, parmi les compétitions diverses qui s'agitaient autour de la faveur du roi, avait fait son chemin lentement, mais sûrement dans l'esprit du prince. Le marquis de Puisieux, fils du chancelier Brûlart, et ministre des affaires étrangères, homme de plume et de cabinet, prudent et adroit, laborieux et expérimenté, appelé chaque jour à conférer avec le roi sur des matières dans lesquelles entraient en jeu toutes les ressources de son esprit et de son intelligence pratique des affaires, s'était imposé à Louis XIII plus par la force de l'habitude que par celle de la sympathie qu'il inspirait. Il en résultait que, en l'absence d'une autorité dirigeante assez fortement établie pour se montrer supérieure à la sienne, Puisieux avait fini par accaparer toute la puissance effective, suivant

---

1. Bassomp., t. III, p. 54.

l'usage constant, en pareil cas, de tous les hommes de bureau, à toutes les époques et sous tous les régimes possibles. Puisieux en était venu, comme le lui reprochait aigrement le prince de Condé, « à faire des négociations à part sans les communiquer aux autres ministres, et, quelque résolution que le roi eût prise avec son conseil, il n'en était rien mis en exécution, s'il ne l'avait précédemment approuvée. » La situation avait donc bien changé depuis le moment où les ministres subalternes s'effaçaient derrière le prince de Condé.

Nous n'avons pas encore à apprécier ce qu'il y eut de bon ou de mauvais dans la direction imprimée dès ce moment par le marquis de Puisieux aux affaires de l'État; mais nous devons constater que son influence est prédominante à partir de l'arrivée du roi en Guienne, et que la question de gouvernement est, pour un temps, résolue à son profit. Ce fut cependant une singulière aberration de la part du prince de Condé de supposer qu'il y eût dans ce ministre d'affaires l'étoffe d'un favori; et, lorsque, pour lui faire échec, il s'adressa dans la chapelle d'un couvent de Moissac, flanqué du cardinal de Retz et de M. de Schomberg, au comte de Bassompierre pour décider ce dernier, qui était bien vu de Louis XIII, à tenter l'aventure de se faire prendre pour favori, il s'attira cette mordante répartie « qu'un prince ne prenait pas de favori par arrêt de son conseil [1]. » Louis XIII, qui fut informé de cette intrigue par Bassompierre, ne pardonna pas au prince de Condé une tentative humiliante pour son amour-propre et contraire à sa dignité.

Louis XIII ne recommença pas la faute du siège de Montauban; mais il contourna la ville à distance et l'isola en faisant tomber les petites places qui l'entouraient ou qui en protégeaient les approches : Albias (8 juin); Négrepe-

---

1. Bassomp., t. III, p. 56, sqq.

lisse, dont les habitants, coupables d'avoir l'année précédente traîtreusement mis à mort cinq cents hommes de l'armée royale en garnison chez eux, furent, après un siège de quatre jours (8-12 juin) et l'assaut donné, livrés à la brutalité du soldat et passés au fil de l'épée ; Saint-Antonin, qui n'aurait pas résisté pendant neuf jours si le prince de Condé ne s'était pas obstiné à attaquer la ville par l'endroit le plus fortifié, au lieu de l'aborder, comme le voulait Bassompierre, par les endroits plus faibles où elle touchait à l'Aveyron. De là, le roi se rendit par Castelnau-de-Montmirail (24 juin), Rabasteins et Saint-Sulpice (26 juin), évitant toujours Montauban, à Toulouse, pendant que Bassompierre, laissé derrière lui avec l'armée, s'emparait des places de Carmain, et de Cuc dont la soumission délivrait la capitale du Languedoc d'un voisinage gênant.

Le prince de Condé ne se releva point dans l'esprit du roi en se mêlant aux processions des pénitents bleus, dont l'exhibition pendant le séjour de Louis XIII (27 juin-4 juillet) essaya de donner l'apparence d'une croisade à une expédition que le prince cherchait vainement à détourner de son but uniquement politique. Louis XIII, pressé de passer dans le Bas-Languedoc, fit éclairer sa route par Bassompierre et reçut, chemin faisant, la soumission du vieux Sully, qui remit Cadenac et les autres places du Quercy, qu'il détenait, aux officiers du roi, et mit fin aux intrigues dans lesquelles se consumaient les restes d'une vie glorieuse, en se retirant dans son château des bords de la Loire [1]. Le roi tomba malade à Castelnaudary [2], y demeura du 5 au 13 juillet, et atteignit le Bas-Languedoc à Carcassonne (14 juillet), où il fit une entrée solennelle. Plus de cinq cents Espagnols, au dire de l'ambassadeur vénitien, vinrent l'y trouver, avec des instruments de musique, pour fêter sa venue. Cette démonstration courtoise à l'égard du mari

---

1. Levassor, t. IV, p. 431. — Ambass. vénit., dépêches de juillet 1622.
2. Bassomp., t. III, p. 87. — Héroard, 5 juillet.

d'une infante pouvait faire croire à une bonne entente entre les deux gouvernements, français et espagnol. Malheureusement, si Louis XIII précipitait sa marche et s'empressait de gagner Narbonne (17 juillet) et Béziers (18 juillet), pendant que, après la sérénade, Carcassonne, incendié par accident, brûlait derrière lui, c'est que l'attitude prise depuis quelque temps par le cabinet de Madrid, dans les affaires étrangères, lui donnait hâte d'en finir avec les dernières résistances des protestants [1].

---

1. Voir, pour la partie de la campagne par laquelle se termine ce chapitre : *La réduction de huict grandes et fortes villes à l'obéissance du roy, prises sur les rebelles de Sa Majesté en ses provinces de Guyenne et Languedoc; avec la submission rendue par messieurs le duc de Sully, marquis de La Force et leurs enfants, lesquels à présent sont tous auprès et au service de Sa Majesté. Ensemble l'ordre pour les sièges de La Rochelle et Montauban.* A Paris, par Antoine Estienne, imprimeur ordinaire du roy, rue Saint-Jacques, à l'Olivier de Robert Estienne. MDCXXII, avec permission. — *La prise et réduction de la ville de Saint-Anthonin à l'obéyssance du roy.* A Paris, chez Pierre Rocollet, au Palais, MDCXII, avec permission.

IV

LA CONVENTION D'OCCAGNA
ET LE COMPROMIS DE BÉZIERS.

La direction prise par les forces de Louis XIII vers le Poitou rassure l'Espagne. — Mauvais accueil fait par Louis XIII dans la ville de Saintes aux députés des cantons helvétiques. — Convention conclue à Occagna par l'ambassadeur de France en Espagne pour rectifier et compléter le traité de Madrid. — Le nonce réprouve cette convention, mais il essaye de la faire accepter au gouvernement français. — Nouvelle prise d'armes des Grisons. — Ils repoussent les Espagnols et les Autrichiens. — Le gouvernement de Venise presse Louis XIII d'employer la force des armes pour rendre la Valteline aux Grisons, ses maîtres légitimes. — Appréhensions du Saint-Siège. — Les ministres de Louis XIII ne profitent point de la situation critique où se trouvent les deux branches de la maison d'Autriche au milieu de l'année 1622. — Le roi refuse de ratifier la convention d'Occagna. — Le nonce Corsini propose un nouveau compromis relativement à la Valteline.

(Mars — Août 1622.)

Au moment où le roi est sur le point de franchir la ligne des Cévennes pour continuer, en soumettant le Bas-Languedoc, un voyage militaire qui le rapproche insensiblement des Alpes, nous devons revenir sur les faits qui se sont accomplis dans la politique étrangère depuis le commencement de la campagne ; nous les trouverons en relation intime avec les événements intérieurs, et ils nous donneront l'explication du dénouement maintenant prochain de la guerre civile.

La cour d'Espagne n'avait pas été sans inquiétude après l'aventureux traité de Milan; elle avait des raisons de se croire visée par les préparatifs belliqueux de Louis XIII, qui pouvait se montrer justement inquiet, non-seulement de ce qui se passait dans les Alpes, mais de ce qui se préparait sur les bords du Rhin où le général de la ligue catholique, Tilly, uni au commandant des troupes espagnoles des Pays-Bas, Gonzalès de Cordova, se préparait à un suprême effort pour enlever à l'ex-roi de Bohême ce qui lui restait de l'électorat palatin. Les Espagnols furent bientôt rassurés. Avant même que le roi eût pris la route de l'Ouest, le secrétaire d'État du pape avait acquis la conviction que l'Espagne n'était pas sérieusement menacée : « La prise d'armes du roi, disait-il, a, suivant l'opinion générale, beaucoup plus de chance d'être dirigée contre les huguenots que contre l'Italie et en faveur des Grisons; les Espagnols, paraît-il, en sont convaincus et croient fermement que les bruits venus de France à ce sujet ne sont autre chose que des bravades, et encore ne sont-elles faites qu'à l'instigation des autres (les Vénitiens), lesquels eux-mêmes ne se soucient point d'avoir la guerre dans ces contrées; c'est pourquoi tout l'art des Espagnols s'emploiera, pour conjurer plus sûrement le danger, à amuser par de belles espérances les intéressés; car ils ont pour maxime que le véritable remède aux menaces, ce sont les paroles doucereuses. Nous n'en continuons pas moins à représenter vivement aux Espagnols le péril public; nous leur enlevons le masque de la religion, en montrant que tout se réduit pour eux à l'intérêt pur et simple. Nos lettres en effet feront bien voir s'il est vrai que, comme le pense Puisieux, les Espagnols et leurs artifices refroidissent notre ardeur; car, sauf en ce qui concerne le bien de la religion, en faveur de laquelle il nous convient de montrer plus de zèle que qui ce soit, nous parlons avec une liberté toute française [1]. » L'indépendance vraiment remarquable (*singolare indipendenza di Nostro Signore*) que le secrétaire d'État attribue au Saint-Père et les protestations de dévouement personnel au roi de France par lesquelles il termine sa dépêche devaient-elles inspirer une confiance absolue au gouvernement? La conduite passée du Saint-Siège en présence des affaires de la Valteline pouvait en faire douter.

Les hésitations d'une bonne partie des cantons suisses à se porter garants de l'exécution du traité de Madrid avaient été une des causes principales de la situation critique où se trouvaient les Grisons, envahis de tous côtés par les Espagnols et par les Autrichiens. Le gouvernement français saisit la première occasion qui s'offrit à lui de témoigner son mécontentement aux Suisses. Au moment où Louis XIII, ayant pris les armes contre les protestants, arrivait à Saintes, les députés des cantons hérétiques de Berne, Zurich, Glaris et Schaffouse, qui le suivaient depuis Niort, demandèrent avec insistance une audience, qui leur fut enfin accordée. Les envoyés firent part à Louis XIII de la terreur qui régnait dans leur pays menacé par les armées catholiques et supplièrent le roi de couvrir leurs cantons de sa protection. « Ils n'ont pas été reçus avec de grandes caresses, écrit le nonce, parce qu'ils sont venus sans en demander préalablement la permission, comme il était d'usage. Aussi croit-on qu'ils partiront sans aucune sorte de présents, ce qui leur sera fort dur, parce qu'ils ont eu dans cette ville leurs malles et leurs valises ouvertes par des voleurs, et qu'on leur a pris leurs bijoux avec tout l'or et l'argent qui s'y trouvaient [2]. » Pour comble de malheur, M. de Puisieux refusa de défrayer ces pauvres gens, sous le prétexte que, étant simplement députés, ils n'avaient aucun droit aux privilèges des

---

1. Agucchia, 9 avril 1622.
2. Nonce, 4 mai 1622, de Saintes.

ambassadeurs ; et il leur fit entendre la raison de ces procédés peu galants en se plaignant vivement du peu de crédit que les ambassadeurs français avaient eu l'année précédente en Suisse. « La fin des ministres et de M. de Puisieux en particulier, écrit l'ambassadeur vénitien Pesaro, est de mortifier les Suisses [1]. » Les députés eurent beau représenter qu'il leur était impossible de résister à deux grands princes, le roi d'Espagne et l'archiduc, le gouvernement français n'en persista pas moins à leur tenir rigueur ; c'est ce que nous apprend une nouvelle dépêche du nonce :

« Les ambassadeurs suisses, dit-il, sont partis très mal satisfaits, sans avoir pu voir le roi plus d'une fois. Il leur a été seulement dit qu'ils sauraient par l'ambassadeur de Sa Majesté en Suisse quelles sont ses intentions. L'ambassadeur de Venise a voulu s'entremettre pour leur faire donner quelque satisfaction, dans la crainte que leur déplaisir ne les pousse à quelque accommodement avec les Espagnols ; il a été également mal reçu [2]. J'ai demandé aux ministres pourquoi ces ambassadeurs n'avaient pas été traités avec plus de ménagement. Il m'a été répondu qu'on ne voulait pas qu'ils prissent l'habitude de venir à la cour sans la volonté du roi. Je me doute que c'est pour ne pas encourager cette nation à envoyer des députés réclamer les payes qui leur sont dues. M. de Puisieux m'a dit, du reste, en ce qui concerne la Valteline, que l'on a expressément recommandé aux ambassadeurs français d'employer l'adresse et l'énergie pour que les Grisons soient satisfaits et qu'ils acceptent de leur côté les conditions stipulées par le traité de Madrid, sans qu'il soit fait cependant aucune mention de ce traité [3]. »

1. Ambass. vénit., n° 42, 4 mars 1622. « *Il fine di questi ministri et di Pisieux particolarmente e di mortificare questi suizzeri.* »
2. Détail qui se trouve aussi dans l'Ambass. vénit. (*ibid.*).
3. Nonce, 18 mai 1622. Les souvenirs de Bassompierre parais-

Cette leçon infligée aux envoyés des cantons, le gouvernement ne voulut cependant pas les laisser retourner dans leur pays sous une impression aussi fâcheuse. Ils allèrent à Paris, et le chancelier reçut l'ordre de leur faire des cadeaux et de les inviter à dîner [1]. La disgracieuse réception faite aux Suisses à Saintes s'explique non seulement par les embarras antérieurs dont les cantons avaient été en partie la cause pour le gouvernement français, mais peut-être aussi par l'impatience que faisaient naître à ce moment de nouvelles difficultés survenues dans cette interminable affaire de la Valteline. La direction définitive prise par le roi vers le Poitou et la Guyenne avait rendu courage à la diplomatie espagnole ; celle-ci, de concert avec le Saint-Siège, mit en avant une combinaison nouvelle, destinée à compléter le traité de Madrid et à donner une certaine satisfaction à la France en retirant l'objet en litige des mains de l'Espagne ; la Valteline serait mise en dépôt entre les mains soit du Saint-Père, soit du grand-duc de Toscane, soit du duc de Lorraine. Le secrétaire d'État du pape montre suffisamment les tendances du Saint-Siège dans cette affaire lorsque, après avoir indiqué au nonce à Paris cette triple solution, qui faisait déjà l'objet de pourparlers à Madrid, il ajoute : « Les Espagnols inclineraient volontiers pour le grand-duc ; mais le gouvernement français s'en défiant, par cette raison qu'il est l'homme de la reine mère, ce prince sera sans doute écarté ; les Français pencheraient pour le duc de Lorraine, mais les Espagnols n'en veulent pas entendre parler ; ainsi il est probable que le dépôt se fera entre les mains du Saint-Père [2]. »

La cour de Rome était donc loin d'envisager cette perspective avec déplaisir, et la preuve, c'est que ses instructions au

sent assez confus, lorsqu'il dit que ces députés étaient venus pour intercéder en faveur des huguenots de France. — Cf. Vittorio Siri, *Memorie recondite*, 4 mai 1622.

1. Ambass. vénit., n° 42, 4 mars 1622.
2. Agucchia., 22 avril 1622.

nonce Corsini visaient à mettre le marché à la main au gouvernement français : « Il n'est pas bien sûr, écrivait le secrétaire d'État, que lorsqu'on aura appris à la cour d'Espagne l'arrivée du roi à Nantes, quand on craignait d'abord de le voir venir à Lyon, et qu'on le verra embarrassé dans la guerre contre les rebelles, ils ne se hâtent pas, à Madrid, de se tirer de ces négociations et de continuer à profiter des bénéfices que leur apporte le temps [1]. »

L'ambassadeur de France en Espagne, M. du Fargis, se prêta assez maladroitement à des négociations dans lesquelles s'employèrent activement deux nonces de Grégoire XV à Madrid, le patriarche d'Alexandrie et l'archevêque de Thèbes, envoyé extraordinaire ; les pourparlers eurent lieu à Occagna et à Aranjuez. Le négociateur français, après avoir refusé de se départir des termes mêmes du traité de Madrid, finit cependant par accepter le grand-duc en qualité de dépositaire de la Valteline. La difficulté se réduisit alors à la question de savoir quelle serait la durée du dépôt ; l'ambassadeur français désirait la déterminer pour trois ou quatre ans ; les Espagnols, pour ne rien engager, voulaient qu'elle pût être prolongée jusqu'au moment où il paraîtrait à Sa Sainteté et aux deux couronnes conjointement qu'il était suffisamment pourvu à la sûreté de la religion catholique. La cour romaine proposait ce tempérament de fixer la durée du dépôt à trois ou quatre ans, après lesquels les deux parties verraient s'il y avait lieu de reculer encore l'évacuation [2].

A Paris, le gouvernement n'attachait qu'une importance médiocre aux négociations d'Occagna ; elles lui semblaient en effet n'avoir d'autre utilité que d'amuser le tapis pendant que les affaires étaient encore indécises dans le Palatinat où les deux parties se disputaient la victoire. Le gouvernement français laissa donc son ambassadeur à Madrid se prêter à

1. Agucchia, 28 avril 1622.
2. Agucchia, 20 mai 1622.

ce jeu; mais des instructions formelles données ailleurs manifestaient l'intention des ministres de Louis XIII de s'en tenir purement et simplement au traité de Madrid. « Le commandeur de Sillery, en venant ici, écrit le secrétaire Agucchia, est allé répandant par toute l'Italie le bruit qu'il porte des instructions très rigoureuses relativement à cette affaire : il a annoncé que le roi n'est pas disposé à consentir à un autre accord qu'à celui de Madrid; mais on croit en général qu'il y a là beaucoup d'exagération [1]. » Ce qui donnait sans doute aux ministres de Louis XIII une confiance excessive dans le maintien du traité, c'est que l'ambassadeur d'Espagne en France, le marquis de Mirabel, avait solennellement affirmé au roi de France à Nantes, de la part de Philippe IV, que celui-ci voulait s'en tenir au traité de Madrid, avec cette seule réserve qu'il serait pourvu aux intérêts de la religion catholique; l'ambassadeur d'Espagne avait de plus indiqué que le roi son maître entendait que la négociation relative à ces intérêts fût poursuivie à la cour de France; car il craignait de ne pouvoir rien conclure avec l'ambassadeur du Roi Très-Chrétien auprès de lui. En attendant, le roi d'Espagne offrait de déposer les forts de la Valteline entre les mains des habitants mêmes du pays. Ces propositions ont lieu d'étonner de la part du cabinet de Madrid; mais Corsini affirme à deux reprises différentes qu'elles furent faites et au nonce lui-même à Paris et au roi de France à Nantes [2].

Sans se laisser prendre absolument à ces ouvertures, le gouvernement français ne s'en montrait pas moins assez rassuré à l'égard des négociations d'Occagna, dont il suivait les phases avec un certain scepticisme; l'ambassadeur vénitien étant venu représenter au ministre des affaires étrangères qu'il y avait avantage à donner un contre-poids aux Espagnols en favorisant l'agrandissement du pontife et de sa famille, Puisieux lui répondit froidement : « Le pape ne durera pas;

1. Agucchia, 20 mai 1622.
2. Nonce, 29 mai 1622.

le cardinal Ludovisi sera bon compagnon : il épousera la France aussi bien que l'Espagne et acceptera tout ce que lui offriront les deux partis [1]. »

Les pourparlers d'Aranjuez et d'Occagna aboutirent cependant à une convention nouvelle, dans laquelle les intérêts de la France se trouvaient une fois de plus méconnus. Dans une dépêche adressée au patriarche d'Alexandrie, le 29 mai 1622, le nonce accuse à ce dernier réception de la copie de l'accord conclu à Occagna ; il fera, dit-il, tous ses efforts pour obtenir qu'il soit ratifié, mais il y trouve de grandes difficultés et, après avoir rappelé les promesses faites à Nantes par le marquis de Mirabel, Corsini ajoute qu'il a paru très étrange aux ministres français, ou que le marquis de Mirabel ait eu l'audace de faire sans ordre une pareille proposition, ou qu'on s'en soit repenti à Madrid au point de la retirer [2].

Une autre dépêche de Corsini, adressée au secrétaire d'État du pape, nous fait connaître les termes mêmes de cette convention, dont le nonce lui-même n'hésite pas à signaler et à condamner les clauses désavantageuses pour la France :
« Le traité conclu à Occagna entre Balthazar de Zuniga et l'ambassadeur de France ne rencontre ici aucune approbation, dit-il. On le trouve préjudiciable au traité de Madrid et à la liberté de l'Italie. On y promet de déposer les forts entre les mains du grand-duc ; mais il n'est pas sûr qu'il consente à de pareils frais. Puis il est suspect, et à cause de la reine, et parce qu'on le suppose de secrète intelligence avec les Espagnols. Il est convenu que les forts resteront sur pied jusqu'à l'accommodement des choses de la religion. Cette clause remplit d'indignation tous les intéressés. Car, d'après la convention, l'appréciation des garanties à donner à la reli-

---

1. Ambass. vénit., n° 40, 4 mai 1622.
2. L'archevêque de Thèbes, nonce extraordinaire à Madrid, avait approuvé la convention d'Occagna. Corsini lui écrit une lettre de même substance que la précédente, 29 mai 1622.

gion est bien remise en premier lieu au pape, mais aussi aux deux rois, ce qui peut faire naître de nouvelles controverses et d'autres délais. De tout le pays occupé par l'archiduc, il n'est pas question, si ce n'est qu'il est dit que Sa Majesté Catholique s'interposera pour le faire restituer. Mais on doute que cette intervention puisse être fructueuse [1]. »

Le nonce Corsini s'exprime encore plus vivement vis-à-vis de son collègue à Madrid, Mgr Sighetti : « Pour vous parler en confidence, lui écrit-il, je ne puis point vous cacher que deux choses me stupéfient : la première, c'est qu'il ait été possible que l'ambassadeur français se soit laissé entraîner à signer un semblable traité, et l'autre, c'est que don Balthazar de Zuniga nie qu'on ait donné l'ordre au marquis de Mirabel de faire la proposition qu'il a faite au roi à Nantes, à savoir que le traité de Bassompierre s'exécuterait sauf certaines réserves en faveur de la religion [2]. »

Quel que fût le fond de sa pensée, le nonce avait cependant essayé de préparer le gouvernement français à l'acceptation de cette convention, si maladroitement conclue par M. du Fargis, comte de La Rochepot. Il avait écrit à M. de Puisieux pour le prier d'imiter la circonspection des Espagnols et de ne pas prendre une détermination brusque et prématurée à l'égard de la convention [3]. N'ayant pu obtenir au premier moment une audience du roi, il lui avait fait, au moins, parvenir les arguments suivants : « Le traité nouvellement venu d'Espagne et signé de l'ambassadeur de Sa Majesté est très utile; et il me paraît nécessaire qu'il soit accepté. Il est en effet impossible de discréditer, en repoussant ce traité, un ministre d'une aussi grande prudence que M. du Fargis. Il est bien préférable de tirer des mains des Espagnols l'objet du litige que de leur en laisser l'entière possession. Les princes désignés comme pouvant être dépo-

1. Nonce, 27 mai 1622.
2. Nonce, 29 mai 1622.
3. Nonce, 21 mai 1622.

sitaires présentent au surplus toutes garanties et particulièrement le grand-duc, neveu d'une princesse aujourd'hui en possession d'une grande autorité dans l'État. La situation des affaires en France rend presque impossible une autre manière d'agir; car il faudrait ou conclure la paix avec les hérétiques, ou laisser les Espagnols jouir en paix du profit de leurs succès en Valteline [1]. »

La lecture des pièces que nous venons de citer nous montre le désaccord qui existait entre la conscience du nonce et son attitude diplomatique. La convention d'Occagna était pour la France une véritable duperie. Aussi, lorsque Corsini alla trouver le roi de France à Agen pour obtenir de lui la ratification de la convention, il se heurta contre une résistance absolue. L'ambassadeur de Venise fut plus heureux que le nonce; ayant reçu de la République, par un courrier exprès, l'ordre de faire une vive opposition à l'accord d'Occagna, il réussit à faire refuser la ratification [2].

Dans l'entrevue que Mgr Corsini eut avec les ministres pour le même objet, ceux-ci s'exprimèrent avec indignation; ils lui déclarèrent qu'à Madrid on ne traitait pas avec sincérité, mais qu'on usait au contraire de tant d'artifice et de tromperie qu'il n'était plus possible de le souffrir davantage [3]; ils annoncèrent en même temps au nonce que l'on écrivait en Espagne pour réclamer l'exécution du traité de Bassompierre.

Corsini leur posa alors une série de questions :

1° Comment s'y prendraient-ils pour assurer la religion, puisque sur ce point la convention conclue par Bassompierre ne plaisait en aucune façon à Sa Sainteté et qu'elle était décidée à en empêcher l'effectuation si l'on n'apportait un remède efficace à la situation religieuse ?

1. Nonce, 24 mai 1622.
2. Corsini au nonce d'Espagne, 7 juin 1622.
3. « *Dicono essi che in Madrid non si tratta sinceramente anzi s'usa tanto d'artifitio et d'inganno ch'il piu soffrirlo e impossibile.* » Nonce, 8 juin 1622.

2° Comment s'y prendraient-ils pour faire promettre aux Suisses la stabilité de l'état dans lequel on mettrait la religion ?

3° Comment avaient-ils l'intention de se conduire dans le cas où les Espagnols, en considération de ce qui s'était passé depuis, refuseraient absolument l'exécution du traité de Madrid.

Les ministres répondirent au nonce qu'ils voulaient conclure, en faveur de la religion catholique, un accord avec les Grisons, qui serait plus avantageux encore que la capitulation de Milan, et qu'ils avaient la confiance de pouvoir l'obtenir de ces peuples. Le traité de Madrid, ajoutaient-ils, statuait que tous les Suisses ou la majeure partie des Suisses promettraient d'être garants des Grisons pour la sécurité des catholiques; or ils étaient assurés de cette majorité, parce qu'ils pouvaient compter, outre les cantons hérétiques, sur trois cantons catholiques (Soleure, Unterwald, Appenzell); néanmoins, pour plus de sûreté, ils envoyaient 100 000 écus aux ministres de la couronne auprès de cette nation, pour la mieux disposer, par le versement des payes qui lui étaient dues, à faire cette promesse [1]. Quant au reste, ils ne pouvaient se persuader que l'Espagne pût s'obstiner dans une conduite si blâmable, vu l'heureux succès des armes du roi en France. Sa Majesté allait se mettre en route pour Lyon, et, si les Espagnols continuaient de se refuser à écouter la voix de la justice, il y conclurait une ligue avec les Vénitiens, le duc de Savoie, les Suisses et les Grisons, et lui donnerait l'appui de ses officiers, de ses soldats et de son argent, de telle sorte qu'indubitablement

---

[1]. Le nonce ajoute, comme lui ayant été glissée dans la conversation avec les ministres, cette insinuation, relative à M. de Puisieux, qui semble être comme un présage de la disgrâce de ce dernier : « La qual cosa esser stata differita fin hora per la debolezza del signori di Pisius, che maneggia i negozi dei principi, a quali non e pare il suo ingegno ne la sua accortezza. » (Nonce, 8 juin 1622.)

la force exécuterait ce que n'avait pu faire accomplir à l'Espagne ni l'amour de la justice ni le souci de son honneur [1].

Les ministres de Louis XIII, en parlant au nonce avec cette fermeté, ne désespéraient pas de faire impression sur la cour pontificale, et, pour essayer de la détacher des Espagnols, ils firent entendre au nonce quelques promesses évasives, mais assez favorables relativement à cette occupation de Genève par le duc de Savoie, qui tenait tant au cœur de Grégoire XV. L'ambassadeur vénitien signale, de son côté, quelques propos semblables qui tendraient à faire croire que le cabinet français, poussé à bout, cherchait dès ce moment les moyens de gagner non seulement le pape, mais aussi le duc de Savoie, en vue d'une prochaine alliance.

Le ton modéré de Corsini, non seulement dans son langage vis-à-vis de la cour de France, mais dans sa correspondance soit avec Rome soit avec Madrid, doit être attribué aux craintes qu'inspirait une nouvelle indisposition du pape, dont le nonce fait mention, et par suite de nouvelles intrigues des Borghèse et des Bentivoglio contre le cardinal-neveu [2].

Mais les idées de conciliation ne prévalurent pas longtemps à Rome, et, le pape une fois hors de danger, le nonce reçut l'ordre d'être plus pressant, en ce qui concernait la ratification de l'accord d'Occagna; les dépêches de la chancellerie romaine ne tardèrent même pas à être empreintes d'une certaine violence à ce sujet. Ce qui paraît surtout avoir excité le dépit du Saint-Siège, c'est une subite

---

1. « *Di sorte che indubitamente opererebbe la forza quello che non ha potuto l'amor della giustizia e del proprio honor.* » Nonce, 8 juin 1622.

2. Dans Aubéry, *Mémoires pour servir à l'histoire du cardinal duc de Richelieu*, voy. les dépêches de Sillery du mois d'avril 1622; de Puisieux et du roi des 1ᵉʳ et 2 mai, qui ont trait à une grave indisposition du pape.

prise d'armes des Grisons au mois de mai 1622; les secrètes promesses des agents français y avaient eu sans aucun doute quelque part. Aussi le secrétaire d'État du pape fait-il entendre, à cette nouvelle, de sourdes menaces, qui montrent bien la parfaite communauté de vue qui existait, au fond, dans cette affaire de la Valteline, entre le pape et l'Espagne : « Si le soulèvement des Grisons qui vient de se produire, écrit le secrétaire Agucchia, gagne du terrain, le duc de Feria s'y rendra en personne, et il se prévaudra de cette occasion pour les réduire à telles enseignes qu'ils ne puissent plus lever la tête. Il en résultera que l'exécution de l'accord deviendra encore plus difficile et que l'on s'écartera inévitablement de plus en plus du traité de Madrid. Et si les insurgés trouvaient l'assistance de quelque prince voisin qui fomentât leur révolte, et que les Français se missent en mouvement pour les secourir, il n'est point malaisé de deviner que ce serait là le commencement de la rupture et de la guerre ouverte avec l'Espagne [1]. »

On voit bientôt la cour pontificale essayer de donner le change au gouvernement français sur les chances de succès ou de durée de l'insurrection des Grisons et même sur leurs véritables sentiments à l'égard de la France : « Chez les Suisses catholiques, écrit Agucchia, les deniers de l'Espagne ont beaucoup plus de pouvoir que ceux des Français, sans compter qu'il y a eu tant de froissements et qu'il règne si peu de bonne intelligence entre cette nation et les ambassadeurs français, que, dans l'état présent des choses, les huit cantons catholiques ne suivront pas d'autre parti, ni d'autre fortune que celle des Espagnols; mais le pire pour l'autorité française est que ces mêmes Grisons, à l'aide desquels ils veulent se porter, pour les remettre en liberté, sont devenus tellement Espagnols qu'ils n'auront cure de leurs secours. Et en effet, si les Français ont à traiter

---

[1]. Agucchia, 20 mai 1622.

une affaire ou l'autre avec les Grisons, ils ne tarderont pas à s'apercevoir de leur peu de pouvoir. Qu'on n'aille point tenir compte du dernier soulèvement de la Ligue des Dix Juridictions, sur huit desquelles l'archiduc Léopold émet cette prétention, qu'elles sont ses sujettes; car les deux autres Ligues, malgré la persuasion tentée par les sequins de Venise et par les Suisses hérétiques, au lieu de se mettre en mouvement pour secourir la troisième, ont au contraire engagé leur foi à l'archiduc Léopold, et se déclarent satisfaites des articles du traité de Milan; elles aiment mieux, en effet, être bien avec ceux qui pourraient plus aisément leur faire du mal qu'avec ceux dont on attendrait les secours en vain. Mais il y a plus : comme ces mêmes rebelles ont maintenant sur le dos les gens que le duc de Feria d'une part, et l'archiduc de l'autre, ont poussés contre eux, ils seront, en qualité de révoltés, châtiés de telle sorte qu'ils n'auront plus l'audace de lever la tête, et cet exemple n'en retiendra que mieux les autres dans le devoir. Si donc les Grisons, soit par amour de la tranquillité ou par souci de l'intérêt présent, soit par l'effet de la force, ne tiennent pas à changer de condition, désespérant du secours d'autrui; s'ils attendent en ce moment la ratification du traité de Milan par le Roi Catholique, que voudraient donc tenter les Français en faveur de ceux à qui ils prétendraient rendre service? Ainsi, puisque les nations suisse et grisonne sont aujourd'hui aliénées et défiantes en ce qui concerne la puissance, la volonté ou la constance des Français, et qu'elles sont réduites sous l'autorité des Espagnols, notre avis est que les entreprises du roi de France ne pourront consister seulement à délivrer ses anciens confédérés, qui ne s'en soucient pas, mais à chasser les Espagnols et les Autrichiens pour entrer lui-même dans le pays; et l'on peut bien s'imaginer combien la chose sera malaisée. A coup sûr, l'apparence de la justice sera en faveur des Espagnols, parce que les Grisons, peuple libre, voulant s'en tenir à la confédération faite à Milan, ce serait une violence et une injustice que de les en détacher par la force des armes [1]. »

La prévoyance inquiète du Saint-Siège fut singulièrement mise en défaut; pendant qu'il prenait fait et cause pour les intérêts et la politique de l'Espagne, de manière à ne plus laisser aucune illusion au gouvernement français, les Grisons se chargeaient eux-mêmes de donner un démenti aux appréciations si peu bienveillantes du secrétaire pontifical. La dépêche suivante, émanée de la même source que la précédente, nous met au courant d'événements qui firent baisser le ton au Saint-Siège :

« Les choses ont changé de face dans le pays des Grisons, contre l'opinion générale; il n'était personne qui ne pensât avec raison que des gens en petit nombre, sans armes et sans chef, ne tarderaient pas à succomber, étant molestés par les Autrichiens et par les Espagnols; mais le désespoir, l'amour de la liberté et les secours, d'abord occultes, et puis ouverts des autres Ligues, et surtout la lenteur, le défaut d'entente et la nonchalance de leurs adversaires ont trompé jusqu'à cette heure le commun jugement. C'est pourquoi ceux d'entre eux même qui, au commencement du soulèvement, montraient de la constance en faveur du parti espagnol, se sont laissé entraîner à la suite de la fortune de leurs compatriotes soulevés, excités qu'ils étaient par le regret de leur ancienne liberté. Les trois Ligues se sont donc réunies et ont renoncé à la capitulation de Milan. Pour cette raison, les Grisons, devant forcément haïr le parti espagnol, recommenceront à ouvrir la voie à l'influence française et à recevoir au milieu d'eux l'ambassadeur Gueffier, qui depuis si longtemps demeurait loin de leur pays et que l'on retrouve maintenant avec les mêmes intelligences et la même autorité auprès d'eux qu'au-

---

[1]. Agucchia, 27 mai 1622.

trefois. Il faut reconnaître cependant que les Grisons ont beaucoup plus d'inclination pour les Vénitiens, dont ils avouent avoir reçu beaucoup plus d'aide que de la France. Aussi la république se repose-t-elle sur l'espérance de renouveler avec cette nation la même ligue qui fut l'origine de tous ces événements malheureux. Comme elle ne déplaît pas moins aux Français qu'aux Espagnols, les uns et les autres s'attachent à l'anéantir, et c'est ce qui arrive en effet. Il n'est pas douteux que les Français n'ont jamais voulu la supporter, parce qu'elle détruit presque entièrement leur propre alliance, déjà si ancienne. Il en résulte que, si les Français eux-mêmes en viennent à remettre cette nation en état de puissance, ils n'auront pas moins à faire pour dissoudre la ligue avec Venise, qu'ils n'ont eu de peine à rompre celles avec les Espagnols; et il est manifeste que, au point de vue des intérêts de la religion catholique en Italie, rien n'est moins à désirer qu'une entente si étroite entre des peuples hérétiques et d'une telle bestialité et les États italiens qui sont à leurs confins. Mais le duc de Feria, bien qu'il soit peu fourni de troupes et absolument sans argent, fait tous ses efforts pour soutenir Chiavenne et la Valteline, et pour empêcher les desseins des Vénitiens, qui se trouvent avec toutes leurs forces sur les frontières de la même vallée[1]. »

Ainsi, par l'énergique initiative des Grisons, la situation compliquée, à laquelle avait donné lieu le traité de Milan, se dégageait d'une manière favorable aux intérêts français. Les Espagnols et les Autrichiens étaient chassés des positions qu'ils occupaient sur le territoire même des Ligues. Mais il fallait achever l'œuvre : chasser Feria de la Valteline et rejeter Léopold dans son comté de Tyrol. Les Vénitiens étaient prêts; non seulement ils avaient massé des troupes sur la frontière; mais, à la première nouvelle de l'heureux

1. Agucchia, 22 juillet 1622.

soulèvement des Grisons, leur ambassadeur était allé trouver le roi de France pour le presser d'agir immédiatement, et lui avait promis la coopération de Venise; ce n'était pas, on vient de le voir, une vaine démonstration. Le gouvernement français ne témoigna pas le même empressement que Venise à tirer parti d'une bonne occasion; Giovanni Pesaro nous montre le roi hochant la tête à ses propositions, se caressant les cheveux, en un mot fort embarrassé; Louis XIII finit par renvoyer l'ambassadeur aux ministres. Ceux-ci lui firent savoir qu'une décison ne serait prise qu'au moment où le roi, qui, dès le commencement de son expédition, avait décidé d'aller à Lyon, serait arrivé dans cette ville[1]. Le ministre, en cette occasion, manqua de coup d'œil; il ne fallait point retarder, mais précipiter les événements. Sans doute il ne s'agissait pas de laisser de côté la guerre contre les protestants et de se jeter tête baissée dans de graves complications extérieures : Le chancelier et M. de Puisieux, qui firent prévaloir dans le conseil la politique d'atermoiement, avaient raison de ne vouloir laisser entreprendre une action sérieuse au dehors qu'appuyés sur des alliances qu'ils méditaient et préparaient; mais un ordre donné à Lesdiguières de prêter main forte aux Grisons, alliés de la France, pour les maintenir au moins dans la possession de ce qu'ils avaient reconquis, eût fait prendre position à la France, sans l'engager à fond, et l'eût mise à même d'empêcher un retour offensif, qui n'était que trop probable, de la part des ennemis, sur le territoire des Ligues. Les militaires voyaient plus juste, en cette circonstance, que les politiques. « Le roi, dit l'ambassadeur vénitien, a de bonnes intentions, et il y a autour de lui une foule de seigneurs qui ne cessent de lui tempêter aux oreilles : Sire, en Valteline[2] ! »

---

1. Ambass. vénit., n° 43, 2 juillet 1622.
2. Ambass. vénit., n° 44, 4 juillet 1622 : « *Essendo il re ben intentionato et havendo molti signori che continuamente gli tempestano nelle orecchie : Sire, alla Valtellina!* »

Les circonstances qui commandaient une détermination prompte sont exposées avec une remarquable précision dans une dépêche pleine d'anxiété du cardinal Ludovisi lui-même au nonce en France. Le cardinal-neveu écrit sous le coup des succès remportés par les Grisons : « En vérité, nous n'avons jamais cru que, du côté des Français, on ait pu songer à se prévaloir d'aucun des avantages qu'ils ont pour le présent : voilà les Espagnols, engagés outre mesure dans les affaires de Flandre et de Germanie, qui ont maintenant sur les bras le soulèvement des Grisons, lequel menace la Valteline et tient forcément occupées les forces de l'État de Milan ; les corsaires d'Afrique, unis avec les Hollandais, sont prêts à assaillir les côtes de l'Espagne ; les Espagnols eux-mêmes sont plus que jamais dépourvus d'argent et de moyens d'en trouver, et, par suite, ont aussi peu de crédit que possible avec les traficants ; ajoutez que leur roi a plus de propension aux plaisirs qu'aux affaires et que son conseil se gouverne comme une république, c'est-à-dire plus pour sauvegarder des intérêts privés qu'en considération du service public [1]. »

[1]. Cardinal Ludovisi, 24 juillet 1622. — Nous devons, pour mieux faire ressortir le sens de cette dépêche, préciser la situation politique et militaire à laquelle fait allusion le cardinal-neveu. Pendant l'année 1621, l'électeur palatin, Frédéric V, roi de Bohême, avait été dépouillé du Haut-Palatinat par les Bavarois du comte de Tilly et par les Espagnols de Gonzalès de Cordova ; Frédéric V avait cherché un refuge en Hollande, bien que le Bas-Palatinat ne fût pas encore conquis par ses ennemis ; Manheim et Heidelberg notamment étaient encore en son pouvoir. Ernest de Mansfeld avait entrepris de rendre ses États à l'électeur palatin et il avait concentré en Alsace une armée de 20 000 hommes. L'infante Isabelle, archiduchesse des Pays-Bas, qui avait à faire face aux Hollandais, en raison de l'expiration de la trêve de douze ans qui n'avait pas été renouvelée, essaya en vain de gagner l'aventurier. L'empereur, qui avait signé avec Bethlen Gabor, pour être plus libre du côté de l'Occident, la paix de Niclasbourg (16 janvier 1622), se montrait inquiet du retour offensif de Mansfeld, que devaient soutenir les forces recrutées par le margrave de Bade-Dourlach et par Christian de Brunswick, administrateur de l'évêché d'Halberstadt. Frédéric V, qui, parti de Hollande, avait débarqué à Calais et avait traversé la Lorraine et l'Alsace, rejoignit Mansfeld dans le Palatinat ; les débuts de la campagne

Les succès récents des armées impériales et espagnoles en Allemagne, à Wimpfen et à Hœchst ne suffisaient donc point à rassurer le Saint-Siège ; la monarchie espagnole lui paraissait dans un moment de crise très grave; ce fut une faute de la part du gouvernement de Louis XIII que de n'en pas profiter. Le cardinal Ludovisi sentait si bien que la France avait, à ce moment, une entrée de jeu exceptionnellement favorable contre l'Espagne, qu'il affectait une confiance évidemment excessive dans les dispositions pacifiques de Louis XIII. Il écrivait, dans la dépêche qui vient d'être citée, que les Français, tout en faisant cas des avantages de la situation, n'avaient pas le moindre désir de rom-

---

furent heureux : ils dégagèrent Heidelberg par la victoire de Mingelsheim et grâce à l'inaction de Gonzalès de Cordova, qui ne vint pas rejoindre Tilly. Mais le margrave de Bade-Dourlach, qui, de son côté, commit aussi l'imprudence d'agir isolément en voulant envahir les États des Bavarois, fut assailli par les deux généraux impériaux réunis cette fois et battu à Wimpfen (6 mai). Mansfeld n'en restait pas moins menaçant en Alsace, et l'archiduc Léopold fut appelé en toute hâte pour opérer contre lui, pendant que les Grisons s'affranchissaient après son départ. L'archiduc ne fut point heureux ; il essuya une défaite, en voulant faire lever le siège d'Haguenau ; il se retira alors à Fribourg-en-Brisgau, attendant du secours (juin). On remarquera que les anxiétés du Saint-Siège concordent exactement, dans les dépêches que nous citons, avec ces faits militaires ; Frédéric V et Mansfeld, profitant de leur avantage, se portent sur les terres de Louis, landgrave de Hesse, allié de l'empereur, et s'emparent de Darmstadt. Tilly et Gonzalès de Cordova accourent, battent l'arrière-garde de Mansfeld, et, se retournant contre l'administrateur d'Halberstadt, qui arrivait sur le Mein, lui infligent une défaite complète au passage de cette rivière à Hœchst (17 juin). Cette victoire était évidemment connue de la cour de Rome le 24 juillet ; mais elle ne paraît point y avoir été considérée comme consommant la ruine du Palatin. En effet Christian, qui, malgré son désastre, était parvenu à rejoindre Mansfeld, jetait avec ce dernier la terreur en Alsace ; les deux généraux pouvaient au besoin se porter sur la Suisse. Les alarmes du Saint-Siège n'étaient donc pas sans fondement ; la partie était loin d'être gagnée par les Espagnols et par les Autrichiens. — Depuis Schiller, la Guerre de Trente ans a été l'objet d'études nombreuses et étendues. Voy. notamment : Hurter, *Histoire de Ferdinand II* (en allemand), 11 vol. Keym, *Histoire de la Guerre de Trente ans* (en allemand). Du Jarrys, Seigneur de la Roche, *Histoire de la Guerre de Trente ans* (en allemand et au point de vue militaire). Charvériat, *Hist. de la Guerre de Trente ans*. (Paris, Plon.) Kheven-Hiller, *Annales Ferdinandi. Theatrum europæum.*

pre la paix; que, si le prince de Condé poussait le roi à une rupture, le chancelier et M. de Puisieux détournaient au contraire le roi de se mettre en guerre. Le commandeur de Sillery, ajoutait-il, avait invoqué, au nom de son gouvernement, l'intervention du pape dans les affaires du pays des Grisons[1].

Quoique le Saint-Siège payât d'assurance, le cardinal secrétaire d'État n'en montrait pas moins, pour ainsi dire, la griffe sous la patte de velours : « Il n'est rien à quoi les Espagnols tiennent plus qu'à soutenir les apparences et le point d'honneur, et par-dessus tout ils ne veulent point avoir l'air qu'on leur ait forcé la main. Cette considération pourrait très facilement les entraîner à des résolutions dangereuses, et, bien qu'ils soient aujourd'hui en guerre avec les Grisons, ils pourraient bien chercher à s'accommoder avec eux à des conditions plus acceptables, en excluant les Français de toute participation à cet accommodement et même au passage dans la Valteline, parce que, comme je l'ai plusieurs fois indiqué à Votre Seigneurie, si les Grisons veulent s'allier avec les Espagnols, les Français ne pourront absolument rien dans cette affaire... Qu'ils considé-

---

1. Ces mots du secrétaire d'État pontifical semblent confirmer le passage suivant de Levassor : « Tout occupé de son projet de réduire les réformez, et de se venger de l'affront reçu devant Montauban, le roy laisse les affaires étrangères et ne pense tout au plus qu'à celles des Grisons et de la Valteline, parce que son honneur est engagé à faire exécuter le traité de Madrid. Puisieux, secrétaire d'État, qui avait plus de part au gouvernement qu'aucun autre depuis la mort du connétable de Luines, agissoit si foiblement en ce qui concernoit la Valteline, et ses ménagements pour la cour de Madrid étoient si extraordinaires, qu'il auroit volontiers permis que les Espagnols missent l'Italie aux fers, sans les ministres de la république de Venise, et ceux de Charles-Emmanuel, duc de Savoie, à Paris, qui crioient incessamment contre les entreprises du gouverneur de Milan. Un historien étranger a peint Puisieux d'après nature : C'étoit un homme irrésolu dans les affaires, dit-il, inconstant dans les paroles qu'il donnoit, et plus artificieux que véritablement habile. Certains projets ambitieux, et je ne sais quelles espérances du côté de la cour de Rome, le rendoient dépendant du pape et par conséquent de l'Espagne, dont Grégoire appuyoit les desseins de ruiner les protestants. » (Tome IV, p. 346 sqq.)

rent bien en outre que, s'ils se mettent dans la situation de rompre avec l'Espagne, ils ne trouveront point dans une alliance avec des puissances étrangères tout l'appui qu'ils en espèrent. Assurément on ne leur fournira nulle part trop de secours en argent, et il conviendra plutôt qu'ils en donnent aux autres, sans compter qu'ils en reviendront à courir de nouveaux risques en tout ce qui concerne les affaires de chez eux : ils ouvriront notamment l'accès aux pistoles de l'Espagne, par lesquelles ils se laissent plus facilement toucher et vaincre que par les pistolets... Vaine raison d'État, » s'écriait enfin le cardinal en protestant contre la maxime qui, dès ce moment, guidait les destinées de la France, avant que Richelieu l'appliquât avec une énergie sans réserve, « vaine raison que celle-ci : notre politique est de triompher des hérétiques dans notre royaume et en même temps de les protéger et de les agrandir dans les États des autres. »

Ludovisi n'en constatait pas moins avec amertume dans cette dépêche, si pleine et si intéressante, les fautes qui avaient déterminé le soulèvement des Grisons et qui pouvaient le rendre plus dangereux pour les ambitions soutenues par le Saint-Siège de tout son pouvoir, que n'affectait de le croire le secrétaire d'État romain. « Les archiducaux, dit-il, et avec eux le duc de Feria, n'ont pas su manœuvrer dans cette affaire; sans doute il convenait de maintenir les Grisons par la force en leur mettant le frein pour ainsi dire; mais il ne fallait pas les opprimer; on devait d'une main leur montrer l'épée, de l'autre les gratifications, les bons traitements, tout ce qui sert d'appât à la foule afin de s'emparer de leurs esprits; car, dans ce cas, si le Roi Catholique avait ratifié la capitulation de Milan, il eût coupé aux Français les moyens de faire quoi que ce fût [1]. »

Le gouvernement français ne sut évidemment point tirer

---

1. Cardinal Ludovisi, 24 juillet 1622.

parti de ces avantages; il continua malheureusement à disputer aux Espagnols sur le terrain diplomatique seulement les positions conquises par ces derniers dans les Alpes; il le fit avec fermeté et opiniâtreté, mais d'une manière en somme peu efficace. Au moment où le nonce faisait de nouvelles instances en vue de la ratification du traité d'Occagna [1], le duc de Feria refusait une suspension d'armes demandée par les ambassadeurs français auprès des Grisons, sans daigner même faire réponse à la lettre qui lui avait été adressée à ce sujet. « Ainsi, écrit Mgr Corsini, les ministres découvrent de plus en plus les artifices et la mauvaise volonté des Espagnols, et ils sont de plus en plus décidés à envoyer de l'argent en Suisse pour s'assurer la majorité des cantons en vertu de l'article IV de la convention de Madrid, ou à faire une alliance avec les Suisses, les Vénitiens et la Savoie. Ils vont envoyer dans cette intention M. de Bassompierre, personnage propre à mener à bonne fin l'un ou l'autre dessein [2]. »

Le gouvernement français avait fait savoir à Madrid qu'il ne ratifierait point la convention d'Occagna, bien que son ambassadeur l'eût acceptée, parce que celui-ci avait dépassé ses pouvoirs [3]. Mgr Corsini se mit alors en tête de faire adopter une nouvelle combinaison; très ambitieux d'obtenir la pourpre romaine, il comptait sans doute y arriver en réussissant mieux que ses collègues de Madrid. Pendant le séjour assez long que les chaleurs imposèrent au roi dans Béziers, il s'attacha aux ministres pour leur faire accepter son idée, qui consistait à remettre la Valteline en dépôt entre les mains du duc de Lorraine, avec ces deux conditions, que les

---

1. L'ambassadeur vénitien signale à son gouvernement et combat en France les tentatives du nonce pour obtenir ce résultat. N° 54, 4 juillet 1622.

2. Il ne fut pas donné suite pour le moment à ce projet, dont Bassompierre ne parle point dans ses *Mémoires;* il venait d'être fait maréchal de France.

3. Agucchia, 28 juillet 1622.

forts seraient démolis et que la sécurité de la religion catholique serait garantie [1]. Du 29 au 31 juillet, il poursuivit le gouvernement français de ses instances, et il crut pouvoir trouver, dans les réponses évidemment évasives que lui firent les ministres, les bases d'un nouvel accord, qu'il appela le compromis de Béziers et dont il fit part au Saint-Siège dans les termes suivants : « Voici ce qu'admettent les ministres français; ils ne veulent en aucune façon consentir par une convention expresse à quoi que ce soit qui semble infirmer le traité de Madrid. Mais le roi catholique peut, de son propre mouvement, déposer les forts, et, quand le roi de France sera à Lyon, les bons offices de Sa Sainteté chercheront à lui faire accepter le fait accompli [2]. »

Le compromis de Béziers n'était, comme la convention d'Occagna, qu'un expédient pour traîner encore les choses en longueur. Peut-être le gouvernement français ne pouvait-il pas faire autrement que de se prêter quelque temps encore à cette situation fâcheuse; l'intérêt évident du gouvernement espagnol était de la faire durer. « Le gouverneur de Milan, écrit Agucchia, continue ses armements, et la cour de Madrid, en ne l'approuvant ni le désapprouvant, ne cherche qu'à gagner du temps. Les Espagnols attendent en effet l'issue des affaires d'Allemagne [3], qu'ils voudraient voir réglées d'une façon quelconque afin de se désintéresser de cette guerre; ils attendent ce qui résultera des affaires de Flandre [4], qu'ils espèrent voir tourner à bien, et ce qui adviendra également de celles des Grisons et de celles des Français; quant à ces dernières, ils se promettent bien qu'elles se termineront comme sous Montauban [5]. »

1. Nonce, 29 juillet 1622.
2. Nonce, 31 juillet 1622.
3. Le 13 juillet Frédéric V congédiait ses défenseurs à Saverne et le 15 août Tilly achevait l'investissement d'Heidelberg, capitale du Palatinat, qui capitula le 21 septembre suivant.
4. C'est-à-dire de la guerre entre l'Espagne et les Provinces-Unies. Le marquis de Spinola faisait alors le siège de Berg-op-Zoom.
5. Agucchia, 1ᵉʳ août 1622.

Le gouvernement français ne pouvait en effet retrouver sa liberté d'action au dehors qu'en s'affranchissant des embarras intérieurs; de ce côté, si l'événement ne devait pas justifier les espérances de l'Espagne, le moment favorable pour rejeter ses troupes jusqu'aux frontières du Milanais n'en était peut-être pas moins perdu pour longtemps.

V

LESDIGUIÈRES CONNÉTABLE. — RICHELIEU CARDINAL. — LA PAIX DE MONTPELLIER.

Abjuration du maréchal de Lesdiguières, depuis longtemps préparée. — Sa promotion à la connétablie, signe d'une paix prochaine avec les protestants. — Ambiguïté des Mémoires de Richelieu relativement aux intrigues qui traversent son élévation au cardinalat. — Revirement du roi en faveur de l'évêque, coïncidant avec son antipathie croissante pour Condé. — Le nonce fait échec à la candidature de Richelieu. — Correspondance à ce sujet du secrétaire d'État des affaires étrangères et de l'ambassadeur à Rome. — Richelieu cardinal. — Brefs du pape. — Résistance de Montpellier. — Mansfeld menace la frontière du nord-est. — Le connétable de Lesdiguières au camp royal. — Les opérations autour de Montpellier mal conduites par le prince de Condé. — Pourparlers en vue de la paix. — Fureur et départ du prince de Condé. — Paix de Montpellier.

(Août. — Novembre 1622.)

Deux faits d'une importance considérable marquent une des phases principales de l'évolution qui, depuis l'arrivée du roi en Languedoc, est en train de s'accomplir dans son esprit relativement à la direction des affaires intérieures et extérieures de l'État : la promotion du maréchal de Lesdiguières à la connétablie et celle de l'évêque de Luçon au cardinalat.

Ces deux événements se préparent simultanément. Le

nonce avertit le Saint-Siège, dans une dépêche du 4 juillet, que le roi a de nouveau recommandé Richelieu pour le chapeau, et il ajoute : « Le prince de Condé devient de plus en plus suspect au roi, et la reine mère reprend faveur, bien qu'elle ne soit pas en position d'avoir jamais grande part aux affaires, par la raison que tous les conseillers du roi craignent Luçon, par l'influence duquel elle se laisse absolument gouverner. » Quelques jours après, Corsini fait savoir au cardinal Ludovisi que le maréchal de Lesdiguières est disposé à se faire catholique et qu'il aura la connétablie [1].

Nous n'insisterons pas sur les détails très connus de l'élévation du maréchal [2]; elle était arrêtée depuis longtemps dans la pensée de Louis XIII, et l'opinion publique y était prédisposée [3]. Lesdiguières n'avait point voulu de cette grande charge, du vivant du duc de Luynes, et Louis XIII n'attendait plus qu'un moment opportun pour la lui faire enfin accepter. L'heure sembla venue, lorsque le roi fut las du commandement exercé par le prince de Condé sur son armée, et que l'on put prévoir, en même temps que la fin des hostilités contre les protestants, le commencement d'une action militaire au dehors du royaume. Les-

---

1. Nonce, 4 et 16 juillet 1622.
2. Richelieu exalte ce choix, pour déprimer le précédent connétable. *Mém.*, p. 265.
3. Voir *La conversion de toute la maison de monsieur d'Esdiguières à la foy catholique, apostolicque et romaine*. Paris, chez Sylvestre Moreau, au Marché-Neuf, au grand I vert, 1621. C'est un petit écrit de 14 pages pour engager le duc à faire sa conversion et préparer l'opinion publique. — *Recueil des briefs envoyez par nostre Saint-Père le pape Grégoire XV à monseigneur et dame la connestable de Lesdiguières, touchant sa conversion au giron de la saincte Eglise catholique, apostolique, romaine, avec la translation d'iceux du latin en françois. Ensemble deux lettres missives par lesquelles monsieur l'abbé de Saint-Rambert, frère de madame de Lesdiguières, rend compte de son ambassade à Rome pour ce subject*. A Paris, de l'imprimerie de Hiérosme Blageart, rue des Carmes, près Saint-Hilaire, au Miroir. MDCXXIII. — *Le véritable à monseigneur le duc de Lesdiguières, pair et connestable de France sur les controverses d'à présent*. A Paris, MDCXXII. Bibl. de l'Institut, X, 465.

diguières, tout prêt qu'il était à abjurer le protestantisme, ne voulait point user de l'épée, qui devait être le prix de sa conversion, contre ses coreligionnaires de la veille. C'était là chez le maréchal un sentiment ancien et respectable que Louis XIII connaissait. Rien ne pouvait donc être un indice plus sûr de l'inclination de Louis XIII vers la paix avec ses sujets protestants que les ouvertures faites au nom du roi par M. de Créquy à son beau-père le maréchal. L'ambassadeur vénitien fait connaître le succès qu'elles eurent dans les termes suivants : « Le maréchal de Lesdiguières s'est déclaré de vouloir faire profession du catholicisme ; on lui a envoyé Loménie, secrétaire d'État, auditeur de l'ordre du Saint-Esprit, avec le cordon bleu de cet ordre et le brevet de connétable. Bien des raisons ont concouru à la réussite de l'affaire : l'intérêt de Créquy, l'ambition de la maréchale d'être connétable de France, et, par-dessus tout, le désir du vieux de détourner d'une façon quelconque la pierre que ses ennemis voulaient jeter dans son jardin ; car il s'est assuré de la sorte qu'il ne verrait point le roi dans sa province de Dauphiné[1]. » Lesdiguières abjura donc solennellement dans la cathédrale de Grenoble, mais il ne se pressa point d'aller recevoir l'épée des mains du roi et d'entrer ainsi en possession de sa charge, avant que l'on vît jour à conclure la paix sous les murs de Montpellier[2].

L'affaire du chapeau de Richelieu est d'un éclaircissement moins facile. Le cardinal est trop discret sur cette

---

1. Ambass. vénit., n° 57, 22 juillet 1622. — Le maréchal de Lesdiguières était le lieutenant du roi en Dauphiné ; il avait fait de cette province une véritable petite souveraineté ; les gentilshommes qui commandaient en son nom dans les places fortes étaient huguenots et dévoués à sa personne ; il pouvait craindre, s'il ne rompait ses attaches avec le parti protestant, que le roi ne voulût rétablir son autorité directe dans la province.

2. Voir, pour la promotion de Lesdiguières : Bassompierre, t. III, p. 88 et 110. — Videl, *Histoire du connétable de Lesdiguières*, livr. XI, ch. IV, V, VI. — Levassor, *Histoire de Louis XIII*, t. IV, p. 433, sqq. — Fontenay-Mareuil, p. 168. — Rohan, *Mém.*, p. 537. — *Mercure français*, t. VIII, p. 683, 707.

matière pour que nous la trouvions traitée avec quelque précision dans ses Mémoires; il l'enveloppe tout entière dans une phrase vague ¹ qui se rapporte à une époque trop indéterminée pour qu'on en puisse tirer quelque lumière sur les détails de la négociation qui tourna enfin à son avantage. Il semble y confondre dans une même intrigue toutes les traverses que subit sa candidature avant et après la mort du connétable de Luynes; car s'il attribue au marquis de Cœuvres, ce qui est vrai, le fait d'avoir découvert au pape le double jeu qui consistait à faire demander officiellement le chapeau en sa faveur et à détruire en même temps l'effet de cette demande par des lettres secrètes, il impute à tort cette manœuvre, qui est d'ailleurs très connue, au cardinal de Retz et à MM. de Vic et Schomberg, et cela après la mort du connétable. Or on sait qu'elle eut lieu du vivant et du fait du duc de Luynes. M. de Cœuvres avait quitté Rome avant la catastrophe de Monheur, pour se rendre à Venise, et de là en France; remplacé dans ses fonctions d'ambassadeur par le commandeur de Sillery, il n'était plus en situation de démasquer la duplicité des ministres qui succédèrent au duc de Luynes; car il n'était pas leur agent. Il est pour nous hors de doute que, dans la susceptibilité rétrospective de son amour-propre de grand homme, Richelieu ne veut point convenir devant la postérité que son ambition a été par deux fois le jouet et du connétable qu'il affecte de mépriser souve-

1. « Le cardinal de Retz, de Vic et le comte de Schomberg, dès que le connétable de Luynes fut mort, craignant que ma promotion au cardinalat ne me facilitât l'entrée dans les affaires, dirent au nonce que le plus grand plaisir qu'il pourrait faire au roi serait d'empêcher que je parvinsse à cette dignité. Ce qui se découvrit par Sa Sainteté qui le fit connaître au marquis de Cœuvres, lors ambassadeur à Rome. Ce mauvais office ne porta point de coup; car Sa Sainteté reconnut bientôt que c'était un trait d'envie plutôt qu'une parole de vérité; de sorte que cela n'empêcha pas qu'elle m'élevât à cet honneur, dont je reçus la nouvelle à la Pacaudière, au mois de septembre. » (Richel., *Mém.*, p. 267.)

rainement, et, après le connétable, des ministres dont lui-même prit la place. Cette préoccupation rend suspects sur ce point les Mémoires de Richelieu.

Les historiens les plus récents du cardinal ne se sont pas complètement tirés des difficultés que présente ce moment décisif où l'ambitieux prélat arrive enfin au but si longtemps et si ardemment poursuivi. M. Avenel, qui, dans son introduction, passe en trois lignes de la mort du duc de Luynes à l'avènement définitif de Richelieu au pouvoir, donne, dans le corps de l'ouvrage, plusieurs lettres de l'évêque relatives au cardinalat; mais ses notes ne les commentent qu'imparfaitement. M. Marius Topin, de son côté, cite deux lettres de Louis XIII à l'évêque de Luçon, dans lesquelles le roi consacre aux inquiétudes que lui cause la santé de sa mère, quelques lignes qui indiquent un retour d'affection pour Marie de Médicis et de bienveillance pour l'évêque de Luçon [1]; il en infère un échange continu de bons rapports entre Louis XIII et Richelieu, même pendant l'éloignement de la reine mère du théâtre de la campagne de 1622; mais nous ne trouvons rien dans cet écrivain, qui a vu juste à tant d'égards, sur le sujet particulièrement intéressant de la promotion du cardinal. Nous essayerons, à notre tour, d'apporter quelques éléments nouveaux à l'histoire des faits qui précèdent et déterminent l'élévation de l'évêque de Luçon.

Évincé par le duc de Luynes, Richelieu, nous l'avons vu [2], avait été mis en demeure par les successeurs du connétable de se résigner à un exil à Rome en échange des honneurs du cardinalat; l'évêque de Luçon ne voulut point les acheter à ce prix. A partir de ce moment, nous ne sortons de l'incertitude relative à cette affaire qu'avec

---

1. Avenel, *Introduction aux lettres et papiers d'État du cardinal de Richelieu*, p. LXXIX. — Marius Topin, *Louis XIII et Richelieu*, p. 129 et suivantes.
2. Voir au chapitre I*er*.

a dépêche du nonce citée plus haut. Corsini, dans l'intervalle, avait-il reçu du gouvernement français des instructions favorables ou défavorables aux prétentions de Richelieu? Nous ne trouvons rien de semblable dans sa correspondance. Il est vrai que le nonce ambitionnait fort la pourpre romaine et qu'il n'était pas porté, de son propre mouvement, à pousser l'évêque de Luçon à la dignité dont il était plus désireux pour un Italien et surtout pour lui-même que pour un Français et pour Richelieu. Aussi, comme, en maint endroit de ses lettres, il insiste sur l'antipathie non dissimulée des ministres à l'égard de l'évêque et sur le peu de crédit de la reine mère, il est vraisemblable qu'il cherchait à écarter les vues de la cour de Rome d'un prélat qu'il représentait au Vatican comme étant si mal en cour.

Si le nonce est, par intérêt personnel, secrètement hostile à la promotion de Richelieu, la volonté du roi lui-même ne laisse-t-elle pendant longtemps place à aucun doute? Les ministres, de leur côté, tiennent-ils une conduite exempte d'équivoque?

Pour trouver les premiers symptômes d'intentions plus favorables à Richelieu, nous devons remonter jusqu'au mois de mai. La reine mère est malade à Pougues, et l'évêque est auprès d'elle. D'autre part Louis XIII commence à se lasser des hauteurs et des prétentions du prince de Condé. Une réaction très naturelle, et conforme à la sensibilité du roi, le ramène vers sa mère malade, en même temps qu'un mécontentement de plus en plus prononcé l'éloigne du premier prince du sang. Dans cette situation, si le roi n'est pas encore décidé à rendre l'influence politique à sa mère, il incline au moins à lui donner la satisfaction qu'elle réclame depuis longtemps en faveur de Richelieu. C'est le sens exact des premières communications adressées à ce sujet par le ministre des affaires étrangères à l'ambassadeur de France à Rome.

Sa dépêche du 30 mai recommence, en effet, à donner quelque précision aux vœux de la cour de France, restés jusqu'alors dans le vague relativement à l'évêque de Luçon :

« Voilà trois places vacantes par la mort du cardinal Tonti, écrit-il. Il faut essayer surtout de divertir Sa Sainteté par considération de son honneur propre, et par l'affection des princes, qu'il luy convient ménasger, de les remplir de ses créatures, mais attendre plustost qu'il y en ait assez pour en donner aux princes. Je scay que *La Houssine* (Richelieu) et celuy qui fait pour luy presseront vivement. Il faut monstrer que vous avez commandement d'avancer, en ce qui se pourra honnêtement, leur satisfaction, et que vous avez mesme cette inclination; car *la Porte* (la reine mère) se conduit bien avec le *Pied d'Estail* (le roi), et, en ce faisant, il est bon de la contenter en son temps [1]. »

Rien de moins formel ni de moins pressant que cette instruction. Tandis que Richelieu fait agir vigoureusement par son agent, l'abbé de La Cochère, évêque d'Aire, le secrétaire d'État, qui assiste au revirement du roi en faveur de sa mère, fait cependant comprendre à l'ambassadeur son oncle qu'il peut encore attendre pour donner à Marie de Médicis la satisfaction qu'elle attend, et qu'elle réclame par la lettre suivante :

« Monsieur de Pizieux, aiant esté advertie, par le sieur Evesque d'Ayre, de l'affection que luy a tesmoignée à son arrivée à Rome le sieur commandeur de Sillery, ambassadeur du roi monsieur mon filz, pour la promotion du sieur Evesque de Luçon mon grand Aumosnier et de la disposition en laquelle il est d'agir en cet affaire suivant les ordres que vous luy en avèz donné, je n'ay voulu différer davantage à vous tesmoigner par ces lignes le gré que je vous en sçay. Je m'asseure que vous les continuerés, puisque c'est la volonté du Roy, qu'il y va de l'honneur de la France de demeurer si longtemps à obtenir une chose juste, en cette saison que le Roy monsieur mon filz rend des preuves si signalées de son zèle à l'Église, et que le suiect qu'il propose est très digne de cet honneur. Je vous prie de croire que comme en cela vous faictes chose qui m'est très agréable, aussi ne se présentera-

1. Extrait du recueil d'Aubéry. Puisieux à Sillery, 30 mai 1622.

t-il point d'occasion de vous en tesmoigner mon ressentiment que je ne le face de très bon cœur.

« Priant sur ce Dieu, monsieur de Pizieux, qu'il vous ayt en sa sainte et digne garde. Escript à Pougues le premier juillet 1622 [1].
   Marie.
(Signature autographe.)   BOUTHILLIER. »

Le ministre et l'ambassadeur s'entendaient cependant encore à demi-mot pour tromper, sans en avoir l'air, l'espérance de la reine. Puisieux promettait plus qu'il ne tenait; Sillery marquait le pas sur place, tandis que Richelieu, bien qu'il prétende que la dignité à laquelle il aspirait « était au-dessus de ses espérances et de ses mérites », redoublait d'efforts, par l'intermédiaire de son abbé, auprès des familiers du Saint-Siège.

« J'ay passé un mot au pape pour la promotion, écrit l'ambassadeur. Je l'ai trouvé tout disposé à donner contentement au roy. J'ay icy monsieur l'évesque d'Aire, qui n'a que cette affaire. Depuis ma venue par deçà, il a, avec d'autres, tenu des conseils pour adviser si, avec l'intervention de Sa Sainteté, il y auroit moyen de faire revenir monsieur le marquis du Cœuvres, tout cela pour la crainte que pour les choses passées on ne soit contraire à ce bonnet rouge. Tout ce qui fait à considérer en cecy pour le service du roy, est que ce qu'ils remettent la promotion, n'estant que pour attendre la vacance des places qu'ils puissent remplir de leurs créatures, s'ils voyoient le pape en danger ou plustost prest à mourir, ils ne craindroient point de passer outre et de prendre les trois places pour eux. Voilà le hazard qu'il y a de différer [2]. » La candidature de Richelieu ne paraît donc que d'un intérêt secondaire à l'ambassadeur. Les choses restent en l'état jusqu'au moment où le roi, comme le nonce s'est empressé d'ailleurs (dép. du 4 juillet) d'en informer sa cour, se prononce pour Richelieu.

   1. Suscription : A mons. de Pizieux, cons. d'Estat du roy monsieur mon filz et secrétaire de ses commandements (inédite, coll. Godefroy).
   2. Sillery à Puisieux, 6 juin 1622.

La dépêche écrite à ce sujet par Puisieux ne témoigne pas encore d'un bien grand désir de voir réussir la campagne entreprise par l'évêque de Luçon : « Le roy, dit-il, a recommandé à monsieur le nonce, en sa dernière audience, pour la première promotion, la personne de monsieur de Lusson. Je luy en ay aussi parlé; mais nous vous manderons plus précisément, à la première fois, comme vous en devez user. Je voy bien que *l'Œillet* (le cardinal Ludovisi) désireroit que la promotion fust différée. *Le Mords* (le nonce) seroit bien de cet advis pour y avoir part. Celuy qui fait delà pour *la Houssine* est bien violent et assez impertinent [1]. »

La situation se dessine cependant de plus en plus à l'avantage de la reine mère et au détriment du prince de Condé. Le ministre des affaires étrangères la résume, à la même date que la dépêche précédente, par cette phrase significative : « Tous vos amys se portent bien. *L'Oratoire* (Puisieux) est fort bien avec le *Pied d'Estail* et avec ceux qui sont auprès de luy. *La Salle* (Condé) est assez mal avec *le Maistre du bastiment* (le roi), lequel est bien avec *la Porte*. Tout cela pour vous seul [2]. » Désormais, en effet, il n'y a plus d'ambages dans les instructions du gouvernement français. L'ambassadeur, qui continue son adroit manège, écrit bien le 1er août : « J'attends avec non moins de dévotion que d'impatience ce que l'on aura résolu que je fasse sur le sujet de la promotion [3]. » Mais, presque au même moment, les ordres définitifs sont partis. La cour de Rome n'a plus qu'à s'exécuter, sous peine de voir rompre les relations diplomatiques de la France et du Saint-Siège : « Quant à la promotion, écrit Puisieux, le roy en parla dernièrement au nonce, et moy après en son nom, et est d'avis de faire presser l'affaire autant qu'il se peut honnestement et avec fermeté;

---

1. Puisieux à Sillery, 12 juillet 1622, de Castelnaudary.
2. Puisieux à Sillery, *ibid.*
3. Sillery à Puisieux, 1er août 1622.

fors d'y ajouster qu'en cas de desny ou que la chose passe autrement, de retirer *le Tabernacle* (l'ambassadeur Sillery). En cela n'y espargnez aucun office. Vous aurez pour cet effect les lettres de la main... Il faut donner cela à la voix publique, et à la réputation de Sa Majesté, après ce qui s'est passé, et au contentement de la reyne mère, qui en escrit souvent et se conduit fort bien[1]. »

Richelieu, dans la crainte d'échouer encore au port, presse par des missives répétées[2] la bonne volonté toute nouvelle du ministre ; mais ses intérêts, cette fois-ci, sont pris sérieusement en main, et la reine écrit avec confiance à Puisieux la lettre suivante :

« Monsieur de Pizieux, j'ay très grand déplaisir que la perte de mon cousin le cardinal de Retz que je regrette infiniment vous donne lieu de faire nouvelle instance pour la promotion du sieur Evesque de Luçon, mon grand Aumosnier. Mais, puisque cet accident est arrivé, je m'assure que vous vous souviendrés de recevoir commandement du Roy monsieur mon filz de faire promptement une depesche expresse au sieur commandeur de Sillery, son ambassadeur, pour le charger de presser sans relasche le Saint-Père de donner au Roy le contentement qu'il attend il y a si longtemps. Il ne peult plus estre différé puisqu'Il est promis sy tost qu'Il y auroit une quatriesme place et que depuis un an en ça Il est mort troys cardinaux françoys, au grand dommage de cet Estat. Je me prometz que vous n'oublierés rien de ce qui sera nécessaire en cet affaire, ne doutant point de vostre bonne volonté ; vous pouvés aussy vous assurer que comme le Roy mondict sieur et filz en desire le succès, aiant proposé ce suject plustost qu'un autre en ma consideration, Je ne manqueray en aucune occasion à vous tesmoigner le ressentiment que j'auray du soin que vous y aurés apporté et vous feray voir que je suis véritablement, monsieur de Pizieux,

« V^{re} bone amie,
« Marie.

« *La confiance que j'ay particulièrement en l'amitié que vous m'avez promise et la franchise avec laquelle ie voudrois avoir lieu de vous faire paroistre la mienne faict que librement ie vous prie de parachever ce que vous avés mis en fort bon estat par vos dernières lettres*[3]. »

1. Puisieux à Sillery, 28 juillet 1622, de Béziers.
2. Avenel, *Pap. d'Ét. de Rich.*, Let. à Puis., 20 juin, fin juillet, 6 et 18 août.
3. Suscription : A monsieur de Pizieux, conseiller d'Estat du roy

On remarquera surtout le post-scriptum autographe de cette lettre, qui indique évidemment une entente secrète entre la reine et Puisieux. Ces hésitations, ces revirements dans la conduite du ministre cachent à coup sûr une intrigue ; nous n'en trouvons, il est vrai, aucune trace dans les écrits connus jusqu'à ce jour ; mais le résident florentin, qui avait suivi la reine mère, nous donne à ce sujet des renseignements curieux dans une dépêche que nous mettons sous les yeux du lecteur ; on y rencontrera plus d'un sujet d'étonnement :

« Le prince de Condé, écrit le résident, à cause de ses mœurs vicieuses et aussi parce qu'il veut trop jouer le premier personnage à la cour, ne cesse de déchoir dans les bonnes grâces du roi, de telle sorte que sous peu, à ce que l'on croit, il donnera complètement du nez par terre. Schomberg, peu aimé du prince, ne se fera pas prier pour aider à lui donner la poussée ; et, comme c'est l'avis de celui qui a aujourd'hui la plus grande autorité [1], le garde des sceaux [2] s'y rangera. Et, afin que le prince soit moins en état de leur nuire, tous les trois réunis font le calcul de s'appuyer sur la reine mère ; ils réclament sa présence et ont envoyé ici quelqu'un pour la solliciter de venir à la cour. Si ce projet réussit et que la reine mère fasse une bonne union avec ces ministres, Luçon, qui sera bientôt cardinal, doit commencer à jeter les yeux sur la place que tenait le cardinal de Retz au ministériat d'État [3], et il aurait des chances de succès, parce que les autres ministres, voulant augmenter l'autorité de la

monsieur mon filz et secrétaire de ses comendements, coll. Godefroy (lettre inédite). — Le cardinal de Retz était mort le 2 août 1622, et, Richelieu ayant été promu au cardinalat le 5 septembre de cette même année, cette lettre, qui n'est pas datée, a été certainement écrite au commencement du mois d'août. — Toute la partie qui est en italiques est de l'écriture de Marie de Médicis.
1. Puisieux.
2. C'était encore M. de Vic, qui mourut peu de temps après.
3. Le cardinal de Retz était mort devant Lunel, d'une fièvre d'armée. Le garde des sceaux mourut le 2 septembre. Corsini confirme les suppositions du résident florentin relativement aux visées

reine, pourraient juger que c'est là le meilleur moyen, à la condition cependant que l'on tienne compte de leurs intérêts. Nous verrons l'effet du temps dans cette affaire. En attendant, le roi, lui aussi, réclame sa mère, parce qu'il est question de faire la paix. Il désire que ce soit elle qui s'entremette à ce sujet, afin que l'obligation qu'auront les huguenots à l'auteur d'un tel bienfait tombe sur elle et que ce soit elle, conséquemment, qui continue à posséder leur confiance, et non pas un des princes; car cette intelligence avec les huguenots le rendrait trop suspect au roi. En outre, Schomberg et les autres feront toujours leur jeu de tenir bas le prince de Condé, parce que, en obligeant les huguenots à la reine mère, ils fermeront cette porte au prince; et, en la fermant, ils atteindront ce résultat que les huguenots n'oublieront jamais les cruautés dont a usé Condé envers eux dans la présente guerre[1]. »

Voilà des révélations surprenantes. Eh quoi! le même Schomberg qui avait essayé de faire entrer Bassompierre dans une cabale contre Puisieux, qui se donnait pour le plus chaud partisan du prince de Condé, et qui, à quelques jours de date de la dépêche du résident florentin, allait, après la mort du garde des sceaux de Vic, unir ses efforts à ceux du prince pour pousser à la place du défunt un ennemi de Puisieux, d'Aligre[2]; ce même Schomberg entrait aussi dans des combinaisons ayant pour but le rétablissement de la reine mère en faveur! Étrange duplicité, qui ne semble que trop conforme à ce que Bassompierre nous fait connaître du caractère ambitieux et intrigant de ce personnage! Mais là n'est pas pour nous l'intérêt principal de la dépêche de Gondi; ce qui nous frappe, c'est le rôle donné à la reine mère, dans ces dessous de la politique, vis-à-vis des protestants; c'est la

de Richelieu, en disant qu'aussitôt après la mort de Retz il convoita la place de celui-ci au conseil (20 octobre). Richelieu, dans ses *Mémoires*, traite assez mal celui dont il recherche la succession.
1. Ambass. florent., 28 août 1622.
2. V. Bassomp., t. III, p. 133.

porte fermée au prince de Condé, à celui qui bien ou mal avait en réalité dirigé la guerre, pour l'empêcher de négocier le traité qui devait y mettre fin ; c'est l'affaire du cardinalat de Richelieu, si singulièrement unie dans ces intrigues complexes et inconnues, avec celle de la paix à donner aux huguenots!

Les renseignements du Florentin dissipent bien des obscurités, notamment en ce qu'ils nous font comprendre l'attitude nouvelle prise par Puisieux à l'égard de Richelieu. Celui-ci rencontra bien encore des obstacles ; mais la mauvaise volonté ne vint plus du secrétaire d'État des affaires étrangères.

Suivant l'expression du commandeur de Sillery, parlant au pape, qui se montra fort étonné de ses démarches en faveur de Richelieu, « *le Mords* taisoit ou biaisoit ce qui lui avoit esté dit[1], » et Puisieux, de son côté, affirmait « que le nonce déguisoit véritablement les matières pour son intérêt[2] ». On a vu que les Sillerys n'étaient pas exempts du même reproche ; pendant longtemps, le nonce ne semblait avoir fait que se conformer à leur propre politique. Aussi, lorsque le roi manifesta plus formellement qu'il ne l'avait jamais fait son désir d'obtenir le chapeau pour Richelieu, grandes furent la surprise et la déception de Corsini. Il s'étonne de cette résolution et écrit à Rome que, pendant longtemps, le roi ne semblait pas s'être soucié de faire nommer un cardinal français ; il montre le roi hésitant encore, après s'être déclaré, se cachant de Puisieux pour pousser son candidat, et préoccupé surtout du désir de satisfaire sa mère. Le malheureux nonce perd la tête et ne peut se décider à parler de la volonté désormais devenue formelle de Louis XIII ; il commet bientôt l'imprudence d'écrire contre l'évêque de Luçon une lettre qui est saisie par les ministres.

« Je m'apperçois clairement, écrit Puisieux, et est aysé de

1. Sill. à Puis., 16 août 1622.
2. Puis. à Sill., 25 août 1622.

le voir, que le désir ardent qu'a *le Mords* de prendre part en cet honneur, luy fait non seulement obmettre les offices qui luy sont recommandés, mais y adjouster des artifices et inventions aussy fausses que grossières, ainsy que vous verrez bien nettement par une sienne lettre interceptée, qui demeurera à vous; car ce qu'il y met est non seulement faux, mais il est sans doute aucun inventé par lui seul[1]. »

Il faut enfin que Corsini fasse connaître toute la vérité, qui lui brûle les doigts en sortant de sa plume, et qu'il enveloppe encore de certaines précautions : « Le roi, écrit le nonce, a su que sa mère a appris la manière dont, sous main, on a, en s'autorisant de ses propres ordres, cherché à empêcher la promotion de Luçon; alors il s'est mis en colère et a commandé à son ambassadeur, nonobstant tout ce qui a pu être dit au nonce, de faire de vigoureuses instances en faveur de Richelieu[2]. »

Richelieu est enfin promu le 5 septembre 1622. La lettre qu'il adresse à ce sujet en réponse aux compliments un peu forcés du nonce[3] est d'un ton piqué et ironique; il retourne le fer dans la plaie du pauvre intrigant déçu, par ces mots d'une malice fort aiguisée : « Vous trouverez bon que je vous die que ce m'auroit esté un grand contentement que nous eussions esté compagnons en cette promotion. Une aultre occasion donnera à vostre mérite ce qui luy est deub. » Le nouveau cardinal écrit au contraire des lettres pleines d'effusion de reconnaissance à Puisieux et à Sillery[4], si bien que ceux-ci finirent par se persuader qu'ils avaient travaillé bien consciencieusement au succès de l'évê-

---

1. Puis. à Sill., 25 août 1622, de Lunel.
2. Nonce, 16 juillet et 28 août 1622. Cette dernière est datée d'Avignon et contient le passage cité.
3. A la date du 14 sept. 1622, il y a trois dépêches du nonce au roi, à la reine mère et à Richelieu au sujet du chapeau.
4. Lettre au nonce, 22 septembre 1622; au commandeur de Sillery, au chancelier, à M. de Puisieux, même date. — Avenel, *Papiers d'État*.

que : « Vous avez largement et heureusement surmonté tous les obstacles qui se sont rencontrés, écrit le secrétaire d'État à son oncle. Et moy j'ay fait office deçà en faveur de *la Houssine* contre l'attente de plusieurs, pour les causes passées. Mais vous savez l'humeur de *l'Oratoire* (Puisieux), lequel après Dieu préfère l'intérêt du *Pied d'estail* à toutes passions et considérations privées [1]. »

Quant au nonce, Puisieux n'a pour lui dans la même dépêche que des paroles de blâme. N'y avait-il pas cependant entre le ministre et l'envoyé pontifical une complicité d'intention dont le premier ne fit que se dégager assez à temps dans son propre intérêt, tandis que l'autre s'y attacha avec une obstination aussi maladroite qu'inutile? Richelieu, dont l'œil perçant avait pénétré toutes ces intrigues, n'en garda pas, au fond, malgré ses protestations passionnées, moins de ressentiment contre les Sillerys que contre Corsini.

Nous donnerons comme épilogue à cette affaire du chapeau les deux brefs que Grégoire XV adressa au roi de France et au cardinal sur ce sujet [2]. Sans attribuer à ces documents inédits une valeur historique considérable, nous y trouvons cependant un certain intérêt de curiosité. On remarquera notamment dans les singularités du langage de la chancellerie pontificale que les services attendus de Richelieu par la cour de Rome n'étaient pas précisément ceux qu'il devait rendre un jour. L'homme auquel Grégoire XV envoie la barrette, c'est le controversiste et le théologien, qui, dans sa disgrâce, s'était si adroitement signalé aux faveurs apostoliques, en s'absorbant dans la rédaction d'un ouvrage plein de dureté pour les protestants : *L'Instruction du chrétien ou catéchisme du diocèse de Luçon*. Mais l'évêque, revêtu de la pourpre, ne sera plus qu'un homme d'État.

1. Puis. à Sill., 22 sept. 1622.
2. La copie de ces deux brefs se trouve à Rome, à la bibliothèque Corsini, cod. 713. Miscellan., p. 53. Voir l'appendice, n° 5.

Le pape écrit au roi dans les termes suivants :

« Grégoire XV, pape.

« Notre très cher fils en Jésus-Christ, salut!

« Ils veillent avec sagesse au salut de leurs États et à la gloire de leur règne, les princes dont le patronage est une récompense ou un encouragement à la vertu. Une pareille réputation est bien capable de faire le bonheur des peuples; car, comme il n'est personne qui ne soit désireux de gagner la bienveillance d'un roi, nous pouvons facilement nous figurer quels seront les efforts de ceux qui la recherchent, si, pour l'obtenir, l'accès n'est ouvert que par la pratique du bien. Combien Votre Majesté est avide de cette gloire, c'est ce qu'a récemment montré le cardinalat de l'évêque de Luçon. Les prières et le suffrage du roi ont, en effet, désigné ce prélat, dont la haute sagesse est considérée dans la Gaule comme le rempart de la religion catholique, le fléau de l'audace des hérétiques, et qui a toujours jugé préférable de mériter les plus hautes dignités que de les obtenir. Aussi, lorsque nous l'avons récemment choisi pour être du Sénat apostolique, nous avons voulu, tout en accordant cette satisfaction à Votre Majesté, parer l'Église romaine d'une nouvelle gloire et enflammer les pontifes des Gaules d'une sainte ardeur pour l'imitation d'une si haute vertu; et, voyant Votre Majesté bien mériter de la religion catholique et s'efforcer d'égaler, par une courageuse émulation, les travaux et les triomphes de ses ancêtres, nous aurons soin de montrer en elle des témoignages de plus en plus éclatants de notre affection pontificale. Nous faisons part avec amour à Votre Majesté de notre bénédiction, priant Dieu qu'il réjouisse votre jeunesse d'une abondante moisson de vertus chrétiennes et du spectacle de la félicité de ses États.

« Donné à Rome, à Sainte-Marie Majeure, le 4 novembre 1622, la seconde année de notre pontificat. »

Le bref suivant, adressé à Richelieu, insiste d'une manière encore plus pressante sur les mêmes idées :

« Grégoire XV, pape.

« Notre cher fils, salut !

« Nous n'avons pas voulu seulement accorder une récompense à la vertu, mais fortifier d'un nouvel appui la religion catholique et parer le Sénat apostolique d'une nouvelle gloire, lorsque, approuvant la désignation de Leurs Majestés Très Chrétiennes, nous t'avons récemment décoré de la pourpre cardinalice. En effet, de même que les lois de la discipline militaire décernaient sagement le triomphe aux soldats dont le courage avait servi de rempart à la République et causé la ruine des ennemis, ainsi est-ce avec raison que tu viens d'arriver à la plus grande dignité dans l'Église romaine. Car, dans la lutte que nous avons à soutenir contre le prince des ténèbres, ta science et ta piété ont été dans vos contrées comme un glaive de salut pour abattre l'orgueil des hérétiques et exercer une sainte vindicte parmi des peuples non croyants. Aussi jouis, notre très cher fils, non seulement du témoignage de la faveur royale et de la munificence pontificale, mais aussi de la juste renommée due à tes qualités éminentes ; car la splendeur de tes mérites brillait d'un tel éclat dans la république chrétienne, qu'il paraissait importer à la Gaule tout entière que tes vertus fussent distinguées par la gloire d'insignes sacrés. Ces distinctions ont en effet plus de puissance pour frapper les imaginations des hommes que la seule beauté de la vertu toute nue dépouillée d'ornements. Nous nous réjouissons vivement que cette récompense de tes mérites et ce témoignage de notre bienveillance aient été pour toi un événement si agréable. Or sache que tu nous auras comblé des preuves de ta reconnaissance si, te montrant semblable à toi-même, tu continues à augmenter en Gaule la dignité de l'Église, si tu écrases les forces de l'hérésie, sans te laisser épouvanter par aucune difficulté, mais marchant avec confiance sur les aspics et les basilics. Ce sont là les grands services que l'Église romaine exige et attend de toi; quant à nous, certain que notre espoir ne sera pas déçu, nous t'embrassons avec amour dans notre charité paternelle.

« Donné à Rome, à Sainte-Marie Majeure, le 3 novembre 1622, la seconde année de notre pontificat. »

Le sens de ces deux lettres se rapporte aux événements intérieurs dont nous avons à reprendre le récit. Les expressions violentes que le Saint-Père applique aux protestants, l'espérance qu'il exprime de les voir un jour complètement écrasés semblent être une condamnation de la politique de paix qui prévalut dans l'esprit de Louis XIII dans le temps même où Richelieu devenait cardinal.

Pendant le séjour du roi à Béziers, l'attention clairvoyante de l'ambassadeur vénitien surprit déjà quelques symptômes pacifiques. Dans la dépêche du 29 juillet 1622, il fait savoir à Venise que le duc de Rohan s'est enfermé dans la place de Montpellier et qu'il a dissous l'assemblée de Sommières, où l'on discutait les termes d'un accommodement avec le roi [1]; mais il ajoute le renseignement suivant, qui est l'indice de dispositions moins belliqueuses que ne pourrait le faire croire l'information précédente : « D'un autre côté, dit-il, Desplans [2] est parti de cette ville (Béziers); il n'est

---

1. Rohan, *Mém.*, p. 535. — Les députés des provinces du Bas-Languedoc et des Cévennes s'étaient réunis à Lunel, pendant que le duc de Rohan se portait au secours du Haut-Languedoc. Il fut question dans cette assemblée des moyens de ramener le duc de Châtillon, qui tenait Aigues-Mortes, au parti protestant dont il s'était éloigné. Peut-être l'accommodement avec le roi y fut-il aussi agité, comme le dit l'ambassadeur vénitien; ce qui est certain, c'est que cette assemblée, s'étant portée au-devant du duc de Rohan à son retour, fut immédiatement licenciée par lui.

2. Ce personnage avait été déjà employé l'année précédente par le connétable de Luynes dans les négociations entamées sous Montauban.

pas douteux que ce soit pour renouveler des pourparlers avec les huguenots; et il y a quelque espérance d'en venir à la paix au moyen d'un traité général. Lesdiguières a certainement des intelligences dans la place; le roi manœuvre dans cette affaire, sans la participation du prince de Condé, ni de beaucoup d'autres membres de son conseil; le nonce du pape et le Prince demeurent dans une grande inquiétude, d'autant plus que Sa Majesté se défie de jour en jour davantage de Monsieur le Prince [1]. »

Cette entrée en matière ne produisit pas d'effet sur le moment. Les protestants se trouvaient en effet animés encore à la résistance par l'espérance de faire de Montpellier un autre Montauban pour l'armée royale; et ils purent croire un instant que du dehors allait s'accomplir en leur faveur une diversion dangereuse pour les armes de Louis XIII [2]. En effet Ernest de Mansfeld et l'administrateur d'Halberstadt, chassés d'Alsace à la suite de succès remportés par l'archiduc Léopold, avaient traversé la Lorraine et campaient sur les bords de la Meuse. Le vieux duc de Bouillon, déshonorant sa vieillesse par une trahison, invitait Mansfeld à entrer en France, à y soulever les réformés et à dégager par une marche sur Paris les abords de Montpellier, que les troupes royales étaient en train d'investir, en rappelant celles-ci à la défense de la capitale. Une panique se produisit dans Paris; mais la partie du gouvernement restée auprès de la jeune reine, et dont le chef véritable était le vieux chancelier, pourvut, avec non moins d'énergie que d'habileté, à ce danger, qui n'était peut-être qu'imaginaire. Louis de Nevers, duc de Gonzague, entama des négociations avec le chef de bandes allemandes, lui fournit des vivres et le tint en respect, par des promesses illusoires, pendant qu'il concentrait des

---

1. Ambass. vénit., n° 60, 29 juillet 1622.
2. Rohan, *Mém.*, p. 534.

troupes [1] avec une activité qui coupa court aux intrigues de Bouillon, aux incertitudes de Mansfeld et aux espérances du duc de Rohan. « On s'est gaussé à pur et à plein de Mansfeld, et on l'a amusé cependant qu'il faisoit bon plumer la poule, » disait un pamphlet du temps [2]. Les agents du roi lui débauchaient en effet des troupes qui allaient en descendant le Rhône grossir l'armée prête à faire le siège de Montpellier. L'Allemand, qui n'avait cherché sans doute qu'à encaisser les à-compte des subsides que lui offraient les deux partis, s'empressa de tourner le dos à la frontière française, pour aller rejoindre, en traversant les Pays-Bas espagnols, malgré une défaite que lui infligea Gonzalès de Cordova à Fleurus, l'armée du prince Maurice devant Bréda (2 septembre). L'éloignement de ce redoutable aventurier, qui à la fin de la guerre palatine aurait peut-être tout aussi bien servi le roi que les protestants, simplifia les opérations de Louis XIII dans le Midi et rendit la paix de plus en plus probable.

1. *Description générale de toutes les trouppes de l'armée du roy commandée par messieurs les ducs de Nevers et d'Angoulesme ès païs de Champagne.* A Paris, de l'imprimerie de Nicolas Alexandre, MDCXXII, avec permission. — *Récit véritable de ce qui s'est passé en la frontière de Champagne depuis que l'armée du comte de Mansfeld est partie du Palatinat pour venir en France. La défaite de plusieurs des siens par le sieur marquis de Dampierre, la reddition de son canon entre les mains du gouverneur de Mouzon.* A Paris, chez François Pomeray, rue Saint-Jacques, à la Vigne-d'Or fin, MDCXXII, avec permission.

2. « On dit que les rebelles de Languedoc et principalement ceux de la ville de Montpellier ont chanté un *Te Deum* pour la retraite de Mansfeld, à cause qu'il n'est point venu à leur secours, et qu'il ne s'est point venu embrouiller avec ce brouillon de Bouillon, qui en ses vieux ans a terni, par une renommée peu proportionnée à son devoir, le lustre qu'il avoit acquis à la suite du feu roy, de glorieuse mémoire, et de ses devanciers. — On dit que l'on s'est gaussé à pur et à plain de Mansfeld, et qu'on l'a amusé cependant qu'il faisoit bon plumer la poule : mais le bonhomme il n'eust sceu advancer plus avant; car il a les gouttes, et puis il scait le proverbe : *In magnis voluisse sat est.* — On dit qu'il fait mauvais estre aujourd'hui huguenot; car, depuis que Mansfeld a fait mine d'entrer en France, il a fallu faire une nouvelle recreüe de taille pour soudoyer son armée, et ainsi après avoir boursillé de tous costez et fourny audit Mansfeld la somme qu'il demandoit, il s'est moqué d'eux et de leurs rébellions, aymant bien mieux céder aux triomphes du roy que de se dire son ennemy. » (*Le que dit-on de la cour*, 1622, p. 12.)

Avant de quitter la halte de Béziers, Louis XIII détacha Condé, Schomberg et Bassompierre, pour faire tomber les places qui servaient de défenses avancées à Montpellier; la prise de Mauguio, de Massillargues, de Lunel, et plus loin de Saint-Gilles, isola la ville du côté de l'ouest; la chute du Ginac gêna ses communications avec les Cévennes. L'entrée du roi, à la suite de ces premières opérations, dans Sommières[1], au nord-est; la prise de possession, au sud-est, d'Aigues-Mortes, qui fut remis au roi par Châtillon en échange du bâton de maréchal, dont il avait la promesse depuis longtemps d'ailleurs, complétèrent l'investissement de Montpellier. Avant d'engager les opérations contre la place même, Louis XIII, ayant établi son quartier général à La Verune, conféra l'épée de connétable à Lesdiguières, qui venait d'arriver au camp, et donna une nouvelle preuve du peu d'inclination qu'il avait à satisfaire le prince de Condé en faisant passer le bâton que laissait le connétable à Bassompierre; ce fut une déception pour Schomberg, plus ancien de grade que le colonel-général des Suisses, mais partisan apparent du prince et ennemi de Puisieux (29 août 1622).

Le connétable de Lesdiguières était venu plutôt dans l'intention de traiter que de combattre; aussi les partisans de la guerre se démenèrent-ils pour rompre toute négociation. Le nonce, qui, à ce moment même, se conduisait avec si peu d'habileté dans l'affaire de la promotion, était non moins mal inspiré dans les représentations qu'il jugeait à propos d'adresser au roi relativement aux négociations pacifiques. « Monseigneur le nonce, écrit l'ambassadeur vénitien, est allé expressément à la cour pour persuader le roi et les ministres de continuer la guerre; il est universellement blâmé pour son incroyable ardeur à vouloir la

---

1. Voir *La prise de la ville et chasteau de Sommières à l'obéyssance du roy*. Paris, chez Pierre Rocolet, au Palais, MDCXXII, bibl. de l'Instit., X, 465, A**.

division et la désolation de ce royaume, étant donné surtout que le roi a montré, par des signes évidents, que ses offices à ce sujet lui déplaisaient [1]. »

Les négociations que le connétable avait engagées dès le commencement de l'année, dans une entrevue à Pont-Saint-Esprit avec le duc de Rohan, paraissaient avoir abouti dans une nouvelle rencontre de ces deux hommes de guerre à Saint-Privat. La paix devait être générale; mais le roi devait aussi entrer dans Montpellier. Cette clause rendit nécessaire une attaque de vive force contre la ville; car le prince de Condé ayant répandu le bruit que les troupes royales mettraient, quels que fussent les ordres contraires, la cité au pillage, les habitants, encore émus d'une violation toute récente de la capitulation accordée aux défenseurs de Lunel, prirent la résolution de soutenir le siège; le duc de Rohan, qui était entré dans la ville pour l'engager cependant à la soumission, lui promit son concours et sortit pour aller recruter des troupes destinées à secourir les assiégés; c'est en vain que le conseiller d'État de Bullion engagea le roi à ne point exiger l'entrée dans la place; Bassompierre, cette fois d'accord avec le prince de Condé, fit à Louis XIII un point d'honneur de ne pas céder devant cette exigence de ses sujets rebelles. Le siège de Montpellier commença; nous n'en rappellerons que les principaux traits.

La clef de la défense et de l'attaque était une éminence située au nord-est de la ville et qu'on nommait la butte Saint-Denis; c'était sur ce point que l'armée royale devait concentrer tous ses efforts; un général expérimenté l'eût compris; mais le connétable, après avoir opéré une reconnaissance autour de la ville (30 août), avait laissé le commandement en chef au prince de Condé, que la présence de son supérieur hiérarchique exaspérait, et il était retourné dans le Dauphiné pour y chercher des régiments;

---

1. Ambass. vénit., n° 66, 26 août 1622.

il espérait que leur approche seule faciliterait les négociations, dont le succès lui tenait plus à cœur que l'exercice même de ses prérogatives militaires. Condé acheva de se perdre par la mauvaise direction qu'il donna aux opérations du siège. La butte Saint-Denis n'ayant pas été assez fortement occupée, une sortie des assiégés pour la reprendre amena un engagement meurtrier dans lequel succombèrent, entre autres personnages de distinction, le duc de Fronsac, jeune officier de grande espérance, le marquis de Beuvron, M. d'Ouctot, lieutenant de la compagnie du prince de Condé, et le mari de la nièce du cardinal de Richelieu, M. de Combalet (2 septembre). Les assiégés, repoussés ce jour-là, ne tardèrent pas à reprendre définitivement cette importante position, dont la défense coûta encore la vie du maréchal de camp Zamet. « Les ennemis, à notre barbe, y bâtirent un fort, » dit Bassompierre [1].

Comme on ne pouvait battre la ville d'une position dominante, il fallut faire l'approche en règle de ses fortifications avancées. On s'attaqua d'abord à une redoute vers laquelle on s'avança par des tranchées et des gabionnades, travaux au milieu desquels le célèbre ingénieur Gamorini fut tué. Les troupes royales, après avoir souffert d'une violente sortie des ennemis le 11 septembre, s'emparèrent enfin le 13 de l'ouvrage. Les officiers les plus éclairés de l'armée conseillaient de poursuivre les opérations en attaquant le corps même de la place et en battant les deux bastions de la Blanquerie et des Tuileries; le prince de Condé s'entêta cependant à vouloir s'emparer d'une demi-lune située entre ces deux bastions. Les travaux nécessaires à cette opération furent longs et gênés par des pluies torrentielles qui envahirent les tranchées des assiégeants. Le

---

[1]. Bassomp., t. III, pages 103, 111, sqq. — Rohan, *Mém.*, p. 537. L'officier protestant qui commanda cette belle défense est M. de Calonges.

prince de Condé commit encore la faute de croire que les dégâts commis par l'orage et la confusion qui en était résultée n'étaient pas des conditions essentiellement défavorables à une attaque de vive force contre la demi-lune ; il l'ordonna. Bassompierre raconte tout au long les incidents de cette journée, qui devait être désastreuse ; l'ambassadeur vénitien les résume en quelques traits expressifs : « Contre l'avis de Sa Majesté, le prince, désireux de tenter quelque heureux succès, afin de s'en prévaloir pour faire rompre tout pourparler de paix, a voulu que l'on attaque la demi-lune (ouvrage bas et battu par les deux bastions) ; le combat a duré sur ce point pendant une heure entière ; on fit jouer deux mines contre les avancées de l'ouvrage ; mais, ayant mal opéré, elles ont préjudicié aux troupes royales et non pas aux huguenots. La lutte a été furieuse ; toute la cité courut à la défense sur tous les points ; les assiégés ont refoulé les troupes du roi et se sont avancés jusque sur leurs tranchées. » Après avoir signalé la mort, dans cet engagement, de M. de Roquelaure, de plusieurs capitaines et officiers du régiment de Navarre, et de trois cents soldats, l'ambassadeur ajoute : « Cette sanglante et malheureuse affaire a grandement découragé l'armée et le prince en a été universellement blâmé, ayant été seul à vouloir que l'on fasse cette tentative, excité, dit-on, principalement par l'arrivée du maréchal de Créquy, de retour avec la certitude du succès de ses négociations avec Rohan ; mais cet accident ne peut qu'avoir discrédité le prince et facilité la paix [1]. »

Cette dernière faute du prince de Condé donna en effet le coup de grâce à sa tyrannie militaire ; quant à son influence dans les affaires intérieures, elle ne comptait plus pour rien depuis le jour où, après la mort du garde des sceaux de Vic (2 septembre), Bassompierre et Puisieux

---

[1]. Ambass. vénit., n° 77, 4 octobre 1622.

avaient opposé victorieusement à son candidat M. d'Aligre un affidé des Sillerys, le conseiller d'État Caumartin (22 septembre).

Le connétable ne s'était pas attardé dans le Dauphiné; il revenait à la tête de six régiments, pendant que les longueurs du siège donnaient lieu aux événements précédemment racontés et que le duc de Rohan rassemblait à grand'peine une armée de secours près d'Anduze. Le connétable, avant d'arriver au camp du roi, mit à profit la situation fâcheuse où se trouvait le chef des réformés, par suite de l'arrivée prochaine des renforts envoyés de tous côtés à l'armée royale : le duc d'Angoulême amenait en effet à Louis XIII une partie des troupes réunies en Champagne contre Mansfeld; le prince de Condé faisait venir des levées de sa province de Berry; le duc de Montmorency arrivait du Haut-Languedoc avec l'arrière-garde de l'armée royale attardée au siège de quelques places sans importance. Les hésitations de Rohan cessèrent : « Le connétable et M. de Rohan, écrit l'ambassadeur vénitien, se sont abouchés à Saint-Privat; ces messieurs ont repris les négociations antérieures, et Rohan donne la certitude que, si les gens de Nîmes ouvrent leurs portes, ceux de Montpellier pourront en faire autant. Il y a encore quelque obstination chez le peuple, mais Rohan promet de faire lever tous les doutes; dans cette entrevue, il a été convenu que le connétable s'arrêtera où il se trouve et qu'il attendra toute la journée de jeudi les députés de M. de Rohan, porteurs d'une résolution définitive... Il y a de grandes apparences en faveur de la paix par suite de cet abouchement, si toutefois la fatalité ne vient pas en rompre le bon effet, comme par le passé. Le prince, seul instrument de la guerre, se démène de tout son pouvoir; il emploie tous les moyens; il représente la faiblesse de Montpellier; il se vante de gagner la connétable par l'intermédiaire du comte de Brèves, son favori, auquel il a promis des charges et des biens, et il paraît que la connétable est on ne peut plus mal disposée à l'égard de la paix. Les gens bien intentionnés s'efforcent de tout leur pouvoir de séparer pendant quelques jours cette dame de son mari, en l'exhortant à se tirer de toutes les incommodités du séjour dans la ville où elle se trouve (Saint-Privat?), afin de laisser l'oreille du connétable tout entière au maréchal de Créquy, lequel manigance la paix avec chaleur [1]. »

La connétable n'eut pas raison de son mari; car lorsqu'il arriva au camp, devancé par son gendre, les conditions de la paix étaient arrêtées (8 octobre). Le connétable prit cependant le commandement de l'armée, et le roi, pour mettre d'accord, par un compromis, les prérogatives de ce dernier avec les prétentions du premier prince du sang, décida que le connétable, qui, après le roi, avait le commandement suprême en tous lieux et sur tous, donnerait le mot d'ordre et les ordres à tous, et que M. le Prince les recevrait de la bouche même du roi. La chute du prince de Condé est consommée.

Dans les premières conditions convenues avec le duc de Rohan, la situation de Montpellier devait faire l'objet d'un traité séparé. Parmi les considérations diverses qui pesèrent sur l'esprit du duc de Rohan, et qu'il expose lui-même dans ses Mémoires et dans son discours justificatif, il faut compter l'intervention inopinée du roi d'Angleterre, qui avait conseillé la paix aux deux partis. Cette attitude nouvelle de Jacques Ier peut être attribuée à la situation des affaires européennes, de plus en plus défavorable à l'électeur palatin, et peut-être aussi à l'initiative prise par le chancelier de remettre sur le tapis l'affaire toujours indécise et sujette à de nombreuses traverses du mariage de Madame Henriette avec le prince de Galles [2]. La conclusion définitive du traité

---

1. Ambass. vénit., n° 75, 25 septembre 1622. Cette dépêche est chiffrée.
2. Ambass. vénit., n° 80, 11 octobre 1622.

de pacification subit encore quelques retards, de courte durée d'ailleurs.

« Le roi, écrit l'ambassadeur vénitien, avant d'annoncer sa résolution de faire la paix, en a donné part au prince de Condé, en lui disant qu'il avait décidé d'accorder une paix générale à ses sujets, et que, sur cette matière, il n'avait plus rien à faire de ses conseils. Le prince, qui avait espéré faire continuer la guerre au moyen de la division des traités, représenta à Sa Majesté le préjudice causé à sa propre réputation, le grand dommage porté à ses intérêts; mais il ajouta que, puisque le roi commandait, tout lui paraissait pour le mieux, et il le supplia de pouvoir, avec sa permission, faire un voyage jusqu'à Lorette. Le roi lui dit: Mon cousin, je le veux bien. Et le prince, sans faire d'autres adieux, est parti à l'improviste; je l'ai rencontré sur les bords de l'étang de Mauguio, presque sans compagnie et dépourvu de toutes choses. Dans cette rencontre, je lui ai exprimé mes regrets, et il m'a dit qu'il partait avec les bonnes grâces de Sa Majesté, mais qu'il ne voulait point se trouver présent à l'exécution de la paix, et qu'il avait résolu de faire un tour à Gênes, à Rome, à Lorette, et de passer ensuite à Venise [1]. »

Les détails précédents sont confirmés et complétés par la dépêche suivante du nonce : « J'ai écrit dernièrement à Votre Illustrissime Seigneurie que les négociations pour la paix s'étaient un peu refroidies, et je me fondais, pour le dire, sur ce fait que, dans un conseil [2] tenu le 7, on avait

---

1. Ambass. vénit., n° 80, 11 octobre 1622. Cf. Héroard : « Le 9, dimanche. Après dîner, il va à son cabinet, où il fait entendre à M. le prince de Condé la résolution qu'il avait prise sur la paix, et, sur ce qu'il voulait repartir pour le dissuader, le roi dit : Il n'en faut plus parler, je l'ai ainsi résolu, etc. » — Voy. aussi Fontenay-Mareuil, *Mém.*, p. 171. — Richelieu, *Mém.*, p. 268. — Bassomp., p. 149. — Levassor, p. 512, sqq. — Nous ne trouvons dans aucun des écrivains que nous citons les détails circonstanciés contenus dans la présente dépêche de l'ambassadeur vénitien et dans la suivante, qui est écrite par le nonce.

2. Bassompierre ne parle pas de ce conseil ni de celui du 8; il dit seulement que ce dernier jour Condé lui annonça son intention de partir.

absolument décidé de ne pas prêter l'oreille aux impertinences des huguenots; mais le jour suivant, qui fut le 8, on vit sortir du conseil M. le prince de Condé tout troublé et en colère, et disant : On me le payera. Le 9, Son Excellence quitta de nuit la cour et, arrivée à Arles, m'expédia un exprès [1], pour m'aviser qu'il désirait aller en Italie, ce qui me fit juger nécessaire de me transporter à Arles pour parler avec lui et me mettre moi-même au courant de ses intentions. Il a voulu venir ce matin avec moi à Avignon, ce dont j'ai immédiatement rendu compte à la cour pour ne donner lieu à aucun soupçon. L'occasion de son départ est, m'a-t-il dit, qu'ayant vu les choses tourner si manifestement à la paix, il avait demandé à Sa Majesté la permission de faire ce voyage, afin que l'on ne pût jamais dire ou qu'il avait donné son consentement, ou qu'il s'était trouvé présent à une pareille honte. Et, en effet, le 9, le duc de Rohan est entré dans Montpellier, pour proposer les conditions arrêtées et engager les habitants à les accepter; et bien que, toute la journée d'hier, le canon ait encore tiré furieusement, il a cependant rapporté hier même à Sa Majesté la nouvelle que les conditions avaient été acceptées. En conséquence, Sa Majesté espère entrer dimanche prochain 16 à Montpellier, et l'on enverra un gentilhomme à Nîmes, Castres et Uzès pour en prendre possession. On ne connaît pas encore les particularités de cette paix, mais on croit qu'elles sont telles qu'un prince dégoûté de la guerre et souverainement désireux de retourner à Paris pour faire voler les faucons dans les belles plaines de ces contrées, et des ministres toujours dans l'appréhension de la mort et lassés des fatigues de la campagne, peuvent les concéder à des gens pleins d'obstination et parfaitement informés des intentions

---

1. Corsini se trouvait en ce moment à Avignon; l'archevêque de Séleucie, vice-légat dans cette ville, avait été fait prisonnier dans une promenade hors des murs par des partisans huguenots, et le nonce avait été nommé pour le suppléer provisoirement.

de chacun. On dit que la paix est universelle, c'est-à-dire qu'elle s'étend même à La Rochelle et à Montauban, ce qui donne lieu de s'étonner beaucoup, parce qu'à l'heure présente l'armée de Sa Majesté est de 20 000 hommes, et qu'on en attend encore 10 000 de Bourgogne et de Champagne, lesquels sont en route; l'armée de mer était fort belle et équipée à grands frais; toutes choses invitaient plutôt à la guerre qu'à la paix. Tout cela a été manigancé par le connétable, lequel est pire huguenot que lorsqu'il en portait le nom, et les personnes qui jugent sans passion le reconnaissent facilement à ses actions; mais si quelqu'un peut se vanter d'avoir conduit et persuadé le roi, c'est bien M. de Puisieux. Les gens sensés croyent que cette paix n'a aucune chance de durée : les hérétiques sont naturellement vindicatifs et obstinés, et, comme ils ont pu se convaincre de la faiblesse du conseil, quand le roi sera éloigné, ils recommenceront à se soulever et à vouloir reprendre ce qu'ils ont perdu jusqu'à présent. Plaise à Dieu que les choses tournent au plus grand avantage de la religion, au bien du royaume et à l'honneur du roi!

« Cependant M. le prince de Condé partira pour Turin demain matin ou après-demain au plus tard; de là, il s'en ira à Milan, à Venise, à Parme, à Modène, à Bologne, à Lorette, pour y accomplir un vœu; à Rome, pour y baiser les pieds de Notre Seigneur, et s'en retournera par Florence et par Gênes. Il s'arrêtera très peu en chaque endroit, ayant dessein de se trouver à Lyon avant Noël; il veut voyager incognito, pour n'être point mis dans la nécessité d'entrer en compliments et de faire des dépenses; mais il ne veut pas toutefois que sa personne ne soit point honorée, comme vous le fera connaître un billet de lui qui est ci-joint. Il porte des dépêches du roi pour chaque État; son dessein est de revenir à la cour à son retour et de reprendre sa place dans le conseil du roi, afin que chacun sache qu'il ne part qu'avec le bon gré et une permission expresse de Sa Majesté.

Il désire seulement que Votre Illustrissime Seigneurie et Notre Seigneur sachent à quel point il a bien mérité de la religion, espérant que cette raison le fera encore mieux recevoir; et en vérité il en est digne, car il a d'excellents sentiments, comme vous l'apprendrez de lui-même. C'est un ennemi juré de M. de Puisieux et du commandeur de Sillery; il ne veut par conséquent avoir aucune confiance dans le cardinal Bentivoglio, et il m'a, avec de grandes instances, demandé à qui il peut se fier en tout ce qui le concerne; je lui ai dit que c'était à Votre Illustrissime Seigneurie seulement; il vient donc dans les meilleures dispositions à l'égard de votre personne. Je vous ai, en d'autres occasions, parlé de son naturel dans mes lettres; je vous répète aujourd'hui qu'il est doué d'une grande intelligence, d'une grande mémoire, qu'il est plein de promptitude et de vivacité, et que, de même qu'il manque de solidité au physique, c'est par là que souvent aussi pèche son esprit. L'intérêt est chez lui très puissant, et il cultive les amitiés qui peuvent lui servir à ses fins; ses mœurs sont celles d'un homme dominé par les sens, bien qu'il ne laisse pas d'avoir la conscience du bien, laquelle n'a cependant pas sur lui assez d'empire pour le retenir de satisfaire trop souvent ses appétits. Je termine en disant que c'est le premier prince du sang, et qu'après le roi, qui n'a pas encore d'enfants, et après le duc d'Anjou, qui est de peu de santé, la couronne tombe sur sa tête [1]. »

La détermination imprévue de M. le Prince déconcerta le parti même qui avait préparé sa chute, sans la vouloir peut-être aussi complète. Son brusque départ laissait en effet Puisieux face à face avec l'influence grandissante de la reine mère, et il n'osait pas l'affronter sans tenir en réserve un renfort que le prince disgracié pouvait lui apporter en temps opportun. C'est ce qui nous explique certaines dé-

---

1. Nonce, 14 octobre 1622.

marches faites auprès de Condé sur le moment de son départ. A l'instant de monter à cheval pour Turin, le prince reçut une lettre du roi, l'informant de la paix universelle pour le royaume et l'invitant à retourner le plus tôt possible auprès de lui [1]. L'ambassadeur vénitien confirme ce détail, en disant que Ruccellaï [2] envoya un courrier au prince avec une lettre du roi pour le prier de revenir. La raison de cette démarche aurait été celle-ci : Schomberg [3], qui avait un intérêt personnel à ne point rester seul du parti de Condé, persuada à Louis XIII que l'action du prince paraîtrait singulière à tout le monde et contraire à la dignité du roi, puisqu'il partait pour n'avoir pas trouvé bonnes ses royales décisions. Les autres ministres appuyèrent cet avis. « Ils se complaisent, dit le Vénitien, dans l'espérance de faire durer avec plus de vivacité la division entre le roi et sa mère, afin de rester, eux, au milieu de ces dissensions, les véritables maîtres du pouvoir, et il est bien certain que le roi ne sera jamais qu'avec beaucoup de peine sous la dépendance entière, soit de sa mère, soit de son parent [4]. »

Le prince ne se laissa point arrêter par la lettre envoyée à sa poursuite; il prit le chemin de l'Italie, où nous le retrouverons bientôt. Les motifs secrets de son rappel, tels qu'ils sont exposés par l'ambassadeur vénitien, nous laissent entrevoir qu'il ne laissait pas derrière lui une situation facile aux ministres demeurés maîtres du terrain.

Il nous reste à faire mention des clauses de la paix conclue

1. Nonce, 14 octobre 1622.
2. Ruccellaï, qui s'était insinué dans la confiance de Condé, après avoir eu celle du duc de Luynes, était cet abbé que Richelieu avait fait déchoir des bonnes grâces de la reine mère, dont il était le serviteur; il a déjà été question de ce personnage au commencement de ce volume. Voir aussi notre précédent volume, *Le connétable de Luynes*. — Ruccellaï mourut de la fièvre pourpre peu de jours après la date de cette dépêche.
3. Schomberg était tombé malade vers la fin du siège de Montpellier. Sa situation était déjà menacée par suite du désordre remarqué dans les finances, dont il était le surintendant.
4. Ambass. vénit., n° 81, 13 octobre 1622.

sous Montpellier[1]. Après un préambule, dans lequel le roi proteste de la justice de ses armes et de sa modération, il fait aux huguenots et exige d'eux des concessions qui peuvent se résumer sous les chefs suivants :

I. Confirmation de l'édit de Nantes.

II. Rétablissement en tous lieux du libre exercice de la religion catholique.

III. Rétablissement de la religion réformée sur les bases de l'édit de Nantes.

IV. Démolition des fortifications nouvellement élevées; des otages garantiront l'exécution de cet article.

V. Ouverture des portes des villes protestantes au roi.

VI. Défense de toutes assemblées politiques sans permission.

VII. Décharge pour les actes d'hostilité et assemblées.

VIII. Exception des cas exécrables.

IX. Décharge des comptables.

X. Cassation de tous jugements prononcés contre ceux de la religion.

XI. Confirmation des jugements donnés par ceux de ladite religion entre eux.

XII. Élargissement de tous les prisonniers sans rançon. Rétablissement de tous en leurs biens, honneurs et dignités.

XIII. Formation de commissions mixtes pour l'exécution du traité.

Sous cette forme, le traité donnait pleine satisfaction aux revendications du roi; mais il faut reconnaître que des articles secrets annexés aux conventions précédentes en atténuaient singulièrement la portée. Il était en effet stipulé par brevets particuliers que les fortifications de Montauban et de La Rochelle seraient maintenues et que les deux tiers seu-

---

1. Les Mémoires du duc de Rohan en contiennent le résumé, que l'on trouve aussi dans la relation journalière citée plus haut ; le traité est inséré dans le manuscrit de Corsini, sous le titre suivant : *Articoli della pace stabilita dalla M^ta X^rma di Luigi XIII co suoi sudditi Ugonotti nel campo sotto Mompolieri* (20 octob 1622).

lement de celles de Nîmes, Castres, Uzès et Milhau seraient démolis. Enfin une dernière clause était ainsi conçue :

« Leur accorde Sadite Majesté que les places qui restent en leurs mains de celles contenues en l'estat du feu roi, signé et arresté à Rennes le 14 mai 1598, y demeureront pendant trois ans à compter du jourd'huy, pour leur servir de retraicte en cas d'oppression contre la volonté de Sa Majesté, dont sera fait estat particullier, n'entendant que les autres places qu'elle a réduictes et remises en son pouvoir ou qui sont demeurées en son obéissance soient ny puissent estre prétendues pour places de sûreté[1]. »

Le duc de Rohan fut traité avec générosité; mais les avantages qui lui furent concédés semblent inférieurs à ceux qui avaient été le prix de la soumission des ducs de La Force et de Châtillon, devenus maréchaux de France. 60 000 écus de pension, le gouvernement de Nîmes, Castres, Uzès et des Cévennes n'étaient cependant pas des dédommagements à dédaigner pour celui qui, en déposant les armes, recevait par délégation du roi l'autorité qu'il avait exercée comme chef des rebelles dans des régions profondément imbues de l'esprit protestant. « La paix ne peut être plus honteuse, écrit le nonce; mais il convient, puisqu'elle est faite, ou de se taire ou d'en parler avec éloge, bien que l'on pense que, dans l'exécution, puissent survenir tels embarras qui renouvelleront la guerre sans que les conseillers de cette paix puissent jouir des fruits qu'ils s'en promettaient[2]. »

Sans approuver les violentes récriminations du nonce, nous ne pouvons méconnaître le bien-fondé d'une partie de ses critiques relativement à la paix de Montpellier. Le but poursuivi depuis deux ans, c'est-à-dire le rétablissement de la souveraineté royale, dans son intégrité, sur toutes les parties du territoire, n'était pas atteint au moyen d'un traité

---

1. Le traité est signé Louis et Phelypeaux.
2. Nonce, 14 octobre 1622. — Voir l'appendice, n° 4.

que les réserves stipulées par les articles secrets privaient de tout caractère absolu et définitif. Laisser des forteresses aux protestants, ne leur enlever leurs chefs qu'à la condition d'assurer à ceux-ci non seulement le pardon, mais des indemnités, c'était évidemment transformer la paix en trêve et encourager pour l'avenir les fauteurs de guerre civile. La lutte se renouvellera fatalement, mais aussi dans des conditions meilleures pour la royauté, remise, par les expéditions des années 1621 et 1622, en possession d'un grand nombre de places où son autorité était auparavant méconnue. Ce n'est d'ailleurs pas à l'absolu, mais au possible que doit viser la politique, et toute la question, en ce qui concerne le traité de Montpellier, est de savoir si les résultats acquis par Louis XIII étaient en raison des sacrifices accomplis et des possibilités de l'heure présente.

Le nonce analyse avec la subtilité d'un esprit délié les causes qui, suivant lui, avaient amené cette pacification, qu'il qualifie, en homme passionné, de déplorable. Après avoir recherché celles de ces causes auxquelles il attribue plus particulièrement l'échec de Montauban l'année précédente [1] il en vient à celles de la paix de Montpellier.

Il y a d'abord pour lui des raisons qui tiennent aux personnes et qu'il résume ainsi : la mort du cardinal de Retz, qui, sur ce point, faisait prévaloir son sentiment dans l'esprit et dans le conseil du roi; la maladie du comte de Schomberg, dont l'absence a retardé le succès du dernier siège, qui aurait sans doute donné plus de cœur à Sa Majesté; l'absence du Père Arnoux, qui était énergique, véhément et zélé, et qui ne permettait pas que la conscience du roi fût troublée par des considérations politiques [2]; la froideur du Père Séguiran, lequel, sans courage et sans vigueur, n'a jamais osé presser Sa Majesté comme il convenait à un reli-

---

1. Voir notre ouvrage *Le connétable de Luynes*, au chapitre LE SIÈGE DE MONTAUBAN.
2. *Ibid.*, au chapitre intitulé DISGRACE DU PÈRE ARNOUX.

gieux de le taire [1]; la conversion du maréchal de Lesdiguières, qui, sans changer ses intentions ni sa volonté, lui a acquis plus de crédit et d'autorité. — Passant ensuite aux raisons tirées de l'ordre militaire, dont l'énumération ne l'embarrasse pas plus que celle des considérations relatives aux personnes, Corsini relève les fautes suivantes : N'être pas venu l'année dernière en Languedoc en négligeant Montauban; après le siège infructueux de Montauban, n'avoir pas fait rester le roi à Toulouse ou à Bordeaux pour recommencer les opérations au printemps; avoir perdu le temps à la prise d'une foule de petites places et n'avoir mené les troupes sous Montpellier que fatiguées et ennuyées.

Nous ne nous attacherons point à discuter ces appréciations politiques et militaires du nonce, que nous citons à titre de renseignement; les unes sont plausibles, les autres contestables, surtout celles qui concernent les opérations de guerre. Il résulte, en tout cas, des détails donnés au cours de ce chapitre, que le nonce invoque ici des motifs d'ordre secondaire et ne va pas au fond des choses. La paix de Montpellier fut la conséquence peut-être de fautes militaires, peut-être aussi de l'effacement ou de la disparition de certaines influences religieuses autour du roi; elle fut bien plus sûrement l'effet de l'aversion du roi pour Condé, et de la réaction qui s'opéra dans son esprit en faveur de la reine mère et de Richelieu; mais, au dessus de ces raisons, il faut en placer une qui est la principale et à l'évidence de laquelle Corsini lui-même ne tardera pas à se rendre, en disant dans une dépêche du 23 novembre :

« L'affaire de la Valteline a fourni les principaux arguments à ceux qui ont fait décider la paix avec les huguenots. »

---

1. « *Il quale senz' animo e senza vigore non ha mai ardito premere Sua Maesta come a religioso si conveniva.* »

VI

LES CONFÉRENCES D'AVIGNON ET DE LYON
RETOUR EN GRACE DE LA REINE MÈRE
VOYAGE DU PRINCE DE CONDÉ

Le nonce remet en avant le compromis de Béziers pour le règlement des affaires de la Valteline. — Retour offensif et succès de l'archiduc Léopold dans le pays des Grisons. — Capitulation de Lindau imposée aux Grisons. — La cour d'Espagne repousse le compromis de Béziers. — Voyage du roi en Provence. — Conversation de Puisieux et de l'ambassadeur vénitien relativement à une alliance éventuelle. — Entrevue de Louis XIII et de Charles-Emmanuel de Savoie à Avignon. — Voyage de Louis XIII jusqu'à Lyon. — Ses attentions pour la reine mère, sa froideur pour la reine régnante. — Entrée à Lyon du prince et de la princesse de Savoie. — Formation d'une alliance éventuelle entre la France, la Savoie et Venise. — Lacunes dans les Mémoires de Richelieu. — La reine mère cherche à se fortifier contre le prince de Condé et se rapproche de Puisieux. — Voyage de Condé en Italie, plus utile aux intérêts du prince qu'à ceux de la France.

(Août 1622. — Janvier 1623).

Nous nous retrouvons de nouveau, après la paix de Montpellier, en face des affaires de la Valteline. La guerre de religion finie, le nonce, qui avait peu réussi à diriger la politique intérieure du gouvernement français, se promit un meilleur résultat de ses négociations à l'égard de la Valteline, et il remit en avant le compromis de Béziers ; son amour-propre et ses espérances étaient en jeu, et il ne cache point celles-ci en écrivant à l'auditeur du secrétaire d'État du pape : « Le cardinal Filonardi est mort, et moi je me porte bien, et je me recommande à vous[1]. »

Les Grisons continuaient à tenir tête aux troupes de l'archiduc et de l'Espagne ; mais la disproportion des forces était par trop grande pour que cette résistance pût durer longtemps. Une série de dépêches de la chancellerie du pape nous met au courant des événements qui se sont accomplis depuis deux mois dans ces régions et des vicissitudes qui s'ensuivent au point de vue de la politique générale de l'Europe et en particulier du Saint-Siège, de l'Espagne et de l'Autriche vis-à-vis de la France. Le 9 août 1622, la cour de Rome, rassurée et exaltée par les progrès des armées de Tilly dans le Palatinat, se déclare de la façon la moins équivoque en faveur des oppresseurs de la liberté des Grisons, dans la dépêche suivante du secrétaire d'État :

« En ce qui concerne la protection de la religion catholique dans la Valteline, dit-il, le pape est tenu de rester uni avec Madrid et de se montrer Espagnol aux yeux des gens passionnés.... On dit que la guerre éclatera ; mais c'est alors que le gouverneur de Milan commencera à se réjouir et à espérer d'être l'arbitre, non seulement de l'Italie, mais de la monarchie entière de son roi. Faut-il, pour la défense de quatre pieds de terre, attirer ici toutes les forces de tant d'États, et engager toute la chrétienté dans cette lutte ! Voilà que déjà on commence à prêter l'oreille aux idées du gouverneur ; on lui remet de l'argent, et, quoiqu'ils aient du mal à en trouver, on lui a cependant fait tenir à cette heure 650 000 écus empruntés à bon compte, et ils (les ministres espagnols) cherchent à faire d'autres emprunts. Le roi lui a ordonné de se préparer à la défense, et ce n'est certes pas le temps qui lui manque ; il a commandé aussi à ses autres mi-

---

[1]. Nonce, 25 octobre 1622.

nistres en Italie, en Sicile, de demeurer en bonne entente avec lui, et de s'employer tout entiers à servir ses desseins, et l'on commence déjà à découvrir tout le mal qui arrive à la religion catholique par la faute du roi de France. Funeste résolution, que de vouloir, par le moyen de bravades, faire exécuter le traité de Madrid! Car voilà les Espagnols qui, n'ayant plus d'autre désir que de se délivrer n'importe comment des guerres d'Allemagne, veulent que les affaires de ce pays s'arrangent d'une façon ou de l'autre, et, bien que les armées catholiques aient toutes aujourd'hui la supériorité sur les hérétiques et en force et en réputation, bien que nous ayons la saison et toute chose propices, néanmoins, en entendant les Français braver, ils ont donné des instructions pour qu'on fasse avancer de toute manière les négociations entamées à Bruxelles avec l'ambassadeur d'Angleterre ; ce dont s'exclament jusqu'au ciel les catholiques et notre sainte religion elle-même, qui espérait sous peu, au moyen de quelques nouvelles victoires, être débarrassée en partie du joug des hérétiques qui l'oppriment. Et ainsi Sa Majesté, si pieuse et si chrétienne, causera plus de dommage à l'Église de Dieu par des ombrages et une jalousie hors de propos, qu'il ne pourrait lui donner d'assistance avec une grande armée ; parce que, si on laisse perdre les occasions présentes de mettre hors de combat les ennemis, si les grandes et valeureuses armées des catholiques se débandent, plus jamais elles ne se mettront ensemble. Notre Seigneur sent ce dommage à un point incroyable ; il ne laisse point cependant de faire tous ses efforts pour empêcher la trêve s'il en est encore temps.

« Sa Sainteté veut que, nonobstant toutes les rebuffades, Votre Seigneurie continue à faire les mêmes instances, sans crainte d'être tenue pour Espagnole dans une affaire où, en définitive, il s'agit de la religion catholique, dont le pape, comme vous l'écrivez, est le chef; parce que si parler pour la défense de la religion signifie être Espagnol, faites comprendre qu'il ne nous est pas possible de nous montrer autrement, et que nous ne pouvons faire moins. Mais que les Français prennent garde de se faire le plus grand tort, en appelant Espagnols tous ceux qui font profession d'être de vrais catholiques; car cela même pourrait devenir une honte pour le nom français[1]. »

Ainsi, plus d'équivoque : il faut être Espagnol pour demeurer catholique; et encore les Espagnols sont-ils vraiment catholiques, du moment qu'ils se prêtent à ces fameuses négociations de Bruxelles par lesquelles la perfidie de leur politique cherchait cependant à abuser une fois de plus et la pusillanimité du roi d'Angleterre et la simplicité de son gendre, l'électeur palatin? La seule pensée qu'une combinaison quelconque puisse l'empêcher d'atteindre le but poursuivi avec tant d'âpreté, c'est-à-dire la ruine complète du protestantisme en Allemagne et même en Europe, arrache au Saint-Siège des cris de détresse. De quel poids pouvaient être auprès de lui les considérations d'équilibre qui militaient en faveur d'un règlement équitable des affaires du pays des Grisons? Qu'importaient les droits de la France dans ces régions, du moment que les intérêts d'ordre supérieur, dont le Saint-Siège assumait la garde, étaient en jeu? Le roi de France n'était-il pas d'ailleurs empêché sous les murs de Montpellier, au milieu des embarras d'une guerre poursuivie en partie cependant au profit du catholicisme? Mais la politique romaine n'a plus de scrupules; les choses tournent mal pour les Grisons; la joie éclate dans les dépêches de la chancellerie pontificale : « Voilà que les Grisons commencent à perdre leur ardeur et leur vigueur premières et à recevoir des coups sensibles, écrit Agucchia; et si la suspension d'armes que l'on négocie n'a pas lieu, comme l'archiduc d'un côté et de l'autre le gouverneur de Milan se disposent à les assaillir et par la ruse et par la force ouverte,

---

1. Agucchia, 9 août 1622.

il n'y aura pas lieu de s'étonner si à la fin ils sont écrasés, d'autant plus que voici bien loin de l'Alsace le Mansfeld, qui leur donnait grand cœur et à eux et aux Suisses hérétiques[1]. »

Le gouvernement français n'a donc qu'à se résigner; s'il menace de la guerre, la guerre viendra le trouver. Un mois après la dépêche précédente, le secrétaire d'État pontifical écrit que le Roi Catholique a déjà donné l'ordre à l'infante de former, avec les gens de Cordova et du comte de Bergues ou d'autres, une armée toute prête, pour l'envoyer sans retard sur les frontières de la France et l'y faire entrer, si le roi prend la résolution de faire descendre des troupes en Italie[2].

Mais la cour de Rome apprend bientôt des nouvelles qui mettent le comble à sa joie. « L'archiduc Léopold, dit Agucchia, pendant qu'il traitait de la paix et tenait endormis les esprits des Grisons, les a défaits et écrasés par les armes, et il a tout recouvré en un seul jour; il pense maintenant, au moyen de forts et de garnisons, prendre si bien ses sûretés, qu'ils ne puissent plus se révolter, et de cette façon voici fermée maintenant une des Trois Ligues, si toutefois on continue à les laisser en paix et en liberté; mais celles-ci, qui tournent selon le vent de la fortune et la crainte du danger présent, et qui naguère avaient renoncé à la capitulation de Milan et qui avaient rétabli leur union avec les Dix-Droitures, déclarent maintenant qu'elles n'ont jamais consenti aux derniers soulèvements et professent qu'elles veulent se conformer auxdites capitulations; il n'est pas douteux qu'elles feront tout ce que voudront l'archiduc et les Espagnols : elles accepteront le traité de Milan. Les Vénitiens semblent aussi disposés à prendre ce parti, voyant aller si mal les affaires du Palatinat[3]. »

Les espérances de la cour de Rome devaient être dépas-

1. Agucchia, 12 août 1622.
2. Agucchia, 12 sept. 1622.
3. Agucchia, 26 septembre 1622.

sées. La capitulation de Milan tenait les Grisons par le pied; l'archiduc Léopold les serra à la gorge, en leur imposant une convention négociée à Lindau, qui, dans des termes plus rigoureux encore, faisait la contre-partie de la convention dont le duc de Feria était l'auteur. La Basse-Engadine et huit juridictions étaient détachées de la confédération des Grisons et réunies au Tyrol autrichien; Mayenfeld et Coire devaient être occupées pendant six ans par des garnisons autrichiennes; et enfin l'archiduc se réservait encore de faire valoir ses droits non seulement sur les lieux qu'il occupait, mais encore sur d'autres endroits compris dans les limites très indéterminées de sa souveraineté [1]. C'était la loi du glaive; les forts espagnols dans la Valteline, les garnisons autrichiennes dans tout le pays des Grisons, établissaient en fait la communication tant recherchée entre les États espagnols d'Italie, l'Allemagne et les Pays-Bas.

Le résultat était trop complet cependant pour ne pas ins-

[1]. *Delle capitulazioni de Lindau*, p. 99 (point de date). Bib. Min. Mss. X, V, 18, Miscel.
1° L'archiduc Léopold reçoit en grâce les Huit Juridictions, en exceptant de l'amnistie les principaux auteurs de la sédition, les coupables d'homicide, et de leur côté les Huit Juridictions reconnaissent l'archiduc comme leur naturel prince et seigneur.
2° Les Huit Juridictions et la Basse-Engadine sont déclarées affranchies de toute alliance avec les Grisons et de toute autre ligue, à l'exception de celle avec la maison de France, en tant qu'elle ne tourne pas au préjudice de la maison d'Autriche.
3° Son Altesse restituera tous les lieux sur lesquels il n'a point droit, après que la preuve suffisante en aura été faite. Quant à la vallée de Munastero, Son Altesse et l'évêque de Coire garderont chacun leur juridiction.
4° S'il n'est point prouvé que Son Altesse ait des droits légitimes sur Mayenfeld et Malans, lesdits lieux ne seront point séparés des deux ligues.
5° Quant à la confédération entre l'évêché de Coire et la ligue grise, elle sera définie par les seigneurs suisses.
6° Aucune fortification ne sera élevée d'aucune part sur les territoires de Mayenfeld ou de Malans. Son Altesse cependant pourra fortifier les lieux qui lui appartiennent par droit d'hérédité ou de *podesta suprema*.
7° Pour la sécurité et conservation de la paix, une garnison supportable aux sujets sera entretenue pendant six ans à Mayenfeld et à Coire. Ce soin est remis à Son Altesse.

pirer à la cour de Rome ces secrètes inquiétudes que font souvent naître de trop grands bonheurs. Elle les exprime et cherche à se rassurer en même temps dans la dépêche suivante :

« L'accord fait à Lindau entre l'archiduc Léopold et les Grisons n'a pas été accepté, si ce n'est en partie, par les Suisses catholiques, lesquels ne le repoussent point pour le reste. Les hérétiques n'en ont rien accepté; sous le poids de leurs récentes infortunes, ils se résigneront à l'observer, jusqu'à ce qu'ils trouvent une puissance prête à les aider dans un soulèvement. Pour l'heure, ils ne tiennent plus aucun compte des paroles et des promesses de la France; et l'argent des Vénitiens ne suffit pas, sans un secours en hommes. En attendant, l'archiduc Léopold aura le temps de fortifier les Huit Droitures qu'il prétend lui appartenir entièrement, et tiendra de bonnes garnisons dans Coire et dans Mayenfeld, d'où il sera toujours plus difficile de les chasser. En somme, ces peuples-là sont forcés de suivre la fortune de voisins puissants, qui, par mille moyens, ont déjà pris chez eux tant de pied, que les Français ne pourront plus les éloigner. Aussi cherchent-ils tous à entrer en arrangement, et les chefs les plus rebelles aux Autrichiens tâchent de se mettre à la solde de l'archiduc [1]. »

On conçoit qu'en face de ces avantages la cour d'Espagne se soit peu souciée des arrangements de Béziers. Elle fit savoir que le duc de Lorraine ne serait point choisi comme dépositaire des forts, ce dont Corsini s'étonne en disant que ce prince avait été cependant désigné par les Espagnols. Ce n'était vraiment pas le moment de déposer les forts de la Valteline entre les mains d'un tiers, alors que l'archiduc Léopold, campé en plein pays grison, n'était plus qu'à deux jours de marche du gouverneur de Milan. Mais la conclusion de la paix sous Montpellier, à laquelle cet état de choses

1. Agucchi, 24 oct. 1622.

n'avait pas été indifférent, devait rendre d'autant moins accommodant le gouvernement français, débarrassé des soucis de l'intérieur. Malgré le désir qu'avaient les ministres de jouir d'un repos qu'ils croyaient bien acquis après deux ans de fatigues presque continuelles, la situation devenait si humiliante pour la France chez les Suisses que l'éventualité d'une nouvelle guerre, et cette fois-ci contre l'étranger, s'imposa forcément aux préoccupations du gouvernement. Le nonce trouva chez les ministres plus d'énergie qu'il n'en avait attendu d'eux.

« Plus le roi s'approche de Lyon, écrit-il, plus ses ministres recommencent à s'échauffer à l'égard des affaires de la Valteline. Ils tiennent, à ce propos, pour maxime certaine que Sa Majesté ne peut retourner à Paris si elle n'a porté quelque remède à la situation, sans se perdre complètement de réputation et d'honneur. Ils protestent qu'ils désirent l'union et la paix avec les Espagnols et le progrès de la religion en tous lieux, et que si le contraire arrive ce sera bien à leur corps défendant; mais il ne faut point faire tant de cas de la Valteline, que, pour la purger entièrement de l'hérésie, on s'expose à en infecter tout le reste de l'Italie; et c'est ce qui arrivera certainement, disent-ils, si les deux couronnes se font la guerre. Les artifices des Espagnols sont aujourd'hui si clairs qu'il n'est personne d'assez passionné pour ne pas reconnaître que, s'ils mettent en avant le prétexte de la religion, c'est uniquement pour servir à leurs intérêts d'État; et, comme ils ne savent point se maintenir dans les bornes de la justice, le gouvernement français doit et veut absolument leur faire opposition.

« Les ministres donnent, en outre, à entendre que si les choses traînent encore en longueur, si le compromis de Béziers ne peut être effectué promptement par le dépôt des forts entre les mains du duc de Lorraine, une alliance sera faite avec les Hollandais, les Anglais et les princes mécontents d'Allemagne pour rendre au Palatin ses États, pendant qu'une armée française, unie aux troupes de la Savoie et de Venise, descendra en Italie [1]. »

Voilà bientôt que le nonce prend véritablement peur. Il s'effraye de la conduite aventureuse du gouvernement espagnol ; et, sentant lui échapper la possibilité de faire accepter le compromis au succès duquel il attachait, comme on sait, son amour-propre de diplomate, il fait au nonce d'Espagne, dans une dépêche où il s'affranchit des passions ecclésiastique, un exposé sincère et éloquent des dangers de la situation : « Je ne puis comprendre, dit-il, quel avantage trouvent vos ministres à vouloir soutenir les actes du duc de Feria plutôt que d'éviter la guerre avec cette couronne. Ils savent cependant parfaitement combien ils sont peu aimés, non seulement des princes d'Italie, mais de leurs propres vassaux ; et si, par malheur, ils éprouvaient une défaite, ils seraient dans le cas d'être abandonnés de tous. Voyez comme, cette année, leurs armées de Flandre, bien que les Français n'aient donné aucune assistance aux Hollandais, ont peu réussi, ou plutôt comme elles ont perdu du terrain. En Allemagne, bien que la tranquillité règne, les esprits des princes sont cependant on ne peut plus portés à la troubler, si le Roi Très Chrétien veut s'en mêler ; et comment sera-t-il possible aux Espagnols de résister à tous ? Faut-il, pour un lopin de terre comme la Valteline, qu'ils risquent tous leurs États ? La fortune n'est pas assez constante pour qu'ils puissent avoir tant de confiance en elle. Les bravades de ce Vivez, qui prétend, avec l'or des Indes, diviser ce royaume et le déchirer jusque dans ses entrailles, de manière qu'il ne puisse plus penser aux choses du dehors ; son projet de renouveler la trêve avec les États de Hollande, ne sont des épouvantails que pour ceux qui ne connaissent pas les choses du monde. Car tout cela n'émeut pas ceux qui savent que les Hollandais n'ont cure d'une trêve qui

---

[1] Nonce, 5 novembre 1622.

n'aurait d'autre but que d'accroître la puissance des Espagnols en Italie et de diminuer celle de la France, et qui savent également que les filons du Pérou ne rendent point aussi abondamment qu'autrefois, puisque le Roi Catholique peine tellement pour avoir de l'argent. Ajoutez qu'il n'est pas si facile de soulever aujourd'hui les princes français catholiques, car il n'y a pas le moindre prétexte; et les hérétiques sont tellement abattus qu'ils aiment mieux avoir la tranquillité que de se jeter dans de nouveaux embarras[1]. »

On voit que le gouvernement français pouvait montrer de la hardiesse; le témoignage du nonce ne peut être suspect sur ce point. La France paraissait appelée à jouer un rôle important au milieu des complications dans lesquelles se trouvait encore embarrassée la politique européenne : l'affermissement de l'indépendance de la Hollande, la liberté de l'Italie, l'équilibre des forces en Allemagne, toutes ces graves questions sollicitaient en même temps que la vigilance l'énergie de Louis XIII. Aussi une démonstration grave se préparait-elle de sa part : le roi de France attendait le duc de Savoie pour poser les bases d'une alliance franco-italienne.

Louis XIII, après avoir accordé son pardon royal au duc de Rohan, à M. de Calonges et aux habitants de Montpellier, était entré solennellement dans la ville, où il licencia une partie de ses troupes. Son séjour y fut de courte durée (du 20 au 27 octobre); il partit bientôt pour Arles, d'où il commença à travers la Provence un voyage qui donna à Charles-Emmanuel le temps d'arriver. Dans cette excursion, qui dura environ trois semaines, le roi, partageant son temps entre la chasse, qui le menait d'une ville à l'autre, les dévotions et les réceptions solennelles, alla d'Arles à Aix (3 à 5 novembre), puis à Saint-Maximin et à la grotte de la Madeleine, à la Sainte-Baulme (6 novembre) et de

---

1. Nonce, 10 nov. 1622.

là à Marseille. L'ambassadeur vénitien note quelque traits curieux de son passage dans cette dernière ville : « Le roi, dit-il, outre les honneurs, a reçu six magnifiques chevaux barbes et un riche et long fil de corail; il faut dire que les habitants ont retranché sur le cadeau préparé à Sa Majesté et, par compensation, ont augmenté le présent des ministres; car on ne peut rien obtenir sans débourser. On a fait la chasse aux thons. Sa Majesté a pris grand plaisir à voir des milliers de grands poissons réunis sous son trident, avec lequel il en a tué plusieurs[1]. »

C'est pendant que le roi revient sur ses pas et regagne les bords du Rhône que les négociations en vue de la ligue projetée se précisent. Le représentant de Venise, qui devait y avoir une part importante, nous fait assister à une scène de haute diplomatie par laquelle on pourra se convaincre que l'esprit mercantile de la République n'avait peut-être pas été, malgré les clameurs de ses ambassadeurs, un des moindres obstacles à une action plus prompte et plus efficace de la France. Voici ce qu'écrit Giovanni Pesaro :

« Sérénissime prince, illustrissimes et excellentissimes seigneurs.

« Le jour se fait enfin, et je vous annonce le principe de bonnes dispositions relativement à l'affaire des Grisons. Je me suis humblement recommandé à notre Seigneur Dieu, et, grâce à la sagesse des instructions que je reçois au nom de l'État, j'ai conduit l'affaire au point que vous allez voir.

« J'ai agi auprès des ministres pour que l'on mette à profit les conjonctures présentes et la présence du duc de Savoie, afin de devancer le temps fixé pour la conclusion

---

[1]. Ambass. vénit., n° 88, 10 nov. 1622. Cf. Héroard : « Le 8, mardi. Le matin, il va voir pêcher aux thons, et il en tue six avec une corsecque. » A partir de la dépêche de l'ambassadeur vénitien qui porte le n° 86, le registre des archives qui contient les dépêches suivantes est intitulé : N° 58. FRANCIA 1622. GIO. PESARO AMBASCIADORE. SENATO III. SECRETA.

de l'affaire que l'on avait décidé d'arranger à Lyon, les circonstances et d'autres considérations particulières s'y prêtant. Puisieux me demanda quels étaient mes pouvoirs, parce que Sa Majesté était résolue d'en finir complètement avec cette affaire. Je lui répondis que mes offices fréquemment renouvelés n'avaient pas eu d'autre but que de faire connaître à Sa Majesté la situation critique des Grisons ; que la République était toujours dans l'intention de seconder le roi de France et que, lorsque celui-ci serait déterminé à agir d'une manière efficace et suffisante, la République ne manquerait pas d'agir promptement pour sa part. Il me dit que cela ne lui suffisait pas, et qu'il fallait lui présenter, en particulier, le pouvoir de la République, parce que c'était sur cette exhibition que Sa Majesté pouvait former ses résolutions. Je lui dis que l'on pouvait compter sur la République pour une part honorable dans l'exécution de ce que commanderait Sa Majesté, mais qu'avant toute négociation la France devait faire connaître ce qu'elle voulait, et je m'étendis sur la disposition et la résolution très certaine où était la République de continuer ensuite pour sa part. Puisieux me répondit : Voilà qui n'est point parler clair ; on peut supposer que vous n'avez pas d'ordres suffisants ; la République ne veut point s'engager dans l'affaire, mais tout bonnement mettre les autres aux prises ; voilà le point où je voulais vous amener. Vous n'avez plus lieu de vous plaindre de nous, nous aurons bien de quoi nous excuser.

« Je tâchai en douceur de lui ôter cette mauvaise impression, et je lui dis que la République ne devait rien de plus que sa part ; que la sincérité de ses pratiques, l'intérêt qu'elle a dans cette affaire, l'emploi des moyens très puissants dont on s'est servi pour l'intérêt commun, non sans de fortes dépenses, ne laissaient place à aucun doute à l'égard de la République, mais qu'il fallait faire connaître ce qu'on voulait faire, s'entendre, se concerter, pour ne mettre sur le dos de tous les intéressés qu'un poids proportionnel et supportable. Le roi, me dit-il, veut employer la force; il compte réunir 40 000 hommes d'infanterie et 6000 de cavalerie. Sa Majesté y contribuera pour 10 000 fantassins et 1000 chevaux; le duc de Savoie offre 10 000 fantassins et 2000 chevaux; la République devra donner 15 000 fantassins et 2000 chevaux. C'est ce que vous avez promis; c'est ce dont on a parlé au connétable, et ce qu'il nous a fait savoir des intentions de la République. Les Suisses devront fournir aussi 6000 fantassins.

« Je lui dis que l'on n'avait jamais parlé particulièrement d'employer la force et que la République n'avait jamais rien promis de si précis. On avait dit sans doute que la République était bien armée, qu'elle avait le moyen de servir les intérêts des Grisons, lorsque le roi voudrait bien aussi concourir au même but par ses résolutions. Je fis valoir que l'on devait prendre en considération la condition du roi et celle de la République, l'inégalité de leurs forces, les dépenses où seraient nécessairement entraînées Vos Excellentissimes Seigneuries et ce qui a été déjà déboursé pour soutenir la cause commune.

« C'est bien, dit Puisieux, mais alors qu'offrez-vous? Je lui dis : Ce qui a été offert maintes fois, c'est-à-dire de faire entièrement et abondamment notre partie dans le jeu. Puisieux me répondit tout furieux : Allons, ce n'est plus la peine de traiter; je sais bien que la République veut se servir des autres; je ferai mon rapport en conséquence. Je me suis disculpé, je suis revenu sur les mêmes idées sans réussir à le faire changer d'impression, malgré mes efforts, malgré ma promesse assurée que Vos Excellentissimes Seigneuries contribueront d'une façon raisonnable; je lui donnai toutes les raisons que me suggéraient et mon sentiment et la vérité en cette affaire, et je n'ai jamais pu lui faire entendre raison. Pour conclure, je lui dis que, s'il cherchait dans mes réponses un prétexte pour se tirer d'affaire, le monde ne se laisserait point tromper, parce que la sincérité bien connue de la République, tout le mal qu'elle s'était donné à ce propos, accréditaient suffisamment ses bonnes dispositions. »

M. de Puisieux était évidemment de mauvaise humeur; mais n'avait-il pas quelque raison d'être exaspéré par tant de faux fuyants à l'italienne? Il s'excusa toutefois, sous le prétexte que le poids des affaires lui avait été particulièrement lourd ce jour-là; et les autres ministres renouèrent avec l'envoyé vénitien, d'autant mieux disposé sans doute à écouter ceux-ci qu'il avait été plus malmené par le premier. M. de Schomberg lui exprima en termes précis les vues du gouvernement sur les affaires étrangères : relever l'Allemagne, maintenir les Seigneurs-États et enfin rétablir les Grisons dans leurs droits; tel est ce que nous appellerions aujourd'hui le programme de politique extérieure dont on donna connaissance à l'ambassadeur vénitien.

Le connétable, qui depuis longtemps cherchait l'occasion d'illustrer les derniers jours de sa glorieuse carrière par une campagne en Italie, vint à son tour développer les principes posés dans la courte déclaration de Schomberg : « Le roi, dit-il, est maintenant en route, il est résolu de se tirer avec honneur des affaires des Grisons; pour relever l'Allemagne, il ne fera qu'envoyer un ambassadeur exprès à tous les princes et aux villes libres pour les engager à veiller à leur propre salut et à la conservation de leur liberté; il excusera la France de n'avoir pu contribuer à cette œuvre jusqu'à présent en les assurant qu'à l'avenir elle s'y appliquera. Mais, pour le moment, on ne peut songer de ce côté qu'à user de bons offices; il ajouta qu'on ferait en sorte que le roi d'Angleterre embrasse la cause de l'électeur palatin, qu'on fournirait un secours aux États généraux et que l'on enverrait auprès d'eux pour aplanir et accommoder les malentendus passés. Quant aux affaires des Grisons, le connétable déclara que la République ne devait avoir d'autre but que d'engager et d'intéresser le roi dans les choses qui les concernaient, et qu'il n'y avait pas besoin de marchander avec lui mille hommes de plus ou de moins. La République avait de ce côté plus d'intérêt que qui que ce fût; elle ne devait point perdre une occasion qui se présentait dans des conditions si favorables et qui, une fois perdues, ne se retrouveraient plus [1]. »

Ces pourparlers avec l'ambassadeur de Venise étaient le premier acte de l'importante négociation qui allait se poursuivre. Le roi, arrivé à Tarascon, y reçut les hommages du nouveau cardinal de Richelieu, dont il n'est peut-être pas invraisemblable de deviner l'influence dans tous ces événements de politique étrangère, sans que nous ayons cependant aucun témoignage à l'appui de cette supposition [2]. Louis XIII, arrivé à Avignon le 16 novembre, en ressortit le lendemain matin pour aller à la rencontre de l'allié dont on attendait la venue depuis quelques semaines.

Le 17 fut annoncée l'arrivée du duc de Savoie. Le roi sortit à cheval, suivi de toute la cour et avec ses gardes, sous le prétexte d'aller à la chasse, et il se porta sur la route que le duc devait suivre. Du plus loin qu'il vit le roi, le prince descendit de cheval et s'avança vers lui. Louis XIII mit aussi pied à terre et lui dit : « Mon cousin, j'ai bien du plaisir de vous avoir rencontré en allant à la chasse. » Le duc mit par deux fois le genou en terre et répondit au roi : « Sire, je

---

[1]. Ambass. vénit., n° 89, entièrement chiffré, 14 nov. 1622.
[2]. « Je vins remercier le roi à Tarascon de l'honneur qu'il m'avait fait de me nommer à la dignité de cardinal, et l'assurer que, comme elle était au delà de mes espérances et de mes mérites, aussi les ressentiments de l'obligation que je lui en avais étaient au-dessus de mes paroles. Le roi me dit que, si le connétable eût vécu, je ne l'eusse jamais été; et que, s'il écrivait une lettre de recommandation en ma faveur, il en écrivait quatre pour m'en éloigner... » (Richel., *Mém.*, p. 270.) Nous ne pouvons nous empêcher d'exprimer quelques doutes sur l'authenticité du propos attribué ici à Louis XIII. La ligue qui se négociait était une conception du connétable de Luynes. Le moment paraissait mal choisi pour maltraiter sa mémoire, alors qu'on revenait à un projet dont il était l'auteur. Voyez notre ouvrage *Le connétable de Luynes*.

puis mourir maintenant que j'ai eu l'honneur de voir Votre Majesté. » Ils s'entretinrent ensuite en se donnant les témoignages de la plus vive affection. Pendant que Charles-Emmanuel présentait ses compliments à tous les princes et seigneurs de la suite royale, Louis XIII se remit en selle. Le duc en ayant fait de même, les deux princes entrèrent l'un à côté de l'autre dans la ville [1].

« Le duc a voulu persuader qu'il n'était venu en France que pour rendre à Sa Majesté ce témoignage d'honneur, » dit l'ambassadeur vénitien; mais il est évident que tel n'était pas l'objet du voyage de Charles-Emmanuel. En effet, le 19 novembre, un grand conseil fut convoqué. L'ambassadeur vénitien, qui y fut invité par le roi, trouva dans un cabinet le duc de Savoie, le connétable, le garde des sceaux, le comte de Schomberg, Puisieux et Bullion, siégeant en cercle sans aucun ordre de préséance. Dans cette conférence, on posa les bases de la confédération projetée. La cour d'Espagne, tenue, avec une remarquable exactitude, au courant des événements, avait reculé d'un pas. Elle avait fait savoir qu'elle acceptait le principe du dépôt des forts entre les mains du duc de Lorraine, mais qu'elle entendait que les garnisons fussent composées uniquement de soldats allemands catholiques ou d'Italiens [2]. Il fut décidé dans le con-

---

1. Ambass. vénit., n° 91, 20 nov. 1622. Cf. le nonce, 23 nov. 1622 : « Le duc de Savoie a été rencontré par le roi, allant à la chasse. Son Altesse a mis genou en terre et a baisé la main de Sa Majesté. »

2. Nonce, 25 nov. 1622. Le nonce d'Espagne avait fait connaître cette décision au Saint-Siège dans une dépêche que nous trouvons sans date, au milieu de la correspondance d'Agucchia, mais qui se rapporte évidemment à cette époque, c'est-à-dire à la fin d'octobre; en voici l'analyse : Il informe de ce qu'il a négocié relativement à l'affaire du dépôt; il a obtenu de la cour d'Espagne que le duc de Lorraine pourrait être choisi comme dépositaire. Mais les Espagnols ne veulent point qu'il puisse mettre dans les forts des soldats français. Tout au plus admet-on que le gouverneur soit un de ses vassaux et que les garnisons soient composées de Suisses catholiques ou d'Allemands. Le nonce verrait une autre solution à indiquer. Ces garnisons pourraient être composées de sujets u pape. Ce qui serait

seil que l'on s'en tiendrait en tout et pour tout à l'exécution du traité de Bassompierre. Le marquis de Mirabel fut chargé de demander à son gouvernement l'application de ce traité, dans le délai de trois mois, en déclarant qu'il n'y avait point à alléguer le refus des Suisses de se porter garants de la sécurité des catholiques, vu que c'étaient les intrigues des Espagnols qui les en avaient empêchés [1]. Rien de définitif ne fut arrêté en ce qui concernait la constitution de la ligue, la question des pouvoirs de l'ambassadeur vénitien restant toujours en suspens. C'est à Lyon que devaient être prises les dernières résolutions.

« Son Altesse, dit le nonce, a fait cadeau au roi de deux magnifiques chevaux, d'une épée avec ses accessoires, d'une rondache et de la cuirasse entière, tout garnis de turquoises et admirablement ouvragés, de deux gants de fauconnier et de deux faucons. Il a laissé en outre à tous les officiers et même à toute la ville des marques de prix de sa magnanimité et de sa libéralité [2].

« Le lundi 21, Sa Majesté partit dans la direction de Grenoble, pour voir cette province, peut-être pour y mettre quelque ordre; il a été accompagné un bon bout de route par le duc, qui, au moment de se séparer, a versé des larmes d'attendrissement; et le jour suivant, en compagnie de son fils [3], il a pris le chemin du Piémont, par la voie de Barcelonnette; il a dit que, si Sa Majesté devait faire un séjour à Lyon, il reviendrait lui baiser la main. Mais M. le Cardinal, après l'avoir accompagné un jour, retournera vers Grenoble

encore mieux, c'est que le pape fût dépositaire. Rien ne serait en effet plus désagréable aux Vénitiens, les véritables instigateurs de toutes ces affaires.

1. Nonce, 23 et 25 nov. 1622. Les Mémoires de Bassompierre ne donnent aucun détail sur ces faits.
2. L'ambass. vénit., n° 93, donne des détails conformes à ceux du nonce, relativement aux cadeaux; il parle de deux chiens et de deux faucons; il dit que les gants sont ornés de joyaux, et l'armure faite en tissu d'or.
3. Le cardinal de Savoie.

pour se mettre à la disposition de Sa Majesté jusqu'à Lyon ¹. »

Quinze jours après, Louis XIII, qui ne s'arrêta à Grenoble que du 29 novembre au 3 décembre, sans y diminuer en rien l'autorité du connétable, dont il se plut au contraire à recevoir l'hospitalité dans le château de Vizile ², arriva à Lyon (6 décembre). Ce fut une des étapes les plus importantes de son voyage; car il n'allait pas seulement avoir à y prendre des décisions relativement aux affaires extérieures; il allait revoir sa mère, sa femme, après une longue absence; et les sentiments qu'il devait manifester à cette occasion allaient être comme un mot d'ordre suivant lequel se guideraient les intérêts de la cour.

Marie de Médicis avait fini sa cure aux eaux de Pougues; la jeune reine, en arrivant à Lyon pour accueillir Louis XIII à son retour, était tombée malade de la petite vérole; mais sa santé s'était vite rétablie. Cette double convalescence était bien faite pour donner à la rentrée du roi dans sa famille le caractère d'une réjouissance intime et complète. Mais il semble que, au lieu de s'abandonner aux naturelles effusions du retour vis-à-vis des deux reines, Louis XIII ait été surtout préoccupé de faire une démonstration politique en faveur de sa mère. C'est ce que nous donne à entendre le passage suivant de l'ambassadeur vénitien : « La reine épouse a été à la rencontre du roi et lui a donné des témoignages passionnés d'affection. Mais Sa Majesté, malgré son long éloignement, n'y a guère répondu et s'est tenue pour ainsi dire à l'écart ³. Le roi a été d'abord à l'habitation de

1. Nonce, 23 novembre 1622. Cf. Heroard, lundi 21 novembre 1622.
2. Videl, *Vie du connétable de Lesdiguières*. Louis XIII put y admirer une galerie de tableaux consacrés à la mémoire des grandes actions de son père. Le roi changea les commandants huguenots des places qui dépendaient directement de lui.
3. « *La regina moglie fu ad incontrarlo con passione di affetto, ma la M.tà S. ne anco con l'astinenza di lungo tempo, gli e venuto la voglia, tenendosi ritirato et quasi del tutto continente. Capito in primo*

la reine mère, au grand contentement de celle-ci, qui s'est complue à ces marques d'honneur, et fait montre d'être en plus étroite intelligence avec Sa Majesté que par le passé [1]. » Le rapport du nonce donne d'autres détails. « Le roi, dit-il, a fait beaucoup de caresses à la reine mère [2]; il a été, à son arrivée, descendre de cheval chez elle, et puis, pendant la nuit, il est resté depuis une heure avant minuit jusqu'au jour avec la reine sa femme. Plaise à Dieu leur donner un dauphin, comme le mérite la bonté de l'un et de l'autre [3]! »

Le roi avait persisté pendant presque tout son voyage dans la mauvaise humeur qu'il avait conçue à son départ contre Anne d'Autriche et toujours pour le même motif : la continuation de son intimité avec la duchesse de Chevreuse et Mᵐᵉ de Verneuil. Une lettre du président Jeannin, citée par le P. Griffet, nous apprend que le vieux ministre de Henri IV s'entremit auprès du roi pour lui affirmer que Anne d'Autriche ne voyait plus ces dames qu'en public, et pour témoigner des sentiments de respect et d'amour de la reine à l'égard de Sa Majesté. Louis XIII n'en était pas moins revenu animé des mêmes préventions, et c'est ce qui explique la froideur de son accueil pour Anne d'Autriche. On n'en saurait douter en lisant cet entrefilet d'une feuille d'avis envoyée par le nonce à Rome : « On a remarqué que Sa Majesté n'a pas salué la sœur du défunt connétable (Mᵐᵉ de Verneuil), dame d'honneur de la reine, ce qui semble indi-

---

luogo all'habitatione della regina madre con sommo contento suo, grandemente complacendosi dell'apparenza degli honori, e mostra di ristringer con la Mᵗᵃ S. maggior confidenza del passato. » Ambass. vénit., n° 95, 20 novembre 1622.

1. Ambass. vénit., n° 95, 20 décembre 1622.
2. « Le roi fit de grandes caresses à la reine sa mère. » (Richel., Mém., p. 270.)
3. Nonce, 12 décembre 1622. A l'abbé Cavalcanti. Cf. Héroard : « Le 6 décembre, mardi. Il arrive à Lyon pour la première fois, par la Saône, en bateau, à l'archevêché, ayant vu auparavant à la rencontre la reine sa mère et la reine. En arrivant, il va à son cabinet, puis au cabinet de la reine, et le soir chez la reine à la comédie française ; le soir couché, puis relevé, il va chez la reine.

quer qu'on va lui faire quitter le palais [1]. » (12 décembre 1622.)

Les attentions de Louis XIII pour la reine mère rendaient d'autant plus frappant le contraste peu dissimulé de son indifférence pour sa femme. Mme de Motteville a trouvé le mot de cette singulière situation quand elle dit : « La reine Marie de Médicis s'étant raccommodée avec le roi, la paix entre la mère et le fils brouilla le mari et la femme ; et la reine mère étant persuadée que, pour être absolue sur ce prince, il falloit que cette princesse ne fût pas bien avec lui, elle travailla avec tant de succès et d'application à entretenir leur mésintelligence, que la reine, sa belle-fille, n'eut aucun crédit ni douceur depuis ce temps-là. »

Tout ce que fait le roi semble en effet avoir uniquement pour objet la satisfaction de l'amour-propre de Marie de Médicis : « Sa Majesté, dit la feuille d'avis précédemment citée, a accordé la liberté au fils du défunt maréchal d'Ancre, bien que le duc de Montbazon, qui l'avait en garde, ne voulût point le laisser échapper, sous prétexte qu'il lui était dû 1200 écus [2]. Le 10 a eu lieu la cérémonie du

---

1. Nous lisons dans les historiens et dans les documents tantôt Mme, tantôt Mlle de Verneuil ; on serait porté à croire que ces termes désignent la même personne ; car Mme et Mlle de Verneuil sont représentées comme ayant une influence qui déplait au roi. Mme de Verneuil était la sœur du duc de Luynes, la belle-sœur de Mme de Chevreuse et la femme du fils aîné de Henri IV et d'Henriette d'Entragues ; Mlle de Verneuil, sœur de ce dernier, était par conséquent la belle-sœur de Mme de Verneuil. Or on a vu plus haut dans une dépêche du nonce que toutes ces dames étaient, au moins dans leur conversation, fort légères. C'est vis-à-vis de Mme de Verneuil que le roi paraissait particulièrement ombrageux. Car, pendant son voyage, il avait rendu la surintendance de la maison de la reine à Mme de Chevreuse ; et, quant à sa sœur naturelle, il s'empressa de la marier presque aussitôt après son arrivée à Lyon. C'est ce que nous apprend l'ambassadeur vénitien : « Après-demain auront lieu les noces de Mlle de Verneuil, sœur naturelle du roi, et de M. de La Valette, cadet du duc d'Epernon, avec une dot de 400 000 écus ; quant à lui, qui est le favori de son père, il aura beaucoup de fortune, et il a déjà la charge de colonel général de l'infanterie de ce royaume. » (Dép. du 20 décembre 1622.)
2. L'élargissement du fils du maréchal d'Ancre se rattache à une

don de la barrette à M. le cardinal de Richelieu, d'une façon toute privée, dans la chapelle de Sa Majesté. Monsieur le nonce avait présenté le matin même au roi le comte Giulio d'Elci [1]. La cérémonie terminée [2], M. le cardinal de Richelieu a donné un banquet somptueux à M. le cardinal de Savoie, à Monsieur le nonce et à beaucoup d'autres archevêques et évêques. »

Les événements des jours suivants détournèrent sur d'autres objets l'attention des gens de cour. Le 11 décembre était le jour fixé pour l'entrée publique du roi à Lyon. « Cette solennité, dit l'ambassadeur vénitien, fut vraiment magnifique. On remarqua en particulier un corps de 10 000 hommes de gardes bourgeoises, tous richement parés et revêtus d'armes splendides. Les honneurs furent les mêmes pour la reine et pour le roi, qui entrèrent ensemble [3]. Ce fut aussi un curieux et noble spectacle que l'entrée de Madame et du prince de Piémont [4]. On observa un très bel ordre : d'abord Madame Henriette s'avança avec sa suite; puis le

---

autre affaire. Depuis plusieurs années, le gouvernement français était en instance auprès du grand-duc de Toscane pour obtenir la restitution de certaines sommes placées par les Concini chez les banquiers de Florence. La reine mère réclamait cet argent comme provenant de ses libéralités; le roi de France, comme provenant de concussions; le gouvernement de Florence, comme ayant été placé dans ses États; le fils du maréchal, comme l'héritage de ses père et mère. Le grand-duc ayant consenti à abandonner une partie de ces sommes, le roi les avait attribuées à la reine mère, depuis la reprise de leurs bonnes relations; le fils du maréchal devait être mis en possession du surplus de son héritage.

1. C'était le garde-noble chargé d'apporter la barrette.
2. M. Avenel (*Pap. d'Ét. de Richel.*, t. I, p. 745) donne le texte de la harangue prononcée à cette occasion par le cardinal; plusieurs historiens ont judicieusement remarqué le peu d'intérêt qu'elle présente. M. Avenel, trouvant sans date le document qu'il cite, prend beaucoup de peine pour la fixer approximativement entre l'entrée solennelle du roi à Lyon et son départ. Héroard place la cérémonie de la barrette le 10, veille de l'entrée du roi; l'avis de la nonciature confirme cette date.
3. Héroard ajoute que le roi arriva à l'archevêché avec Anne d'Autriche, dans une litière ouverte et le visage découvert, et qu'il soupa chez le gouverneur, M. d'Alincourt.
4. Madame Christine et Victor-Amédée, fils de Charles-Emmanuel.

duc d'Angoulême alla recevoir Leurs Altesses au nom de Sa Majesté; peu après, le roi en personne se porta au-devant de son beau-frère, en observant les mêmes formes que pour le duc, et le prince marcha de compagnie avec le roi. Vint ensuite la reine avec sa suite; puis la reine mère, qui reçut toutes les princesses dans son carrosse. Ces hauts personnages piémontais sont venus en très noble équipage. Le prince et Madame font des cadeaux de valeur, même à des personnes privées; Madame a fait présent aux reines de tables, de coffrets et de vases précieux. Le roi envoie au duc son portrait dans un anneau recouvert d'un beau diamant; le prince aura un ornement de chapeau de 20 000 écus; pour Madame, la reine mère a l'ordre de dépenser à sa convenance [1]. »

Cette réunion de famille ne devait pas être de longue durée; la politique reprit bientôt ses droits. Presque aussitôt après l'arrivée du prince de Piémont, un conseil fut tenu dans sa demeure. Outre les conseillers d'État, l'ambassadeur de Venise, le connétable et Claudio Marini, représentant du roi à Turin, y intervinrent [2]. Il y fut résolu que si, au printemps, les Espagnols n'avaient point accompli le dépôt entre les mains du duc de Lorraine, conformément aux conventions de Béziers, le duc de Lorraine y mettant une garnison allemande composée de ses sujets; si les Espagnols refusaient ouvertement l'exécution de ces conventions, ou la différaient artificieusement, on tenterait la voie de la force; à cet effet, on décida la formation d'une ligue où devaient entrer : le roi de France pour 15 000 fantassins et 2000 cavaliers; la république de Venise, pour 12 000 fantassins et 2000 cavaliers; le duc de Savoie pour 10 000 fantassins et 1000 cavaliers, et les Suisses hérétiques, pour ce qui serait jugé nécessaire. La signature

1. Ambass. vénit., n° 100, 21 décembre 1622.
2. Nonce, 18 décembre 1622.

définitive du traité d'alliance fut différée jusqu'au retour du roi à Paris [1].

C'est là sans doute ce qui fait dire à Richelieu : « La vieillesse des ministres était si grande que, appréhendant la longueur des voyages où tels desseins pourraient les embarquer, ils donnèrent des conseils conformes à la faiblesse de leur âge..... Les ministres pensent à leurs affaires et non pas à celles du roi, qui, sans rien résoudre, partit de Lyon vers la fin de décembre et s'achemina à Paris [2]. » Ce jugement si dédaigneux du cardinal doit-il être accepté? On reconnaîtra que la valeur en est singulièrement infirmée par ce fait que, dans la longue page consacrée par l'auteur des Mémoires à une amplification oratoire sur les affaires de la Valteline, il n'est nullement question ni des conférences d'Avignon, ni de celles de Lyon. Le duc de Savoie, ses enfants semblent n'être venus en France que pour se promener [3]. Ces prétéritions adroites du cardinal indiquent une intention par trop évidente de cacher ou de rabaisser ce qui a été fait avant lui dans cette question si délicate et si embarrassante que le nonce lui-même finit par s'impatienter et s'oublie jusqu'à dire : « Dieu bénisse l'affaire de la Valteline [4]! » La rigueur de la saison où l'on se trouvait nous semble avoir pu être pour les ministres une

---

1. Nonce, 21 décembre 1622, au nonce d'Espagne. — Ambass. vénit., n° 97, 21 décembre 1622.
2. Richel., *Mém.*, p. 272.
3. « Le roi partit de Tarascon le 16 novembre et alla à Avignon, où le duc de Savoie le vint voir; de là il arriva à Lyon le 6 décembre, et peu de jours après le prince et la princesse de Piémont le vinrent voir. » Plus loin : « La reine prit occasion de parler au roi de quelque mauvaise satisfaction qu'on lui avait voulu donner de la reine sa femme, louant avec dextérité l'intelligence qui était entre M. et madame de Piémont, qui les étaient venus voir. » Nous demandons si Richelieu n'avait pas autre chose à dire de ce double voyage, surtout lorsqu'une page plus loin il nous montre Marie de Médicis engageant le roi « à faire une union avec les princes d'Italie », comme si l'on n'y eût jamais songé.
4. « *Questo benedetto negotio della Valtellina!* » Nonce, 25 nov. 1622. D'Avignon.

raison suffisante de remettre aux approches du printemps les résolutions extrêmes.

Nous ne savons pas si le cardinal ne cherche pas aussi à donner le change sur un autre point : il attribue à la reine mère dès le retour de Louis XIII à Lyon une longue homélie politique au roi. Il dit, il est vrai, que ses conseils ne furent guère suivis; mais convient-il d'admettre que la reine mère se soit crue autorisée si tôt à entretenir le roi des affaires publiques sur le ton décidé que lui prête le cardinal? Faut-il croire qu'elle ait eu l'imprudence de trop rappeler à Louis XIII l'ancienne régente? Nous en doutons. Les témoignages d'affection du roi vis-à-vis d'elle ne doivent point faire conclure au rétablissement immédiat et complet de son influence politique, et la preuve, c'est qu'elle ne compta pas assez sur le roi pour oser se passer d'autres appuis que la bienveillance de son fils.

Il y a dans l'ambassadeur vénitien quelques révélations intéressantes sur diverses intrigues de cour qui montrent la puissance de la reine mère encore mal assurée pendant le séjour à Lyon. Voici une première information : « Finalement, grâce aux instances de la princesse, aux bons offices de la reine, et aussi par cette raison qu'il est mauvais de le laisser plus longtemps hors de France à commettre des inconséquences préjudiciables à la couronne, on a expédié un gentilhomme pour rappeler le prince de Condé [1]. La reine mère va se rapprochant de Puisieux; je ne sais pas si c'est pour se remettre dans le gouvernement, ce à quoi elle ne montre pas d'inclination, ou s'il s'agit de former une union en cour pour prévenir les effets du retour du prince [2]. » Marie de Médicis cherche évidemment son terrain; la dépêche qui suit, écrite le lendemain de la précé-

---

[1]. Nonce, feuille d'avis du 13 décembre : « On a envoyé un gentilhomme rappeler le prince de Condé, Sa Majesté désirant conférer avec lui sur les affaires d'État. »
[2]. Ambass. vénit., n° 95, 20 décembre 1622.

dente, nous fait assister à tous ses tâtonnements : « Le roi donne à la reine mère les plus grands témoignages d'honneur et d'amour ; elle a été introduite dans le conseil avec une plus grande réputation d'autorité que par le passé. Sa Majesté a contracté une étroite intelligence avec Puisieux. A cet effet, elle s'est entretenue avec le roi de la manière la plus élogieuse pour les services que lui rend ce ministre, et il a été convenu qu'à l'avenir tout ce qu'il plaira au roi de commander à la reine sera porté à sa connaissance par l'intermédiaire de Puisieux ; et elle se conformera à ses ordres en toute occasion, de manière à écarter tous les inconvénients qui peuvent résulter de faux rapports. Il y a eu ensuite entre la reine et Puisieux, serment de fidélité et engagement formel de ne rien confier au cardinal de Richelieu, dont M. de Puisieux a une extrême appréhension. Ainsi s'est formé un parti composé de la reine mère, du connétable, du chancelier, du président Jeannin, de Puisieux, et de tous ceux qui dépendent d'eux. Schomberg incline vers cette union, et ses actions tendent en ce moment à éviter sa propre perte.

« Mais la reine mère a eu depuis l'avis que l'intention du roi est que Sa Majesté ait de l'autorité en toute chose, avec cette réserve qu'il sera bon qu'elle prenne à cœur seulement les affaires où son fils trouvera bon qu'elle le fasse ; car Puisieux veut tout faire par lui-même. Quant au cardinal de Richelieu, qui est l'âme de toutes les actions de la reine, il est impossible qu'il soit séparé de sa confidence. Aussi était-il question d'unir la reine mère elle-même avec le prince de Condé, au-dessus duquel personne ne s'est mis jusqu'à présent, avec le cardinal de Richelieu, Schomberg, La Rochefoucault, Épernon, et ceux qui, pour l'intérêt de la religion catholique, pourraient être du parti. Mais ces propos sont sans fondement ; la reine mère parle avec vivacité en faveur de tous les intérêts contraires à ceux-là, c'est-à-dire pour que le royaume reste en paix et pour que le roi, à la condition de ne point s'exposer lui-même, prenne des résolutions généreuses à l'égard de ses alliés [1]. »

La dernière partie de ces renseignements confirme à peu près le sens des paroles attribuées par Richelieu à la reine mère dans son discours politique au roi. Quant à l'alliance de cour avec Puisieux, elle remontait déjà à quelques mois, comme nous l'avons vu dans une dépêche de l'ambassadeur florentin citée plus haut; mais ce n'était évidemment, dans la pensée de la reine mère et de son conseiller le cardinal, qu'un expédient pour gagner du temps et du terrain; il n'avait pu être question que dans des propos sans conséquence d'une union entre Marie de Médicis et le prince de Condé, et nous n'avons pas de peine à croire le cardinal de Richelieu dans le passage de ses Mémoires où il nous montre la reine mère aigrissant encore l'esprit de Louis XIII contre le premier prince du sang.

Quelles que soient les combinaisons qui purent être fondées sur l'éventualité prochaine de son retour, il n'est pas sans intérêt de savoir quels furent les incidents de ce voyage causé par la mauvaise humeur. Le secrétaire d'État du pape les résume pour l'instruction du nonce d'Espagne de la façon suivante : « Les causes de la venue du prince de Condé dans ces régions n'ont été autres que le désir d'accomplir un vœu, le dépit de la paix faite avec les huguenots, et la curiosité de voir l'Italie; car il est très empressé à observer toutes choses. Il a donné à entendre, avant de venir, qu'il prétendait au titre d'Altesse, et qu'il voulait traiter de pair avec les princes d'Italie, par la raison qu'il est non seulement prince du sang royal, mais premier prince du sng; il a allégué aussi l'usage en vigueur avec les princes de Savoie, puisque jusqu'au quatrième enfant on leur donne de l'Altesse. Il est donc venu, et, par le fait, il a traité de

---

1. Ambass. vénit., n° 100, 21 décembre 1622.

pair avec tous : avec les princes de Savoie et avec le duc de Mantoue, il a parlé en français, et cette langue, comme le sait Votre Seigneurie, ne se sert pas de titres ni de la troisième personne ; la République de Venise [1], Parme, Modène et Urbin lui ont donné de l'Altesse, et l'on a fait de même en cette cour ; il resté la cour de Toscane, où il pourrait bien arriver que l'on n'usât point de l'Altesse ; mais on y traiterait de pair d'une autre façon, soit en langue française (il dira, par exemple : Madame) ou à la troisième personne ou par interprète. Outre ce titre, M. le Prince a désiré ou tout au moins il a fait demander à l'avance par l'ambassadeur de siéger en chapelle sur le banc des cardinaux, là où ont siégé les ducs de Mantoue et de Parme. Le pape l'a accordé. » Le secrétaire d'État pontifical, toujours prêt à s'humilier devant l'Espagne, dont les représentants, le cardinal Borgia et le cardinal Trejo, avaient porté plainte au maître des cérémonies, semble s'excuser en faisant valoir que le prince était le personnage le plus rapproché du trône dans un grand et puissant royaume [2].

Ces préoccupations d'étiquette, tournées en dérision, non sans quelque raison, par l'historien Levassor, prouvent que le prince de Condé n'apportait pas en Italie des projets bien sérieux ni surtout appuyés par la couronne de France. S'il en eût été autrement, Louis XIII ne se serait-il pas chargé de réclamer lui-même pour le prince les honneurs auxquels il avait droit ? Mais il est évident que le prince cherchait à faire illusion, et ce qu'il jugeait à propos de négocier à tort et à travers et sans aucun mandat précis justifie bien les allusions qu'on a lues dans une dépêche, citée plus haut, à ses

1. Dans un rapport envoyé par le nonce de Venise, monseigneur d'Anglino, on lit quelques détails sur la venue dans cette ville du prince de Condé. Le nonce dit qu'il ne sait pas si le prince a traité d'affaires avec le doge, qui lui a fait une réception solennelle. Dép. du 26 novembre 1622, dans les papiers d'Agucchia. Bib. Min., X, VI, 17.
2. Agucchia au nonce d'Espagne, évêque de Bertinovo. Bib. Barb. mss. LXV, 28.

inconséquences et au préjudice qu'il portait à la couronne. Il donna à cet égard de grands embarras à l'ambassadeur de France à Rome et au personnage expérimenté que l'on avait récemment adjoint au commandeur de Sillery pour l'assister dans les circonstances difficiles où se trouvait la France, l'archevêque de Lyon, Mgr de Marquemont. On parlait déjà d'une nouvelle modification dans les conventions relatives à la Valteline. Le pape semblait en effet ne pas mieux demander que d'être substitué comme dépositaire des forts au duc de Lorraine. Le prince de Condé crut devoir sortir de la réserve diplomatique que lui imposait l'absence d'instructions sur ce point. Il demanda entrevue sur entrevue au cardinal Ludovisi et au pape; il leur parla avec fermeté et déclara que, si le Saint-Père acceptait le dépôt, la garnison devait être entièrement composée d'Italiens, sujets du pape, et payée par la France. Ainsi le prince de Condé ne négligeait rien pour donner raison au nonce Corsini, qui, dans une de ses dépêches, l'avait signalé comme beaucoup trop bavard : « *Assai indulgente alla lingua* [1]. »

« Le prince de Condé, dit le secrétaire d'État, est revenu hier soir discourir sur toutes ces affaires; il m'a donné à entendre qu'il pense que les Espagnols s'obstineront et que la guerre se fera en Italie; qu'ils en finiront précipitamment avec les affaires d'Allemagne et de Flandre et qu'ils restitueront le Palatinat, afin de pouvoir soutenir la guerre contre les alliés. Plaise à Dieu de leur accorder la lumière d'un meilleur conseil [2] ! » C'étaient là des propos bien inconsidérés; car la nouvelle des résolutions prises à Lyon venait seulement d'arriver, et ce n'était pas au premier prince du sang qu'il appartenait de faire savoir au Saint-Père que, dans son opinion, l'Espagne n'en persisterait pas moins dans ses prétentions. On conçoit dès lors que le gouvernement français ait pris la résolution de ne pas

---

[1]. Nonce, 21 décembre 1622.
[2]. Agucchia, 12 janvier 1623.

laisser plus longtemps compromettre les intérêts du roi en Italie. Le courrier qui lui fut dépêché pour cet objet le trouva à Lorette.

Si le voyage de Condé avait été peu profitable aux affaires de l'État, l'opinion publique fut unanime à penser qu'il n'en avait pas été de même des siennes. Le prince avait, en effet, habilement exploité son ardeur contre les huguenots pour obtenir du Saint-Père, en récompense des services rendus à la cause catholique, la sécularisation pour lui et ses enfants de plusieurs bénéfices dont il était titulaire. « L'avarice, dit Levassor, avait eu plus de part à son voyage que la superstition [1]. » Dans ces conditions, l'absence du

1. Tome IV, p. 54. — Le voyage du prince de Condé est l'objet d'allusions satiriques dans plusieurs des pamphlets publiés à cette époque. Nous extrayons de la *France mourante*, dialogue entre le chancelier de L'Hôpital et la France (Bib. Instit., X, 465), les deux passages suivants. Dans le premier, la FRANCE parle des « efficacieuses prières des saincts Espagnols nouvellement canonisez, auxquels j'ay grande dévotion, excepté en sainct Ignace, qui s'est laissé cheoir des cieux comme les mauvais anges, en la représentation qui fut faicte au collège des Jésuites de Rome de sa canonisation devant M. le Prince, qui est un notable miracle (p. 20). » Le second passage contient des appréciations conformes à celles qui ressortent des documents cités dans notre texte : L'H... « Que vous semble des consultations de monsieur le prince ? Vous ont-elles esté utiles ; je scay bien qu'il a meslé parmy quelques dragmes de légèreté ; mais, maintenant qu'il a esté à Rome, chacun espère qu'il fera mentir le proverbe. Et puis les graves discours qu'il a eus avec Sa Sainteté pourront avoir solidé son esprit. — F. Il eût bien pu se passer de mettre le feu dans mes entrailles, comme aussi de se porter avec tant d'animosité contre ces pauvres huguenots, quand ce n'eust esté qu'en considération de ce qu'ils ont autrefois si utilement servy son père (p. 30). »

Nous ajoutons aux précédentes une citation tirée d'un écrit intitulé : *La rencontre du duc de Bouillon avec Henri le Grand dans l'autre monde*, 1623 (Bib. Institut., X, 468). La tournure d'esprit, la forme du style, l'inspiration toute protestante de ce factum, des expressions que l'on croirait tirées des *Économies royales*, nous font émettre l'hypothèse qu'il pourrait être attribué à la plume de Sully : « HENRI IV. Or ça, il ne faut pas que j'oublie à vous demander des nouvelles du prince de Condé ; il y a quelque temps qu'on me dist qu'il estoit allé à Rome pour voir Sa Sainteté ; je voudrois bien savoir ce qu'il a profité en son voyage ; car on dit que ny cheval ny homme n'amendèrent jamais pour aller à Rome ; et vous en pouvés bien savoir quelque chose de ce qu'il a brassé en ce pays-là : car il a l'esprit assez turbulent. — Je vous en pourray bien dire quelque chose, car j'en ay assez souvent ouy parler et à prince n'avait pu que faire baisser encore davantage son crédit à la cour, et Marie de Médicis n'avait évidemment rien à redouter de son retour.

---

des personnes qui estoient mesme avec luy quand il a faict ce beau voyage; il a, je vous asseure, corrompu le proverbe qui dit qu'homme n'aménde point d'aller à Rome; car il en a amendé de plus de cinquante mille livres de rente. — Il n'est point trop impertinent d'avoir fait une si bonne affaire, mais dites-moy comment et en quelle forme. — Le pape luy a donné les abbayes et les bénéfices qu'il tenait en spirituel, comme un bien duquel il eust successivement hérité, et les lui a transférés en bien temporel, si bien qu'il est après à en chasser, à ceste heure, tous les moynes. »

VII

LE GOUVERNEMENT DU CHANCELIER BRÛLART.
LA LIGUE DE PARIS. — LA DÉCHÉANCE DU PALATIN.

Rentrée de Louis XIII à Paris. — Disgrâce de Schomberg. — Apogée de la puissance des Brûlarts de Sillery. — Affaire de la préséance des cardinaux sur le chancelier au conseil. — Affaires de la Valteline. — Les Espagnols désignent le pape comme dépositaire éventuel des forts de la Valteline. — Ligue de Paris entre la France, Venise et la Savoie. — Protestation de l'Espagne et du Saint-Siège. — Affaires d'Allemagne. — Diète convoquée à Ratisbonne par l'empereur Ferdinand II, pour régler la situation de l'électeur palatin, dépouillé de ses États. — Les Espagnols s'opposent au transfert de l'électorat au duc de Bavière. — La France appuie cette solution. — Maximilien de Bavière proclamé électeur. — Situation de la France en Europe au commencement de l'année 1623.

(Décembre 1622. — Mars 1623.)

Louis XIII partit de Lyon (20 décembre), après avoir reçu une députation des habitants de La Rochelle, qui, à la suite d'une victoire navale remportée sur eux par le duc de Guise (27 octobre), s'étaient enfin décidés à donner leur adhésion au traité de Montpellier. L'assemblée de La Rochelle se sépara; mais le fort Louis, élevé contre la place par le comte de Soissons, subsista malgré les protestations des députés. Les deux reines suivirent le roi à peu d'intervalle, la reine épouse d'abord et la reine mère après Noël.

La famille royale se retrouva réunie à Fontainebleau, où Louis XIII s'était arrêté pour la chasse. Le 10 janvier 1623, le roi fit sa rentrée solennelle dans la capitale par la porte Saint-Antoine, et, après une station à Notre-Dame, arriva enfin au Louvre, après neuf mois d'absence.

L'absence du prince de Condé aida singulièrement, au commencement de cette année, à l'agrandissement de Puisieux et du chancelier; leur empire parut de plus en plus grand sur l'esprit du roi. « Ils ont enfin découvert au monde leurs desseins, écrit le nonce; ils veulent établir si fortement leur autorité que personne ne soit capable de la faire crouler ou de la bouter à terre [1]. » A cet effet ils s'efforcèrent de ne maintenir dans le conseil aucune personne qui fût ou affectionnée au prince de Condé ou désireuse de recommencer contre les huguenots une lutte à laquelle ils ne se sentaient ni aptes ni disposés. De là plusieurs incidents plus ou moins graves qui se produisirent presque aussitôt après le retour du roi. On considéra comme une grosse affaire de cour les réclamations élevées par le cardinal de La Rochefoucault pour avoir la préséance au conseil sur le connétable et sur le chancelier. Le cardinal de Retz avait renoncé à cette prétention; mais, dès ce moment, Richelieu travaillait pour créer dans la personne d'un autre un précédent qui tournerait un jour à son profit. Le nonce prétend que les Brûlarts suscitèrent la question de préséance, afin d'écarter du conseil le cardinal de la Rochefoucault; ils auraient cherché à persuader au roi, « plus porté, dit-il, à la paix et aux plaisirs de la chasse qu'à une nouvelle prise d'armes, » que le cardinal chercherait tous les moyens de renouveler la guerre contre les protestants. La question resta en suspens; mais les ministres réussirent plus complètement dans leurs desseins contre un autre de leurs rivaux. Ils manœuvrèrent si bien que, au moment où le comte de Schomberg se croyait au comble

---

1. Nonce, 21 janvier 1623.

de la faveur [1], il reçut l'ordre de ne plus paraître à la cour; l'ambassadeur vénitien nous donne les détails suivants sur cette intrigue de palais. « Le comte de Schomberg, dit-il, a déjà reçu les premiers coups, pour être du parti hostile à Puisieux et à la reine mère; le roi lui a fait commander par Tronçon, secrétaire du cabinet, avec un billet de sa propre main, de se retirer à Nanteuil, sa villa de plaisance, et d'y demeurer jusqu'à nouvel ordre : chute de conséquence, parce que c'était un homme de beaucoup de crédit. Le roi a mis à exécution cette sienne volonté avec le plus grand secret; la chose a été délibérée entre lui, la reine, le chancelier et Puisieux [2]. Jusqu'au dernier moment, suivant son habitude, il n'a cessé de combler Schomberg de caresses et de marques de confiance [3]. Celui-ci a essayé de voir Sa Majesté après avoir reçu l'ordre en question; il n'en a pas eu la permission; et le roi a déclaré qu'il ne lui voulait pas d'autre mal que de le faire rester à Nanteuil, ajoutant que les serviteurs du prince de Condé ne pouvaient être les siens, propos évidemment destiné à être porté aux oreilles du prince lui-même [4]. »

Les causes vraies ou supposées de cette disgrâce sont exposées dans une autre dépêche du même ambassadeur. « Le roi, dit-il, a fulminé contre Schomberg des paroles où il n'y avait plus aucune douceur, il a dit qu'il se repentait bien de n'avoir pas, dès le commencement, pris une déci-

---

1. Ces mots nous sont expliqués par les quelques pages que Bassompierre (t. III, p. 164 et sqq.) consacre à l'histoire de la disgrâce de Schomberg. Suivant le maréchal, c'est lui-même qui aurait retardé la chute du surintendant des finances, arrêtée sous Montpellier, en s'entremettant auprès du roi et en se portant garant que Schomberg se justifierait, preuves en mains, des accusations de malversations portées contre lui. Cette justification, toujours d'après Bassompierre, eut lieu avant la rentrée du roi à Paris, et le maréchal remit bien ensemble Puisieux et Schomberg. C'est ce qui fait dire à notre ambassadeur vénitien que le surintendant se croyait, à ce moment, au comble de la faveur.
2. Cf. Héroard, vendredi 20 janvier 1623.
3. C'est ce que firent également les ministres.
4. Ambass. vénit., n° 106, 21 janvier 1623.

sion plus juste et plus rigoureuse à son égard. La chute de cet homme a été fabriquée et résolue sous le prétexte de désordres et parce qu'il était accusé de dépendance excessive à l'égard du prince de Condé, dès le siège de Montpellier; et le roi a gardé le secret, comme il en a l'habitude en toutes choses. Les fautes qu'on reproche à Schomberg sont les suivantes : un grand désordre dans l'administration des finances; beaucoup de manquements et de négligences dans le maniement des fonds, aux dépens de la couronne; la prélévation d'un intérêt dans les opérations financières, au détriment du roi; la mise en compte de dépenses non faites pour le service de l'artillerie; l'exagération des frais d'encre et de papier pour le conseil du roi, s'élevant à la somme de 500 000 francs chaque année [1]; un déficit de 20 millions de livre pour l'année courante. On l'accuse enfin d'avoir comploté, du temps de la guerre d'Angoulême, avec la participation de Luynes, de mettre le feu à l'arsenal de cette ville, afin de brûler avec la moitié de la cité la reine mère. Le coup aurait manqué, et le bruit de l'attentat aurait été étouffé, par l'autorité du feu connétable. Il peut y avoir dans tout cela bien des inventions; ceux qui défendent Schomberg reconnaissent toutefois sa négligence dans l'administration des finances [2]. »

Quoi qu'il en fût de ces accusations, les mieux fondées d'entre elles ne furent évidemment qu'un prétexte. Schomberg était un ami peu sûr, un ennemi dangereux, en tout cas un collègue gênant dans le conseil. Les ministres en faveur réussirent à le jeter par-dessus bord. Sa succession ne fut pas l'objet de longues contestations; il fut un instant ques-

---

1. A ces chefs d'accusation, qu'il ne précise pas, mais auxquels il fait allusion, Richelieu, qui consacre une bonne page à la disgrâce de Schomberg, répond par ces mots : « On n'a rien vu qui doive faire croire qu'il n'en soit sorti les mains nettes. » (Rich., *Mém.*, XIV, p. 173.)

2. Ambass. vénit., n° 108, 27 janvier 1623. Cf. Avis du nonce : « On dit que Schomberg a été trahi par deux de ses commis, qui, pendant sa maladie, ont montré ses écritures à ses ennemis. »

tion de rendre les finances au duc de Sully, à la condition pour lui de se faire catholique comme Lesdiguières[1]. « Mais, dit le nonce en nous donnant ce renseignement, ce sont là des machinations contre le prince de Condé, dont il est l'ennemi acharné. » Les finances allèrent à un personnage qui les guettait depuis longtemps, le marquis de La Vieuville, capitaine des gardes, gendre d'un opulent financier, Beaumarchais, trésorier de l'épargne ; il fut nommé surintendant pour un an ; son beau-père avait montré au roi le déficit et promis de faire les avances nécessaires pour assurer la marche des affaires[2].

La disgrâce de Schomberg n'augurait rien de bon pour le prince de Condé. Le désir qui possédait celui-ci de jouer un rôle fit qu'il ne tint presque aucun compte du message reçu à Lorette ; il écrivit au roi pour essayer de prolonger son tour en Italie, lui disant qu'il attendrait ses ordres à Gênes et qu'il se proposait de retourner à Venise pour tâcher d'y obtenir la réintégration des Jésuites, et qu'il voulait en outre accommoder les différends existant entre la maison de Savoie et celle de Mantoue, et faire accepter aux Espagnols un arrangement relativement aux affaires des Grisons. « Le roi, dit l'ambassadeur vénitien, sans accepter aucune de ces propositions, lui a commandé de revenir sans délai. La princesse sa femme est à Montrond à l'attendre ;

---

[1]. Bassompierre et l'ambassadeur vénitien confirment le fait ; ces mots du nonce viennent à l'appui de l'hypothèse par laquelle nous attribuons à Sully le factum intitulé : *La rencontre du duc de Bouillon et de Henry le Grand*. On a vu combien cet écrit est peu bienveillant pour le prince de Condé, tandis qu'il se termine par une apologie du duc de Sully. Or on sait que le duc est loin de briller par la modestie dans les *Économies royales*. Sully est, en général, bien noté dans la littérature satirique du temps, comme le montre ce fragment du dialogue de la *France mourante* : « L'H. Puisque tout cela vous desplaist, je me fusse accoustumée à prendre dans mes bouillons des récépissés du duc de Sully. — F. Vous avez raison, je m'en suis accommodée durant quelque temps, et m'en trouvais fort bien ; mais on me les a aussitôt défendus par les avis des Nicolaïtes. »

[2]. Ambass. vénit., n° 108, 27 janvier 1623. Cf. Richel., *Mém.*, p. 274.

on n'est pas encore bien éclairci sur le point de savoir si le prince a l'intention de revenir tout de suite à la cour. Il y a d'autant plus lieu d'en douter que le pouvoir de la reine mère augmente; elle prend une part de plus en plus pleine aux affaires; c'est l'effet de la continuation de son union avec Puisieux. Ce dernier ne laisse pas d'exercer son autorité et d'assumer sur lui autant que possible tout le poids du gouvernement [1]. »

Les appréhensions du prince de Condé n'étaient pas sans fondement; on en jugera par les détails suivants : « Le désir que montre le prince, dit l'ambassadeur dans une nouvelle dépêche, de continuer à se promener; car il se confirme qu'il prétend retourner à Venise, pour y rétablir les Jésuites, sous prétexte que Votre Sérénité lui en a manifesté l'intention; son idée de retourner à Rome pour y rendre au Saint-Père les devoirs d'obédience, cérémonie qui n'a pas encore été accomplie par Sa Majesté; l'ordre donné à la princesse d'attendre Monsieur à Montrond; tout cela fait croire qu'il ne viendra pas si aisément à la cour. C'est un prince d'un caractère soupçonneux; la chute de Schomberg, les paroles que le roi a dites, et le bruit qui court, que Sa Majesté a fait préparer des chambres à la Bastille et au bois de Vincennes, seront pour lui autant de motifs d'inquiétude [2]. Le prince a écrit à Sa Majesté pour démentir le bruit d'après lequel il voudrait acquérir le titre de protecteur des catholiques. Il ne veut pas d'autre qualité, dit-il, que celle de très humble serviteur de Sa Majesté. Par la voie de Rome sont parvenus au roi deux griefs qu'il a contre Votre Sérénité : l'un c'est de n'avoir pas reçu des

---

1. Ambass. vénit., n° 106, 21 janvier 1623.
2. Cf. le nonce, 27 janvier 1623. « Les ministres veulent empêcher le retour à la cour du prince de Condé. On a établi des postes aux environs de Paris et répandu le bruit que l'on a fait meubler à la Bastille et au bois de Vincennes quelques chambres d'honneur; puis ils envoyent courrier sur courrier réclamer son retour, tant ils redoutent son habileté et son éloquence pour le renversement de leurs desseins. »

marques d'honneur suffisantes, ce que l'on interprète en ce sens qu'il n'a pas reçu de cadeau; l'autre, que l'on ait fait prisonnier quelqu'un des siens pour savoir ses secrets. Il paraît qu'il se serait plaint de ces particularités au cardinal Ludovisi. »

Le prince de Condé avait assez tâté de la Bastille pour s'en tenir à distance. Son peu d'empressement à revenir laissa le champ libre aux Brûlarts, tout en augmentant le mécontentement du roi contre lui. La mort était encore venue conspirer pour la grandeur des ministres, en enlevant le garde des sceaux Caumartin (21 janvier). Cet événement permettait de rendre au chancelier la garde des sceaux et c'est ce qui eut lieu, bien que l'on eût parlé un instant de la conférer au président Bellièvre, son gendre[2]. La faveur des Brûlarts touche à son apogée. « Le chancelier et son fils, écrit le nonce, avec une faveur moins apparente, commencent à avoir une autorité encore plus absolue que le duc de Luynes. Ils ont entre les mains les sceaux et la chancellerie, la secrétairerie des princes (c'est-à-dire des

1. Ambass. vénit., n° 108, 27 janvier 1623.
2. Richelieu est presque aussi vif à ce propos dans son langage que la *France mourante*, où on lit p. 99 : « BAYARD. Cestuy-ci crioit incessamment : les sçaux, les sçaux, lesquels ayant obtenus mathoisement, on le vid aussitost sur pied...; il a à présent deux sçaux à ses costés, l'un plein d'eau béniste, de laquelle il donne copieusement à un chacun, et l'autre remply de plastre raffiné, avec lequel il a accoustumé de radouber les choses publiques, vous asseurant qu'il est maintenant si gaillard, qu'il a bien osé entreprendre d'aller devant tous les cardinaux. — F. Je sçay desia de qui vous me parlez; ce n'est qu'un bailleur de billevesées qui brusle et ard d'avarice insatiable... Hé! que je cognois le personnage! il escoute paisiblement, respond doucement, prend hardiment et donne du galimatias largement. » Le pamphlet intitulé : *Le voyage de Fontainebleau faict par monsieur Bautru et Desmarets, Dialogue MDCXXIII*, est non moins virulent que la *France ardente* contre les Brûlarts : « Je ne connais plus, dit l'un des interlocuteurs que le père, le fils et le saint-esprit. Le saint-esprit c'est alors la femme, dit un autre. » On attribuait en effet, à la seconde femme de Puisieux, Charlotte d'Étampes, une grande influence sur son mari. Quant au chancelier, voici comment il est traité dans ce factum : Ce Nicolas est un merveilleux homme ; il semble les chats qui tombent toujours sur leurs pieds. »

affaires étrangères), le connétable, qui dépend du bon vouloir de Bullion leur cousin, et les finances parce que le marquis de La Vieuville doit en rapporter l'état tous les jours au conseil de Direction où présidera le chancelier. Ils ne dépouilleront pas le roi de ses ressources, ni de ses gouvernements, comme faisaient les autres, parce qu'ils sont déjà très riches et qu'ils n'auront qu'à suivre les mêmes errements que par le passé, en prenant de l'or et de l'argent à tous ceux qui ont besoin d'eux[1]; peut-être prétendront-ils obtenir comme suprême récompense qu'une de leurs terres soit élevée en duché-pairie de France; mais le principal objet est d'écarter des affaires quiconque n'est pas confident de leur maison[2]. »

Pour se maintenir dans cette situation, les Brûlarts continuèrent à témoigner à la reine mère la plus grande déférence et cherchèrent à gagner la maison de Guise. En apparence, tout dépendait de Marie de Médicis; car ils faisaient en sorte que les résolutions dernières sur toutes choses fussent prises dans ses appartements. Quant à la maison de Guise, ils la flattaient de l'espérance de marier avec le duc d'Anjou, frère du roi, la duchesse de Montpensier, fille de la veuve du dernier prince de cette maison, remariée au duc de Guise.

Le nonce voit de graves inconvénients à cet accord, qui, s'il doit être solide et durable, va exercer sur la direction des affaires une action toute-puissante. Il y voit des dangers de deux sortes, pour l'État et pour la religion : « Pour la religion, dit-il, parce qu'on va remettre sur pied les vieilles maximes d'État de Henri IV, lesquelles me donneront bien

---

1. C'est là une accusation qui paraît malheureusement trop fondée, comme on a pu le voir déjà. *La France ardente* les accuse d'avoir 400 000 livres de rente, alors qu'ils n'auraient jamais eu que 4000 livres par an, du revenu de leur patrimoine. Les embellissements fastueux de leur maison de Sillery, la dérivation de la Vesle dans leur propriété, leur sont vivement reprochés.
2. Nonce, 27 janvier 1623.

de l'occupation avec le clergé et le Parlement, avec les hérétiques étrangers et avec ceux du pays, et en outre parce que ces ministres, abhorrant la guerre contre les huguenots, consentiront, pour ne pas les mécontenter, à leur faire des concessions qui répugnent au devoir et à la conscience; pour l'État, parce qu'on verra se renouveler les antiques inimitiés entre la maison de Guise et la maison de Bourbon, et déjà le comte de Soissons et le duc de Guise ont commencé[1]. Il est à craindre que le roi, qui, depuis deux ans, avait fait la guerre aux huguenots, n'ait maintenant à la faire aux catholiques. » Aussi le nonce, dans l'exagération peu désintéressée de ses craintes, croit-il devoir donner à Puisieux le conseil de ménager le prince de Condé et, en tout cas, de donner au parti catholique de tels gages que le prince n'y puisse trouver d'éléments de rébellion, et il ajoute qu'il convient d'affaiblir les protestants au point que le même Condé ne puisse recourir davantage à ce parti.

Remettre sur pied les vieilles maximes d'État de Henri IV, préparer un mariage dont l'utilité pour la couronne était si manifeste, que Richelieu en poursuivra, comme on sait, l'accomplissement, en brisant toutes les résistances, et même celle du principal intéressé, le futur époux : voilà des idées qui ne laissent pas de faire honneur, quoi qu'en pense le nonce, au gouvernement des Brûlarts. Et, lorsqu'on songe à quel point Richelieu est méprisant pour ces ministres, on s'étonne de les voir penser comme le cardinal lui-même sur des points d'une importance capitale.

Leur domination, toutefois, ne sembla pas, dès le commencement même, susceptible d'une longue durée; l'am-

---

1. Depuis longtemps, le comte de Soissons était ballotté entre Madame Henriette de France et Mlle de Montpensier, dont on faisait tour à tour miroiter l'alliance à ses yeux, suivant les combinaisons et les intrigues du jour. Comme il était peu probable qu'on lui donnât la main de Madame, le prince n'était pas d'humeur à laisser échapper sans protestation celle de Mlle de Montpensier.

bassadeur vénitien n'y croit guère, et le nonce, qui a souvent le coup d'œil juste, malgré ses passions, prévoit qu'ils seront bientôt haïs, que la reine mère voudra avoir une part d'autorité réelle, et que le duc de Guise, dont la hauteur est assez connue, voudra également commander; il insiste sur le mécontentement des catholiques et conclut sur la destinée des Brûlarts par ce fâcheux pronostic : « Leurs oreilles sont fermées aux bons conseils, par l'effet de leur présomption d'être plus habiles que personne au monde et par la ferme croyance qu'ils ont de tenir la fortune par les cheveux. Mais forcément ils ne tarderont pas à voir combien ils se sont trompés ; car, alors même qu'ils ne seraient pas entraînés au fond de l'abîme par le naturel variable du roi, ils le seraient toujours par l'âge du chancelier, qui, ayant soixante-dix-sept ans, est bien voisin de la mort[1]. »

Les Mémoires de Richelieu prouvent surabondamment que Marie de Médicis ne voulut point être dupe dans l'association formée avec les Brûlarts. Elle leur fit entendre dès le commencement qu'ils n'agissaient point avec elle avec franchise. Il est difficile de déterminer dans la narration précipitée, sans dates et par suite obscure du cardinal, le moment précis où s'accomplissent les faits qu'il indique par allusion ; mais tout porte à croire que, dès l'origine d'une coalition dans laquelle chacun voulait tirer la couverture à soi, la reine mère entendit avoir la meilleure part. Le caractère précaire de l'association et les progrès de la reine mère sont bien indiqués dans les informations que Giovanni Pesaro donne au Sénat : « Les princes et officiers de la couronne aspirent au gouvernement, dit-il; Bassompierre pourrait y parvenir, mais il ne veut d'autre titre que celui de conseiller secret de l'oreille de Sa Majesté [2]. La reine

1. Nonce, 27 janvier 1623.
2. Ce renseignement est conforme à tout ce que dit Bassompierre dans ses *Mémoires*. Il alla jusqu'à déclarer formellement au roi, après sa récente nomination au maréchalat, qu'il ne voulait plus accepter aucune marque de faveur.

mère, commençant à user de son autorité, a ôté au duc de Montbazon la charge de chevalier d'honneur qu'il tenait auprès d'elle et l'a confiée à M. de Brèves, son vieil et ancien serviteur. Le colonel d'Ornano [1] est en danger de tomber des fonctions de gouverneur de Monsieur, frère du roi; ce prince est aujourd'hui mieux vu et plus caressé de Sa Majesté qu'auparavant, le roi ne nourrissant plus à l'égard de son frère la jalousie conçue contre lui, parce que sa mère aurait aimé ce jeune prince plus que lui-même [2]. »

Mais ce qui prouva bien plus que la reine mère prenait tout à fait le dessus, ce fut la solution donnée à la question de préséance qui avait été soulevée contre le cardinal de La Rochefoucault. C'est en vain que les adversaires de ce dernier cherchèrent à faire triompher cette opinion que, par suite de la présence d'un cardinal au conseil, tous les secrets d'État étaient révélés à la cour de Rome. Une cabale, évidemment conduite par Richelieu, se forma contre le chancelier et ses adhérents. On fit entendre au roi que les protestants, qui s'enhardissaient à ce moment et demandaient la démolition du fort Louis devant La Rochelle et le retrait de la garnison de Montpellier, ne prenaient cette audace que parce qu'ils savaient les ministres en faveur partisans absolus de la paix. Le Père Séguiran, confesseur du roi, poussé par Corsini, s'employa activement à soutenir les prétentions de la Rochefoucault; les deux reines affectèrent, dans leurs réceptions, de donner la préséance aux cardinaux sur tous les assistants; le nonce lui-même demanda au roi une audience pour présenter ses raisons relativement au rang à donner aux cardinaux dans le conseil. On lui fit dire d'avoir, de grâce, un peu de patience; et le roi, travaillé par son confesseur, annonça que, dans quelques jours,

---

1. On sait que le colonel d'Ornano avait été fait gouverneur du duc d'Anjou malgré la reine mère.
2. Ambass. vénit., n° 108, 27 janvier 1623.

l'affaire serait arrangée à la satisfaction des cardinaux. La Rochefoucault resta en effet maître du terrain : le roi l'invita de sa propre bouche à venir prendre séance au conseil immédiatement après les princes du sang. Ce fut un grave échec pour le chancelier; car il avait déclaré que jamais le cardinal n'obtiendrait gain de cause [1]. La portée de cette décision est nettement indiquée par l'ambassadeur vénitien quand il dit que c'est grâce à l'autorité de la reine mère que le cardinal de La Rochefoucault a triomphé : « L'intérêt du cardinal de Richelieu, ajoute-t-il, est de conserver la place à un cardinal et de commencer à faire contre-poids au chancelier [2]. » Le nonce abonde dans le même sens : « Le parti du chancelier, dit-il, commence à être haï de tout le monde. La reine mère proclame qu'elle n'a eu aucune part à la chute de Schomberg; elle n'approuve point leurs procédés, d'autant plus que le cardinal de Lusson ne pourra jamais s'entendre avec eux, tant ils ont peur de son intelligence et de ses talents. » Il n'est pas douteux que, dès ce moment, Brûlart prévit le jour plus ou moins prochain de sa disgrâce; car il fit des démarches pour obtenir le chapeau de cardinal qui, sous Philippe III, avait déjà mis le célèbre duc de Lerme, après sa chute, à l'abri des procédures de la justice royale, qui, en tous pays, s'acharnait à cette époque après les dépouilles des ministres tombés [3].

L'idée de cette précaution était-elle inspirée au chancelier par une bonne conscience? Plusieurs témoignages nous ont déjà rendu son désintéressement suspect. En voici un nouveau qui nous montre que le bien des affaires publiques et l'amour du pouvoir n'étaient pas l'unique souci des Brûlarts : « Je suis, écrit le nonce, en très bonne intelligence avec M. de Puisieux. J'y suis parvenu par la force de mes

---

1. Nonce, 10 février 1623, au nonce d'Espagne.
2. Ambass. vénit., n° 120, 20 février 1623. « *L'interesse del cardinale di Richelieu e di mantenir la piazza ad un cardinale et principiar a dar contrapeso al cancelliere.* »
3. Nonce, 3 février 1623.

paroles et au moyen de quelques petits présents, et cela depuis Avignon; le chancelier et moi nous avons presque le même sentiment relativement à l'affaire de la Valteline; car il abhorre l'idée d'une rupture ouverte avec le Roi Catholique, et il veut plutôt combattre sourdement sa puissance [1]. » N'y a-t-il pas dans ces mots une confirmation de l'accusation que nous avons vue portée plus haut contre les Brûlarts : la vénalité même vis-à-vis de l'Espagne? Leur politique extérieure va malheureusement être entachée plus que jamais d'une faiblesse qui ne les relève point d'un pareil soupçon.

Les négociations relatives à la Valteline n'avaient pas cessé leur cours depuis le départ du roi de Lyon. On se rappelle que, devant la menace d'une coalition, la cour d'Espagne avait consenti, sous certaines réserves, à déposer les forts de la Valteline entre les mains du duc de Lorraine. Depuis, une autre idée avait fait son chemin : le nonce d'Espagne avait émis incidemment la combinaison de former d'Italiens sujets du pape les garnisons qu'on mettrait dans la Valteline au nom du duc de Lorraine; de là à reconnaître le pape lui-même comme dépositaire des forts de la Valteline, il n'y avait qu'un pas; c'est sous cette forme nouvelle que se montra l'insaisissable Protée de la diplomatie espagnole. Le nonce, évêque de Bertinovo, donna en effet avis que les Espagnols remettaient non seulement le dépôt des forts, mais l'entier accommodement des affaires de la Valteline au pape, et qu'il n'était plus question du duc de Lorraine. Bien que cette solution fût au fond très agréable à la cour de Rome [2], elle montra cependant certaines hésitations. Le pape, avant d'accepter, fit déclarer qu'il voulait être assuré que son acceptation ne serait pas mal vue à la

1. Nonce, 27 janvier 1623.
2. Dès le 21 novembre 1622, le cardinal Ludovisi avait indiqué comme solution à M. de Marquemont le dépôt entre les mains du pape.

cour de France; mais le secrétaire d'État fit valoir en faveur de la combinaison que le duc d'Olivarès, devenu maître absolu de la direction des affaires dans le royaume d'Espagne, après la mort de son oncle, don Balthazar de Zuniga, n'était pas disposé à admettre les tergiversations du gouverneur de Milan et qu'il voulait en finir avec cette interminable affaire [1]. De son côté, l'ambassadeur de France en Espagne, M. du Fargis, donna l'assurance que la cour de Madrid voulait en venir à un accommodement définitif.

Le gouvernement français eut la faiblesse de se montrer disposé à écouter ces dernières propositions, c'est-à-dire à remettre les différends de la Valteline à l'arbitrage de Sa Sainteté. Le chancelier et le président Jeannin firent part de cette décision au nonce, qui en conféra également avec Puisieux. Les ministres de Louis XIII admettaient une occupation momentanée des forts par les troupes pontificales, le rétablissement au point de vue temporel de l'ancien état de choses en Valteline, et le maintien, au point de vue spirituel, de l'état de choses présent. Consentant à négocier sur ces bases, Puisieux prévint Corsini qu'il devait cependant donner préalablement avis de ce changement de front aux alliés confédérés à Lyon et aux Vénitiens particulièrement [2], et il le fit, malgré les objections du nonce. Dans une audience qu'il donna à Corsini, le roi lui déclara « qu'il était résolu à s'en remettre à l'arbitrage du pape et qu'il allait faire envoyer au commandeur de Sillery les pouvoirs nécessaires pour traiter; mais que, si les Espagnols usaient encore de lenteur, si leur but n'était pas d'en finir, la guerre deviendrait inévitable, parce qu'on ne remettait le tout à Sa Béatitude que pour recourir à un remède suprême [3]. » Le nonce n'avait jamais pensé que le roi pourrait aller aussi loin dans la voie des concessions [4].

1. Agucchia, 22 novembre 1622 et 7 janvier 1623.
2. Nonce, 13 janvier 1623.
3. Nonce, 21 janvier 1623.
4. Nonce, 13 janvier 1623, au nonce d'Espagne.

Les instructions données au commandeur de Sillery portèrent sur trois points; il fallait obtenir : 1° que le traité de Bassompierre ne cessât d'être considéré comme la base des négociations à intervenir; 2° que l'on arrivât promptement à une conclusion; 3° que l'accommodement s'appliquât à toutes les difficultés relatives à la Valteline, et non pas uniquement à l'affaire du dépôt des forts, afin de supprimer tout sujet de contestation entre les deux couronnes.

Après avoir donné ces détails au nonce d'Espagne, Corsini ajoute que « le gouvernement français n'en continue pas moins ses négociations pour la formation d'une ligue et maintient ses troupes sur pied à la frontière du Dauphiné. C'est afin d'être prêt à faire face à toute éventualité dangereuse qui se présenterait soit du côté des Espagnols, soit du côté des protestants, dont la soumission n'est pas encore bien affermie. Les Espagnols, en prouvant qu'ils ont le désir sincère de la paix, pourraient porter remède à cette situation [1]. »

Les précautions militaires prises par le gouvernement français étaient nécessaires; car la diplomatie des Brûlarts se laissait jouer. Le commandeur de Sillery, très pressé de faire acte d'ambassadeur, consentit par écrit à la remise de toute l'affaire entre les mains du pape. Les promesses de l'Espagne avaient été simplement verbales; aussi, à la faveur de ce nouveau délai, qu'ils n'avaient acheté par aucune garantie formelle, se préparaient-ils de plus belle à la guerre. Le duc de Feria, malgré les assurances du premier ministre Olivarès, stimulait son gouvernement et hâtait ses préparatifs; il écrivait et répandait le bruit que la reine de France avait promis qu'il n'y aurait pas la guerre. De nouvelles difficultés étaient soulevées : ainsi le duc d'Albuquerque, ambassadeur d'Espagne à Rome, dit au Saint-Père que le roi d'Espagne voulait que la garnison de la Valteline fût

---

1. Nonce, 23 janvier 1623.

composée entièrement de Trentins et que le roi de France retirât les troupes massées aux confins de la Savoie. Le pape lui déclara qu'aucune de ces deux demandes n'était admissible [1]. La situation était envisagée à la cour de Rome sous un aspect assez plaisant. « De tout ce que nous voyons, dit le secrétaire d'État, nous inférons qu'aucune des deux couronnes ne veut la guerre; et, comme chacune d'elles est persuadée qu'au fond l'autre ne la veut pas davantage, elles mettent toute leur industrie à prendre des allures belliqueuses, afin de faire céder la partie adverse. Chacune exalte ses propres ressources et déprime celles de l'autre en disant qu'elle ne pourrait faire la guerre quand bien même elle le voudrait; de la sorte, les Espagnols entendent tourner dans le même cercle et mettre le temps à profit, jusqu'à ce qu'ils aient l'espérance de voir naître en France quelques troubles. Nous nous confirmons cependant dans notre opinion que cette croyance entretenue des deux parts que l'autre puissance ne veut ou ne peut pas vouloir la guerre est précisément ce qui conduira peu à peu à s'y engager, et ceci touche particulièrement les Français; si le chancelier et Puisieux, qui sont de si grands amis de la paix, veulent la maintenir au dedans et au dehors, nous pouvons supposer avec d'autant plus de raison que plus le commandeur laisse à entendre qu'on en va venir aux armes, moins nous devons croire que ce soit véritablement leur pensée [2]. » Mais la patience de Louis XIII, sinon celle de ses ministres, était à bout. Le nonce Corsini, en adressant des plaintes très vives au nonce d'Espagne sur l'attitude du gouvernement de Madrid, et en démentant les propos attribués à la reine de France, lui fit savoir que le roi n'attendrait pas plus tard que le mois d'avril, et que déjà on acheminait quatre régiments à la frontière de Flandre. Il lui

---

1. Agucchia, 15 janvier et 13 février 1623.
2. Agucchia, 14 février 1623.

annonça en même temps la signature prochaine et définitive de la ligue (7 février).

L'ambassadeur vénitien nous montre le roi donnant enfin un libre cours à ses sentiments d'indignation. On savait que les Espagnols faisaient aussi des concentrations de troupes dans les Pays-Bas; quelqu'un de l'entourage de Louis XIII lui ayant dit que les Espagnols faisaient mine de lui mettre en face le Roi Catholique, le roi lui répondit tout rougissant de colère : « Je le voudrais, car je le battrai bien. » Peu de jours après, raconte encore le même ambassadeur, le roi dit de son propre mouvement à la reine, sa femme : « Ecrivez au roi votre frère, et dites à l'ambassadeur d'Espagne que je suis résolu à vouloir l'exécution du traité de Madrid; autrement j'engagerai toute ma puissance. » La reine, après avoir un peu réfléchi, lui répondit que Sa Majesté commandait; donc elle écrirait au roi et parlerait à l'ambassadeur; mais elle suppliait Sa Majesté de croire qu'elle n'était point Espagnole, mais toute Française [1].

La ligue élaborée à Avignon et à Lyon fut enfin définitivement conclue à Paris le 7 février. Suivant l'ambassadeur vénitien, le roi, en assistant à la signature, prononça quelques paroles énergiques [2]. L'alliance était offensive et défensive et conclue pour deux ans au moins entre la France, Venise et la Savoie [3]; elle restait ouverte pour le pape, les

---

1. Ambass. vénit., n° 115 (chiffres), 10 février 1623.
2. Ambass. vénit., n° 114 (chiffres), 10 février 1623; suivent des copies du traité en français et en italien.
3. Voici le préambule et les principales dispositions du traité d'alliance tels qu'ils figurent dans le recueil de la correspondance de Corsini et dans un autre recueil catalogué à la même bibliothèque sous les n°⁸ 682, col. 35, B. 11, page 141 : *Ligue conclue entre le roi de France, la république de Venise et le duc de Savoie en faveur de la Valteline, à Paris, le 7 février 1623.* Cf. Vittorio Siri, *Memorie recondite* : « Comme ainsy soict que le Roy, dès le commencement qu'il esté entrepris par le Roy d'Espagne, et depuis par l'archiduc Léopold au pays des Ligues grizes en la Valteline et autres endroits à eux appartenans, au préjudice de ses alliez et de son alliance, n'ayt espargné aucun office comme Roy très chrestien à Rome, en Espa-

Suisses, la Grande-Bretagne et les princes d'Allemagne et d'Italie. La restitution de la Valteline et de toutes les autres dépendances du pays des Grisons injustement occupées était spécialement visée par cet acte; mais il pouvait, suivant les circonstances, prendre une portée beaucoup plus étendue; car un article particulier stipulait, en faveur des Provinces-Unies et des princes allemands en lutte contre l'empereur,

gne et ailleurs, où il a esté besoing pour faire remettre les choses en leur premier estat et rendre à sesdicts alliez et confédérez leur repos et liberté. Ce que n'ayant produict par les longueurs et artifices dont il a esté uzé l'effect qui estoit désiré pour l'honneur et le contentement des interressez, et la seuretté publique, Sa Majesté meue des mesmes considérations pour elle et pour ses amis, et spécialement de la République de Venise, et de M. le duc de Savoye qui ont aussy un notable interrest en l'affaire et ont faict paroistre jusques icy avoir les mesmes fins et intentions; a trouvé bon d'arrester et conclure un traitté de ligue sur cette occasion avec la dite République de Venize et le dit sieur duc de Savoye pour le terme et espace de deux ans, à commencer du jour de la signature du présent traité, et pour tout le temps du plus qui sera nécessaire jusques à l'entière restitution de la Valteline et autres lieux occupez appartenant aux Grisons et que lesdicts princes confédérez puissent estre en repos et seuretté par une bonne paix et accommodement. »

Le roy fournira 15 à 18 000 hommes de pied et 2000 chevaux; Venise, 10 à 12 000 hommes de pied et 2000 chevaux; la Savoye, 8000 hommes de pied et 2000 chevaux. Chacun stipendiera des troupes. Les troupes doivent être prêtes au 1ᵉʳ avril. On délibérera ultérieurement sur le choix du commandant en chef.

On fera tenter une diversion par Mansfeld avec forces suffisantes accompagnées de six canons et quatre pièces de campagne et des munitions nécessaires « pour les exploicts qui luy conviendra faire. » Les forces, canons et munitions seront fournis par les confédérés, tous ensemble; 900 000 livres, dont le roi payera la moitié, seront allouées à Mansfeld. Les alliés défendront réciproquement leurs territoires. « Et outre lesdits confédérez ont estimé convenable et utile à l'affaire d'encourager et favoriser les Estats des Provinces-Unies des Pays-Bas, comme aussy les affaires qui sont à présent en Allemagne pour par une telle occupation randre ce desseing plus facile. »

La ligue reste ouverte pour le pape, les sieurs des ligues suisses, le roi de la Grande-Bretagne et les princes d'Allemagne et d'Italie qui voudront y entrer.

Suivent les ratifications du doge Priuli et de Charles-Emmanuel.

Le traité est signé : Louis; GIOVANNI PESARO, pour Venise; AUGUSTE MANFRED SCAGLIA, comte DE VERRUA, ambassadeur du duc de Savoie.

certains encouragements de nature à généraliser le conflit particulier élevé à propos des Grisons. La ligue prenait en outre Mansfeld à sa solde et se proposait de jeter sur l'Italie du nord cet audacieux chef de bandes, réduit pour le moment à l'inaction. Ce traité pouvait modifier complètement la face des affaires en Europe.

Le gouvernement espagnol se sentit touché au vif, et le marquis de Mirabel protesta dans les termes les plus violents contre le traité. Quant au nonce, qui avait été tenu à l'écart des négociations et qui avait cependant réussi, par des moyens mystérieux sur lesquels il ne s'explique pas, à se procurer un exemplaire exact du traité, il présenta des observations, en se fondant non sur les termes de la convention qu'il était censé ne pas connaître, mais sur les inconvénients qu'il y avait à appeler en Italie Mansfeld. « Ses façons de procéder, trop connues, disait-il en Italie, des petits et des grands, étaient odieuses et exécrées. Mansfeld, oppresseur de ses amis comme de ses ennemis, déprédateur insatiable de tout pays, violateur de femmes, massacreur d'enfants, destructeur de temples, ennemi de la religion et de l'Église, incendiaire, impie, perfide et sacrilège, forcerait tous les princes italiens à s'unir contre lui et contre ceux qui l'enverraient, parce qu'ils comprendraient que, de quelque façon qu'il se présentât, comme ami ou comme ennemi, il mettrait en péril leurs églises, leurs biens, l'honneur de leurs femmes et de leurs enfants. Considérez un peu, ajoutait-il, ce que pensera Sa Sainteté lorsqu'elle verra s'approcher un tel fléau de l'Italie, dont la conservation et la religion doivent lui inspirer plus de sollicitude qu'à personne [1]. »

Corsini ne se possédait plus ; l'ambassadeur vénitien achève de peindre son attitude en disant : « Le nonce du pape fait beaucoup de bruit ; il dit que l'on a conduit le roi

---

1. Nonce, 21 février 1623.

aux dernières extrémités, contre toute justice, au moment où les Espagnols et les Français avaient mis leur confiance dans Rome. Il en rejette toute la faute sur la République, et dit que le succès sera peut-être bien loin de répondre aux espérances. Pour ma part, je lui ai remontré tous les artifices des Espagnols, la communauté des intérêts du pontife et des leurs, l'union du cardinal Ludovisi et des Espagnols cimentée par des brevets de grandesse [1], et tous les apprêts de guerre qui se faisaient dans l'État de Milan [2]. »

Ce qui prouve que les Français avaient, cette fois, frappé fort et juste, c'est que la cour de Madrid, dont la diplomatie manœuvrait avec l'admirable précision que l'on sait, se décidait, moins de huit jours après la signature de la ligue de Paris, à admettre par écrit le dépôt des forts de la Valteline entre les mains du pape [3]. Mais on remarquera que, dans cette convention, il n'était plus question d'un arbitrage du pape sur le fond même du différend et que, tout en consentant à laisser évacuer la Valteline par leurs forces, les Espagnols se réservaient la faculté d'en reprendre possession au besoin. Il y avait cependant un progrès dans la situation. Richelieu aura moins de peine un jour à déloger les soldats du pape qu'il n'en aurait eu à mettre dehors les garnisons espagnoles. A cet égard, la ligue de Paris produisit plus d'effet que ne le dit l'ambassadeur vénitien en l'appelant « une démonstration sur le papier (*apparato fatto in carta*) [4]. »

---

1. Le cardinal Ludovisi, après avoir fait épouser à son frère la princesse de Venose, riche héritière du royaume de Naples, avait obtenu pour le nouvel époux la grandesse d'Espagne.
2. Le gouverneur de Milan mettait Novare en état de siège et le duc de Savoie fortifiait Verceil.
3. Ambass. vénit., n° 115, 10 février 1623.
4. *Copia della scrittura fatta in Madrid tra il conte d'Olivares in nome del re catt° et mons. nuntio in nome del papa sopra i forti della Valtellina.* Les forts de la Valteline seront déposés entre les mains du pape, à la charge pour lui d'en assurer la tranquillité ou de remettre lesdits forts entre les mains du Roi Catholique. Les garnisons ne doivent être composées que de sujets de l'Eglise. Ce dépôt doit durer jusqu'à l'accommodement définitif qui interviendra entre

Le gouvernement espagnol éprouva dans le même temps un autre échec. Il s'agit des affaires d'Allemagne. La France n'y prenait, on le sait, qu'une part très indirecte ; il entre cependant dans notre sujet d'indiquer ce qui fut fait de ce chef sous le gouvernement des Brûlarts. L'électeur palatin n'ayant plus qu'une seule ville en son pouvoir, Frankenthal, l'empereur crut le moment venu de donner à la mise de Frédéric V au ban de l'empire une consécration suprême en le dépouillant de son titre électoral au profit du duc de Bavière, chef de la Ligue catholique. Il réunit à cet effet une diète dans la ville de Ratisbonne, dès le mois de novembre 1622 ; la partie catholique du corps électoral était acquise d'avance, dans la pensée de l'empereur, à cette mesure de spoliation, et il était résolu à ne tenir aucun compte de l'opposition des électeurs protestants et de leurs adhérents. Mais c'est dans le parti victorieux lui-même que des dissentiments se produisirent. L'Espagne se prononça avec force contre le transfert de l'électorat du Palatin au Bavarois. Les motifs de cette opposition sont faciles à saisir : la formation d'un grand électorat de Bavière touchant au Rhin interposait une masse compacte et puissante entre les Pays-Bas et les États espagnols de l'Italie. Le gouvernement de Madrid comptait bien, il est vrai, adjoindre à ses possessions une partie du Bas-Palatinat. Mais, vu l'impossibilité de s'établir dans le Palatinat tout entier, il aimait mieux laisser le reste au pouvoir d'un électeur palatin amoindri et qui devrait à ses bons offices la restitution d'une partie de ses domaines, plutôt que d'avoir affaire à la maison de Bavière agrandie.

les deux couronnes. Fait en présence de l'ambassadeur de France, mardi 14 février 1623. Signé : Innocentio de Massimi évêque de Bertinovo. Suit une lettre impérative du roi d'Espagne au duc de Feria, ordonnant de remettre les forts, et une lettre du pape au duc de Feria sur le même sujet. Bibl. Corsini, Mss. 682, col. 35, B. II, 161. — Le 10 mars, le nonce de France annonce à celui de Flandre que le duc d'Olivarès a remis à l'évêque de Bertivono un écrit pour le dépôt des forts entre les mains du pape. Le duc de Feria a reçu l'ordre de les consigner au pape.

Par là s'expliquent, de la part de l'Espagne, les ménagements pour Jacques I*er*, le beau-père de l'électeur, les semblants de négociations sérieuses en vue du mariage de l'infante et du prince de Galles, et enfin son attitude à la diète de Ratisbonne. Quant au gouvernement français, sa politique se justifie par les considérations précédentes, et le nonce Corsini exprime très bien la nature contraire des intérêts français et espagnols dans cette question, quand il dit :

« La cour d'Espagne agit dans le sens de la restitution de l'électorat au Palatin et ne veut pas qu'il soit donné au duc de Bavière. La France fait échec à cette politique, ne voulant pas que le Roi Catholique, ni que l'Angleterre, qui favorise le Palatin, devienne trop influente sur ses frontières [1]. »

Quoique l'empereur eût plutôt manifesté sa volonté que demandé leur avis aux électeurs, le succès de l'électeur de Bavière n'était pas si complètement assuré qu'il n'ait pas jugé utile de mettre la France dans ses intérêts. La relation que donne Corsini de sa nonciature contient à ce sujet quelques renseignements intéressants; elle établit notamment avec beaucoup de justesse les raisons pour lesquelles le gouvernement français pouvait incliner en faveur du Bavarois : « Les Français, y lisons-nous, furent incités par de nombreuses et efficaces représentations de ma part à appuyer le transfert de l'électorat au duc de Bavière pour plusieurs raisons : d'abord pour écarter des frontières de France un prince calviniste, qui, pendant les troubles intérieurs, avait toujours causé des embarras, ensuite pour que l'électorat ne tombât pas entre les mains des Espagnols, ou que le Palatin, le recouvrant grâce à eux, ne leur fût point trop obligé; d'autant plus que le roi d'Angleterre, beau-père de ce dernier, cherchait à se lier d'une étroite amitié avec les Espagnols par le moyen du mariage de l'infante avec le prince de Galles [2]. »

1. Nonce, 27 janvier 1623.
2. Nonce, *Relatione della nunziatura*, 27 octobre 1623.

Le duc de Bavière, activement secondé par la cour de Rome, mais voyant les forces de l'empereur insuffisantes (*deboli*), les Espagnols défavorables à ses intérêts, les princes protestants irrités et puissants, envoya en France le Père Valérian, capucin, et après celui-ci Jean Kikener, son conseiller, pour décider le roi de France à appuyer ses prétentions au titre électoral. Le gouvernement français se trouva, au rapport du nonce, fort embarrassé ; il ne demandait sans doute pas mieux que de favoriser le Bavarois, mais il aurait voulu que Maximilien se déclarât contre la maison d'Autriche. Ce prince paraissait, en effet, capable de contrebalancer, en Allemagne, la puissance des Habsbourg. D'autre part, le gouvernement français craignait de s'aliéner, en se rapprochant du Bavarois, les princes protestants, ses alliés de longue date.

Le capucin Valérian, en présence de ces irrésolutions de la France, proposa au gouvernement un renversement complet du système de ses alliances[1]. Il l'engagea à s'allier avec la Ligue catholique d'Allemagne. Ce projet fut vivement appuyé par le Saint-Siège. Le nonce, sans se dissimuler les inconvénients d'une pareille alliance, qui lui paraissait faire courir à la France le risque d'offenser l'Espagne, membre de la ligue, et de s'aliéner en même temps la Hollande et l'Angleterre, insista auprès des ministres de Louis XIII sur les avantages qu'il voyait dans ce nouveau système, et qu'il résume ainsi :

1° L'amitié de quatre électeurs catholiques donnera une grande part à la France dans l'élection de l'empereur.

2° Les huguenots, s'ils veulent s'agiter de nouveau en France, ne seront pas secourus par les Allemands, empêchés que ceux-ci en seront par ladite ligue.

---

1. La négociation du P. Valérian aurait été cachée à Louis XIII, si nous en croyons un passage du morceau donné au t. IX de la 2ᵉ série des travaux de l'Académie des sciences morales et politiques, par L. Ranke, comme complément des *Mémoires* de Richelieu.

3° On ôtera au monde cette fâcheuse opinion que la France est toujours alliée avec des hérétiques. L'Autriche perdra par là un prétexte à toutes ses usurpations. En outre, la France contrebalancera en Allemagne la puissance de l'Autriche.

Une combinaison si hardiment contraire à toutes les traditions politiques de la France ne pouvait qu'effaroucher la timidité des ministres, qui se piquaient d'ailleurs d'être fidèles à la tradition de Henri IV. Nous croyons que le nonce les calomnie lorsqu'il dit que le chancelier et Puisieux trouvaient la chose bien difficile, non seulement pour la crainte de s'aliéner les esprits des vieux amis, mais pour celle de mécontenter les Espagnols, avec lesquels ils avaient l'intention de demeurer d'accord[1]. Nous avons vu par la signature de la ligue de Paris que le gouvernement français ne voulait point l'accord avec l'Espagne à tout prix ; et, en ce qui concernait particulièrement l'affaire de l'électorat, il est certain que l'appréhension du mariage anglais jeta la France d'une façon non équivoque du côté de l'électeur de Bavière.

L'Espagne fit cependant des efforts désespérés, et il n'y eut pas là une simple comédie, comme l'indique l'historien Levassor. Le nonce, à Ratisbonne, se montra même fort alarmé sur l'issue d'une affaire qui tenait particulièrement au cœur de Grégoire XV.

« L'affaire de l'électorat, écrit-il, qui s'est toujours montrée dure, devient de plus en plus dure par la faute des Espagnols, qui, pour ne point s'accommoder de voir croître la Bavière, visent à s'emparer des places du Palatinat, à entretenir l'amitié de l'Angleterre, et à conclure la paix en Allemagne, pour amener toutes leurs forces en Italie et en Flandre. Aussi le comte d'Ognate fulmine et proteste que

---

1. Nonce, 3 février 1623 : « Con tutto ciò a questi ministri, cioe al cancelliere e Pisius par cosa molto difficile non solo per tema d'alienarsi gli animi dei vecchi amici ma per sospetto di non sdegnare gli Spag[n]li co quali hanno voglia di star d'accordo. »

c'est la ruine de l'empire, de la maison d'Autriche, et de la religion catholique, et menace de l'indignation du roi d'Espagne. Nous ne nous abandonnons pas; mais nous craignons beaucoup. »

Les craintes du nonce ne se réalisèrent point : quelques jours après cette dépêche, Frédéric V, malgré l'abstention significative d'une partie du corps électoral, était solennellement dépouillé de son titre, dont Maximilien de Bavière était investi. Quelques réserves illusoires étaient stipulées en faveur des enfants de l'électeur déchu. Le pape Grégoire XV, avant de mourir, pouvait dire que, par le succès de cette affaire, « son cœur était rempli de la manne céleste. »

Que faut-il penser de cet événement au point de vue des intérêts français? Il y avait évidemment plus de danger à laisser grandir l'Espagne que le duc de Bavière; le gouvernement de Madrid éprouva donc de ce côté un échec très réel; mais il avait avec l'Autriche trop d'intérêts communs pour qu'un dissentiment passager altérât profondément leur intelligence. Les hésitations [1] de la politique française ne lui avaient point fait un ami du nouvel électeur, et la ruine complète du Palatin, auquel les Espagnols allaient bientôt enlever par supercherie sa dernière place de Frankenthal, ôtait à la ligue signée à Paris une grande partie de son importance.

La situation politique n'était toutefois point, pendant les deux premiers mois de l'année 1623, défavorable à la France. La ligue restait sur pied; l'Espagne, sous le coup de défaites diplomatiques sensibles à son orgueil; l'empereur affaibli par son triomphe même. Un champ suffisamment vaste restait ouvert à la diplomatie et aux armes de la

---

1. Le gouvernement semble en effet, au dernier moment, avoir fait une évolution du côté du Palatin, d'après une dépêche du nonce, qui écrit le 23 février 1623 : « Le P. Valérian est parti mécontent. Il retourne auprès du duc de Bavière, que la France ne paraît plus disposée à soutenir dans l'affaire de l'électorat. »

France. « Les ministres, écrit le nonce dans sa relation, continueront certainement à soudoyer Mansfeld et à secourir les Hollandais; car ils tiennent pour maxime certaine que, si l'on veut vivre en paix dans le reste de la chrétienté, il convient que le roi d'Espagne ait où employer ses forces et consumer ses trésors. » — Cette politique n'était pas celle de gens mal avisés; mais devait-elle être appliquée avec efficacité?

VIII

LE CARNAVAL DE 1623. LES CHASSES DE FONTAINEBLEAU. LES COMPÉTITIONS DE COUR.

État embrouillé des affaires de la cour. — Rivalité de la maison de Guise et de la maison de Bourbon. — Fêtes à la cour. — Scène faite par le roi au duc de Montmorency. — Passage et séjour du prince de Galles à Paris. — Étonnement et mécontentement de la cour. — Retour du prince de Condé en France. — Il s'enferme dans sa province de Berri. — Ses occupations. — L'autorité des Brûlarts semble raffermie. — Chasses du roi. — Contestations entre la reine mère et le grand-duc de Toscane relativement à certains intérêts financiers. — Services rendus par Richelieu à ce sujet. — Compétitions de cour insupportables au roi. — Essai de rapprochement entre la reine mère et le prince de Condé. — Le marquis de La Inojosa à Fontainebleau. — Maladie d'Anne d'Autriche. — Causes de mécontentement de la jeune reine. — Compétitions pour la surintendance de sa maison. — Richelieu et la reine mère se ménagent et observent.

(Mars — Juillet 1623.)

Nous entrons, avec la seconde quinzaine de février 1623, dans une série d'intrigues très subtiles, dont l'une des conséquences principales doit être la disgrâce des Brûlarts; mais la marche en est très difficile à suivre, vu l'absence de documents précis. Les Mémoires de Bassompierre passent très rapidement sur l'année 1623; le Journal d'Héroard fait défaut pendant toute une année (de mars 1623 à mars 1624);

les Mémoires de Richelieu, quoique très abondants sur cette matière, sont diffus en certains endroits, précipités ailleurs, privés de points de repère qui aident le lecteur et l'historien à se retrouver au milieu d'une foule de faits et d'assertions obscurs; on sait en outre que l'édition courante de ces Mémoires laisse une lacune au commencement de l'année 1624, et que cette interruption porte précisément sur les incidents qui précèdent, marquent ou suivent la chute de Brûlart et de son fils. M. Léopold Ranke a, il est vrai, comblé ce vide par une intéressante communication à l'Académie des sciences morales et politiques [1]; mais, si le morceau retrouvé par l'historien allemand apporte des indications précieuses, il n'est pas exempt des défauts qui rendent les Mémoires du cardinal incomplets et sujets à la critique sur plus d'un point. Nous essayerons donc de dissiper, en produisant et en rapprochant les témoignages des trois ambassadeurs sur lesquels nous nous appuyons, les nuages qui enveloppent cette petite, mais intéressante partie de l'histoire de Louis XIII et de Richelieu.

On a vu que la préséance donnée au cardinal de La Rochefoucault dans le conseil semblait avoir ébranlé la situation du chancelier Brûlart; mais les bruits de la cour exagéraient l'importance de cet événement. La baisse de l'influence du chancelier rappela l'attention sur le prince de Condé; cependant le nonce va trop vite en besogne lorsqu'il croit à une union possible et même prochaine du prince avec la reine mère, « qui, dit-il, tout en se donnant l'air d'être satisfaite, est mécontente au fond. » Louis XIII était, comme toujours, impénétrable; il ne laissait échapper que de temps à autre des mots qui permettaient d'entrevoir le fond de sa pensée. « Il est bien difficile, écrit le nonce, de faire fond sur le caractère de ce prince. Malgré tout cependant, la reine a fait un progrès : elle a obtenu du roi la

---

1. Trav. de l'Acad. des sc. mor. et pol., 2ᵉ série, tome IX.

liberté de lui parler de tout ce qu'elle juge convenable, et de lui dire son opinion sur toutes les affaires, et il est à croire que peu à peu elle acquerra toute la confiance qui est due à sa qualité de mère [1]. Bien qu'à cette heure Puisieux soit tout-puissant, le roi ne laisse pas de dire sur son compte certaines choses, et entre autres Sa Majesté dit un jour qu'elle avait deux reines régentes, l'une était sa mère qui avait été sa régente, et l'autre la femme de Puisieux [2], qui régentait pour le moment, mais que pour sûr cela ne durerait pas. »

On sentait à la cour que quelque changement se préparait. Dans cette prévision se formèrent des partis dont la rivalité avait en vue l'héritage d'un pouvoir qui, en attendant, restait toujours dans des mains fort tenaces. « L'état de la cour, écrit Corsini à l'abbé Cavalcanti, son ami [3], est tellement embrouillé que je crains qu'il n'en résulte quelque extravagance, car il paraît que la maison de Guise et ses adhérents se sont rangés d'un côté et de l'autre la maison de Bourbon avec le reste des princes; mais, dans ce pays-ci, il ne faut faire aucun fondement sur des faits de ce genre. »

Richelieu passe rapidement sur ces imbroglios de cour, qu'il résume dans une phrase énigmatique : « On fait naître au roi une grande appréhension de quelque brigue entre les grands; on donne à la reine, selon son bonheur accou-

---

[1]. On voit par là que la reine mère ne gagnait du terrain que pied à pied.

[2]. Charlotte d'Etampes, qui paraît avoir été fort belle et fort coquette, est traitée de la façon la plus odieuse dans les libelles de cette époque; les plaisanteries les plus grossières ne lui sont point épargnées; nous n'osons en détacher que ces passages qui viennent à l'appui du mot prononcé par le roi : « Celle qui pensa dissiper sa maison par la profusion de cinquante mil escus employez en l'achapt de petites bagatelles et niaiseries d'enfant, maniait naguère l'Estat, faisant la leçon avec le beau-père à son mary. » (La France ardente.) On lit encore dans la France mourante que « cette fée aux beaux pieds avait en quatre mois despensé cinq cents escus en souliers seulement ».

[3]. Nonce, 21 février 1623.

tumé, la meilleure part en ce dessein. Le roi en parle à M. de Montmorency pour découvrir les associés; par ce moyen, il reconnaît la vérité de l'imposture. »

Nous pouvons, avec le secours de l'ambassadeur vénitien et du nonce, percer le mystère de cette intrigue : « La puissance du chancelier et de Puisieux, écrit Giovanni Pesaro, étant de plus en plus détestée, ceux-ci cherchent à se fortifier. Dans le parti qu'ils ont formé par leur union avec la reine mère se trouve le duc de Chevreuse, et la maison de Guise en est aussi; ils veulent s'attacher Bassompierre en lui faisant épouser la fille du maréchal de La Châtre, veuve du comte d'Alais; mais Bassompierre refuse de se laisser engager dans aucun lien, ne voulant pas courir les chances de fortune des favoris du moment. On voit se démasquer des partis de femmes et d'hommes; la reine régnante s'est constituée partie avec La Valette [1], avec Montmorency, avec la vieille connétable, contre la duchesse de Chevreuse, et tout cela pour des intérêts de charges de palais, des dépits et des rivalités féminines. Mais les maris s'en mêlent pour des affaires plus importantes. Le duc de Montmorency, avec Épernon, La Valette et d'autres qui ne sont pas en petit nombre, soutenant que la guerre avec les huguenots est nécessaire, se font du parti du prince de Condé; et l'on dit que, dans cette affaire, le duc de Montmorency est un intermédiaire qui fait tout son possible pour accorder la reine mère avec le prince. » Le nonce du pape donne quelques autres détails qui complètent ou expliquent les précédents : « Les Brûlarts, dit-il, continuent à tâcher d'éloigner du roi non seulement ceux qui savent parler et qui osent le faire, mais tous ceux qui, pour quelque autre raison, se recommandent à Sa Majesté. Parmi ceux-ci est le duc de

---

1. « La duchesse de La Valette a reçu un brevet du roi lui donnant la préséance sur les autres duchesses, bien qu'elle soit la dernière de toutes. Dans le cabinet de la reine, dont elle est la favorite, cela se fera; mais ailleurs ? » Ambass. vénit., n° 106, 21 janvier 1623.

Bellegarde, grand écuyer, fort peu de leurs amis, cavalier de très bonne grâce, et de grand mérite. Sous prétexte de l'envoyer en Bourgogne faire des recrues pour la Valteline, ils voudraient l'éloigner; mais lui, qui est un homme fort avisé et très au courant de la façon dont on manœuvre à la cour, n'entend pas du tout se prêter à leurs desseins [1]. Ils craignent Montmorency, parent du prince de Condé [2]; le duc de Vendôme et le grand-prieur, son frère, pour le crédit qu'a auprès d'eux le marquis de Cœuvres, ennemi des ministres; le duc d'Elbœuf, parent des susdits; le marquis de La Valette, qui a épousé la sœur bâtarde du roi; le cardinal son frère, qu'ils tâchent d'envoyer à Rome, dans l'éventualité d'un prochain conclave. Pour semer la dissension entre tous ces personnages et le roi, ils ont murmuré aux oreilles de Sa Majesté que, d'accord avec la reine mère, ceux-ci faisaient, pour s'accorder avec le prince de Condé, des pratiques préjudiciables au service de Sa Majesté. »

Ce qu'il nous importe de bien définir au milieu de ces complications, c'est le rôle de la reine mère et de son conseiller le cardinal; ils avaient évidemment leur plan; Richelieu se garde bien de l'indiquer dans ses Mémoires; l'ambassadeur vénitien le dévoile dans cette phrase : « Le cardinal de Richelieu prête l'oreille au projet de faire revenir le prince, et, en apparence, ne manifeste pour ce parti aucun éloignement. Mais son véritable dessein est de faire venir le prince en cour, en lui donnant l'espérance d'un appui, afin de voir ensuite à ruiner le prince et le chancelier; car, en les combattant tous les deux, la reine mère et le cardinal espèrent acquérir une plus grande auto-

---

1. Le fragment des *Mémoires* de Richelieu retrouvé par Ranke laisse supposer un autre motif à cet éloignement. M. le Grand, qui avait particulièrement brillé à la cour de Henri IV, était encore fort galant, et il aurait, paraît-il, montré un peu trop d'empressement vis-à-vis de la jeune reine.
2. Il était, comme on le sait, son beau-frère.

rité. A cet effet, le comte de Soissons s'est uni avec le prince de Condé ; mais il se conduira toujours suivant les intérêts de la reine. De cette troisième combinaison sont secrètement Béthune et Cœuvres en particulier ; ceux-là n'ont d'autres aspirations que d'être du gouvernement. » Ainsi, la reine mère et le cardinal, sans se compromettre, et en mettant des tiers en avant, travaillaient habilement pour leur propre compte ; il y a, par suite, une véritable perfidie dans l'accusation que le cardinal porte contre les Brûlarts, en disant : « Monsieur le Prince dit à M. de Bellegarde que le père et le fils l'avaient sollicité instamment de revenir, de crainte que la reine ne prît pied dans les affaires. » Il nous semble évident que le cardinal jouait le même jeu, mais dans l'intérêt précisément contraire [1].

Au milieu de ces luttes d'ambition, les fêtes ne discontinuaient pas à la cour. A la fin d'un ballet, le roi interpella le duc de Montmorency, en lui déclarant que ses menées le mécontentaient. Le duc protesta vivement, en affirmant qu'il aimait mieux vivre hors de France que de rester sous le coup des soupçons du roi. Il menaça de son épée les détracteurs ; et, pensant que le duc de Chevreuse était l'auteur des indiscrétions dont il se trouvait victime, il voulait lui demander raison. L'éclat fait par le roi coupa un moment court aux cabales [2].

Une diversion peu attendue vint d'ailleurs détourner les esprits du jeu de ces intrigues. Il s'agit de la célèbre équipée

---

1. Le passage suivant de la *France mourante* (p. 29) caractérise d'une façon piquante l'attitude équivoque et circonspecte du cardinal et de la reine mère : « L'Hopital. Que dites-vous des élixirs et des remèdes du cardinal de Richelieu ? — F. Il serait bien capable d'en donner de bons, s'il vouloit, et principalement à ceste heure que son escarlatte l'a mis à l'abry des atteintes de l'envie des favoris : mais il est si accommodant à la complaisance du siècle, qu'il n'ose parler, non plus que la reine mère. Or, pour me remettre sur pied, il me faut des gens qui publient hautement mon mal et qui n'espargnent rien de ce qu'ils jugeront nécessaire pour me garantir. »

2. Voir, pour tous les détails qui précèdent : Nonce, 21 février 1623. — Ambass. vénit., n° 120, 20 février 1623.

du prince de Galles à travers la France et l'Espagne, pour aller solliciter en personne la main de l'infante. Nous trouvons quelques détails à glaner sur ce fait si connu dans les dépêches de nos ambassadeurs. Le nonce, qui s'étend beaucoup sur la singularité et la hardiesse de cette entreprise, écrit que la résolution en a été arrêtée aussitôt après l'arrivée en Angleterre de l'ambassadeur extraordinaire de Flandre [1]. On donna l'ordre à tous les ports de ne laisser passer personne sans une permission expresse du roi, et ce n'est que lorsque le prince de Galles fut sur la route de Paris que la défense fut levée. De la sorte, les ambassadeurs de France et d'Espagne furent mis dans l'impossibilité de prévenir leurs gouvernements de ce départ avant l'arrivée même du prince [2]. « Le prince de Galles, écrit l'ambassadeur vénitien, est resté deux jours dans cette ville, se promenant partout, dans le Louvre même, à voir le roi au dîner, la reine au ballet, inconnu de tous et logé dans une hôtellerie [3]. » L'illustre voyageur et son compagnon le duc de Buckingham furent guidés par le sieur de Préaux, qui, sans les connaître, les jugea sur leur bonne mine des étrangers de haute naissance ; le roi d'Angleterre envoya quelques jours après deux haquenées à l'obligeant courtisan, pour le remercier de sa bonne grâce [4]. Dans le ballet [5] qui fut dansé sous les yeux du prince de Galles en l'honneur de la reine mère, le prince put entendre la jeune reine dire à la mère du roi, qui représentait Junon, ces mauvais vers de Boisrobert, qui expri-

1. Les Provinces-Unies négociaient à ce moment pour le renouvellement de la trêve qui assurait leur indépendance. Il est probable que la mission de cet ambassadeur se rapportait à ces pourparlers, et que le prince de Galles avait, entre autres projets, à faire réussir la suspension des hostilités avec la Hollande.
2. Nonce, 17 mars 1623.
3. Ambass. vénit., n° 129, 12 mars 1623.
4. Nonce, 16 avril 1623.
5. *Le grand ballet de la reyne, dancé au Louvre le 5 de mars de l'an 1623.* A Paris, chez René Giffart, rue des Carmes, MDCXXIII, avec privilège du roy. *Les festes de Junon la nopcière*, ballet pour la reyne.

maient d'ailleurs fort bien le contraste de la situation grandissante de l'altière Médicis et de l'effacement, pour ne pas dire de l'abandon où languissait la pauvre Anne d'Autriche :

> Vous m'ostez ma gloire et mon nom,
> Grande et favorable Junon
> Qui présidez au mariage,
> Puisque c'est de vos mains que je tiens mon époux,
> Ce bonheur assuré portera témoignage
> Qu'il n'est pas ici-bas d'autre Junon que vous.

Madame vint à son tour faire son compliment à la reine mère, sans se douter qu'elle était observée par celui que, devenue reine d'Angleterre, elle devait aimer avec tant de passion et plus tard avec tant d'héroïsme. Le poète faisait dire à la jeune princesse :

> Qu'on ne s'esmerveille pas
> De voir en moy tant d'apas ;
> Si l'on y veut prendre garde,
> J'ay, comme Iris, emprunté
> Mes couleurs et ma beauté
> Du soleil qui me regarde.

Le mystère qui enveloppait les deux cavaliers se dissipa dès leur départ de Paris. Des excuses furent présentées au roi de France par l'ambassadeur d'Angleterre, et le comte de Carlisle vint demander un passeport autorisant le prince à aller, à s'arrêter, à revenir par le royaume.

Le gouvernement français ne put dissimuler son mécontentement, fondé principalement sur deux raisons : le manque d'égards et le sans-gêne dont le gouvernement anglais avait usé en cette circonstance, et la crainte de voir définitivement décidé le mariage du prince avec l'infante. Louis XIII manifesta ouvertement son dépit, et l'on discuta dans le conseil des mesures que l'excès seul de la mauvaise humeur pouvait conseiller d'ailleurs. On parla d'arrêter le prince et de ne lui rendre la liberté qu'après lui avoir fait épouser Madame. « Il semble que la France ait souffert une bravade et une atteinte à sa considération, par suite de ce passage, dit l'ambassadeur vénitien [1]. Le prince de Galles put néanmoins, sans être inquiété, gagner l'Espagne par Toulouse et Narbonne. Puisieux avait écrit au roi qu'il avait reçu de Rome et d'Espagne l'assurance formelle que le mariage espagnol ne se ferait pas; c'est là sans doute ce qui diminua les susceptibilités du gouvernement français.

La fugue de Charles d'Angleterre à Paris avait coïncidé avec le retour du prince de Condé en France. « En ce qui concerne le prince de Condé, dit l'ambassadeur vénitien, on a la nouvelle de son passage par Lyon et de son arrivée dans sa maison à Montrond. Il revient gratifié de quelque indisposition que lui ont procurée les plaisirs d'Italie [2]. » Condé avait pris la précaution de s'assurer auprès de Puisieux que ses dignités, places, pensions lui seraient maintenues; on lui envoya le gouverneur de Montargis pour l'assurer qu'il ne serait point inquiété. Le nonce lui écrivit à la date du 3 mars une lettre anonyme pour l'informer de l'état des partis à la cour, l'engager à se défier des Puisieux et à servir ouvertement le roi et la religion suivant sa conscience, sans s'attacher à un parti plutôt qu'à un autre. Condé, se doutant des pièges qui lui étaient tendus, aima mieux intriguer de loin que de près, et, dans les solides murailles de Montrond, s'attacha à mériter les indulgences et les gratifications du Saint-Siège par un zèle de catholicisme poussé jusqu'à l'excès. « J'ai été requis de la part du prince de Condé, écrit le nonce, de faire savoir au Saint-Père qu'il y a beaucoup de diocèses en France où, quand la fête de Noël ou de la Purification tombe un samedi, on mange de la viande ce

---

1. « *Par pero alla Francia di haver sofferto una bravata e un disprezzo grande di questo passagio.* » N° 130, 14 mars 1623.
2. Ambass. vénit., n° 129, 12 mars 1623. — Il y a dans les *Mémoires de Richelieu* une grande obscurité en cet endroit. Plusieurs pages séparent en effet la mention du retour du prince de Condé et celle de l'arrivée du prince de Galles; les développements qu'elles renferment laissent supposer un intervalle de temps beaucoup plus grand que celui qui sépara ces deux événements.

jour-là, et que dans le diocèse de Troyes particulièrement on use de toutes sortes de fromages pendant le carême¹. » Le prince voulait encore se poser en réformateur dans des questions d'un ordre plus élevé, et le nonce était obligé de le détourner de mettre en avant la proposition de réunir les huguenots à l'Eglise catholique, moyennant la concession de la communion sous les deux espèces². Ce singulier apôtre donnait encore la chasse dans son gouvernement aux Carmélites³, qui, refusant de se soumettre à une bulle pontificale, ne voulaient pas être gouvernées par le Père de Bérulle et ses compagnons. Trois ou quatre couvents se soulevèrent, notamment celui de Bourges, et les dames de ce dernier, poussant la révolte jusqu'à la désertion, abandonnèrent leur clôture pour se réfugier dans le château d'une de leurs protectrices, Mme de Montigny. Le prince de Condé ne devait pas les y laisser tranquilles; elles s'enfuirent jusqu'à Bruxelles⁴.

Pendant que le prince de Condé se fait théologien, et bientôt même redevient étudiant, le chancelier et son fils profitaient du trouble jeté dans l'esprit du roi par les derniers incidents de cour pour reprendre pied. Le nonce constate avec douleur, au milieu du mois d'avril, qu'ils sont de plus en plus en faveur et que toute opposition est étouffée : « On croyait, dit-il, que Sa Majesté n'avait pas bonne opinion du chancelier, et bien des gens, en effet, n'ont pas bonne opinion de lui, non pas qu'il ne soit très

1. Nonce, 20 mars 1623.
2. Nonce, 27 mars 1623.
3. Le recueil des dépêches de Corsini en contient plusieurs sur ce sujet, du 8 au 10 mars 1623. Il appartenait, suivant le nonce, au prince de Condé, en sa qualité de gouverneur du Berri, de prêter le bras séculier à la répression de la révolte des religieuses.
4. Voir, pour les relations de la famille de Condé avec les Carmélites : Cousin, *Jeunesse de madame de Longueville*, p. 77 sqq. ; pour les incidents de cette petite révolte, voy. nonce, 2 mai et 9 juin 1623. Cf. *Correspond. de Marquemont*. (Biblioth. nat. coll. Brienne, n° 352.) C'étaient les Carmes déchaussés qui avaient réclamé le privilège de la confession et de la direction des religieuses carmélites.

expérimenté dans les affaires du monde et d'un esprit merveilleusement perspicace, mais parce que le style de sa vie passée a toujours été d'accommoder les affaires publiques au gré de son intérêt privé, soit en vue de l'argent, soit en vue du repos, et non pas de surmonter les difficultés qu'elles présentaient par des résolutions vigoureuses au besoin; sa méthode est de se tirer d'affaire au moyen de quelque emplâtre qui éloigne le péril imminent; mais il arrive souvent que les plaies qui ne sont pas bien cicatrisées deviennent par la suite incurables [1]. »

Jamais le nonce n'a dit mieux et plus juste que dans les lignes précédentes; elles nous donnent l'explication de la longue influence des Brûlarts sur l'esprit apathique du roi, dont l'humeur, suivant un mot admirablement frappé de Richelieu, « était telle qu'il fallait être dans sa haine ou dans sa confiance, et qu'on ne tombait pas de ses bonnes grâces par degrés, mais par précipices ». Mais là aussi est le secret de leur faiblesse et le pronostic de leur chute inévitable, quand ils seront au bout de leurs habiletés.

La paix sembla régner à la cour après les fêtes du carnaval, pendant lesquelles le rapprochement fréquent des personnes avivait les passions et les haines. « Les conseils se tiennent dans la chambre de la reine mère, et le cardinal de Richelieu affecte de plus en plus de s'éloigner du gouvernement, » dit l'ambassadeur vénitien [2]. Dans cette cour, « très constante, suivant sa coutume, dans son inconstance [3], » les Brûlarts essayèrent de consolider leur autorité rétablie, par un nouveau replâtrage; c'est ce qui est indiqué par Corsini dans les termes suivants : « On raconte que ces ministres, voyant qu'ils ne peuvent soutenir à eux seuls toutes les haines dont ils sont l'objet, veulent en tout et pour tout se jeter dans les

---

1. Nonce, 16 avril 1623. Les libelles du temps désignent à chaque instant le chancelier sous le nom de plâtrier, faiseur d'emplâtres.
2. Ambass. vénit., n° 132, 21 mars 1623.
3. « *Questa corte costantissima al solito nella sua incostanza.* » Nonce, 29 avril 1623.

bras de la reine mère et lui donner la haute main dans le gouvernement en s'unissant avec le cardinal de Richelieu; car il leur semble que cette protection peut les assurer contre les coups de la fortune; et, en effet, les dispositions apparentes du roi à l'égard de sa mère sont aujourd'hui excellentes. Malgré tout, je ne puis me laisser aller à croire à ces on-dit, parce que le chancelier, bien qu'il soit prudent, tout en étant fort ambitieux, ne voudra pas se laisser en proie à l'esprit de Richelieu et se livrer à une princesse qui autrefois l'a envoyé se reposer. On ne peut avoir aucune confiance dans l'humeur du roi, qui est entièrement adonné à la chasse, au point qu'il n'a cure ni du soleil ni de la pluie, ni de la nuit ni du jour, ni du chaud ni du froid, ni du manger ni du dormir. Le bon Dieu l'ait en sa sainte garde! parce que je ne sais comment un corps humain peut se faire à une telle fatigue. Quant au reste, il ne s'applique en aucune façon aux affaires, d'où il résulte que, s'il suit cette façon de vivre, il est impossible qu'il n'ait pas un favori, et il est même à désirer qu'il en ait un; reste à prier Dieu qu'il le lui donne de bonnes mœurs et de bonne intention [1]. »

Laissons le roi chercher dans ses longues chasses une distraction aux tracas de la cour et aux ennuis du conseil et y tramer peut-être avec ses compagnons de fatigue quelque complot contre ses ministres, et recherchons quel intérêt pouvait encore rapprocher la reine des Brûlarts. Il y en avait un très réel, et c'était un intérêt d'argent, en vue duquel Richelieu servit sa maîtresse avec une âpreté au gain qui dut encore augmenter la confiance de la reine mère dans un homme capable de lui rendre tant de services. La maréchale d'Ancre avait placé à Florence, sur le mont-de-piété, une somme de 200 000 écus, qui avait été réclamée par le roi en vertu de l'arrêt de confiscation prononcé par le

---

[1]. Nonce, 29 avril 1623, de Moret. Le roi était parti pour Fontainebleau le lundi après Pâques.

Parlement de Paris sur les biens des Concini. Les difficultés opposées par le gouvernement de Florence au recouvrement de cette somme, sur laquelle le fisc du grand-duc avait mis la main, durèrent pendant toute la vie du duc de Luynes, auquel avaient été attribuées les dépouilles du défunt maréchal d'Ancre; il avait été convenu toutefois entre les deux gouvernements que la somme serait partagée de la façon suivante entre le roi et le grand-duc : 120 000 écus pour Louis XIII et 80 000 pour Cosme II. Mais le gouvernement français était débiteur vis-à-vis du grand-duc de 500 000 écus; celui-ci entendait retenir comme a-compte sur sa créance les 120 000 écus qu'il consentait à abandonner sur la succession des Concini. Le gouvernement de Louis XIII s'opposa à cette prétention, en déclarant que, les 120 000 écus appartenant à Luynes et non pas au roi, il était injuste de récupérer sur un particulier des créances de la couronne. Après la mort du duc de Luynes, Marie de Médicis visa les 120 000 écus et entra en négociation avec les tutrices du jeune Ferdinand II [1], devenu grand-duc après la mort de Cosme II, par l'intermédiaire d'un certain Vincenzio Ludovici, et fit représenter que, le roi lui ayant restitué les bijoux appartenant à la maréchale d'Ancre, elle espérait qu'il lui ferait également don des 120 000 écus. C'est ce qui arriva. Richelieu réussit à obtenir du roi à Lyon, le 13 décembre 1622, une déclaration par laquelle il reconnaissait que cette somme appartenait à la reine Marie. Celle-ci envoya à Florence M. des Roches, lieutenant de sa garde, pour y porter la déclaration royale. La lettre suivante de la reine mère se rapporte au même objet :

---

1. Le grand-duc de Toscane était alors Ferdinand II, fils de Cosme II, cousin issu de germain de Marie de Médicis. Ce jeune prince, alors âgé de douze ans, était sous la tutelle de sa mère, Marie-Madeleine, sœur de l'empereur Ferdinand II, et de sa grand'mère, Christine de Lorraine, lesquelles gouvernaient le grand-duché en qualité de régentes. V. p. 49.

« Ma cousine,

« Le Roy Monsieur mon fils aiant esté pleinement informé que l'argent que j'avais fait mettre soubz le nom de la mareschale d'Ancre sur le Mont de Piété de Florence m'appartenoit, il a fait expédier les lettres patentes (dont je vous envoye la copie collationnée) par lesquelles il déclare la chose ainsy, et veut que toutes les sommes de deniers et arrérages d'icelles me soient rendues et restituées. En attendant que j'envoie exprès un de mes domestiques pour cette affaire, je prens l'occasion de Jehan-Baptiste Gondy pour vous prier d'y donner ordre, afin que j'en reçoive le contentement que j'en espère comme s'agissant de chose mienne. Le soing que vous en aurez me donnera suject de redoubler mon affection en tout ce qui sera du bien et avantage de mon nepveu le grand-duc, que je désireray tousjours comme celuy de mes propres enfans, et vous feray voir en vostre particulier en toute occasion où je pourray que je suis véritablement

« Votre bien bonne et affectionnée cousine,

« MARIE[1]. »

Le gouvernement du grand-duc représenta que la déclaration du roi portant sur des biens existant dans le grand-duché, et appartenant à des vassaux du grand-duc par leur origine, était de nulle valeur dans cet État, et qu'il fallait en venir à un accord, d'autant plus que le grand-duc était créancier de la France. C'est sur ce point que s'engagèrent des pourparlers relatés par le résident florentin dans des dépêches qui nous montrent le cardinal de Richelieu déployant tout son zèle obstiné pour la réussite de l'affaire[2] :

« J'ai beaucoup réfléchi, dit le résident, sur cette parole de Richelieu, qui m'a dit que de toute façon il faudrait bien que Leurs Altesses payent et peut-être le double et encore plus; et, comme Ludovici m'a dit ensuite la même chose, j'en suis venu à penser que l'on veut persuader à la reine mère (qui? je ne le sais pas encore, mais ce ne peut être que le cardinal) d'élever des prétentions sur une part du trésor, des meubles et immeubles particuliers laissés par le

---

1. Archives de Florence, Lettres de Marie de Médicis. *Filza* 4729.
2. Voir plusieurs lettres de Richelieu dans les *Papiers d'État*, tome I, page 760 et sqq.

grand-duc François, son père. On veut donner à entendre que, avec cette prétention et celle qui concerne l'argent de la maréchale d'Ancre, on trouvera moyen de tirer de Leurs Altesses une bonne somme d'argent comptant..... J'ai en outre la certitude que, pour cet argent de la Concina, le cardinal fera en sorte que le roi mette la main dessus comme chose lui appartenant; car je vois, d'après les conversations de Ludovici, que l'on songe à se prévaloir de cet expédient, en disant que le roi a payé sa mère ou toute autre chose semblable. J'ai l'intention de suivre la reine à Villeroy, où elle doit se rendre dans un jour ou deux, pendant que le roi sera à Malesherbes, lieu voisin d'ici, où il va à la chasse pour sept ou huit jours. Pendant ce temps, on va laisser chômer toutes les affaires, et les ministres s'en iront également de ci et de là dans leurs maisons. J'essayerai pendant ce temps de mieux disposer la reine, d'autant plus qu'elle n'aura point auprès d'elle le cardinal, qui s'en va pendant ce temps à Limours, non loin d'ici, dans un comté qu'il a acheté il y a peu de temps. J'échapperai ainsi à l'obligation d'avoir à déclarer que je ne puis traiter ni avec lui ni dans sa maison, car il est homme à envenimer l'affaire en se portant encore davantage contre les intérêts de Leurs Altesses, quoique de toute façon la reine lui doive dire ensuite le tout; je sais en effet qu'il est plus que jamais dans la confiance de Sa Majesté et qu'il dispose absolument de ses intérêts, et j'entends dire que cela ne plaît pas beaucoup en cour et que c'est même un grand préjudice pour Sa Majesté, parce que, pense-t-on, sans cet obstacle, elle avancerait beaucoup plus ses affaires; elle ne serait plus contrariée par les autres ministres, qui font tout leur possible pour n'avoir point à être sous la dépendance des manières superbes et indépendantes de ce cardinal, et qui le craignent en même temps qu'ils l'amadouent; Puisieux en particulier, homme fort avisé, ne laisse pas à tout événement de montrer qu'il désire marcher d'accord avec lui; ils sont donc très unis en ce qui est des intérêts de la reine mère, comme on a pu le voir dans cette affaire d'argent... Pour ma part, je m'attacherai à laisser le moins de prise possible aux malicieuses ficelles (*maliziose ritortole*) du cardinal [1]. »

Le lendemain, le résident complète les détails qui précèdent par quelques informations non moins piquantes : « Après avoir écrit ma première dépêche, j'ai découvert que la reine mère ne veut pas prêter l'oreille à la belle prétention mise en avant, et qu'elle a répondu à peu près ceci : que, sa maison l'ayant faite reine, elle ne voulait pas qu'il fût dit qu'elle, la reine, l'avait payée de cette monnaie. J'ai été mis au courant de ce propos par le moyen de ses femmes et de son apothicaire, étant très familier avec ces gens de mon pays, pour les connaître depuis longtemps; cela fait qu'ils viennent souvent exhaler confidentiellement avec moi leurs passions et particulièrement celle que fait naître en eux la domination superbe et intéressée du cardinal, qui veut tenir bas, soit par ambition, soit par avarice, tous les autres serviteurs de la reine. Étant allé ce matin leur donner quelques lettres de là-bas, et à cette occasion leur ayant un peu demandé des nouvelles de la cour, ils commencèrent à me dire tout d'abord que ce cardinal serait encore la cause d'une nouvelle ruine pour la reine, parce que le roi ne pouvait pas le souffrir et qu'il lui déplaisait de voir que sa mère eût un favori alors qu'elle-même lui avait témoigné toute sa désapprobation quand il avait des gens de cette sorte, maîtres si absolus des esprits de Leurs Majestés. Ils me dirent aussi que le roi avait, à ce propos, lancé de la belle façon quelque brocard à la reine, mais qu'elle ne veut pas comprendre. Et, pour m'apprendre une nouvelle étrange et qui touchait Leurs Altesses, ils me rapportèrent ce qu'ils avaient entendu dire de cette nouvelle invention, relative aux prétentions mises en avant, et la réponse de la reine vraiment digne de sa géné-

---

1. Ambass. florent., *inserto* du 6 mai 1623.

rosité et de sa bonté naturelle; mais la fatalité veut qu'elle ait toujours quelque mauvais instrument autour d'elle... Je veillerai attentivement, sachant quel empire exerce sur la reine l'esprit du cardinal et connaissant surtout l'étroite union qui, pour des raisons politiques, existe entre elle et Puisieux [1]. »

Nous verrons plus tard quelle conclusion fut donnée à l'affaire dont il est question dans les deux dépêches qu'on vient de lire. Nous retiendrons pour le moment de ces documents ce fait qu'un intérêt d'argent considérable était le véritable lien qui rattachait la reine mère au ministre; dirigeant les affaires étrangères, il pouvait avancer ou retarder à son gré l'issue des négociations financières de Richelieu [2]. La reine une fois satisfaite sur ce point, combien de temps son union avec Puisieux durera-t-elle? Notons aussi ce qui est dit de la tyrannie de Richelieu et de l'antipathie que Louis XIII avait pour lui; car ce dernier point a été contesté. Il ne faut point assurément exagérer l'importance de propos de femmes de chambre et d'apothicaire; mais, en admettant qu'ils aient grossi les choses au gré de leurs passions, on reconnaîtra que ce rapport du résident ne permet pas de croire avec M. Marius Topin à « la confiance affectueuse inspirée dès lors par Richelieu à Louis XIII » et encore moins à « la volonté nettement exprimée, nullement violentée du roi » pour faire du cardinal son ministre.

Ce qui est incontestable, c'est que les compétitions de la cour étaient insupportables au roi, et qu'il cherchait à s'y montrer le plus rarement possible. S'il y paraissait parfois, c'était pour y remettre l'ordre par quelque coup d'autorité soudain. « Le roi, dit l'ambassadeur vénitien, continue à Fontainebleau et dans les lieux circonvoisins son plaisir de la chasse. Au palais, il y a eu quelques éclats de jalousie

---

1. Ambass. florent., *inserto* du 7 mai 1623.
2. Il y a dans le recueil d'Aubéry de nombreuses dépêches relatives à cette affaire.

entre les princes qui ont de belles femmes, ce qui fait que le roi a défendu par la voix de la reine mère qu'aucun homme n'entre dans le cabinet de la reine. Par là se trouve renouvelé l'ancien usage qui voulait que, tant que les reines ont leur mari en vie, elles ne tiennent pas de cabinet [1]. »

On put croire un instant que des chasses royales allait sortir un nouveau favori. M. de Toiras, capitaine des gardes, était très lié avec le prince de Condé et par conséquent en mauvais termes avec les Brûlarts. « Il est fort aimé, dit le nonce, de tous ces gentilshommes de condition médiocre qui suivent familièrement Sa Majesté. » Ce compagnon de chasse avait peut-être l'ambition de Luynes sans en avoir les talents; ayant un jour cru remarquer en Louis XIII plus de froideur que d'habitude et ayant de plus reçu l'ordre de ne plus se trouver à des conseils secrets où il était admis auparavant, il attribua cette défaveur aux mauvais offices de Puisieux, fit un éclat auprès du roi et se déclara publiquement l'ennemi du ministre. « On croit généralement, dit le nonce, que, étant fort avisé, il n'aurait point passé aussi avant sans connaître les intentions de Sa Majesté. » Le roi d'ailleurs se réconcilia complètement avec lui. La reine mère, ne voulant point prendre partie dans cette affaire, pour les raisons que l'on sait, Toiras se garda d'envenimer la situation; mais il est évident qu'il manœuvra contre Puisieux dans ses entretiens particuliers avec Louis XIII. « Le roi chasse toujours, dit encore le nonce dans la même dépêche, et ne revient que lorsqu'il est appelé pour le conseil. Je ne sais s'il est bien prudent de la part de Puisieux de supporter cela; car, ne suivant pas Sa Majesté, il laisse le champ libre à ses ennemis pour s'emparer de l'esprit du roi; et en effet, dans ces petits voyages, M. de Toiras en est entièrement le maître; et, secondé par le duc de Vendôme, par le duc de Bellegarde et presque par tous les autres princes, sauf

---

1. Ambass. vénit., 12 mai 1623, dépêche écrite par le secrétaire, l'ambassadeur étant malade.

par ceux de la maison de Guise, il pourrait bien jouer un mauvais tour à Puisieux [1]. » Le Parlement semblait aussi conspirer à la ruine des ministres en présentant des remontrances contre un édit de finances du 28 mai [2]. Pour faire la part du feu, Puisieux, voulant se sauver lui-même, imagina de faire déposer les sceaux à son père; le vieux chancelier s'y refusa. « On voit le chancelier se tenir bien mélancolique, » écrit le nonce [3].

La reine mère semblait à ce moment tout occupée de la construction de son palais à Paris (le Luxembourg). Le nonce donne à ce sujet une date et un détail curieux pour l'histoire des arts : « La reine mère, dit-il, est allée le 12 à Paris pour avoir quelques tableaux qui lui ont été envoyés de Flandre par le peintre Rubens et qu'elle doit mettre dans les galeries et dans les salles de son palais [4]. Elle est revenue le 18, et il paraît que son séjour aux bains de Pougues est abandonné ou différé. »

Le voyage de la reine mère à Paris n'était pas aussi exempt de préoccupations politiques qu'on pourrait le croire d'après cette dépêche. Voici en effet une singulière coïncidence qui nous est signalée par l'ambassadeur vénitien : « La princesse de Condé, dit-il, vient à Paris pour négocier un accommodement avec la reine mère. La comtesse et le comte de Soissons y travaillent, et il est certain que le prince de Condé ne cherchera pas à rentrer en grâce avec l'appui de Puisieux. Il se tournera d'un autre côté [5]. » Ce voyage simultané de la reine mère et de la princesse de Condé à Paris réveilla les défiances du roi, et il est certain que si Marie de Médicis ne donna pas suite à son idée d'aller à Pougues, c'est parce que le roi l'aurait vue avec mécon-

---

1. Nonce, 26 mai 1623, de Moret.
2. Nonce, avis du 9 juin 1623, de Moret.
3. Nonce, 23 juin 1623, de Moret.
4. Détails qui se trouvent aussi dans l'ambass. vénit., n° 153, 19 juin 1623.
5. Ambass. vénit., n° 154, 19 juin 1623.

tentement choisir une résidence aussi rapprochée de celle du prince de Condé lui-même. Dans une dépêche ultérieure, l'ambassadeur vénitien expose que la reine mère se remit bien avec Puisieux, à qui elle tenait rigueur pour avoir donné le gouvernement de Saumur à un exempt des gardes au lieu de le rattacher au gouvernement général de l'Anjou, possédé par Marie de Médicis [1]. Ce rapprochement avait évidemment pour cause l'impossibilité de s'unir avec le prince de Condé.

Dans cette cour divisée et ennuyée survint à ce moment une distraction. Le marquis de la Inojosa, envoyé comme ambassadeur extraordinaire en Angleterre par le roi d'Espagne, arriva à Fontainebleau; il fut logé dans le palais, et des banquets eurent lieu en son honneur, matin et soir. Il avait une belle escorte de cavaliers, richement habillés, couverts de chaînes d'or et portant d'immenses panaches. Le soir du 19, on alla à la comédie; ce fut un triomphe pour un personnage comique, le « capitaine espagnol », exactement vêtu comme les visiteurs du roi et dont le rôle ne dut plaire qu'à moitié à ceux-ci. A son départ, le marquis de la Inojosa fit des largesses et laissa une grande renommée de magnificence; mais, comme lui et ses gens étaient tous montés sur des mules espagnoles, ils partirent au milieu des risées des laquais et de la populace [2]. L'ambassadeur partit assez morfondu pour une autre raison, car il était venu demander le passage par la France, pour aller en Flandre, de 1500 Irlandais arrivés au Havre-de-Grâce, et la demande fut repoussée [3].

Quelques jours après, la cour partit pour Paris. Presque aussitôt arriva à la jeune reine un accident qui rappelle celui

1. Ambass. vénit., n° 158, 28 juin 1623.
2. Nonce, 23 juin 1623.
3. Le marquis de la Inojosa allait en Angleterre porter les articles secrets convenus pour le mariage du prince de Galles et de l'infante et relatifs aux facilités qui devaient être données à la future reine et aux personnes de sa suite pour l'exercice du culte catholique.

dont elle avait été déjà victime, au commencement de l'année 1622. « Cette nuit, dit l'ambassadeur vénitien, on dit que la reine est tombée presque en délire par terre. Du coup elle s'est blessée à la main, au nez et au front, ce qui fait qu'à minuit on l'a saignée. Il paraît qu'elle n'a point d'autre mal que les contusions qui proviennent de sa chute. Comment cet accident s'est-il produit ? On ne le dit pas, et, comme on en parle en secret, il y a là-dessous quelque mystère qui se découvrira bientôt [1]. » La reine resta quelque temps malade, pendant que la peste sévissait autour d'elle à Paris d'une manière si cruelle que l'on finit par ne plus enlever les morts. Il est assez difficile de déterminer le caractère de son mal; la lacune du Journal d'Héroard est ici particulièrement regrettable. Voici toutefois ce qu'en dit quelques jours après l'accident l'ambassadeur vénitien : « La reine continue à être indisposée. Elle souffre de maux de tête et de maux de cœur; on parle de grossesse, mais la vérité est que les médecins craignent que ce ne soit un accès de *mal caduc*, et l'on a donné à cet accident le nom de convulsion, délire, vertige, grossesse, pour cacher à la reine et au roi la nature du mal [2]. »

Sans avoir la prétention d'expliquer la maladie de la reine, nous serions portés à croire qu'Anne d'Autriche eut tout simplement des attaques de nerfs. Les contrariétés, on le sait, n'étaient pas épargnées à la pauvre reine; Richelieu accuse formellement Puisieux d'avoir entretenu dans l'âme de Louis XIII les défiances et les jalousies du roi vis-à-vis de sa femme. Cette imputation n'est confirmée ni contredite par aucun de nos documents; et, comme après tout nous ne pouvons saisir quel intérêt eût poussé Puisieux à persécuter Anne d'Autriche, nous croyons que Louis XIII cédait à un sentiment tout personnel, à cette mauvaise humeur dont il se départait si rarement vis-à-vis de sa femme

---

1. Ambass. vénit., n° 158, 3 juillet 1623, *Post-scriptum*.
2. Ambass. vénit., n° 161, 10 juillet 1623.

et dont le secret reste presque impénétrable. Il s'était en effet obstinément refusé à lever cette prohibition qui, en écartant d'elle les seigneurs de la cour, la tenait dans un état de suspicion humiliant.

Des intrigues et des compétitions qui touchaient de fort près à son service personnel contribuaient encore à la désolation de la jeune reine. « En France, dit le nonce, tous les grands événements, toutes les intrigues d'importance, dépendent le plus souvent des femmes [1]. » La maison de Guise et la maison de Bourbon avaient en effet recommencé leurs rivalités sur des questions d'étiquette et d'honneurs à propos des femmes. Des scènes avaient eu lieu avant le départ de Fontainebleau : le matin du jour de la Fête-Dieu, à Paris, il y avait eu dispute de préséance entre la famille du duc de Nemours et celle du duc de Nevers; on en était presque venu aux mains. Le même jour, à Fontainebleau, quelques mots vifs avaient été échangés pour la même cause entre la duchesse de Chevreuse et la duchesse de Longueville. Le comte de Soissons avait pris cette dernière, qui était sa sœur, à son bras, et l'avait fait passer de force devant la femme du prince de Joinville [2].

Les querelles se renouvelèrent à Paris à propos de la charge de surintendante de la maison de la reine. La veuve du connétable de Montmorency avait obtenu de la reine mère cette charge, qui lui fut enlevée sans raison par le connétable de Luynes pour en honorer sa propre femme. On sait qu'après la mort du duc de Luynes on résolut de reprendre cette charge à sa veuve, comme étant d'un âge trop vert pour une fonction aussi grave. Cette résolution lui fut signifiée; mais quand elle eut épousé en secondes noces le prince de Joinville, duc de Chevreuse, la puissance de son nouvel époux empêcha l'exécution de la décision prise contre elle. La compétition s'étant renouvelée entre les deux

1. Nonce, 23 juin, de Moret.
2. Nonce, avis du 23 juin 1623.

veuves des deux connétables, Louis XIII remit la décision de l'affaire entre les mains de quelques conseillers d'État. Les deux camps allèrent voir les juges et cherchèrent à les corrompre. C'est la princesse de Condé qui donna le branle; elle alla les voir accompagnée de la duchesse de Chevreuse, de la vieille et de la jeune duchesse de Guise, et de la fille du duc de Montpensier. Une démarche semblable fut faite par la princesse de Condé, la comtesse de Soissons, la duchesse de Longueville, la duchesse de Vendôme, la duchesse d'Angoulême et la duchesse de Montmorency. Les partisans de cette dernière faisaient valoir qu'on n'avait rien à lui reprocher, et que par conséquent elle ne pouvait être privée du grand honneur qui lui avait été conféré. L'autre parti disait que les charges de cette nature dépendent du bon plaisir de la souveraine, et que, Mme de Chevreuse ayant eu la faveur de la reine, personne n'avait rien à lui réclamer.

Les Brûlarts étaient, on n'en peut douter, avec la faction des Guises et de Mme de Chevreuse. Quant au prince de Condé, dont les intérêts étaient certainement en jeu dans ces rivalités, il restait à Bourges, « fréquentant les écoles, dit le nonce, comme un écolier quelconque, rédigeant lui-même les leçons de jurisprudence, et argumentant avec les autres écoliers [1]. »

[1]. Nonce, 7 juillet 1623, de Paris. Nous citerons encore à ce propos un passage de la *Rencontre du duc de Bouillon*, qui nous paraît fort intéressant : « H. IV. — Or, maintenant où est-il (le prince de Condé) et à quels exercices s'occupe-t-il plus ordinairement ? — B. Il y a longtemps qu'il ne bouge de la ville de Bourges; depuis qu'il est gouverneur de Berry, il y a demeuré la pluspart du temps et y a faict plusieurs bonnes affaires, entre autres il y a faict démolir et ruiner Sanserre, dont vous faisiez autrefois tant d'estat, et l'a reduict à tel point que ce n'est plus aujourd'hui qu'une petite bourgade. — H. IV. Hé bien, il faut supporter cela, puisque ce sont les effects d'un prince couronné; mais que faict-il à Bourges ? y est-il pour estudier ou non ? — B. Je ne sçay; on m'a bien dict, à la vérité, qu'il fréquente fort les escoliers, et bien davantage qu'il prend tous les jours les leçons de deux docteurs et vit avec autant de familiarité parmy ses académiques que s'il estoit de la condition et de l'aage de faire une bonne vie avec eux. — H. IV. Cela n'est pas deffendu : mais encore ne va-t-il point à la cour? demeure-t-il perpétuellement

Le prince de Condé ne réussissait cependant pas à se faire oublier. Le roi ayant écrit à M. de Schomberg à l'instigation de Toiras, les ministres firent ordonner au comte de quitter son gouvernement d'Angoulême, contigu à celui du prince de Condé dans le Berry, et de se retirer dans une de ses maisons, en attendant l'issue d'un procès qu'il avait pour un duel avec le comte de Candale. En même temps, le roi commandait à tous les Parlements de veiller à ce que personne ne fît des levées d'hommes dans le royaume [1]. Ces mesures étaient un coup porté à l'influence de Toiras, et prouvaient en même temps que les Brûlarts parlaient encore en maîtres.

« Reste à considérer, dit le nonce, comment dans ces intrigues compliquées se gouvernent l'une et l'autre reine. La reine régnante, encore offensée de la prohibition qui lui a été faite pour défendre l'entrée de sa chambre aux hommes, si ce n'est quand le roi y serait, bien que cette défense provienne du prince de Joinville jaloux de sa femme, s'est laissée persuader du contraire par la princesse de Conti, sœur de ce dernier, et, afin d'obtenir par le moyen de M. de Puisieux, comme celui-ci l'a promis, la révocation de cet ordre, lui fait de grandes caresses. — La reine mère, bien qu'elle vive en grande intimité avec la comtesse de Soissons et qu'elle ne soit point satisfaite des favoris, pour le moment cependant, soit qu'elle se tienne pour contente des démonstra-

---

à Bourges sans s'enquérir des affaires de l'Estat, et voir si le roy n'auroit point affaire de luy pour l'employer en quelque bonne occasion ? — B. Sire, il est bien là, jusqu'à ce qu'on rompe le repos aux pauvres huguenots, où tout d'un coup alors il sauttera en place pour s'animer et s'armer contre eux, afin de leur faire paroistre sa haine dont ils ne sont nullement en doute et qu'ils ne craignent pas pourtant beaucoup. — H. IV. Et mon ancien et fidelle serviteur le duc de Sully ? — B. Depuis vostre deceds, il n'a plus esté en charge, et mesmes n'a guère paru depuis à la cour : il s'est retiré dans sa maison et y vit sans bruict, sans mot dire, et sans s'entremesler aux affaires du temps. » Ces mots, les derniers du factum, en contiennent pour nous la signature : c'est Sully qui l'a écrit.

1. Ambass. vénit., n° 150, 3 juillet.

tions d'affection du roi son fils à son égard, soit qu'elle veuille vivre tranquille ou qu'elle se conduise d'après les avis du cardinal de Richelieu, qui veut être bien avec les deux partis, ne se remue pas beaucoup et n'agit guère [1]. »

Telle était la situation au milieu de l'année 1623 : le roi indécis, mécontent de tous et de tout ; la reine mère et son habile ministre attendant et se ménageant ; la reine régnante délaissée et sans crédit ; les partis aux prises, le prince de Condé aux aguets ; les ministres en faveur battus en brèche et ne se soutenant que par de merveilleux tours d'équilibre. Une crise devenait de plus en plus inévitable.

1. Nonce, 7 juillet 1623, de Paris.

IX

LE JOURNAL DES SIX DERNIERS MOIS DE L'ANNÉE 1623.
LA DISGRACE DES BRÛLARTS.

Peste à Paris. — Séjour de la cour à Saint-Germain. — Visites de Louis XIII à la reine mère à Monceaux. — Faveur du chancelier et de Puisieux de plus en plus menacée. — Menées et cabales de cour. — On essaye de faire venir à la cour le prince de Condé. — Suppression de la surintendance de la maison de la reine. — Accommodement des affaires d'argent de la reine mère. — Intrigues du surintendant La Vieuville contre les Brûlarts. — Disgrâce du chancelier. — Efforts désespérés de Puisieux pour se maintenir aux affaires. — Louis XIII le chasse également. — Organisation nouvelle du gouvernement. — Le roi paraît avoir moins d'aversion pour Richelieu.

(Juillet 1623. — Février 1624.)

Les faits exposés au chapitre précédent annoncent et préparent ceux qui s'accomplissent pendant les six derniers mois de l'année 1623. Toutes les complications d'une situation fort embrouillée vont se dénouer, non sans alternatives, non sans vicissitudes de toutes sortes. Les changements à vue se succèdent; le événements s'accumulent, logiques ou contradictoires en apparence, et défient toute tentative pour en faire une analyse suivie. Nous placerons donc sous les yeux du lecteur les faits et les impressions de cour presque au jour le jour. Il n'existe point de journal détaillé pour cette année 1623, si critique au point de vue des destinées du règne de Louis XIII; nous essayerons de le faire, en donnant par ordre de date tout ce qu'il y a d'essentiel dans les dépêches du nonce, de l'ambassadeur vénitien et du résident florentin. Les développements donnés précédemment seront pour nous la clef de tous les renseignements touchant aux intérêts publics ou privés qu'elles renferment sur l'histoire de la cour, qui seule nous occupe en ce moment.

10 juillet. — « Le roi est parti à Saint-Germain pour ses plaisirs, ayant changé celui de la chasse au moyen d'oiseaux pour la chasse de petits chiens contre les renards; et maintenant il a commencé à courir le cerf avec un souverain plaisir. A cause de l'indisposition de la reine, il est revenu hier déjeuner avec Sa Majesté, et il est parti aussitôt après [1]. »

17 juillet. — « On écrit de Rome que le roi court cette année un grand péril de mort extraordinaire; sur ce bruit, on spécule de la belle manière, et, comme la mort du feu roi fut annoncée de la même façon, beaucoup de gens en prennent sujet d'affliction. Le roi n'est pas averti; mais on ajoute que le duc de Savoie court les mêmes dangers. On doit peu de confiance aux pronostics; mais le dessein des ennemis paraît avoir pour but d'intimider l'un et d'irriter l'autre. On avisera Son Altesse avec précaution.

« Les deux reines sont encore au Louvre, et la peste sévit à Paris.

« Un médecin napolitain qui était au service de la reine a été éloigné, parce que le roi a écrit à Sa Majesté qu'il le désirait; le prétexte est qu'il ne veut point d'étrangers auprès d'elle; mais Puisieux est l'auteur de la chose, parce que le

---

1. Ambass. vénit., n° 157.

médecin était des cabales de la cour et du parti contraire à ses desseins et à l'inclination de sa femme.

« La reine mère a envoyé vingt chevaux de selle au prince de Piémont ; je suis avisé d'autre part que la bonne entente s'accroît entre Sa Majesté et cette maison.

« Le pape est mort, le cardinal de Sourdis a reçu l'ordre d'aller à Rome en poste, le cardinal La Valette est prié d'en faire autant. La Rochefoucault et Richelieu resteront[1]. »

24 juillet. — « La reine est dans un état de santé fort médiocre et n'a pas bougé de Paris ; mais l'espoir de sa grossesse s'est complètement évanoui.

« L'ambassadeur d'Espagne a averti Sa Majesté la reine qu'elle devait se plaindre du renvoi de son médecin ; elle a répondu qu'elle avait toujours obéi et qu'elle voulait toujours obéir au roi. La reine est intéressée dans les cabales, et elle-même a part à cet éloignement. La reine mère est à Saint-Germain et demande la permissoin d'aller à Monceaux[2]. »

10 août. — « Ces jours derniers, le roi s'est à l'improviste éloigné de ses plaisirs ordinaires de la chasse, et il a visité la reine mère à Monceaux. Celle-ci a été à sa rencontre pendant deux lieues. Elle a fêté son fils en déjeunant avec lui un matin, et le traitant splendidement, ainsi que tous ses gens, et en particulier la garde des mousquetaires à cheval, nouvelle milice du roi qui est très aimée. Ce voyage, bien que Puisieux ait reçu du roi l'assurance formelle de son affection, a fait naître des bruits de changements ; on ne pense pas que cela puisse passer plus outre ; mais, quand le roi vous caresse avec plus de courtoisie que d'habitude, c'est généralement un signe que ses sentiments sont changés.

« Puisieux, tout bien établi qu'il est, sollicite, paraît-il, son père, à cette heure, de se démettre lui-même des sceaux,

---

1. Ambass. vénit., n° 163. Avis analogue du nonce à la même date.
2. Ambass. vénit., n° 165, de Poissy.

parce qu'il aspire à les donner à une personne qui dépende de lui et qu'il voudrait en tirer comme prix beaucoup d'or.

« L'usage des duels se renouvelant tous les jours, pour supprimer ces combats, le roi a de nouveau publié un édit très sévère portant les peines rigoureuses de la confiscation, de la mort, de la dégradation des honneurs et de la noblesse. Il y a en outre de nombreux procès pendants pour les duels précédents et dans lesquels beaucoup de grands sont intéressés, ce qui ne fait point cesser d'ailleurs l'ardeur de se battre à l'occasion [1]. »

17 *août*. — « La peste continue à Paris; on ne s'occupe plus de transporter les malades. La reine régnante part pour Monceaux. Ce sera une occasion pour le roi de se rapprocher de sa mère. La fortune de Puisieux est de plus en plus limée [2]. »

18 *août*. — « On a célébré en France par un *Te Deum* et des salves l'avènement du pape Urbain VIII. Le roi lui-même, honneur inusité, a été à l'église entendre le *Te Deum* [3]. »

14 *septembre*. — « Le roi et la reine sont à Saint-Germain; d'Espagne est venu un valet de la reine, apportant en cadeau un grand coffre plein de parfums précieux que la reine s'est empressée de distribuer afin d'honorer les plus favorisés.

« La querelle entre la connétable de Montmorency et la duchesse de Chevreuse se renouvelle; on veut des deux parts un jugement; cela finira sans doute par la suppression de la charge. Mme de Puisieux, dans l'intérêt de son mari, a en vue d'établir dans cette charge Mme de Lannoy, dame qualifiée qui s'est enrichie en Espagne, en exerçant la même fonction auprès de la reine [4]. »

---

1. Ambass. vénit., n° 170.
2. Ambass. vénit., n° 171.
3. Nonce et ambass. vénit. Urbain VIII, de la famille Barberini, fut élu le 6 août 1623.
4. Ambass. vénit., n° 179.

14 septembre. — « La faveur du chancelier et de M. de Puisieux est de plus en plus minée; on attend du nouveau. Le chancelier se montre disposé à céder les sceaux à M. de Champigny; mais le roi, averti, a déclaré qu'il ne permettra pas de faire un nouveau garde des sceaux qui ne soit pas uniquement dépendant de lui-même et non d'un autre. Ce roi redoute l'autorité de qui le gouverne; mais il n'ose pas changer, et sa nature est de se mettre toujours sous quelqu'un.

« Une chose stupéfiante, c'est qu'il y a eu des pourparlers entre le chancelier et Puisieux, le fils cherchant à persuader au père d'amoindrir son autorité, et le père disant à son fils que ce serait plutôt à celui-ci de rechercher moins la faveur [1].

« On se sert de Toiras pour faire parvenir au roi des plaintes sur son gouvernement. Toiras a certainement de hautes visées; car il fait donner à un gentilhomme qui le suit la charge de premier maître d'hôtel du roi, qui rend 12 000 écus par an, et il emploie l'autorité de Sa Majesté afin de forcer d'autres à se démettre de la charge pour la moitié de l'argent qu'elle vaut et qu'ils pourraient obtenir.

« Les voyages du roi, bien qu'ils le reconduisent toujours à Saint-Germain, commencent à inquiéter le chancelier, parce que Sa Majesté devient trop intime avec la reine mère, laquelle jusqu'à cette heure ne croit pas en son pouvoir et se tient de plus en plus retirée, pour ne pas éveiller la susceptibilité de son fils. Mais, dans chaque voyage, Toiras le conduit à elle doucement sans cause et sans qu'il y ait d'affaires, et maintenant la reine prépare une très belle comédie avec nombreux divertissements, qui sera récitée par Madame; le roi y ira et conduira aussi la reine sa femme.

« Le chancelier est entré en négociation avec un agent

---

1. Voilà des détails qui rappellent, dans une situation analogue et alors assez récente, la noire ingratitude du duc d'Uceda à l'égard de son père, le duc de Lerme, le célèbre ministre de Philippe III.

du prince de Condé nommé Viguié; le roi a chargé ce dernier de porter au prince un salut courtois de sa part, accompagné de quelques paroles piquantes.

« M. le cardinal de Richelieu, qui, pour sa valeur personnelle, est très redouté, s'éloignant de la reine mère, a fait dire qu'il passait dans sa maison en Anjou pour y bâtir. Mais il n'a pas dépassé une abbaye dont il est titulaire près d'Orléans. La reine l'a rappelé par un courrier exprès; on n'a point l'explication de ce mystère [1]. »

25 *septembre.* — « Viguié est de retour de son voyage auprès du prince, porteur d'une longue lettre pour Sa Majesté, et dont le contenu n'a pas été encore publié; mais le prince a écrit une sorte d'apologie à un ami, dans laquelle il démontre que personne n'a à se plaindre de ses actions: il ne vit point, à la vérité, dit-il, suivant sa qualité; mais il ne peut venir à la cour pendant que ses ennemis sont au comble de la puissance et qu'ils se sont emparés de l'esprit de Sa Majesté, au point que ses offices n'auraient point de crédit; il ajoute que le mauvais traitement qu'il a subi par suite de la diminution de ses pensions ne correspond point aux promesses que lui avait faites Sa Majesté; que de ses mœurs personne n'a à médire, parce qu'il n'a rien à se reprocher en ce qui est du service du roi, lequel n'a rien à lui réclamer que sur ce point; si sa conduite à l'égard de Dieu est détestable, cela ne regarde que lui seul. On croit qu'il s'accorderait plus volontiers avec la reine mère qu'avec les ministres [2]. »

2 *octobre.* — « Les menées et les cabales de cour continuent; mais elles paraissent devoir traîner plus en longueur qu'on ne le croyait; ce qu'il y a de difficile dans cette révolution, c'est de porter le coup de grâce au chancelier, auquel on ne peut donner un successeur qu'après sa mort. Aussi le roi flotte-t-il dans l'indécision, et maintenant il est

1. Ambass. vénit., n° 181.
2. Ambass. vénit., n° 183.

persuadé qu'il n'a jamais été mieux gouverné, parce qu'il n'a jamais pu jouir plus tranquillement de ses plaisirs et parce que ses ministres d'autrefois n'ont jamais pensé à amasser une réserve d'argent comme on y pense maintenant.

« Le roi n'est point allé à la comédie [1], empêché qu'il en a été par les ministres. Il a envoyé dire à la reine mère qu'elle vienne à la cour, c'est-à-dire à Saint-Germain; elle y sera à la fin de la semaine.

« On lui fait croire que le roi veut prendre avec elle des résolutions définitives, mais on n'usera pas à son égard d'une plus grande confiance qu'autrefois; ou bien on cherchera à couvrir de son nom et de sa responsabilité quelque événement que l'on prépare. Le cardinal de Richelieu est revenu immédiatement.

« Les ministres, tout en voulant rappeler le prince de Condé, ne lui ouvrent point la porte assez grande; la princesse est toutefois partie pour le décider à revenir en cour. On a répandu le bruit qu'il voulait partir pour s'aboucher avec Schomberg; le roi lui a expressément interdit ce voyage; on peut croire que c'est le cardinal de Richelieu qui a fait courir cette rumeur pour faire naître des inquiétudes et se rendre nécessaire. La reine s'aperçoit que, s'accommodant avec le prince, elle gâterait ses affaires avec le roi [2]. »

---

1. « La reine étant à Monceaux, le roi la vint voir deux fois, et y fût venu la troisième si les ministres, par jalousie, ne l'en eussent ouvertement détourné. Il s'en plaignit à quelques-uns de ses confidents, dit à M. de Bellegarde : Ils sont plaisants, ils veulent que je ne bouge d'ici d'auprès d'eux, ou que je n'aille qu'aux lieux qu'ils me prescriront. Ils me veulent faire croire qu'il s'est fait dans ces voyages de Monceaux des monopoles; mais je m'en moque, car, de moi-même, ils me veulent persuader que j'y ai eu des desseins auxquels je n'ai point pensé. » (Richel., *Mém.*, p. 282.)

2. Ambass. vénit., n° 185. — Voici ce qu'on lit à ce propos dans les *Mémoires* de Richelieu : « Après avoir fait quelque séjour à Monceaux, le roi lui témoigna qu'il désiroit passionnément qu'elle revînt auprès de lui. Beaucoup pensoient que c'étoit pour l'avancer entièrement dans le maniement des affaires; mais elle ni les siens ne le

23 octobre. — « La reine mère est venue s'installer à Saint-Germain ; le roi se prépare à faire une nouvelle promenade de chasse, suivant son habitude, et, pour le jour de la Saint-Hubert, on prépare une chasse générale avec toutes les variétés qu'elle comporte ; c'est au milieu des chiens et dans les forêts que Sa Majesté emploie le jour et la nuit, ayant commencé à courir le cerf, à la seule clarté de la lune [1]. »

27 octobre. — « La compétition entre la duchesse de Chevreuse et la connétable de Montmorency pour la charge de surintendante de la reine régnante a été dernièrement résolue en conseil par la suppression de ladite charge, afin que personne n'ait à se plaindre. On dit que la maison de Guise n'est point du tout satisfaite de cette décision [2]. »

30 octobre. — « La reine régnante a beaucoup pleuré quand on lui a enlevé Mme de Chevreuse ; mais le roi, qui, dans ce qu'il entreprend, est extrêmement violent et obstiné, a maintenu sa décision envers et contre tous [3].

« Le duc de Guise veut partir en voyage ; le roi lui en refuse la permission en disant : Mon cousin, je ne veux pas que vous partiez maintenant, parce que vous êtes en colère. »

14 novembre. — « Finalement, l'affaire de la reine mère pour l'argent de Florence s'est arrangée [4]. La reine fait abandon des intérêts ; mais, en considération de cette facilité, elle demande à Leurs Altesses de lui envoyer quelques

---

crurent jamais. » (Ch. XIV, p. 283.) Nous ne savons si Richelieu n'exagère pas dans ce passage, comme dans les précédents, la bonne entente du roi et de sa mère ; on conviendra en tout cas qu'il se dissimule beaucoup trop lui-même, alors que nos fragments de l'ambassadeur vénitien lui attribuent dans ces intrigues un rôle ténébreux, mais certainement actif.

1. Ambass. vénit., n° 191.
2. Avis du nonce. Richelieu, qui affirme qu'on n'avait fait venir la reine mère à Saint-Germain que pour se décharger sur elle de ce jugement, la défend longuement d'y avoir eu la moindre part.
3. Ambass. vénit., n° 193 : « *Il quale, nelle sue intraprese e violente et ostinatissimo.* »
4. Il était convenu que, sur les deux cent mille écus, cent mille seraient payés comptant, et les autres cent mille pris sur les créances de la couronne de France vis-à-vis du grand-duc.

beaux tableaux pour orner les galeries du palais qu'elle a intitulé palais des Médicis en lettres d'or sur un marbre noir. Elle voudrait qu'ils fussent de la main de Bassignano, ou de quelque autre peintre fameux; pour le sujet, elle n'impose rien; il lui suffirait que ce fussent des tableaux estimés, ni petits ni trop grands. Le marquis Marc-Antonio Lumagna fera tenir les cent mille écus à son frère Giovanni Andrea, qui les remettra à la reine et en recevra quittance. La reine demande au grand-duc une déclaration d'après laquelle, sur chaque remboursement fait par le roi au grand-duc, la reine prélèvera une moitié jusqu'à concurrence des cent mille écus qui lui restent dus. Elle désire en outre que Leurs Altesse déclarent que le fisc n'a aucun droit sur ce qui reste de l'héritage revenant au sieur Arrigo Concini de l'héritage de ses père et mère, quelles qu'aient été les sentences portées contre eux. La conclusion de cette affaire a mis la reine dans un état de satisfaction extraordinaire, et le cardinal de Richelieu, qui suit à belles jambes la volonté et les inclinations de la reine, s'est déclaré le plus obligé serviteur de la maison dont un membre l'a élevé au cardinalat. La reine a promis de faire tous ses efforts pour obtenir le remboursement des créances du grand-duc [1]. »

[1]. Ambass. florent. — Nous donnons à titre de curiosité la quittance de la reine mère : « Nous, Marie, royne de France et de Navarre, mère du roy, reconnoissons et confessons que notre neveu le grand-duc de Toscane nous a satisfaite de la somme de 200 000 écus de monnaye de Florance cy devant mise sur le Mont-de-Piété, audit lieu, sous le nom de la deffuncte M{{lle}} d'Ancre, laquelle somme de 200 000 escus et interests d'icelle le roy notre très honoré sieur et fils a recogneu et déclaré nous appartenir par ses lettres de déclaration données à Lyon le 13 décembre 1622. De laquelle somme nostre dit neveu nous a fait payer contantz 100 000 escus, et a consenty que nous touchassions les autres 100 000 concurremment et par moitié avec lui jusques à notre parfait payement sur les premières assignations qui luy seront données par le roy notre dit sieur et fils pour le remboursement de ce qui luy est deu, ainsy qu'il est porté par la déclaration que notre dit neveu nous a baillée contenant son consentement pour ce regard. De laquelle somme de 200 000 escus partant nous nous tenons pour contente et acquittons notre dit neveu le grand-duc, auquel, pour la bone affection que

20 *novembre*. — « Une révolte a éclaté à Rouen, parce que l'on voulait ériger en offices vénaux la police sur l'emballage des marchandises et la vente des huîtres. Le Parlement en robes rouges a été hué; trois séditieux ont été pendus; des soulèvements semblables ont eu lieu à Lyon, à Tours, en Poitou, en Bretagne, en Guyenne, pour les mêmes raisons [1].

« Le roi a éloigné de la cour le comte de Moret, son frère [2], jeune homme d'un noble caractère, d'un grand esprit et très intime avec M. Gaston, frère de Sa Majesté. Le roi l'a envoyé séjourner à La Flèche, en Anjou, où on le fera instruire dans un fameux collège de Jésuites. Les motifs donnés sont que Moret se laissait aller, en la compagnie de Monsieur, à l'amour des dames, qu'il cherchait à se mettre en liberté et qu'il parlait de Sa Majesté avec trop de liberté. Le colonel d'Ornano, gouverneur de Monsieur, a fait savoir à Sa Majesté que cette intimité était pernicieuse pour Son Altesse. Le roi, après avoir admonesté Moret, a pris la résolution de l'éloigner. Monsieur en est fort irrité et fait connaître qu'il ne peut plus souffrir son gouverneur. Nous apprendrons peut-être du nouveau sur ce sujet.

« Le comte de Moret est revenu très promptement en grâce auprès de Sa Majesté ; car on a découvert une inven-

---

nous lui portons, nous avons remis et quitté les intéretz qui nous pouvaient estre deus des dictz 200 000 escus, pour tesmoignage de quoy nous avons signé cette présente quitance de notre propre main. Faict à Paris, etc. » (*Copia di ricevuta della Regina madre del denaro della Concini*. Archiv. medic. *Filza 4629*.) L'auteur du *Spoglio* (sommaire du contenu des archives) déclare qu'il n'y a aucune trace de remboursements faits par le roi de France au grand-duc, à la suite de cette convention.

1. Cf. Richel., *Mém.*, p. 283 : « Après le mécontentement des Guisards pour l'éloignement de Mme de Chevreuse, et celui du comte de Soissons pour les dégoûts donnés en son voyage, et la sédition que le peuple excita à Rouen, les ministres, voyant un universel mécontentement, en furent étonnés. » Voir, pour l'affaire de Mme de Chevreuse et de Mme de Montmorency, Bassomp., t. III, page 182, et Fontenay-Mareuil, *Mém.*, p. 175, tous deux moins complets sur ce point que le nonce.

2. Bâtard de Henri IV et de Mlle de Bueil, faite comtesse de Moret.

tion diabolique à son préjudice. Son gouverneur, frère d'un Jésuite, et gouverné par les Jésuites, ayant pour objet de gouverner ce prince et ses rentes suivant son bon plaisir, a, de longue main, cherché les moyens de le mettre en désaccord avec sa mère et de l'éloigner d'elle; ce plan n'ayant pas réussi, le gouverneur a essayé, avec les mêmes fins intéressées, de le discréditer auprès du roi, lequel, persuadé par le Père Séguiran qu'il ne pouvait, en sûreté de conscience, laisser ce jeune homme auprès de son frère, lui ordonna d'aller à La Flèche. Mais, ces abominables impostures étant découvertes, le roi a chassé le gouverneur, consolé la mère, gardé le fils, et, bien que tout cela ait provoqué le blâme et la haine contre cette Société, ils ont encore pu introduire comme nouveau gouverneur le frère d'un Jésuite [1]. »

8 *décembre.* — « Mlle de Soissons est morte de la poitrine; la cour prend le deuil; la charge de dame d'honneur de la reine a été enlevée à Mme de Montmorency et donnée à Mme de Lannoy. L'intérêt de Toiras et celui de Mme de Puisieux se sont trouvés d'accord dans cette affaire.

« Le roi a donné satisfaction au prince de Joinville en lui accordant une charge de premier gentilhomme de la chambre, qui vaut 100 000 écus; sa femme, après être restée très tard dans la chambre de la reine, a accouché d'une fille.

« Le duc d'Épernon est arrivé à la cour avec de nombreux gentilshommes. On dit qu'il pourrait bien avoir la charge de connétable après la mort du présent titulaire.

« Le duc de Guise est mécontent de n'avoir pas eu le généralat des galères.

« On attend à la cour la princesse de Condé; les ducs de Chaulnes et de Luxembourg sont arrivés bien accompagnés. Le roi leur a fait bon accueil [2]. »

15 *décembre.* — « Quelle tournure vont prendre les affaires de ce royaume? On ne saurait le dire avec certitude, tant

1. Ambass. vénit., n° 197.
2. Avis du nonce du 8 octobre. La cour était de retour à Paris.

sont grandes les dispositions à embrouiller encore les choses.

« Entre le marquis de La Vieuville, qui paraît le plus puissant en crédit auprès du roi, et la maison du chancelier, continuent les défiances mutuelles ou plutôt s'accroissent les mauvais offices, et chacun cherche en cachette à abattre son compagnon.

« Les deux ministres sont grandement combattus, et la Vieuville est détesté pour l'avarice avec laquelle il administre les finances; chacun se plaint d'être sans pension, de ne pas être payé; c'est une clameur universelle de la part des postulants.

« Mme la princesse de Condé est arrivée à la cour en prétextant ses affaires et son désir de raccommoder la maison de Montmorency avec celle de Chevreuse; mais c'est en réalité pour tâcher de faire accepter le retour du prince, son mari, avec toute satisfaction pour la reine mère et pour les ministres; elle dit qu'il sera toujours prêt à revenir dès que le roi lui aura fait savoir que tel est son bon plaisir. En somme, il me semble que tout est conjuré contre le chancelier; que le cardinal de Richelieu, c'est-à-dire la reine mère, les princes du sang, les princes et seigneurs en grand nombre, Épernon lui-même, bien qu'il fasse le médiateur, sont d'accord pour vouloir l'abaissement de l'autorité du père et du fils. Une personne de haute qualité affirme qu'on verra du nouveau dans quelques semaines. Il n'est pas certain que ces changements soient profitables à l'intérêt public; ils ne peuvent que guérir le mal de quelques particuliers de ce royaume, qui, exclus des affaires, des profits, de la confiance du roi, ne peuvent souffrir de voir cette monarchie divisée entre trois roitelets, le chancelier pour les affaires intérieures, Puisieux pour les affaires étrangères, La Vieuville pour l'or. — On excite le roi à la guerre contre les huguenots; les Jésuites y poussent; les ecclésiastiques la demandent [1]. »

1. Ambass. vénit., n° 203.

22 *décembre*. — « Il y a moins d'apparence en faveur du retour du prince de Condé, bien que de tous côtés il y ait des brigues pour changer la situation. Le roi, comme plusieurs fois déjà, a déclaré que le moment n'était pas venu, et il a dit à la reine mère qu'il avait beaucoup de déplaisir de ces menées, auxquelles ne consent la bonne princesse que dans l'intérêt du cardinal de Richelieu, qui ne peut souffrir plus longtemps de n'être pas dans le gouvernement. On dit encore que le cardinal manœuvre pour avoir les sceaux, au moins en dépôt, en attendant que Sa Majesté fasse un garde des sceaux; son objet est de s'introduire dans le conseil, dont il ne sortirait jamais plus. Mais ce projet ne paraît pas être d'une réussite facile ; chacun machine [1]. »

29 *décembre*. — « L'hostilité et les mauvais offices réciproques du chancelier et du marquis de La Vieuville sont devenus manifestes, et les choses se précipitent au point qu'il faut que l'un des deux partis tombe. Le roi incline dans un sens défavorable au chancelier; il écoute les conseils de La Vieuville. Le chancelier emploie tous les moyens pour se maintenir; il a parlé au roi pour lui dire d'avoir pitié de son honneur et de tenir compte de ses longs services. On croit que le confesseur s'est employé en faveur du chancelier, dans l'intérêt de gagner 40 000 écus pour une église que l'on doit bâtir. D'autres veulent que les Jésuites, c'est-à-dire le provincial, le confesseur et le Père Bernetta qui dirige les confessions des bonnes bourses de cette ville, aient décidé de ne se mêler en rien de ces affaires. On dit que le changement aura lieu dans trois jours; Sully va, dit-on, venir à la cour pour avoir les finances; on dit qu'il se ferait catholique [2]. Au milieu de ces zizanies se consument entièrement le temps de la cour et le service de la couronne [3]. »

1. Ambass. vénit., n° 204.
2. Voir à ce sujet deux lettres de Louis XIII à Sully dans l'*Annuaire bulletin de la Société d'histoire de France*, fascic. du 2 décembre 1873. Ces lettres sont tirées du Ms. fr. 3722, Bibl. nat.
3. Ambass. vénit., n° 205.

Nous voici aux derniers jours de l'année 1623 ; on a pu voir dans les extraits précédents quelles fluctuations, quelles oscillations avaient agité la cour pendant six mois dans les sens les plus contraires. On est à la veille du dénouement. Résumons, s'il est possible, en quelques traits l'histoire de ces derniers mois : On croit au commencement la reine mère au comble de la faveur, les ministres à bas, et l'influence de ces derniers empêche cependant le roi d'assister à la comédie chez sa mère. Louis XIII se défend de former des desseins contre eux; mais leur domination lui pèse; il aime la gloire, il sent qu'ils ne sont pas de taille à lui en donner, et cependant il les garde, parce qu'ils le laissent chasser tranquillement. La reine mère et les Brûlarts ne s'entendent qu'en apparence ; des deux côtés on sollicite Condé de revenir à la cour, et cet homme que les deux partis appellent pour s'en faire un instrument contre l'autre est celui-là même que le roi repousse avec obstination. Les Montmorencys et les Guises sont en lutte ouverte, et si, au milieu de ces compétitions, le roi écarte la protégée des Brûlarts, la duchesse de Chevreuse, c'est pour mettre à sa place encore une de leurs protégées. La Vieuville, introduit dans le conseil par les ministres, se tourne contre eux; il va l'emporter sur ses rivaux, et sa fortune est déjà chancelante. Que de contradictions, quelle inextricable confusion !

Cependant le cardinal de Richelieu continue à servir la reine mère dans ses affaires d'argent et conduit d'une main sûre sa propre fortune politique en même temps que celle de sa maîtresse, lui pour qui le roi professe une aversion égale à celle qui l'éloigne de Condé ! Le terrain de la cour, si mouvant, est sourdement miné par le cardinal; il attend le moment de percer et de paraître dans toute la force de son génie, et ce moment est proche.

La crise depuis si longtemps prévue, attendue et tant de fois retardée éclate enfin, pour servir de dénouement à six mois d'incertitudes.

En effet, le roi, après de longues hésitations apparentes, après des dissimulations, qui étaient peut-être, plutôt qu'un signe de faiblesse, l'indice d'une froide résolution qui attendait son heure, envoya comme cadeau de jour de l'an à un vieillard octogénaire, qui avait servi son père et lui-même, une disgrâce humiliante. Ici, la logique des choses l'emporte. La chute des Brûlarts est sans dignité, comme leur administration a été sans grandeur.

« Le soir du jour de l'an, dit le nonce, le roi ayant demandé au chancelier les sceaux, il y eut entre eux un échange très vif de paroles. Pour en finir, Sa Majesté donna l'ordre que les sceaux lui fussent rapportés le lendemain matin ; Puisieux s'empressa d'obéir [1]. » L'ambassadeur vénitien donne des détails plus complets et un peu différents. « Le chancelier, dit-il, a rendu les sceaux ; le roi a dissimulé, suivant l'ordinaire ; car le jour même il avait assuré le chancelier de sa bienveillance. Bassompierre, qui est l'ennemi de La Vieuville et qui est aussi peu content de la maison des Brûlarts [2], a cependant agi très vivement en leur faveur, et il avait même rapporté au chancelier qu'il l'avait sauvé ; mais, dans le même temps, le roi a commandé à Puisieux que son père apporte les sceaux. Le chancelier a été représenter au roi ses services ; on dit que Sa Majesté a assuré qu'il l'aimait et qu'il estimait Puisieux ; mais on ne sait rien de certain, d'autant plus que le roi l'a écouté en

---

1. Nonce, 5 janvier 1624.
2. Nous trouvons dans Bassompierre l'explication de cette double mésintelligence ; il avait vivement blâmé devant Puisieux la décision intervenue dans l'affaire de la surintendance de la maison d'Anne d'Autriche. « Je pensais dire cela, raconte le maréchal, à un amy particulier et en forme de discours ; mais M. de Puisieux, pour faire le bon vallet, l'alla redire au roy, et le roy à La Viéville, quy, bien ayse d'avoir trouvé l'occasion de me nuyre, dit au roy que ces propos estoient criminels, méritoient la Bastille (ou pis) ; de sorte que le roy m'en fit la mine et fut huit jours sans me parler, jusques à ce que, s'estant plaint de moy à M. le cardinal de La Rochefoucault et au Père Siguirani, ils me le dirent et firent ma paix avec luy. » (T. III, p. 183.)

se couvrant la face de son manteau et en se moquant par derrière[1]. »

Nous reprenons l'exposé du nonce. « Il y a longtemps, dit-il, que tout cela se tramait ; mais le roi aurait voulu, pour éviter bien des difficultés, qu'eux-mêmes eussent renoncé aux sceaux ; il n'a jamais eu grand goût pour le chancelier, ne le tenant pas pour homme de bien. Quant à M. de Puisieux, il avait beaucoup de confiance en lui, tout en ne l'estimant pas ; à la fin, leurs ennemis ont prévalu ; ce sont le marquis de La Vieuville, surintendant des finances, qui, pour n'être pas homme d'un solide jugement, ne durera pas beaucoup, pense-t-on, dans sa charge ; le duc de Bellegarde, désigné pour aller rendre le devoir d'obédience à Sa Sainteté, le plus accompli courtisan, le meilleur orateur de ce royaume, celui qui parle avec le plus d'adresse, le plus de maturité et avec le plus de grâce ; M. de Toiras, qui marche à grands pas vers la faveur entière de Sa Majesté, et généralement tous les gens de cour, parce que la maison des Brûlarts était grandement détestée. Pour le moment, le roi n'a encore choisi personne à qui confier une aussi grosse charge que les sceaux, et l'on croit qu'il médite en lui-même de prendre quelqu'un à qui personne ne pense, afin que celui-là n'en sache gré à aucun autre qu'au roi lui-même. L'opinion des politiques est que M. de Puisieux et le commandeur de Sillery seront renvoyés, car il n'est point vraisemblable que le roi veuille se servir d'eux ou que l'auteur de cette révolution soit pour les laisser en état de prendre avec le temps leur revanche, étant donné surtout le naturel du roi, si bon et si facile à circonvenir[2]. »

1. Ambass. vénit., n° 206, 5 janvier 1624. — Bassompierre dit que le chancelier rendit les sceaux au roi avant qu'il les demandât. Cette assertion est absolument contredite par nos documents. Le maréchal reste au fond l'ami des Brûlarts, et peut-être veut-il dans ses *Mémoires* dissimuler à la postérité la triste figure qu'ils firent en cette occasion.
2. Nonce, 3 janvier 1624.

L'ambassadeur vénitien exprime une opinion semblable quand il dit : « Un grand coup a été donné au pied de l'arbre, et, si l'on continue à le frapper, on peut croire qu'avec le tronc tomberont toutes les branches¹. »

Le nonce, qui avait été récemment blâmé par son gouvernement pour son animosité trop manifeste contre les Brûlarts², croit devoir faire des réserves et prie la Chancellerie pontificale de ne pas ébruiter ses renseignements, et il envoie une sorte de contre-lettre dans laquelle il dit que le chancelier a remis les sceaux au roi, à cause de son grand âge, que le roi a paru affligé, et que M. de Puisieux est content et en grande faveur.

La décision du roi était irrévocable, et ce qu'il y a de triste dans cette révolution de gouvernement, ce sont les efforts désespérés des Brûlarts dans la longue et trop pénible agonie de leur domination pour se cramponner au pouvoir. L'ambassadeur vénitien donne comme parfaitement avéré un fait qui paraît assez conforme aux procédés ordinaires du chancelier et de son fils, mais que l'histoire cependant répugne à enregistrer : « Des trois sceaux dont on se sert, à savoir de la couronne de France, de la Navarre et du Dauphiné, et qui sont confiés au garde des sceaux, il se trouvait qu'il manquait celui de France, le principal; le roi l'a envoyé réclamer au chancelier, qui a déclaré les avoir tous consignés à son fils, et ajouté que celui-ci aurait sans doute oublié de les rendre ensemble. On calcule que ce manque de mémoire a fortement accru la bourse de Puisieux au moyen de sceaux secrets. C'est là un procédé de domestique à l'égard de son roi et de son maître³. »

Les sceaux ayant été enfin remis au complet entre ses mains, Louis XIII fit choix, pour lui en donner la garde, de M. d'Aligre, celui-là même que les Brûlarts avaient écarté

---

1. Ambass., vénit., n° 206, 6 janvier 1624.
2. Agucchia, 13 avril 1623. Nonce, 3 mars et 30 avril 1623.
3. Ambass. vénit., n° 208, 12 janvier 1624.

de cette fonction sous Montpellier. En les lui remettant, le roi lui dit : « Je vous donne mes sceaux; ayez bon soin de mon service; j'ai fait élection de votre personne de mon propre mouvement; vous n'en avez d'obligation à qui que ce soit, servez-moi en homme de bien; » et il lui ordonna d'aller rendre visite au connétable et au chancelier [1].

Le choix de M. d'Aligre était significatif. Bassompierre se tira d'affaire vis-à-vis de lui par un bon mot [2]. Quant à Puisieux, qui devait considérer cette nomination comme un avertissement déguisé de s'éloigner définitivement, il eut la faiblesse de n'en pas tenir compte. Le roi, après le premier coup porté au chancelier, avait fait dire aux ambassadeurs de ne plus communiquer aucune affaire d'importance à Puisieux, mais à lui-même. Puisieux se laissa volontairement abreuver d'humiliations; quand il voulait parler d'affaires au roi, celui-ci faisait répondre qu'il n'avait pas besoin de ses services, ou bien qu'il était l'heure de déjeuner [3]. Un jour, au retour de la chasse, le roi, suivant son habitude, entra dans l'appartement de la reine mère; Puisieux s'y trouva; il se courba devant le roi et lui représenta que, au préjudice de son service, le bruit s'était répandu que les ambassadeurs avaient reçu l'ordre de ne plus parler aux ministres; le roi s'éloigna de lui tout aussitôt pour aller retrouver la reine mère, en lui disant qu'à la campagne on ne parlait point d'affaires. Une suprême tentative fut encore faite; le roi, par un singulier retour, ayant encore dit quelques bonnes paroles à Puisieux, le chancelier vint, les larmes aux yeux, le supplier de ne pas ruiner sa famille, et Louis XIII eut l'air

---

1. Ambass. vénit., n° 208, 12 janvier 1624.
2. Bassomp., t. III, p. 184. Le maréchal, ayant été faire visite au nouveau garde des sceaux, dit aux personnes présentes : « Ne vous étonnez pas, messieurs, de la bonne chère que me fait M. le garde des sceaux; car je suis cause de ce que le roi les lui a aujourd'hui mis en mains. — Je ne savais pas, monsieur, répondit d'Aligre, vous avoir cette obligation. — Monsieur, répondit le maréchal, sans moi vous ne les eussiez pas eus aujourd'hui, mais dès l'année passée. »
3. Ambass. vénit., n° 213, 26 janvier.

ému. Il n'en resta pas moins au fond implacable; et c'est en vain que Bassompierre et peut-être le confesseur même du roi s'employèrent pour les ministres à la dernière heure.

Le nonce, constamment tenu en suspicion et humilié par les Brûlarts, pousse un cri d'allégresse, en faisant connaître à Rome la nouvelle de leur chute irrémédiable. « Triomphe! triomphe! s'écrie-t-il; le chancelier et Puisieux ont été chassés de la cour avec infamie; le commandeur de Sillery sera rappelé avec non moins de déshonneur; leurs méfaits criaient vengeance au ciel, et le roi, s'en étant aperçu, les a chassés. Il leur a bien offert d'entendre leur justification en parlement, mais ils ont mieux aimé s'en aller que de tenter une entreprise impossible [1]. »

Nous tenons encore du nonce le récit détaillé des circonstances de cette éclatante disgrâce. C'est le roi lui-même qui lui en fit part. Corsini lui ayant en effet demandé ce qu'il devait rapporter au pape : « Le roi me répondit aussitôt, raconte-t-il, qu'il voulait me faire savoir de point en point comment l'affaire s'était passée et qu'il me commandait de l'écrire exactement comme il me la raconterait; il commença donc en ces termes : J'ai envoyé Tronçon, mon secrétaire, leur dire qu'il y a longtemps qu'on m'avait fait beaucoup de plaintes sur leur compte, et que je n'avais jamais voulu y prêter l'oreille; mais comme elles se multipliaient journellement, et sur des choses concernant mon service, elles m'avaient rendu fort perplexe, malgré tous les efforts que je faisais en moi-même pour n'y point croire; mais, à la fin, elles en étaient venues à un tel point qu'après les avoir bien vérifiées, et après avoir touché les choses avec le doigt, je ne pouvais faire autrement que de leur donner l'ordre de se retirer dans leur maison, hors de la cour; mais s'ils se sentaient innocents, s'ils

---

1. « Le chancelier aima mieux se sauver avec honte dans sa solitude que se deffendre publiquement avec peril. » Richel., fragm. cit. de Ranke. — Nonce au card. Ubaldini, 10 février 1624.

croyaient pouvoir se justifier, je les écouterais volontiers; dans ce cas, ils pouvaient rester à Paris, à la condition de s'adresser au Parlement, et je donnerais l'ordre de leur faire bonne et favorable justice. Le chancelier ne répondit autre chose, sinon qu'ils m'obéiraient; mon secrétaire ayant demandé ce qu'il devait répondre au sujet de leur justification, le chancelier répliqua simplement qu'ils m'obéiraient et qu'ils partiraient de Paris. C'est ce qu'ils ont fait hier matin, sans vouloir courir le risque de cette justification. En somme, les motifs qui m'ont poussé à cette résolution sont qu'ils m'ont caché la plus grande partie des affaires qui passaient par leurs mains, qu'ils ont retenu pour eux-mêmes une grande partie de l'argent sur lequel on devait payer des pensions aux étrangers, comme en Allemagne, en Flandre, en Italie, et beaucoup d'autres choses encore; voilà ce que vous écrirez à Sa Sainteté [1]. »

Le jour où la déchéance des Brûlarts fut consommée, la résolution en était déjà prise depuis l'avant-veille, et l'ambassadeur vénitien dit qu'elle avait été décidée dans un cabinet où s'étaient enfermés secrètement la reine mère, le cardinal de Richelieu et le marquis de La Vieuville [2]. Ce renseignement donne à la chute des ministres toute sa signification. On crut pendant quelque temps que le roi ne s'en tiendrait pas là; on songea en effet à faire au chancelier son procès malgré lui. Les Brûlarts et leur famille s'étaient retirés à sept lieues de Paris, dans une de leurs campagnes en Brie; ils reçurent l'ordre de s'en aller plus loin, et ils gagnèrent leur domaine de Sillery, dans les environs de Reims. On envoya un commissaire au chancelier pour instruire son procès; le résident

---

1. Nonce, 10 février 1624. Voir l'appendice, n° 7. — Les détails de cet entretien du roi et du nonce sont assez conformes à ce qu'on lit dans le fragment de Ranke; on y trouve une énumération des sommes qui auraient été détournées par les Brûlarts et des affaires dont le roi n'aurait pas eu connaissance : par exemple, les négociations du capucin Valérian.
2. Ambass. vénit., n° 218, 5 février.

florentin rapporte qu'au moment de l'ordre d'exil on n'avait pas mis la main sur leurs papiers et que, lorsqu'on les leur réclama, ils répondirent que la plupart étaient déjà brûlés. Ceux qu'ils livrèrent étaient en petit nombre et de peu d'importance; l'excuse fut jugée fort mauvaise, et le roi fit dire aux ministres déchus qu'il fallait absolument retrouver ces papiers. « Pour cette raison, dit le Florentin, et afin de les tenir en bride pour le reste, plutôt que dans l'intention d'aller jusqu'au bout, on fait faire des informations contre eux par voie de justice, comme si l'on voulait les mettre en accusation. Au chancelier, on attribue beaucoup de malversations au moyen des sceaux. Quant à Puisieux, une des principales fautes qu'on lui reproche est d'avoir bien souvent donné aux ambassadeurs des ordres de lui-même sans que le roi en sût rien; d'avoir même très souvent modifié les ordres qu'il recevait. On veut notamment que, dans les affaires de la Valteline, il se soit montré beaucoup trop favorable aux intérêts des Espagnols [1]. » Le nonce dit aussi que des charges graves s'accumulaient contre eux; mais on pense, ajoute-t-il, que le roi usera de clémence. Il ne se trompait pas. Louis XIII ne fit point aux Brûlarts un crime de leur humble soumission, et ceux-ci purent jouir dans la retraite, dont ils ne sortirent jamais d'ailleurs pour se mêler aux intrigues du reste du règne de Louis XIII, des grands biens qu'ils avaient amassés par des moyens ni plus ni moins condamnables que ceux dont usèrent tous les autres ministres de leur temps.

On donna au gouvernement une organisation toute nouvelle, conçue par La Vieuville. La charge de premier secrétaire d'État, qui avait été exercée par Puisieux, fut divisée entre quatre personnes, trois anciens secrétaires d'État et un nouveau, qui compléta le nombre consacré de quatre secrétaires. Puisieux avait dans son département l'administration de toutes les affaires extérieures, de la taille et de la

---

1. Ambass. florent., 16 février 1624.

guerre; le reste était réparti entre les trois autres secrétaires d'État, qui avaient chacun un certain nombre des provinces du royaume dans leur ressort particulier. La nouvelle organisation établit pour les affaires étrangères une répartition analogue à celle qui était et qui resta en usage pour les affaires intérieures : M. d'Herbault eut l'Espagne, l'Italie, la Suisse et les Grisons; M. d'Hocqueur, l'Allemagne, la Pologne, la Hollande, la Flandre; M. de La Ville aux Clercs, l'Angleterre, Constantinople avec tout le Levant; M. de Beauclerc, premier secrétaire de la reine régnante, qui fut le quatrième et nouveau secrétaire d'État, eut la taille et la guerre; les quatre secrétaires d'État entre lesquels furent aussi réparties toutes les autres affaires furent subordonnés au conseil étroit dont le membre le plus important fut M. de La Vieuville. Le commandeur de Sillery et tous les autres ambassadeurs furent rappelés; une réforme dans le personnel de la maison de la reine régnante et du duc d'Anjou fut préparée; Tronçon, qui avait porté l'ordre de disgrâce, eut la charge de contrôleur des finances, laissée par M. de Beauclerc.

Dès le commencement, cet établissement nouveau ne parut pas durable; le nonce incrimine l'incapacité et le peu d'expérience de La Vieuville, non sans lui reconnaître cependant certaines qualités qui n'avaient qu'un rapport fort éloigné d'ailleurs avec les aptitudes nécessaires à un homme de gouvernement. « Il a beaucoup étudié autrefois, dit-il; il est très fort en grec, et il a toujours vécu dans la crainte de Dieu [1]. »

Le résident florentin, qui avait sans doute ses raisons, n'a pas grande confiance dans ces réformes. Il rapporte que beaucoup de gens pensaient, soit par envie, soit pour tout autre motif, que la domination du marquis n'avait pas plus grande chance de durée que cette nouvelle forme de gou-

[1]. Nonce, 10 février 1624.

vernement, « parce qu'elle est fondée uniquement, dit-il, sur l'opinion du roi, qui reçoit des conseils bien divers et qui peut quelque jour trouver qu'il y en a de meilleurs que ceux du marquis, et s'y conformer; et je le dis parce qu'il paraît que les quatre ministres ci-dessus nommés se montrent bien neufs dans leurs fonctions. »

Ce qui étonne dans la révolution ministérielle, c'est qu'aucune place n'eût été faite à Richelieu dans le nouveau gouvernement. Le cardinal avait-il donc travaillé pour d'autres que pour lui-même? Le roi lui réservait-il déjà dans sa pensée le rang qu'il occupera sous peu? Voici un passage de l'ambassadeur florentin qui éclaire complètement cette question : « Le roi, dit-il, voudrait bien que la reine sa mère acceptât que le cardinal de Richelieu s'en allât un peu à Rome et qu'elle voulût bien se servir pour principal ministre de M. de Brèves ou d'un personnage semblable. Si elle y consentait, il n'est pas douteux qu'elle en viendrait à avoir une autorité beaucoup plus grande que maintenant, parce que le bon prélat est redouté de tous les ministres comme un homme trop fin et qu'ils pensent n'être pas bon de l'avoir trop à côté de soi. Et c'est là, sans doute, la raison qui met encore quelque obstacle à une entente complète entre le roi et sa mère; car il est très certain qu'aujourd'hui il n'y a plus de mésintelligence entre eux; aussi le roi voudrait bien qu'on ne pût pas lui mettre en tête certains scrupules relatifs non pas à la fidélité, mais à l'esprit altier et dominateur du cardinal [1]. »

On voit poindre dans ces derniers mots la fortune prochaine de Richelieu; le roi conserve encore des préventions contre le cardinal, mais on sent qu'il ne faudra plus beaucoup d'efforts pour les dissiper. Les nouveaux ministres, de leur côté, cherchent déjà à se débarrasser de celui dans lequel ils redoutent un rival et prévoient un maître. Par là, on peut deviner qu'un jour ou l'autre éclatera un nouveau conflit.

---

[1]. Ambass. florent., 16 février 1624.

X

LES AFFAIRES ÉTRANGÈRES
AVANT ET APRÈS LA CHUTE DU CHANCELIER BRÛLART.
LA POLITIQUE DE LA VIEUVILLE.

Mémoire remis par le nonce à Louis XIII sur l'état des affaires extérieures. — Le duc de Fiano, frère du pape, prend possession de la Valteline au nom du Saint-Siège. — Le duc de Féria retient Chiavenne et Rive. — Propositions du pape pour l'accommodement définitif des affaires de la Valteline. — Difficultés relatives à la liberté des passages par les montagnes. — Géographie des passages des Alpes. — Partialité du Saint-Siège en faveur de l'Espagne. — Le prince de Galles à Madrid. — Ambitions démesurées du pape Grégoire XV. — Sa mort. — Politique plus modérée du nouveau pontife Urbain VIII. — Proposition d'alliance faite à Louis XIII en vue d'une intervention active dans les affaires de l'Europe. — Faiblesse et inertie des ministres français. — Richelieu déplore la mollesse de leur politique. — L'Espagne propose à la France de former une ligue contre les hérétiques. — Rupture du projet de mariage entre le prince de Galles et l'Infante d'Espagne. — Chute des Brûlarts. — Le ministère La Vieuville. — Sa politique aussi indécise que celle de ses prédécesseurs. — Articles dressés par Urbain VIII pour le règlement des affaires de la Valteline. — Mécontentement du gouvernement français. — Mansfeld à la frontière. — Départ du nonce Corsini.

(Mars 1623. — Avril 1624.)

On ne s'expliquerait pas toute la portée de la disgrâce des Brûlarts, on ne se rendrait pas un compte exact de la nécessité d'appeler aux affaires des hommes plus énergiques et plus fermes qu'ils ne l'avaient été, sans un retour sur les événements de la politique extérieure pendant l'année qui vient de s'écouler. La ligue de Paris, le transfert de l'électorat du Palatin au duc de Bavière avaient créé en Europe une situation nouvelle, dont la France pouvait et devait tirer parti. Le gouvernement des Brûlarts avait-il su le faire? C'est ce qu'il convient de savoir pour achever de les juger.

Le nonce Corsini, dont l'esprit souple et délié savait s'adapter aux circonstances et qui voyait juste, quand il le voulait, remit au roi, le 3 mars 1623, un remarquable mémoire sur l'état des affaires engagées à l'extérieur, et sur les éventualités qui pouvaient en résulter pour la France.

Reconnaissant d'abord que le roi avait le droit d'exiger la restitution de la Valteline, et se demandant s'il ne valait pas mieux poursuivre la voie des négociations plutôt que de recourir aux armes, il disait : « La guerre avec l'Espagne est de si grande conséquence, qu'elle produira une commotion générale en Europe et le bouleversement d'une infinité d'États. » Le nonce, faisant ensuite allusion à Venise et à la Savoie, engage Louis XIII à se défier de certaines puissances italiennes qui cherchent à entretenir l'hostilité de la France et de l'Espagne, pour accroître leurs États au milieu des troubles de l'Italie. Corsini n'hésiterait donc pas à conseiller formellement de s'en tenir aux voies pacifiques, si la maison d'Autriche n'avait pas un si grand intérêt à retenir la Valteline pour unir ses États d'Allemagne et d'Italie, et si l'Espagne n'était unie avec elle; si, d'autre part, les Espagnols ne cherchaient pas à empêcher à prix d'or les Suisses de donner la promesse requise d'eux pour la sécurité de la religion catholique; s'ils ne tramaient pas avec ces mêmes peuples de la Rhétie de nouveaux pactes et de nouvelles confédérations; s'ils ne souscrivaient point à chaque instant des conventions nouvelles, et s'ils n'en mettaient d'autres en train, lorsque l'une d'elles est sur le point de s'exécuter. « Il est probable toutefois, ajoute-t-il, que la remise de l'affaire entre les mains du pape a changé la face des choses. Le

Saint-Père prendra une résolution conforme aux intérêts de la France ; car il est le prince le plus intéressé à la liberté de l'Italie, et il est convaincu que la puissance de la France doit y faire contrepoids à celle de l'Espagne. »

Le nonce ne sait pas si la France n'a pas donné aux Espagnols quelque prétexte de se refuser aux pactes les plus justes. La ligue conclue avec la Savoie et Venise est certes de nature à irriter la susceptibilité et l'orgueil de cette nation. « Cependant, dit-il ensuite, si la circonspection du roi était, en définitive, inefficace ; si l'intérêt d'État se trouvait tellement enraciné dans les esprits des Espagnols qu'ils voulussent, tournant le dos à toute autre considération, garder pour eux la vallée, Sa Majesté doit retenir comme indubitables les maximes suivantes : La première, c'est que la guerre qui ne se fait pas d'un cœur délibéré, avec toutes les forces et toute l'intelligence dont on dispose, n'a jamais une heureuse issue ; la seconde, c'est que, par la guerre, on acquiert toujours moins que ce que l'on s'était proposé, et, par conséquent, qui veut peu doit se préparer comme s'il voulait acquérir beaucoup. En troisième lieu, toute résistance accroît la grandeur de celui à qui l'on résiste, si cette résistance n'est pas ferme et constante jusqu'à ce qu'elle ait complètement atteint son but. Le roi devra donc faire la guerre avec des forces beaucoup plus considérables que s'il se proposait seulement la restitution de la Valteline. Car Sa Majesté courrait le risque de la finir avec honte et déception, si, en ruinant l'Italie, il ne faisait que donner aux Espagnols l'occasion d'accomplir le désir qu'ils ont de se la soumettre. Aussi, pour la guerre en Italie, les moyens doivent-ils être très puissants ; il faut la faire par mer dans le royaume de Naples, par terre dans l'État de Gênes, sur les deux flancs dans le duché de Milan. Et comme les Français, tout belliqueux et courageux qu'ils soient, sont prompts à se fatiguer et à se laisser abattre, on aura dans l'armée un gros noyau de Suisses et d'Allemands. Beaucoup d'Italiens seront prêts à se joindre à ses forces, pourvu que le chef de l'armée inspire confiance et sympathie, et qu'il soit bon catholique. Par conséquent, ni Mansfeld, ni le connétable, ni d'Épernon, ni le duc de Guise ne conviendraient à cette fonction. »

Suivent des conseils pour la défense des frontières, une invitation à adhérer à la Ligue catholique d'Allemagne, qui ne veut pas, contrairement au désir de l'Espagne, que ses États soient restitués au Palatin, et l'insinuation qu'un soulèvement des protestants pourrait bien être fomenté à l'intérieur « par l'or du Pérou ». Dans ce cas, le nonce indiquait comme remède la prise de possession de La Rochelle et l'entretien d'une forte armée à l'intérieur.

Ce mémoire présentait avec une habile exagération toutes les raisons qui pouvaient entraver la France dans la revendication de ses droits et la protection de ses alliés. Le Saint-Siège détournait adroitement la France d'entreprendre une guerre qui était représentée comme offrant les plus grandes difficultés, afin de l'engager peu à peu dans une vaste conspiration contre la liberté des peuples et le repos de l'Europe, dont les Jésuites étaient l'âme et l'empereur Ferdinand le promoteur.

L'ambassadeur vénitien révèle ce projet dans deux curieuses dépêches. « A propos de la guerre d'Allemagne, dit-il, il est question d'un projet d'après lequel l'empereur gouvernerait l'empire en souverain absolu, et les trois rois de France, d'Espagne et d'Angleterre feraient de même ; c'est un artifice pour conduire les Français à la guerre civile ; on voudrait que, pour l'exemple, nulle assistance ne fût donnée à des rebelles, c'est-à-dire aux États de Hollande ; les Jésuites y travaillent ; ce serait une ligue secrète contre la liberté publique [1]. »

Dans la dépêche suivante, l'ambassadeur vénitien restreint un peu les proportions d'une entreprise aussi vaste, dont la

---

1. Ambass. vénit., n° 122, 4 mars 1623.

conception n'a rien d'invraisemblable de la part de Ferdinand II et des Jésuites, mais à laquelle devait toujours manquer un élément essentiel, c'est-à-dire la complicité de la France. « Ce qu'il y a de plus clair dans ce dessein, dit Giovanni Pesaro, c'est qu'on veut subjuguer entièrement l'Allemagne et la Hollande, et, par la proclamation du ban impérial contre les États généraux, obliger tous les princes et cités libres à ne pas les secourir, ou bien avoir par là un prétexte de les opprimer. Mais, si cette couronne ne commence point à s'ébranler pour de bon, on pense que ce dessein est dirigé contre tous les gouvernements libres [1]. »

La couronne de France ne semblait guère disposée à s'ébranler pour de bon. Le nonce écrivait en effet le 17 mars 1623 qu'aucun préparatif ne se faisait pour la levée de l'armée qui devait entrer en campagne au mois d'avril. Il ajoutait qu'on projetait quelque chose contre La Rochelle, mais qu'il n'y avait pas d'argent; il ne croyait cependant pas devoir inférer de là qu'on n'aurait point la guerre, « parce que, disait-il, si l'on considère que Charles VIII vint en Italie seulement avec 20 000 écus, on ne peut pas affirmer qu'un de ses successeurs ne fera pas la même chose; car c'est la coutume du pays de faire des entreprises par fougue et non par réflexion (*essendo costume del paese pigliar l'imprese per impeto et non con deliberatione*). »

Cependant le pape s'était empressé d'accepter le dépôt des forts, en vertu de la dernière convention souscrite par le gouvernement espagnol. Le cardinal Ludovisi, informant le nonce en France de cette nouvelle, lui apprit en outre que le pape avait décidé d'envoyer son frère le duc de Fiano, pour recevoir le dépôt au nom du Saint-Siège apostolique, et qu'il avait ordonné de lever cinq ou six compagnies d'infanterie pour les mettre en garnison dans la Valteline. Le commandeur de Sillery se tint sur la réserve en apprenant la

---

1. Ambass. vénit., n° 129, 12 mars 1623.

décision du Saint-Père. « Les Espagnols, dit-il, se pressent maintenant de faire le dépôt entre les mains du pape, car ils ont peur de la ligue formée à Paris; c'est un moyen pour eux de faire naître la mésintelligence entre les alliés et de se ménager une occasion favorable de rentrer un jour ou l'autre en possession des forts. La durée du dépôt n'a pas été déterminée, ce qu'il était nécessaire de faire. » Le commandeur, sans approuver ni désapprouver la résolution du pontife, déclara qu'il allait en référer à son gouvernement [1].

Le gouvernement français accueillit très froidement la nouvelle du dépôt des forts entre les mains du pape. Puisieux déclara au nonce que l'on aurait agréé cette solution, si, d'une part, l'accommodement du fond de l'affaire avait été remis en même temps au pape, et si, d'autre part, le pape, vu les ruses et les fourberies continuelles dont avaient usé les Espagnols dans cette affaire, pouvait fournir les garanties nécessaires pour l'exécution de la décision qu'il était appelé à prendre. Les ministres refusèrent de se prononcer à l'égard du dépôt et se récrièrent sur le choix qu'on allait faire du marquis Ridolfi pour commander en Valteline après le départ du père du cardinal Ludovisi, le tenant pour vassal des Espagnols, à cause des nombreuses terres qu'il possédait dans le royaume de Naples [2].

Le pape avait envoyé son propre frère dans la Valteline, même avant que la France eût approuvé le dépôt des forts entre les mains de Sa Sainteté. Des difficultés se présentèrent aussitôt de tous côtés. Le duc de Feria ne se montra pas disposé à faire la remise de ces forts, sous le prétexte que les Valtelins ne trouveraient pas une garantie suffisante, dans la garnison pontificale, contre les entreprises des Grisons. Ces raisons semblèrent assez justes au cardinal Ludovisi. Il ne se montra donc pas éloigné d'une sorte d'alliance défensive

---

1. Agucchia., 13 mars 1623.
2. Nonce, du 31 mars 1623. La cour de Rome choisit bientôt après pour cet emploi le marquis de Bagni, plus agréable à la France.

avec l'archiduc Léopold et le gouverneur de Milan. Quant à la cour de France, elle se contenta de blâmer vivement le trop grand empressement du pape à envoyer son frère pour prendre possession des forts ; il est vrai que le commandeur de Sillery, après ses premières résistances, avait fini par encourager le pape à agir de la sorte [1].

La politique de concessions l'emportait donc une fois de plus dans les conseils de Louis XIII : Puisieux fit en effet dépêcher à l'ambassade de France à Rome un courrier porteur d'une approbation du dépôt, sauf quelques restrictions [2]. « Le roi, dit le nonce, autorise le dépôt fait ou à faire, à la condition que l'affaire soit entièrement accommodée au mois de juillet. Il pourra prolonger ce délai s'il n'y a eu aucune mauvaise volonté de la part des Espagnols ; en attendant, il continue à se préparer à la guerre [3]. » En effet, on avait hâte maintenant à la cour de France de voir le duc de Fiano en possession des forts de la Valteline. Le duc de Feria ne dissimulait pas son mécontentement, et, considérant le dépôt des forts comme un acheminement vers la restitution entière de la Valteline aux Grisons [4], il se préparait à entraver l'exécution de la convention. Ainsi, le gouvernement français risquait d'être fort mal payé de sa faiblesse même. On envoya donc des troupes et du canon à Seyssel, sur les frontières de la Savoie [5]. Le duc de Feria n'était pas seul mécontent ; les Vénitiens et les Savoyards protestèrent en effet contre la décision prise par le gouvernement français d'accepter le dépôt des forts entre les mains du pape. L'ambassadeur vénitien fit un éclat à Rome et refusa de venir à l'audience du pape [6] ; le Sénat envoya de l'argent à Mansfeld pour passer en Italie.

1. Aguechia., 19 et 23 avril 1623.
2. Nonce, 15 avril 1623, de Moret.
3. Tout ceci est souligné dans le texte de la dépêche du nonce.
4. Aguechia, 21 mars 1623.
5. Nonce, 30 avril 1623, de Moret.
6. Aguechia, 13 mars 1623.

Le Saint-Siège commença alors à s'alarmer ; il donna au nonce l'ordre d'engager les ministres du roi à ne pas favoriser par la diplomatie ou par les armes les hérétiques d'Allemagne [1], et le cardinal Ludovisi justifia la politique et indiqua les intentions du Saint-Siège dans la dépêche suivante : « Le pape a toujours été très contraire à ce dépôt ; mais quand on lui a dit qu'il fallait ou l'accepter, ou voir la guerre en Italie, extrémité dont il a horreur après ce qu'il a vu pendant qu'il était nonce [2], il l'a accepté sans attendre le consentement de la France, parce qu'il a cru qu'il serait agréable au roi de pouvoir dire à ses alliés que déjà les forts n'étaient plus au pouvoir des Espagnols, et qu'ainsi avait cessé la cause d'une ligue tendant principalement à les retirer des mains de ceux qui les avaient usurpés. La décision du Saint-Père paraissait avoir eu l'approbation des ministres de Sa Majesté Très Chrétienne à Rome. Le délai de trois mois pour terminer toute l'affaire est court ; j'aime à croire que ce n'est pas une décision formelle, mais simplement un moyen de donner satisfaction aux alliés. Votre Seigneurie fera tous ses efforts pour allonger ce délai ou pour faire en sorte que les Grisons deviennent catholiques ; elle saura que le roi de France est en mauvais termes avec les Vénitiens, pour une raison ou pour une autre, que la Savoie persiste à demander au roi l'autorisation d'occuper Genève, ayant en ce moment des forces sur pied, un cardinal auprès du pape [3] et de l'argent par les Vénitiens. Le pape voudrait qu'il fût donné suite à l'entreprise sur Genève, parce que l'on ferait une œuvre louable et que les Vénitiens resteraient seuls et démasqués [4]. »

La façon dont s'exprime le secrétaire d'État pontifical ne

1. Agucchia, 23 mars 1623.
2. Le cardinal Ludovisi avait été envoyé comme médiateur entre la Savoie et le Milanais dans la courte guerre engagée sous les murs de Vercell à l'occasion de l'exécution du traité d'Asti.
3. Le cardinal Maurice de Savoie.
4. Agucchia, 28 avril 1623.

donne guère lieu de supposer qu'il entrât dans les vues du Saint-Siège de se conformer aux intérêts du gouvernement français dans la question de la Valteline. En effet, son manque de bonne volonté, son entente indubitable avec l'Espagne laissèrent le champ libre à de nouvelles difficultés. Les Espagnols commencèrent par reculer encore l'exécution du dernier accommodement, sous le prétexte que les restrictions faites par la France étaient contraires à l'esprit de la négociation; ils continuèrent, suivant leur méthode ordinaire, à donner au duc de Feria des ordres secrets, tout contraires à ce qu'on lui commandait ouvertement : « *Palesamente al duca di Feria s'ordina una cosa et in secreto si scrive diversamente,* » dit le nonce. Le gouverneur de Milan dut cependant s'exécuter; mais il ne le fit qu'à moitié : il consigna entre les mains du duc de Fiano les forts de la Valteline, moins Chiavenne et le fort de Rive, c'est-à-dire les deux positions stratégiques les plus importantes de la contrée. Dans le même temps, le duc de Pastrana, envoyé comme ambassadeur extraordinaire par la cour d'Espagne auprès du pape, déclarait que ses pouvoirs ne l'autorisaient pas à négocier avec le Saint-Père pour un arrangement définitif des affaires de la Valteline. Il faut convenir que le gouvernement français poussait loin la patience. « Ces Espagnols se moquent de nous, écrit le nonce lui-même à l'abbé Cavalcanti; d'abord ils ne veulent pas remettre Chiavenne et Rive, sans lesquels le dépôt des autres forts devient inutile et ridicule. Ensuite ils refusent de confier au duc de Pastrana la mission de terminer entièrement le différend sous la médiation du Saint-Père, parce qu'ils se trouvent blessés que le roi de France ait, dans l'acte d'approbation du dépôt, fixé un terme et demandé la restitution de la Valteline aux Grisons. En vérité, j'estime qu'ils nous tiennent pour aveugles et stupides, s'ils croient que nous ne voyons pas leurs artifices et que nous ne connaissons pas leur but, qui est de faire en sorte que le Roi Très Chrétien mécontente ses amis et confédérés, de traîner la négociation en longueur et de se moquer ensuite de tout le monde [1]. »

Cette échappée du nonce était malheureusement tout à fait en dehors de la ligne de conduite adoptée à ce moment par le Saint-Siège. Le secrétaire d'État n'hésitait pas en effet à défendre les audacieux subterfuges du duc de Feria. « M. le commandeur de Sillery, écrit-il, est venu me chercher querelle, en prétendant que non seulement les Espagnols les ont trompés, mais qu'ils se sont moqués d'eux, en retenant Chiavenne, qui est si important et qui demande une grosse garnison, presque égale à celle qu'il faut pour la Valteline; non seulement, dit-il, ils ne sont pas sortis de là, mais ils tiennent en main la porte principale des Grisons [2]. Enfin l'ambassadeur a parlé de manière à insinuer que nous sommes d'accord avec les Espagnols et que nous avons voulu endormir les Français pour faire évanouir leurs desseins et ceux de leurs alliés et pour donner aux Espagnols le temps d'armer. » Le cardinal ajoute que tout cela provient des rapports de Gueffier et qu'il est notoire que Chiavenne est une vallée distincte de la Valteline, et qu'elle n'a pas été comprise dans le traité de Madrid. « On ne peut compter non plus, dit-il, parmi les forts de la Valteline, le Borgo et la Rive; aussi ne sont-ils pas compris dans l'écrit relatif au dépôt des forts. Au surplus, le commandeur n'a fait aucune observation sur cet écrit; il a seulement dit qu'il convenait de remettre aussi Chiavenne; il est vrai encore que le duc de Feria a déclaré que Chiavenne serait aussi comprise dans le dépôt; mais en somme il l'a gardée [3]. »

Voilà, on en conviendra, de singuliers arguments pour

---

[1]. Nonce, 23 juin 1623.
[2]. On sait que la vallée de Chiavenne, situé au nord du lac de Côme, donne accès d'une part au col du Splugen, qui mène dans la vallée du Rhin supérieur, et, d'autre part, au col de la Maloïa, qui donne accès dans la vallée supérieure de l'Inn.
[3]. Agucchia, 23 juin 1623.

soutenir les droits du gouverneur de Milan sur une contrée qui, assurément distincte de la Valteline, y avait toujours été depuis de longs siècles rattachée politiquement; et c'est précisément parce que le fait était hors de discussion qu'il n'avait pas été besoin de l'établir ni dans le traité de Madrid, ni dans la convention du dépôt, et que l'ambassadeur français n'avait pas insisté plus qu'il ne le fit. La casuistique du secrétaire d'État n'en trouvait pas moins le moyen de se tirer d'affaire en face du droit le plus incontestable, et d'approuver une spoliation qui s'appuyait uniquement sur la force.

Les difficultés pendantes entre le Saint-Siège et le gouvernement français n'avaient pas trait seulement au caractère incomplet de la restitution entre les mains d'un tiers, à savoir le pape, du territoire occupé militairement par les Espagnols dans les pays dépendant des Grisons: On différait également à Paris et à Rome sur les conditions premières de l'arrangement définitif remis à l'arbitrage du souverain pontife. On paraissait même si loin de s'entendre que le gouvernement de Madrid n'avait pas donné à son ambassadeur le pouvoir de négocier; le commandeur de Sillery avait au contraire reçu l'ordre d'entamer des pourparlers à ce sujet. Le Saint-Siège proposa, pour l'accommodement, la constitution de la Valteline en une quatrième ligue, égale en droit aux trois autres qui composaient la confédération des Grisons; c'était faire passer les Valtelins de l'état de sujets à celui d'alliés. L'ambassadeur français demandait la restitution pure et simple de la Valteline aux Grisons, suivant les stipulations du traité de Madrid. Le cardinal secrétaire d'État et l'ambassadeur s'échauffèrent sur ce point. Sillery fit valoir ce que le roi devait à sa réputation, à sa qualité de protecteur de Grisons, à son ancienne ligue avec eux, toutes raisons qui lui défendaient d'admettre que les Valtelins fussent soustraits à la seigneurie des Ligues grises. « Il est encore plus du devoir du pape, répondit le cardinal Ludovisi, d'assumer la protection de peuples catholiques, qu'il n'est du devoir du roi de protéger des hérétiques, et par conséquent la réputation et la conscience du Saint-Père sont encore plus engagées dans cette affaire que ne le seraient celles de Sa Majesté quand bien même elle abandonnerait des hérétiques [1]. »

Le pape Grégoire XV se tint donc ferme sur sa prétention de ne jamais replacer les Valtelins sous la domination d'un peuple hérétique. Il n'y avait, suivant lui, que deux moyens : ou que les Grisons devinssent catholiques, ou que les Valtelins se confédérassent avec eux sous la forme d'une quatrième ligue [2]. Tant que dura le gouvernement de Grégoire XV, on ne sortit point de ce dilemme.

La constitution de la Valteline en une quatrième ligue n'était cependant pas de nature à lever toutes les difficultés. En effet, le fond même du débat portait sur l'ouverture ou la fermeture des passages des Alpes aux Espagnols. Ces derniers entendaient bien maintenir à leur profit la liberté des communications qu'ils avaient réussi à s'ouvrir à travers la Suisse. Les Français revendiquaient au contraire la continuation du privilège exclusif qu'ils tenaient en cette matière du traité de Henri IV avec les Suisses. Le pape voulait stipuler dans son arbitrage la concession obligatoire du passage par la Valteline en faveur des Espagnols. A ce sujet, le nonce en France donna à la Chancellerie pontificale une savante et curieuse leçon de géographie :

« Pour dire le vrai, écrit le nonce, si l'on considère toutes choses attentivement, il semble qu'il n'y ait pas de meilleure solution à cette question du passage que de laisser aux quatre ligues le droit de l'accorder ou de le refuser à qui que ce soit, à condition qu'on ne l'accorderait jamais qu'à un prince catholique. Cette solution serait beaucoup plus favorable à leur liberté, plus conforme à la justice, et moins

1. Agucchia, 21 mai 1623.
2. Agucchia, 24 mai 1623.

préjudiciable aux Français, qui sont déjà en possession d'une alliance avec les Grisons et qui par cette raison peuvent avoir le passage pour eux et user de leur influence pour qu'on ne l'accorde à personne, de même que, d'autre part, les Espagnols et les Vénitiens peuvent se concilier les esprits de ces peuples et obtenir d'eux le passage en cas de besoin. Mais, comme Votre Seigneurie semble supposer qu'il n'y a qu'un passage dans cette partie des Alpes et qu'il est en possession des Valtelins, je crois devoir lui dire qu'il y en a deux, sinon trois, et si éloignés l'un de l'autre que l'on peut amener des armées d'Alsace et d'Allemagne en Italie sans que l'un de ces passages soit un obstacle pour l'autre.

« Le premier chemin est celui de la Valteline, lequel part du lac de Côme à Colico et au fort de Fuentès et qui s'en va tout le long de la vallée jusqu'au comté de Bormio, et là, gravit le mont Brolio et, par la vallée de Sainte-Marie et de Münster, s'en va chez les Grisons, dans le Tyrol et en Allemagne; si l'on tourne auparavant à droite, la route traverse le Valfurba et s'en va dans le Trentin, et par suite arrive dans le Tyrol sans que l'on touche au pays des Grisons ni à celui des Vénitiens; mais les routes sont mauvaises. Pour cette raison, si l'on suppose la Valteline au pouvoir des gens du pays ou d'autres que les Grisons, ceux-ci ne peuvent pas empêcher que du Tyrol ou du Trentin l'on amène des troupes en Italie; mais le maître de la Valteline peut parfaitement empêcher le passage chez les Vénitiens de gens qui soient leurs amis et les priver ainsi de tout secours.

« L'autre chemin est celui de la vallée de Chiavenne; de cette partie du lac de Côme que l'on appelle lac de Chiavenne, on peut aller par la vallée de Bregaglia dans l'Engadine supérieure, et de là, en descendant jusqu'à la vallée inférieure, on s'en va dans le Tyrol et dans l'Allemagne, ou bien de la vallée de Bregaglia et de l'Engadine supérieure, en tournant à gauche par le mont Julier, on passe dans la vallée du Rhin à la hauteur de Coire, et l'on peut aller en Suisse et en Allemagne.

« Il faut ajouter aux précédents un troisième chemin ; car, si l'on va par la vallée de Chiavenne et que l'on tourne à gauche avant d'arriver à la ville principale par la vallée de San Giacomo et qu'on gravisse le Splugen, on descend de là dans la vallée du Rhin, et l'on chemine par tout le pays des Grisons; cette voie pour aller d'Italie chez les Grisons est la plus courte et la plus fréquentée, bien que la montagne soit malaisée. Les deux routes aboutissent à Rive-de-Chiavenne, et pour cette raison le fort de Rive commande l'une et l'autre.

« Ceci, qui est la vérité, étant posé, je dis à Votre Seigneurie que par la voie de l'Engadine, de Bregaglia et de Chiavenne peuvent venir des armées jusqu'aux confins de l'État de Milan, sans que les Valtelins puissent l'empêcher. Cette route est même considérée comme la meilleure et la plus commode, à tel point que c'est par là que vont et viennent toutes les marchandises, et quoique le duc de Feria se soit efforcé de les faire venir par le comté de Bormio et par la Valteline, voie suivie autrefois, dit-on, il n'a pas pu décider les marchands allemands à abandonner une route déjà usée par leur labeur, parce que les loueurs de chevaux et les conducteurs sont tous Grisons, pauvres gens dont c'est le métier, et parce qu'ils veulent retenir le commerce dans leur pays ; mais, déjà du temps des anciens Romains, il est certain, d'après les vestiges de leurs routes et de leurs fortifications, que c'était la même voie que l'on suivait.

« Donc les Français peuvent, par le moyen de leur confédération avec les Grisons, alors même que ceux-ci ne seraient pas maîtres de la Valteline, avoir le passage par les Alpes en Italie, sans qu'ils aient à le demander à personne. Les Espagnols pourraient en faire autant alors même qu'ils seraient privés de leurs communications par la Valteline, parce que, vu les nécessités de l'approvisionnement et du commerce, les Grisons seront forcés d'être leurs amis. Les Espagnols peuvent ainsi tirer autant de troupes qu'ils voudront de l'Allemagne.

« C'est aux Vénitiens seuls que l'on ferme toutes les routes en leur enlevant le passage par la Valteline. Mais il y a en outre bien d'autres chemins pour venir d'Allemagne en Italie sans toucher aux pays autrichiens; il y en a un surtout qui est très fréquenté : c'est celui de Lugano à Bellinzona par le Saint-Gotthard pour aller chez les Suisses; ce chemin est tout entier au pouvoir de cette nation; il y a encore celui du Valais, dont les circuits mènent au lac Majeur, et, pour cette raison, le duc de Feria fait tous ses efforts afin de se confédérer avec cette nation.

« Et je pourrais encore citer à Votre Seigneurie non pas une seule, mais quatre ou cinq routes, sans compter celle de Trente et du Tyrol, par lesquelles les barbares n'ont que trop facilement l'entrée d'Allemagne en Italie. Tout cela diminue grandement l'importance et la réputation de la Valteline et doit ôter toute crainte aux Italiens; et par conséquent l'on peut dire aux Français que, s'ils veulent avoir un passage le meilleur possible, ils n'ont rien à désirer si l'on rend Chiavenne aux Grisons et s'ils maintiennent leur confédération avec eux; mais s'ils veulent empêcher qu'aucun autre, si ce n'est eux, qui n'ont point d'États de l'autre côté des monts, puisse y faire venir des troupes, ils ne l'obtiendront jamais, si ce n'est sur le papier, quelques pactes qu'ils fassent avec les Grisons et les Valtelins. Les Espagnols et les Vénitiens, par des raisons de commerce et par la force de l'argent, en obtiendront en fin de compte tout ce qu'ils voudront, comme l'expérience des temps anciens l'a prouvé.

« La conclusion de tout cet exposé est qu'il faut laisser la ligue libre d'accorder ou de refuser le passage [1]. »

---

1. Nonce, 6 juillet 1623. Voir l'appendice, n° 6.

On voit, d'après cette dissertation, que, dans le cas même où le Saint-Siège se serait départi de sa prétention d'imposer par une stipulation expresse la liberté du passage en faveur des Espagnols, ce n'eût été là qu'une concession de pure forme. Toute combinaison qui ne maintenait pas le droit exclusif des Français à l'alliance des Grisons tournait directement contre les intérêts de la France ; il était du devoir de l'ambassadeur français de ne pas reculer d'un pas sur ce point.

L'attention de la politique française était tenue en éveil dans le même temps sur une autre affaire que celle de la Valteline. Nous avons vu, en retraçant l'histoire des affaires intérieures, quel mécontentement avait causé à la cour de France le passage du prince de Galles à Paris et son arrivée en Espagne [1]. Les ministres se persuadaient que le pape ne pouvait accorder son consentement au mariage que rêvait le roi d'Angleterre et dont le projet ne semblait jamais avoir été pris au sérieux ; mais la prolongation du séjour du prince à Madrid, les avances du duc d'Olivarès [2], les pourparlers engagés entre Londres, Rome et Madrid en vue d'une amélioration du sort des catholiques [3] anglais commencèrent à donner des inquiétudes à la cour de France. « Les ministres m'ont dit dernièrement, écrit le nonce, qu'on entretenait le prince à Madrid dans la con-

---

1. Agucchia, 28 mars 1623 : dépêche relative à la dispense pour le mariage de l'Infante et du prince de Galles. Il informe le nonce que l'arrivée subite du jeune prince dans la nuit du 18 mars a jeté dans l'étonnement la cour d'Espagne.
2. *Relation de l'arrivée en la cour du roy d'Espagne du sérénissime Charles prince de Galles, apportée d'Espagne par un courrier extraordinaire, traduit d'espagnol en français.* A Paris, de l'imprimerie de Jean Laquehay, rue Saint-Estienne des Grecs. MDCXXIII, avec permission de nos supérieurs.
3. Nonce, 3 nov. 1621. Des députés des catholiques anglais s'en vont supplier le pape de se montrer facile pour la dispense du mariage du prince de Galles et de l'infante d'Espagne.

versation des belles dames, et qu'il se laissait complètement gagner par leurs cajoleries et leurs charmes. »

Le Saint-Siège profitait habilement de ces dispositions du prince pour tenter en Angleterre comme ailleurs une restauration au moins partielle du catholicisme. Le cardinal Ludovisi informa le nonce Corsini de la résolution prise par le Saint-Siège d'accorder la dispense pour le mariage. « L'avantage que doit retirer la religion catholique de cette union, répond Corsini, est si grand que Sa Béatitude a raison de se montrer accommodante. On peut seulement craindre que ce mariage, s'il est utile aux catholiques d'Angleterre, ne nuise à ceux d'Allemagne; car on peut penser que les Espagnols voudront, pour le conclure, faire restituer son électorat au Palatin. C'est pourquoi j'avais proposé au marquis de Mirabel que les Espagnols engageassent le Palatin à se déclarer catholique; car il pourrait arriver à ce dernier comme à Henri IV, roi de France, de recouvrer ses États par ce moyen, et il valait bien mieux, et il était bien plus honorable, disais-je, de sauver en même temps son âme et son État, que de rester dans cette vie, dépouillé de son État, et, dans l'autre, entouré d'une éternelle et inextinguible flamme. » L'imagination du nonce s'échauffant sur ce point, aucune considération ne l'arrête plus, et il émet la proposition étrange que le prince de Galles se déclare secrètement catholique, épouse l'infante et reste en Espagne jusqu'à ce que sa femme ait mis au monde un enfant mâle, qui serait élevé dans la foi romaine. C'était en prendre bien à son aise avec le Parlement britannique [1].

Ainsi le Saint-Siège ne mettait plus de bornes à ses revendications; il voulait laisser la Valteline sous la dépendance plus ou moins directe de l'Espagne, les Grisons sous les menaces de l'archiduc Léopold, qui élevait des forts sur leur territoire; il rêvait le retour dans le giron de

---

1. Nonce, 30 avril 1623.

l'Église des chefs mêmes du protestantisme en Europe, le prince héritier de l'Angleterre et l'ancien électeur palatin; il ne s'effrayait point à la pensée d'une guerre entre la France et l'Espagne, comptant que le mariage du prince de Galles condamnerait l'Angleterre à la neutralité [1]. C'est au milieu de ces ambitions démesurées, de ces audacieuses illusions dans lesquelles le jeune et entreprenant cardinal Ludovisi entretenait son vieil oncle, que le pape Grégoire XV mourut (8 juillet 1623); Urbain VIII, qui, deux fois nonce en France, avait reçu du feu roi le bonnet de cardinal envoyé par Clément VIII, en signe d'allégresse pour la naissance du Dauphin, qui était devenu Louis XIII, fut élu aux cris de : « Vive Barberino pape ! et vive la France [2] ! »

Le changement de pontife parut pendant quelque temps favorable aux intérêts français. « On voit les Italiens plus hardiz et plus encouragez à la conservation de leur liberté, et les Espagnols plus souples et plus renduz à la raison, » écrit M. de Marquemont [3]. L'habile Corsini, dont le ton se montait tout à l'heure à un diapason si élevé, donne désormais une note modérée; il cherche à se faire valoir auprès du pape par une attitude conforme à la politique plus prudente qu'il suppose devoir être celle d'Urbain VIII : « Le feu pape Grégoire XV, écrit-il, était entré en négociations pour que le Roi Catholique et le Roi Très Chrétien payassent chacun la moitié des frais de l'occupation des forts; dans le même temps, le roi d'Espagne a donné des ordres au duc de Feria pour que tous les forts, même Chiavenne et Rive, fussent remis aux troupes du pape. Pour faire connaître à Sa Sainteté tout ce qui concerne cette affaire, je dois lui dire que le sérénissime duc de Bavière a demandé à Sa Majesté Très Chrétienne de le garantir contre les armes de Mansfeld; sachant que cela dépendait de l'accommodement des

---

1. Nonce d'Espagne, 2 juin 1623. (Correspond. d'Agucchia.)
2. Marquemont, 11 août 1623.
3. Marquemont, 22 septembre 1623.

différends d'Italie, lesquels couraient grand risque de se compliquer encore par suite de l'avis que j'ai eu que l'archiduc Léopold fortifiait le pas de Steig dans la Rhétie [1], j'engageai le duc de Bavière à agir auprès de l'empereur pour que celui-ci détournât son frère d'une pareille entreprise. La chose a si bien réussi, que l'archiduc, se conformant à cet avis et à une lettre du roi, a envoyé un gentilhomme au comte de Vaudemont pour le prier de parler à Sa Majesté et de lui dire qu'à la vérité il avait enlevé aux Grisons bien des localités, parmi lesquelles il en était quelques-unes qui ne lui appartenaient pas; ces dernières, il était prêt à les rendre, suivant le bon plaisir de Sa Majesté; quant à celles qui lui appartenaient, il enverrait à Sa Majesté les preuves authentiques et la justification de ses droits, afin que le roi lui-même pût se prononcer. Il se déclarait également prêt à abandonner le pas de Steig; le comte a rapporté le tout aux ministres [2]. »

Ce n'est pas sans quelque raison que le Saint-Siège et les Autrichiens démordaient de leurs prétentions. La ligue de Paris paraissait en effet devoir se grossir de nouvelles adhésions. Dès le commencement de juin, sept députés des États de Hollande étaient arrivés à la cour de France, non sans causer de grandes appréhensions au nonce; les ambassadeurs des cantons suisses catholiques s'étaient présentés en même temps pour s'excuser, disait-on, de n'être pas entrés dans la ligue de Lyon, ou encore de n'avoir pas voulu faire la promesse convenue dans le traité de Madrid [3]. On apprenait en même temps que les électeurs de Brandebourg et de Saxe faisaient de grands armements, n'approuvant pas

---

1. « L'archiduc Léopold a demandé secours au duc de Feria contre Mansfeld. Il élève un fort sur le pas de Steig. Il veut acheter les droits que les deux ligues (cadée et grise) ont sur Mayenfeld, *insistendo anco nel giuramento ricevuto dalle dieci Dirritture per lo quale si pregiudica alla lega di Francia*. Tout cela va probablement rallumer le feu. » Nonce, 7 juillet 1623.

2. Nonce, au Saint-Père, de Noisy, 18 août 1623.

3. Nonce, avis du 9 juin 1623.

la translation de l'électorat du Palatin au duc de Bavière, et que Betlhen Gabor préparait aussi un soulèvement contre la maison d'Autriche. La France était sollicitée de prêter son concours à la nouvelle lutte qui se préparait. « Un des fils du landgrave de Hesse, écrit l'ambassadeur vénitien, qui a vécu longtemps en France et qui en connaît parfaitement la langue, est venu me voir pour me donner connaissance de la mission d'un gentilhomme envoyé ici par son père ; cet envoyé est porteur d'une relation sur l'état des affaires d'Allemagne et de la maison du landgrave, et sur un voyage que ledit landgrave a fait en Danemark, auprès des électeurs de Saxe et de Brandebourg, et dans le cercle de la Basse-Saxe. Il représente au roi le danger où se trouvent ses États pressés par les armes de Tilly, avec lequel il se trouve face à face ; il donne connaissance des dispositions généralement favorables qu'il a trouvées chez les deux électeurs, et de la promesse faite par le roi de Danemark de l'assister en cas de besoin ; sur ce, le landgrave implore l'assistance de Sa Majesté en lui rappelant les services que sa maison a rendus pour l'établissement de la couronne sur la tête de Henri le Grand ; il demande la permission de faire une levée et le payement de ses créances pour en employer le montant à cet usage [1]. »

La résolution à prendre dans ces circonstances était grave ; Mansfeld avait ressaisi les armes et ravageait le duché d'Oldembourg et la Westphalie ; Christian de Brunswick se préparait aussi à entrer en campagne ; Tilly, posté entre les deux, observait. Le gouvernement français pouvait profiter de ces circonstances favorables, et ce qui prouve combien son intervention était redoutée, c'étaient précisément les concessions récemment faites par la maison d'Autriche ; mais on sait que les Brûlarts étaient des partisans de la paix

---

1. Ambass. vénit, n° 160, 10 juillet 1623. Il s'agit ici du landgrave Maurice de Hesse-Cassel, qui peu après devait abdiquer en faveur de son fils aîné Guillaume, 1627.

à tout prix. Leur politique fut d'une insigne faiblesse : ils encouragèrent le jeune landgrave et les princes d'Allemagne à s'unir ; mais ils n'offrirent aucune participation de la France à cette entreprise ; ils ne remboursèrent pas le prince ; et, dit l'ambassadeur vénitien, « si on ne leur paye point leurs dettes, les Allemands ne sont pas contents [1]. »

Les ministres ne montrèrent pas plus d'esprit de décision pour avancer les affaires de la Valteline. Le Vénitien raconte que Puisieux lui montra un jour avec satisfaction des lettres du marquis de Bagni, successeur du duc de Fiano au commandement des troupes de la Valteline, dans lesquelles celui-ci lui donnait une relation complète de l'état des forts et du moyen de les entretenir. « J'interrompis ce propos, dit l'ambassadeur, en disant que j'aimerais bien mieux savoir que le marquis eût commencé à raser les forts ; car c'était le véritable intérêt de Sa Majesté et de ses alliés, tandis que leur conservation était la pire des choses et un véritable désastre [2]. »

Les hésitations des ministres français portèrent leurs fruits : Tilly battit complètement à Stadlo les troupes de Christian de Brunswick (16 août 1623). L'empereur Ferdinand II sembla encore plus près de réaliser ses ambitions despotiques en Allemagne. Rive et Chiavenne furent remis, il est vrai, au commandant des troupes pontificales ; mais l'archiduc Léopold recommença à fortifier le pas de Steig.

Les affaires de la Valteline étaient, en définitive, le nœud de toutes les questions alors pendantes en Europe. Le nouveau pape ne pouvait pas tarder à se prononcer entre la France et l'Espagne. Urbain VIII eut l'air d'hésiter. Cette hésitation ne pouvait qu'être favorable aux intérêts du gouvernement de Madrid, intéressé à reculer le plus possible la solution définitive du différend. Le Saint-Père, circonvenu dès l'abord par les flatteries des Espagnols, qui, suivant leur

1. Ambass. vénit., n° 163, 17 juillet 1623.
2. Ambass. vénit., n° 159, 10 juillet 1623.

habitude, tenaient le Pape par l'espérance de riches établissements pour les siens, se rejeta, pour atermoyer, sur une difficulté accessoire, dont il fit la principale :

« Comme le roy Clovis disoit que saint Martin secourt au besoing ceux qui l'invocquent, mais qu'il veult être bien payé, écrit M. de Marquemont, je vous assure qu'on peut dire de mesme du Pape. S'il est fort susceptible des choses raisonnables, il est aussy fort ardent en ses intérêts et fort juste en son calcul. Car il est vray qu'on ne sauroit assez louer la franchise avec laquelle il entend, conçoit et résoult ce qui luy est proposé de la part du roy; mais il est vray encore qu'on ne vous sauroit représenter à beaucoup près l'ardeur avec laquelle il fait son compte et veult être assuré que la dépence qui se fait pour la garnison de la Valteline ne tombera point sur ses coffres [1]. »

L'amour-propre des Espagnols était engagé en même temps que leur intérêt dans cet embarras d'une nature nouvelle : ils voulaient payer le tout par orgueil et réserver par la même occasion tous leurs prétendus droits, et notamment ceux qu'ils élevaient d'une façon de plus en plus pressante à l'égard des passages. Sur ce point, Urbain VIII reprit la négociation dans les termes mêmes où elle avait été laissée par Grégoire XV. Les ministres français, dans leur lutte désespérée contre les intrigues intérieures que nous avons racontées, laissaient aller à vau-l'eau les affaires étrangères ; et il est permis de croire que l'abandon coupable dans lequel ils laissèrent les intérêts français au dehors fut encore une des raisons déterminantes de leur chute. Au mois de novembre, elle était, comme on le sait, devenue presque inévitable ; et après tant de faiblesses, tant de concessions, on est heureux de voir poindre un ordre de choses nouveau dans une dépêche où l'ambassadeur vénitien nous montre chez le cardinal de Richelieu non plus l'intrigant de cour,

---

[1]. Marquemont, 25 oct. 1623.

mais l'homme d'État qui veille et qui attend son heure :

« M. le cardinal de Richelieu, dit l'ambassadeur, est ici le contrepoids de tout ce que font les ministres; il met toute son étude à s'élever dans l'esprit du roi, à s'assurer de son affection, en lui suggérant des idées de gloire et de grandeur pour la couronne; je l'ai pleinement instruit de toutes les nécessités; je l'ai pénétré de toutes les raisons que comporte cette affaire de la Valteline. Il m'a promis de trouver avec la reine mère l'occasion de parler au roi et de lui faire comprendre toute l'importance de ces passages. Il m'a dit que les errements présents sont du plus grand préjudice, mais qu'il faut avoir patience; car viendra certainement le jour où la France montrera sa vigueur. Il émit cette considération que, dans une situation mauvaise, il était utile de tirer parti de ce qui était le moins mauvais, et que si l'on ne pouvait écarter entièrement l'avantage fait aux Espagnols par la concession du passage, le leur concéder pour un temps serait à coup sûr moins préjudiciable; qu'en tout cas la sérénissime République devrait jouir du même avantage [1]. »

Les conclusions de Richelieu sont un peu évasives, comme celles d'un homme qui, n'ayant aucune part ni aucune responsabilité effective dans la conduite des affaires, et s'attendant à l'avoir prochainement, ne veut pas encore se compromettre. Mais quel trait de lumière jeté à l'avance sur les ressorts au moyen desquels Richelieu se rendra un jour le

---

[1]. Ambass. vénit., n° 198, 28 nov. 1623 : « *Al S^r^ cardinale di Ricelieu, ch'e il contrapunto delle attioni di ministri, et che studia di portarsi appresso il Re, et assicurarsi della sua affettione con concetti di gloria et di desiderar la grandezza della corona, ho pienamente instrutto il bisogno et impresso le ragioni. Mi ha promesso di ritrovar occasione con la Regina madre di parlar al Re per renderlo capace dell' importanza di questi passi. Mi disse che gl' andari presenti sono pregiudicialissimi, che bisogni haver patienza, perche certo arrivera il giorno che la Francia mostrera il suo vigore. Mi considero che nel male era utile valersi del minor male, che se non si potesse divertir intieramente tutto il commodo del passagio a Spag^ni^, che concederlo a tempo sarebbe di minor pregiudicio; che in ogni caso doverebbe anco la Ser^ma^ Rep^ca^ godere il medesimo beneficio.* »

maître absolu de l'esprit de ce roi, qui, nous le répétons, n'a encore pour lui que de l'aversion, lorsque Pesaro nous parle de ces *concetti di gloria et di desiderar la grandezza della corona*, dans lesquels s'uniront intimement un jour le fils de Henri IV et son grand ministre ! Lorsque ces lignes sont écrites, une année presque tout entière sépare encore le cardinal de la possession du pouvoir, auquel, quoi qu'il en dise, sa volonté tenace le portait non moins que son génie.

Brûlart et Puisieux tombés, la face des affaires ne changea guère au dehors. Lorsque le nonce aborda avec les nouveaux ministres la question de la Valteline, ceux-ci, après avoir protesté des intentions les plus accommodantes, se bornèrent à déclarer qu'ils étaient prêts à accepter les articles que Sa Sainteté était sur le point de dresser pour l'arrangement de l'affaire, mais qu'en aucune façon ils ne pouvaient acquiescer à la prétention, dans laquelle avaient fini par se retrancher les Espagnols, d'avoir la liberté des passages au moins pour sortir de l'Italie [1].

Le gouvernement de Madrid comptait sur l'inexpérience des nouveaux ministres et sur l'absence d'un homme véritablement énergique au milieu d'eux, pour continuer à user vis-à-vis de la France des mêmes fourberies que par le passé. Un agent spécial du comte duc Olivarès, un chapelain du roi d'Espagne, Matteo Renzi, vint proposer aux ministres français, sur le conseil du nonce en Espagne, Massimi, une combinaison dont le projet avait d'ailleurs été déjà mis en avant : il s'agissait de rétablir l'ancien état de choses en Suisse, à la condition que la France et l'Espagne formassent une ligue contre les hérétiques. « Les Français jugent bien, dit le nonce, que cette proposition n'a d'autre but d'abord que de traîner les négociations en longueur,

---

[1]. Nonce, 23 février 1624.

puis d'échapper au juste arbitrage de Sa Sainteté, et enfin de mettre en appréhension tous les princes du monde et de les rendre hostiles à la France [1]. »

L'invention de cette échappatoire coïncidait avec une phase nouvelle de la politique espagnole. Après un trop long séjour à Madrid, pendant lequel Buckingham et Olivarès avaient fini par se haïr mortellement, Charles d'Angleterre, considéré d'autre part avec horreur par l'infante espagnole comme un prince hérétique, avait été non seulement désabusé de son roman, mais fixé sur l'inanité du rêve paternel qui prétendait donner comme conséquence au mariage du prince et de l'Espagnole la restitution des États du Palatin. Charles partit le 5 septembre pour Santander, laissant au comte de Bristol, ambassadeur d'Angleterre, une procuration pour l'infant don Carlos, qui devait épouser sa sœur au nom du prince. Au lieu de faire usage de cette procuration, l'ambassadeur était obligé quelques mois après de partir après qu'on eût « mis en sa main toutes les bagues que le prince de Galles avait présentées à l'infante et trente-six lettres encore toutes cachetées que ledit prince luy avoit escrit en diverses occasions et qui avoient esté ainsy conservées sans avoir esté leues ny seulement ouvertes [2]. »

Le gouvernement anglais, voyant le Parlement se déclarer formellement contre le mariage d'Espagne et l'opinion publique se prononcer avec vivacité en faveur du rétablissement du Palatin par les armes, se tourna, par une évolution naturelle, du côté de la France, et le projet, déjà fort ancien, du mariage avec Madame Henriette, fut remis sur le tapis. Marie de Médicis avait particulièrement à cœur cet établissement pour sa fille; les anciens ministres y avaient travaillé, mais sans réussir; les nouveaux trouvèrent l'affaire dans des conditions beaucoup plus favorables que jamais. « On commence à traiter ici de Madame, sœur du roi, écrit

---

1. Nonce, 25 février 1624.
2. Marquemont, 29 juill. 1624.

le nonce ; Sa Majesté fait de grandes caresses à milord Rich, seigneur anglais, qui est venu, il y a quelques jours, à la cour, et on a fait aujourd'hui le portrait de Madame pour l'envoyer en Angleterre [1]. »

Les Espagnols espéraient exploiter les sentiments profondément catholiques de Louis XIII pour empêcher l'alliance anglaise et pour prévenir toute intervention de sa part dans les affaires d'Allemagne. La conscience du roi de France souffrait en effet des mauvais traitements dont les catholiques d'Angleterre étaient victimes depuis que le prince de Galles avait quitté l'Espagne [2]. Le nonce s'em-

---

1. Nonce, 19 mars 1624.
2. Nous avons trouvé, à Rome, à la bibliothèque de la Minerve, un curieux manuscrit (X, V, 36), intitulé : BREVIS EORUM DESCRIPTIO QUÆ IN ANGLIA ADVERSUS CATHOLICOS GESTA SUNT A RUPTIS CUM HISPANO CONJUGII FŒDERIBUS ET CUM GALLO INIRI CŒPTIS, PER MARCUM ANTONIUM DE C. CUM IN URBEM REDIISSET, SUÆ SANCTITATI FIDELITER REPRESENTATA, POSTQUAM LONDINI ANNOS TRES ET OCTO MENSES POSUISSET. En voici l'analyse pour ce qui touche à notre sujet : une grande liberté avait été laissée aux catholiques ; les emprisonnements, les amendes avaient été suspendus « *puritanis frenum suum mordentibus* » ; des principes de tolérance avaient été posés dans un certain nombre de décrets : — 1er décret : L'exercice de la religion catholique romaine sera toléré à perpétuité « *intra privatos parietes* » dans tous nos royaumes et domaines, c'est-à-dire aussi bien dans le royaume d'Écosse et d'Irlande qu'en Angleterre, comme il est spécifié et déclaré dans les articles du traité du mariage. On tâchera d'obtenir l'assentiment du Parlement. — 2e décret : Le roi impose à ses conseillers une formule secrète de serment, par laquelle ils s'engagent à observer, en ce qui les concerne, les articles du traité relatif au mariage qui touchent à la religion, et à n'exécuter aucune des lois contre les catholiques. — 3e décret : Le prince de Galles s'engage à laisser, suivant le traité, l'éducation des enfants à leur mère jusqu'à l'âge de dix ans et à obtenir de son père, ou s'il devient roi, à accorder une prolongation de cette éducation par la mère jusqu'à douze ans, suivant le désir exprimé par le Saint-Père. Il s'engage à tâcher d'obtenir la ratification du Parlement. — 4e décret : Le prince de Galles s'engage à favoriser, au moins secrètement, l'assistance aux offices divins, dans la chapelle de la princesse, des sujets catholiques de l'Angleterre qui désireraient y venir ; il s'engage, comme il est porté dans tous les autres décrets, à tâcher d'obtenir la ratification des articles du mariage en faveur des catholiques et l'abrogation des anciennes lois portées contre eux. « *Hæc omnia sancte jurata Regi, principi, Cantuariensi præsuli cæterisque a consiliis regiis, robur et firmitatem inviolabilem obtinuisse cre-*

ployait en leur faveur et représentait à Louis XIII qu'il ne pouvait pas laisser croire au monde que les intérêts de l'Espagne étaient inséparables de ceux de la religion. Le roi se trouvait vivement touché de cet argument, qui ralentit pendant quelque temps les négociations. Les ministres n'avaient point la hauteur d'esprit ni la dextérité nécessaires pour faire à la fois dans l'esprit de Louis XIII la part du sentiment religieux et celle des nécessités politiques. Dans toutes les affaires, La Vieuville était hésitant, mystérieux, maladroit. On ne savait si l'on enverrait ou si l'on n'enverrait pas un résident en Bavière, auprès du nouvel électeur [1], si l'on accueillerait ou si l'on renverrait Mansfeld, qui se préparait à se mettre au service de la France et de ses alliés, dans le cas où le gouvernement de Louis XIII serait prêt à recommencer la partie contre la maison d'Autriche [2]. On voit, d'après les dépêches du nonce, le peu de fond que l'on pouvait faire, pour une action énergique au dehors, sur ce nouveau gouvernement. « En somme, écrit-il, mon opinion est que, si les affaires de la Valteline s'accommodent le plus tôt possible, il n'y aura plus d'occasion pour que la paix soit troublée, parce que le marquis de La Vieuville et les autres ministres n'ont qu'une ambition : c'est de montrer au monde que ce que le chancelier n'a pu faire en quatre ans, ils l'ont terminé en quatre mois; et, quand ils auront atteint ce but, ils retourneront à leur nature, qui est d'accumuler de l'argent pour le roi et de ne point s'embarquer

debantur. » — Charles d'Angleterre, « *an tædio victus, an sponsionis pertæsus, an fato compulsus,* » revient en Angleterre, et la persécution reprend. Le Parlement prie le roi de laisser s'exécuter les anciennes lois dans toute leur rigueur; les prêtres sont chassés. C'est sur ces entrefaites qu'ont lieu les premiers pourparlers pour le mariage du prince de Galles et d'une princesse française. On répand en France le bruit que les catholiques anglais sont tous pour l'Espagne et qu'ils feront tout pour empêcher le mariage de France. — Nous reprendrons plus loin, au fur et à mesure des besoins de notre récit, l'analyse de ce petit mémoire.

1. Nonce, 22 mars 1624.
2. Nonce, 6 avril 1624. Voir aussi la dépêche du 22 mars.

dans des affaires au milieu desquelles leur autorité se trouverait amoindrie par suite de la nécessité de donner des emplois à d'autres [1]. »

Pendant que La Vieuville et ses collègues, dépositaires si jaloux du pouvoir, l'exerçaient avec moins d'habileté et même de résolution que leurs prédécesseurs, le pape tranchait la question de la Valteline d'une façon peu conforme aux intérêts de la France. Au commencement de mars, Urbain VIII fit voir à l'ambassadeur de France les articles qu'il avait établis et qui comportaient les conditions suivantes : démolition des forts de la Valteline, restitution du pays aux Grisons, concession du passage aux Espagnols pour aller d'Italie en Allemagne, interdiction pour les Grisons d'entrer en armes sur le territoire de la Valteline. Le commandeur de Sillery donna son adhésion personnelle à l'ensemble de ce compromis. Comment fut-il accueilli à la cour de France ?

« Je parlai hier soir, écrit le nonce, à M. le garde des sceaux et à M. le marquis de La Vieuville, et j'exprimai ma joie de voir une affaire aussi fastidieuse enfin arrangée par l'arbitrage de Notre Seigneur; je me mis aussi à louer M. le commandeur de Sillery de l'habileté avec laquelle il avait su faire disparaître une cause de si grands troubles pour le monde, conserver au roi sa réputation, affranchir les princes d'Italie; j'ajoutai bien d'autres choses, que le temps, qui me presse, ne me permet pas de développer plus longuement. Mais, quand ils eurent vu l'article relatif au passage, ils se prirent d'une solennelle colère contre l'ambassadeur, disant qu'il s'était permis de laisser modifier les premières conditions de Sa Sainteté, sans leur ordre; que l'on accordait aux Espagnols ce que l'on savait bien qu'ils désiraient au mépris de la France; car on leur concédait non seulement la faculté de sortir d'Italie, mais celle d'y rentrer; du reste,

---

[1]. Nonce, 22 mars 1624.

étant déjà révoqué, l'ambassadeur n'avait plus le droit de traiter quoi que ce fût. Ils se sont déclarés prêts à témoigner tout le respect possible à Sa Sainteté, à employer tout leur zèle pour lui être agréable ; mais dans cette affaire, ajoutaient-ils, le Saint-Père avait été poussé par l'ambassadeur, lequel avait déjà reçu la nouvelle de la disgrâce des siens; car on pouvait calculer qu'un courrier qui lui avait été envoyé par son neveu était arrivé à Rome avant le 26 février, et jusqu'à ce moment les lettres venues de Rome ne faisaient aucune mention d'un arrangement semblable à celui-là. Sans doute La Picardière [1] n'était arrivé à Rome que le 4 ou 5 mars; mais, en honnête homme, l'ambassadeur, qui savait ce qui s'était passé ici, ne devait ni ne pouvait plus s'entremettre des affaires. Aussi ne pouvaient-ils croire que l'ambassadeur eût donné son consentement à cette convention, d'autant plus qu'il écrivait lui-même que non, au rapport de M. d'Herbault, secrétaire d'État. »

Corsini supplia les ministres de ne point adopter de décision avant d'avoir pris plus ample connaissance des dépêches du commandeur; il leur fit observer que l'ordre donné à M. de Puisieux, pour qu'il fît savoir au commandeur de n'accorder aucune concession relativement au passage, n'était point parvenu entre les mains de M. de Sillery, et que non-seulement La Picardière n'était point porteur de la révocation du commandeur de Sillery, mais encore qu'il était arrivé à Rome quelques jours après la conclusion du tout.

Ces excuses pouvaient décharger dans une certaine mesure l'ambassadeur de France. Il est assurément difficile de savoir à quel moment au juste il put se croire sur le point d'être relevé de ses fonctions. Mais il n'était pas sans être tenu au courant depuis longtemps des menaces de disgrâce qui étaient suspendues sur les siens, et, quelle que soit la valeur des circonstances atténuantes qui furent produites en

1. Agent diplomatique envoyé à Rome aussitôt après la révolution ministérielle de février.

sa faveur par M. de Marquemont lui-même, quoiqu'il n'eût pas à se louer de ses procédés, il fit assurément preuve soit d'une légèreté, soit d'une indifférence blâmable.

Quant à la cour de Rome, elle mit à profit le désarroi qui se produit toujours, au moment d'une transmission de pouvoirs, pour essayer de faire prévaloir les intérêts espagnols, dont les siens étaient en somme inséparables. C'est bien ce qu'indique le nonce lui-même, lorsque, voulant dégager sa responsabilité, il insiste sur les circonstances suivantes : Au mois de février, le roi avait ordonné à M. de Puisieux de faire savoir au commandeur de Sillery que celui-ci ne devait, en aucune façon, entrer en négociation pour la liberté du passage jusqu'à nouvel ordre; l'expédition de cet ordre ayant été différée, et la disgrâce de Puisieux étant survenue, le courrier n'avait pas été envoyé; mais le nonce rappelle que le 16 du même mois, sur l'ordre de Sa Majesté, il avait avisé le Saint-Siège de ne point terminer l'affaire de la Valteline jusqu'à l'arrivée de M. de Béthune, le nouvel ambassadeur désigné, et que de plus il avait fait savoir par sa dépêche du 24 que le moyen terme consistant à laisser aux Espagnols le passage pour sortir de l'Italie ne plaisait en aucune façon aux ministres. « Conséquemment, dit le nonce, dans toutes mes dépêches, j'ai toujours fait connaître à Votre Illustrissime Seigneurie, qu'on ne voulait point souffrir ici que les Espagnols persistassent dans cette prétention et qu'on espérait que le Saint-Père les y ferait renoncer[1]. »

Les faits que précise le nonce font remonter à leurs véritables auteurs la responsabilité du traité relatif au passage. L'indignation, dans toute la cour, fut violente à cette nouvelle; le duc de Guise lui-même, considéré toujours comme un partisan des Puisieux, déclara que, s'il avait commis une erreur semblable à celle du commandeur, il ne répondrait

---

1. Nonce, 23 mars 1624.

pas de sa tête [1]. Mais le roi ne montra pas moins d'humanité à l'égard du commandeur que vis-à-vis du vieux chancelier, auquel il ne restait plus que quelques jours à vivre.

Nous avons ici encore à relever un détail dans les Mémoires de Richelieu; il rapporte que le projet de traité fut rapporté en France, lorsque le chancelier et le sieur de Puisieux furent éloignés de la cour, et que « *le cardinal fut appelé au conseil* »; et, sur cette dernière indication, Richelieu met dans sa propre bouche un long et habile discours politique sur les raisons qui devaient faire absolument repousser les concessions du Saint-Père aux Espagnols; or il faut retenir que, au moment où le gouvernement eut à statuer sur cet incident, le cardinal ne faisait, à aucun titre, partie du conseil, et que le roi répugnait de la façon la plus formelle, comme on le verra plus loin, à l'y faire entrer. C'est là un point d'histoire sur lequel il ne faut laisser subsister aucun doute. Assurément c'est le cardinal qui, le premier, devait oser un jour élever hautement les droits de la France à l'encontre des artifices du Saint-Siège; mais, suivant son habitude, le cardinal anticipe sur son rôle.

Rétablir la vérité des faits n'est point d'ailleurs diminuer la gloire de la politique hardie dont il devait être le promoteur; et aller jusqu'au bout des faiblesses et de la responsabilité de ses prédécesseurs, c'est rehausser par un contraste encore plus frappant son génie.

On ne voit point en effet que, durant les six semaines pendant lesquelles La Vieuville réussit à tenir encore écarté des affaires le cardinal de Richelieu, le gouvernement ait pris une décision propre à faire réfléchir les ennemis de la France. La diplomatie française ne parle pas avec plus de hauteur qu'autrefois; les ministres sont incurablement au-dessous de leur tâche; ils protestent, mais n'agissent point. C'est le spectacle auquel nous assistons dans les dernières

---

1. Nonce, 9 avril 1624.

dépêches du nonce Corsini, qui va laisser sa place à Mgr Spada, évêque de Damiette, alors en route pour la France. Le gouvernement avait sous la main Mansfeld; il continua à le tenir loin de la cour, sans le renvoyer cependant; le colonel Piblitz vint, au nom du célèbre aventurier, demander la permission de se présenter au roi; on ne la lui accorda point. On donna cependant à l'envoyé un collier d'or; on assura son maître de la protection royale, et on lui promit une pension. Mais le nonce, qui se plaignit aux ministres, reçut d'eux presque des excuses [1], et, quelques jours après, il pouvait se féliciter que ses réclamations eussent produit leur effet. « La Vieuville, écrit-il, s'étant abouché avec les ambassadeurs de Venise et de la Savoie, a déclaré que, si Mansfeld venait à la cour, il serait assurément fort mal reçu par Sa Majesté. Aussi lui a-t-on envoyé un courrier à Boulogne, où il était arrivé, pour lui dire de prendre un autre chemin. Il faut faire grand cas de cette démonstration, car il en résultera beaucoup de bien. En effet, les fauteurs de Mansfeld en Allemagne découvriront tous ses artifices et perdront toute confiance en lui. Sa venue à la cour pouvait produire d'autres mauvais effets; car il aurait aussitôt écrit à Gabor, et à ses autres correspondants du même genre, qu'il gouvernait le roi Très-Chrétien et qu'il aurait bientôt sur pied une grosse armée. Tout cela aurait donné du cœur aux hérétiques et aurait inquiété les catholiques. Maintenant il a le projet de passer par la France et d'aller en Savoie, et si les Génevois le lui permettent, ce que je ne crois pas, de séjourner un peu dans leur cité, afin d'y lever une armée de Bernois et de Français, et d'entrer avec elle en Franche-Comté et en Alsace, ce qui me paraît bien difficile; mais on saura bientôt ce qu'il veut faire. On ne saurait croire à quel point il est pauvre; car à Rotterdam, pour payer quelques dettes, il a été forcé de vendre le cheval

---

[1] Nonce, 22 mars 1624.

d'un de ses colonels, qui, dans son indignation, a révélé tous ses projets à une personne qui n'a pas manqué de m'en informer¹. »

La Vieuville était si incapable de prendre un parti quelconque, que, à la veille de partir, le nonce adressa une lettre au ministre et fit un discours au roi, pour les engager à ne pas prêter l'oreille aux suggestions du comte de Carlisle, ambassadeur extraordinaire d'Angleterre, qui allait sans doute les engager dans une ligue pour la restitution du Palatinat à Frédéric V; il leur recommanda aussi la protection des intérêts des catholiques anglais.

Corsini, qui avait toujours joué double jeu pendant sa nonciature, s'en alla sans savoir au juste quelle face allaient prendre les affaires. Intrigant jusqu'au dernier moment de son séjour, il vit, en passant à Montrond, le prince de Condé, que La Vieuville cherchait à ramener à la cour, pour l'opposer à la reine mère; et c'est là qu'il apprit que le roi venait d'admettre le cardinal dans son conseil étroit². Il se sépara d'ailleurs de Richelieu dans les meilleurs termes en apparence, comme le prouve cette lettre qui est la dernière du nonce que nous ayons à citer : « Je voulais supplier Votre Seigneurie, dit-il, de me remplacer auprès de Sa Majesté la reine mère, pour lui présenter en mon nom tous mes remerciements pour les honneurs qu'elle m'a faits, quand l'arrivée de votre secrétaire auprès de moi m'a imposé un nouveau devoir, celui de me tourner vers Votre Seigneurie même, pour la remercier du souvenir dont elle a bien voulu favoriser, dans sa libéralité, une personne qui ne l'a jamais mérité que par son respectueux dévouement. L'horloge, la montre, les étuis, la boule contre la peste³,

---

1. Nonce, 6 avril 1624.
2. Nonce, 4 et 7 mai 1624.
3. Nous traduisons le texte mot pour pour mot : « *l'orologio, la mostra, gl' astucetti, la palla contro alla pestilenza.* » Nous avouons qu'il est difficile de déterminer en français par des expressions exactes les derniers objets que mentionne le nonce. — 28 avril 1624.

ont été pour moi des cadeaux d'autant plus agréables, que dans chacun d'eux et dans leur bizarrerie même, je reconnais toute l'élégance d'esprit de Votre Seigneurie. »

On a peine à se figurer le cardinal de Richelieu sous l'aspect d'un homme qui aime à rire; n'y avait-il pas toutefois dans le choix de ces singuliers cadeaux, dont le sens nous échappe quelque peu, une ironie à l'adresse d'un personnage plus craintif qu'habile et qui, au moment où il quittait la France, paraissait, en allant flatter le prince de Condé, ne pas se douter que l'heure du pouvoir était sur le point de sonner pour Richelieu.

XI

RICHELIEU PREMIER MINISTRE

Le cardinal de Richelieu entre au conseil étroit. — Il n'a ni toutes les prérogatives ni toutes les obligations des ministres. — Richelieu revendique et obtient la préséance sur le connétable et sur le chancelier. — Faiblesse de l'administration du marquis de La Vieuville. — Les négociations pour le mariage d'Angleterre demeurent stationnaires. — Mansfeld à Saint-Denis. — Le gouvernement hésite à l'engager au service de la France. — Traité de subsides avec la Hollande. — Le marquis de Cœuvres envoyé en Valteline. — Le libelle *La voix publique au roi* attaque violemment le marquis de La Vieuville. — La disgrâce du marquis de La Vieuville. — Richelieu prend définitivement possession du pouvoir. — Résumé et conclusion.

(Avril. — Août 1624).

Nous touchons à la crise qui doit servir de dénouement à cette étude; il s'agit de préciser les circonstances au milieu desquelles Richelieu força l'entrée du conseil et s'éleva ensuite d'un bond jusqu'au poste de premier ministre.

Il n'y a guère dans l'histoire de morceau plus célèbre que le début du livre XV des Mémoires du cardinal. Richelieu expose que, après avoir refusé la présidence d'un conseil des dépêches pour les affaires étrangères composé de personnes qui n'entreraient point au conseil étroit, il se défendit également d'accepter le pouvoir lorsque le roi lui proposa l'entrée du conseil étroit même. On connaît les raisons et considérations qu'il déduit au long pendant plusieurs pages. Il faut en venir à la vérité même des faits. On ne saurait trouver de témoin mieux informé à cet égard que le résident florentin. Voici sa relation officielle [1] : « Le roi a ajouté dans le conseil étroit un nouveau ministre ; comme de graves résolutions se préparent pour les affaires étrangères, Sa Majesté a voulu fortifier ses autres ministres, qui sont tous nouveaux, de l'intervention et de l'assistance de M. le cardinal de Richelieu, comme étant un personnage de grande vertu et d'une grande valeur en général, mais aussi tout particulièrement doué d'une vivacité d'esprit, d'une prévoyance et d'une dextérité singulières, et parce qu'il est en outre homme d'expérience, ayant non seulement dirigé les affaires particulières de la reine mère, mais ayant encore auparavant, lorsqu'il était évêque de Luçon, exercé quelque temps, sous le gouvernement de la reine mère, la charge de premier secrétaire d'État de ce royaume. Cette résolution a été prise lundi matin 29 du mois dernier, Sa Majesté étant dans la chambre de la reine sa mère, seul avec elle, car c'est son habitude d'aller au lever de la reine pour la saluer et pour traiter secrètement des affaires avec elle. »

Voilà le fait apparent, tel qu'il fut connu au commencement du mois de mai. Mais, en même temps que cette information, le résident adresse à son gouvernement, sur une feuille à part, le détail intime, tel qu'il a pu le pénétrer, de ce grand changement :

« Le cardinal, dit-il, dès qu'il a eu la barrette rouge, a toujours été dans le désir d'entrer au conseil ; mais le chancelier et Puisieux, adversaires de la reine, craignant la dextérité et l'esprit dominateur de cet homme, l'ont toujours écarté. Quand ils furent tombés par le fait de la reine, celle-ci redoubla d'efforts vis-à-vis du roi, particulièrement depuis

---

[1]. Ambass. florent., 10 mai 1624. Voy. l'appendice, n° 10.

deux mois; mais, d'après ce que j'ai pu comprendre, le roi, tout désireux qu'il était de faire plaisir à sa mère, dans la poursuite de cette affaire, ne prenait aucune résolution, refroidi sans doute aussi par les ministres actuels, parce que cet homme est redouté de chacun comme en sachant trop et comme trop habile [1].

« La reine, pendant ce temps, se montrant peu satisfaite de ces irrésolutions, se tenait à Paris, sans aller à la cour. On jugea bon de la contenter, et comme le roi y inclinait fort, ce qui était le principal, on prit la résolution de faire entrer le cardinal au conseil; mais la jalousie des autres ministres doit être la cause d'une limitation qui a été faite, à savoir que le cardinal entrera au conseil pour y dire son avis sur les matières courantes; mais il ne pourra point, en qualité de ministre du roi, négocier dans sa maison ni y traiter avec personne des affaires de Sa Majesté [2]; et la raison en est qu'on ne veut point le laisser parvenir à cette autorité et à ce crédit, que, pour être cardinal et d'une intelligence naturellement éminente, il obtiendrait bien vite; et, par contre, les autres ministres veulent rester seuls en possession de l'autorité. Je considère comme une confirmation de tout cela un discours que voulut bien me tenir le cardinal sur son nouvel emploi. Sa façon de parler, ses gestes montraient évidemment une grande contrariété intérieure; il me représenta que cet honneur lui était arrivé sans qu'il l'eût recherché ni désiré, mais du propre mouvement de Sa Majesté, et qu'il aimait mieux une vie facile et tranquille que les travaux et les dan-

1. « Le roy, bien peu auparavant qu'il fust admis au conseil, le voyant passer dans la cour du château, dit tout bas au maréchal de Praslin, qui estoit auprès de luy : Voilà un homme qui voudroit bien être de mon conseil; mais je ne m'y puis résoudre, après tout ce qu'il a fait contre moy. Ce que le maréchal de Praslin redit à l'heure « même au maréchal de Bassompierre et à moy. » (Fontenay-Mareuil, *Mém.*, p. 175.)

2. Levassor, dans l'*Histoire de Louis XIII*, qui a souvent l'allure d'un roman plutôt que celle d'un livre d'histoire, est cependant, sur ce point particulier, fort bien informé; les détails qu'il donne sont absolument conformes à ceux du résident florentin. (Tome IV, p. 674.)

gers auxquels les jalousies et la malignité des hommes exposent ceux qui entrent dans les grandes affaires [1]. Pour cette raison et à cause de son peu de santé, n'ayant pu obtenir du roi d'être déchargé d'un si grand poids, bien qu'on lui fît un grand honneur, il avait, me disait-il, fait entendre franchement à Sa Majesté qu'il ne pouvait la servir, si ce n'est en allant écouter ses résolutions au conseil, quand sa propre santé le lui permettrait. Quant à négocier dans sa maison, où le repos lui était nécessaire, il ne pouvait le faire, ni recevoir chez lui l'affluence du peuple; il ne pouvait se soumettre à cette obligation, ses forces ne le lui permettant pas. En conséquence, le roi, sur sa prière de l'en dispenser, lui avait fait encore cette seconde grâce [2]. »

C'est bien là le thème développé au commencement du livre XV, soit vis-à-vis de La Vieuville, soit même devant le roi. Mais le résident florentin nous fait voir le cardinal dans une attitude bien différente de celle que Richelieu s'attribue : où le cardinal se représente n'acceptant qu'à son corps défendant les honneurs que le roi met à ses pieds, le résident nous le montre au contraire admis d'assez mauvaise grâce parmi les conseillers du roi, par Louis XIII lui-même, et cherchant à cacher son mécontentement par un habile travestissement des circonstances de son élévation. « Quiconque sait que le cardinal n'est pas aussi mal portant et qu'il est d'un caractère profondément ambitieux, dit encore le

---

[1]. Nous ne pouvons nous empêcher de faire observer la frappante analogie des termes rapportés par l'ambassadeur et de ceux que nous trouvons dans les *Mémoires* du cardinal reproduisant le discours qu'il aurait adressé à Louis XIII : « Ainsi il paraîtra que ce ne sera pas pour éviter le travail qu'on met les considérations susdites en avant, aussi peu *l'envie et la haine qui accompagnent d'ordinaire ceux qui ont part en l'administration des affaires publiques*, puisque le cardinal s'offre de bon cœur, quand Sa Majesté aura pris une résolution utile à son état, mais désagréable à quelques particuliers, de la leur dire franchement » (p. 289). On remarquera que l'expression de la même idée, sous une forme presque identique, sert au cardinal à indiquer des intentions toutes différentes; il accepte ici les inconvénients du pouvoir; et là il semble les fuir.

[2]. Voy. l'appendice, n° 9.

résident, jugera que dans cette affaire cette prétendue préférence pour un genre de vie tranquille a été une nécessité qui provient d'autres causes. » Ainsi Richelieu a voulu composer son personnage non seulement pour les contemporains, mais pour la postérité.

On doit s'attacher d'autant plus au texte de ce document que celui qui l'écrit n'a aucune raison de rabaisser le cardinal et qu'il prévoit bien que, pour avoir été introduit dans le conseil par une petite porte, Richelieu n'en était pas moins de taille à y prendre bientôt ses grandes entrées :

« Il doit lui suffire, dit-il, d'avoir été porté là; car avec le temps on acquiert beaucoup, et surtout quand on a son esprit. Sur ce sujet, voici ce que l'on pronostique : ou le cardinal de Richelieu trouvera bientôt le joint (*la gretola*) pour devenir le maître de tous les autres ministres, ou, resté exclu de toutes choses, il sera bientôt ruiné lui et sa maîtresse. Mais ce qui est un signe favorable, c'est que le plus grand nombre est du premier avis, que l'on fonde sur la bonne intelligence qui est véritablement établie maintenant entre le roi et sa mère, sur ce fait qu'il est cardinal, et qu'ainsi la succession du cardinal de La Rochefoucault lui est dévolue d'avance, mais par-dessus tout sur la valeur de son esprit, qui est jugée sans égale [1]. »

La reine mère se montra naturellement ravie d'un témoignage aussi public de l'affection de son fils. Ce fut la signification principale de l'arrivée de Richelieu au conseil. Louis XIII parut préoccupé dans le même temps, sans doute pour complaire à La Vieuville et pour contrebalancer l'influence du surintendant de la reine mère, d'offrir au prince de Condé un retour honorable à la cour, et il envoya Tronçon pour lui faire part de ce qui s'était passé et lui dire qu'il serait bien reçu. Le secrétaire du cabinet était chargé d'une autre mission significative : il devait en passant par

---

1. Ambass. florent., 10 mai 1624.

Sully voir le duc; le roi avait toujours l'idée d'appeler dans son conseil « ce grand homme d'État, ce grand ministre de feu son père. » On espérait toujours qu'il pourrait se faire catholique, comme on s'y attendait presque depuis deux ans, « et quand même il ne se convertirait pas, dit le résident florentin, il n'y aurait pas du tout lieu de s'étonner de le voir employé dans un temps où l'on va remuer tout ce que l'on pourra contre les intérêts de l'Espagne, et où l'on ne répugne pas à l'idée d'entrer en correspondance et union étroite avec les princes protestants d'Allemagne, et ce serait en même temps un moyen d'enlever aux protestants du royaume un puissant instrument dans le cas où, le roi se trouvant engagé dans des affaires au dehors, ceux-ci voudraient saisir l'occasion de troubler les affaires du dedans, pour se refaire de tous les dommages qu'ils ont récemment éprouvés. Tels sont les discours que l'on tient; quant au prince de Condé, on dit qu'il ne viendra pas [1]. »

Voilà un très curieux passage; il serait intéressant de savoir si l'idée de rappeler Sully provint de Richelieu; nous ne le croyons guère; c'était depuis longtemps une idée toute personnelle de Louis XIII; depuis qu'il raisonnait et comparait, la gloire du règne de son père lui semblait presque inséparable de la personne de cet illustre vieillard. Son nom en disait beaucoup plus que celui de Richelieu, au moment où il s'agissait d'une alliance avec les protestants. Aussi inclinerions-nous à penser que l'entrée de Richelieu au conseil coïncida avec le changement déjà arrêté dans l'esprit du roi, relativement à la direction des affaires étrangères, mais ne le détermina point. On vit arriver au commencement du mois d'août le duc de Sully à l'Arsenal où il fut reçu au bruit de salves d'artillerie. Mais tout se borna en somme à des démonstrations honorifiques. Richelieu,

[1]. Ambass. florent., 10 mai 1624. — Cf. Lettres de Richel. à Condé, 11 mai dans les *Pap. d'État*.

en s'appropriant la politique de Henri IV et de Sully, s'arrangea de façon à laisser retourner dans sa retraite le vieux ministre du père de Louis XIII.

Le cardinal, une fois admis au conseil, ne tarda pas à prendre une revanche énergique de la façon peu brillante dont il y était entré; il prétendit avoir le pas sur le chancelier et le connétable, et présenta à ce sujet un mémoire plein de faits et de raisons; il obtint gain de cause auprès du roi. Cette première victoire fut-elle aussi complète pour son amour-propre que le désirait le cardinal? On pourrait en douter, si l'on considère que le roi, pour régler le différend, signa un brevet dans lequel il était dit « qu'il commandait au connétable de céder la place qu'il prétendait au conseil, sur la très instante prière de la reine sa mère, à condition que cela ne serait point tiré à conséquence à l'encontre de lui ni de ses successeurs connétables, et ce, à un seul des cardinaux. » Richelieu dit que ce brevet (9 mai 1624), fait à l'obscurité, ne vit point le jour et fut sans effet. Nous ne pouvons pas croire qu'il ait seulement vu le jour dans l'*Histoire de Louis XIII* par Lecointe; Richelieu s'en montre trop offensé [1]. Mais les occasions de faire voir où était sa véritable place ne devaient pas lui manquer.

Au milieu de mai, le roi partit chasser à Compiègne, et la reine mère fit un pèlerinage d'action de grâces auprès de la Madone de Liesse. Les anciens ministres cherchèrent à rendre le cardinal odieux par le renvoi du gouverneur de Monsieur, le colonel d'Ornano; c'était la dernière créature du duc de Luynes qui fût encore en possession d'une charge importante à la cour. Il était bien vu dans l'entourage du roi et fort aimé du duc d'Anjou. Cette rigueur semblait une concession faite aux rancunes de la reine mère; mais, si l'on en croit Richelieu, La Vieuville seul fut l'auteur de cette disgrâce, qui d'ailleurs dura peu cette fois.

---

1. Voir dans les *Pap. d'État*, t. II, p. 6 sqq. *Mémoire pour la préséance des cardinaux*, puis le brevet dont il est ici question.

Pendant le temps que La Vieuville reste encore au pouvoir, il est évident qu'une main ferme ne dirige pas les affaires. Richelieu exprime d'un mot bien juste l'allure du gouvernement pendant cette courte période : « Toutes ses entreprises, dit-il en parlant du marquis de La Vieuville, se contredisoient les unes les autres, et comme un ivrogne il ne faisoit plus un pas sans broncher[1]. » Le ministre principal manquait en effet de netteté dans les vues, comme d'énergie dans les résolutions; le voisinage et la surveillance de Richelieu le gênaient et le paralysaient. C'est l'impression qui restera d'un examen attentif de la manière dont furent traitées les principales affaires sous son administration.

En effet, si nous envisageons d'abord la question du mariage espagnol[2], on verra, d'après les renseignements que nous allons extraire du résident florentin, que les résultats obtenus furent à peu près nuls. Le résident écrit le 24 mai : « On a d'Angleterre des nouvelles qui ne plaisent point, celles de nouvelles rigueurs exercées contre les catholiques. On n'en désire pas moins ici l'union avec la couronne d'Angleterre, afin de rompre tout ce qui peut rester d'intelligences entre cette couronne et celle d'Espagne. On dit que l'ambassade extraordinaire qui doit venir ici pourrait être encore différée quelque temps. En attendant, restera ici le capitaine de la garde du roi d'Angleterre, et l'on pense qu'il ne produira point la déclaration de sa qualité d'ambassadeur jusqu'à l'arrivée du comte de Carlisle[3]. L'ambassadeur ordinaire s'en retournera aussitôt qu'il aura présenté ces deux ambassadeurs extraordinaires. Les rigueurs exercées en An-

---

1. Richel., *Mém.*, p. 300.
2. Voir l'exposé des considérations que Richelieu aurait émises dans le conseil relativement à cette question, ch. XV, p. 289.
3. La *Brevis Descriptio*, citée plus haut, dit : « Le comte de Carlisle et le vicomte de Kensington sont envoyés en France pour demander la main de la princesse. » Kensington est le capitaine des gardes dont il est ici question; le résident florentin l'appelle Quinchenton; il y a évidemment une faute de lecture dans la forme Leusington donnée à ce nom par M. Avenel (*Pap. d'État*, t. II, p. 34, note 3).

gleterre contre les catholiques déplaisent aux Français pour la raison religieuse d'abord et ensuite à cause de leur réputation; car on voit bien que les Anglais, en mettant les catholiques dans une si malheureuse situation, ont pour but de s'écarter à un tel point des conditions accordées naguère aux Espagnols, qu'il n'y ait plus d'espoir de s'en rapprocher jamais; mais les Français ne voudraient pas rester en arrière des Espagnols. » Voilà où en étaient les choses à la fin du mois de mai. Le gouvernement anglais, se rendant bien compte des incertitudes de la politique française, se montrait fort récalcitrant à l'égard des tolérances pour le catholicisme; il retardait en conséquence l'envoi d'une ambassade extraordinaire du comte de Carlisle et se contentait d'entretenir en France un agent semi-officiel, le comte Kensington, pour traîner en longueur les pourparlers.

Si nous nous reportons maintenant à la dépêche qui est écrite plus d'un mois après la précédente, nous verrons à quel point la négociation était restée stationnaire. Nous ne voulons pas retrancher de cette dépêche des détails qui, sans avoir directement trait au sujet particulier qui nous occupe en ce moment, n'en présentent pas moins un véritable intérêt.

« A la fin du mois dernier, dit Giovanni-Battista Gondi, le roi est venu dans cette ville (Paris); il y est resté une heure pour la pose solennelle de la première pierre des fondations d'un bâtiment que l'on a entrepris d'élever pour la continuation du palais royal dit le Louvre [1]. Le roi est retourné tout de suite après à la campagne et est allé à Versailles pour y passer huit jours à la chasse.

---

[1]. « Le 28 vendredi. — Il monte à cheval à onze heures, part du Blanc-Mesnil, arrive à Paris à une heure, va au Louvre pour mettre la première pierre du pavillon, du côté du jardin, avec une médaille de la face et du revers du pavillon, avec lettre faite par M. Grotius, Flamand, homme très docte. Au partir de là, il est allé à l'Hôtel de Ville, y a goûté, y met la première pierre d'une fontaine que l'on avait fait venir en la place des eaux de Roungy, puis monte à cheval, va au galop à Versailles, y arrive à cinq heures, va à la chasse au renard, revient souper à huit heures. (Héroard, tome II, p. 295.)

« Les reines, désireuses de voir un peu Paris, et particulièrement la reine mère, à cause de la construction de son palais, dont elle poursuit l'achèvement avec une grande sollicitude et qu'elle va souvent voir elle-même, afin d'ordonner en personne beaucoup de choses [1], sont également venues ici. Le duc d'Anjou, frère du roi, est resté à Compiègne, ainsi que le conseil. On attend le roi aujourd'hui ou demain, et, sans s'arrêter beaucoup, il reprendra le chemin de Compiègne, ainsi que les reines. Les ambassadeurs sont aussi tous venus à Paris; ceux d'Angleterre sont logés et défrayés avec la splendeur accoutumée. Quant à l'affaire du mariage avec l'Angleterre, on attend des réponses par les courriers et par le secrétaire du comte de Carlisle [2], expédiés à Londres relativement aux difficultés qui se sont présentées ici et qui doivent être, à ce que l'on dit, les suivantes : non seulement on ne veut pas rompre ouvertement avec les Espagnols par une ligue formelle contre eux; mais, en ce qui est des conventions pour la religion, on insiste fortement sur la prétention d'avoir les mêmes conditions que l'Angleterre accordait

[1]. On peut lire dans les dernières dépêches du résident florentin des particularités fort intéressantes sur les soins apportés par la reine mère à l'ornementation de son palais. Le choix des tableaux qu'elle fait venir d'Italie, l'indication des sujets qu'elle veut fait traiter donnent lieu à une correspondance active entre elle et les ministres du grand-duc. Elle veut que ses parents de Florence lui fassent peindre des tableaux représentant des scènes de nature à glorifier les bons rapports de la maison de France et des Médicis, et à l'immortaliser elle-même. Elle demande un tableau qui rappelle les fêtes données à Florence à l'occasion de ses noces (Voy. notre ouvrage, *Henri IV et Marie de Médicis*, Paris, Didier, 1877); un autre qui rappelle l'occupation du château d'If par les troupes du grand-duc pendant les troubles de la ligue, et la restitution de cette forteresse à Henri IV. Elle apporte en somme dans ses commandes des préoccupations plus florentines que françaises, plus vaniteuses qu'artistiques. (Voy. l'appendice, n°⁸ 8, 16, 17.)

[2]. Cf. Heroard, t. II, p 294 : « *Le 4, mardi*. M. le comte de Carlisle, ambassadeur anglais, arrive pour le mariage de Madame, entre quatre et cinq heures. — *Le 5, mercredi*. A trois heures, le comte de Carlisle voit le roi à son audience première; le soir, il va chez sa mère et chez la reine. — *Le 6, jeudi*. Il donne audience à M. le comte de Carlisle seul, après va au conseil, puis chez sa mère; le soir, il va chez la reine. »

à l'Espagne, et les mêmes non seulement en apparence, mais au fond, et de plus, comme on ne veut pas rester en arrière des Espagnols, on veut que le prince de Galles vienne encore en personne pour épouser Madame. Et, comme il a dû sembler aux ambassadeurs que ces questions avaient besoin d'être traitées verbalement, ils ne se sont pas contentés de l'envoi du secrétaire qu'ils avaient expédié, et ont décidé entre eux que l'un des deux irait en Angleterre, ce qui est échu à milord de Kensington, qui est parti d'ici par la poste le premier de ce mois et dont on attend sous peu le retour[1]. »

Le départ d'un des deux ambassadeurs ralentit encore la négociation, dans laquelle on verra bientôt que La Vieuville n'apportait ni clairvoyance ni fermeté. Les mêmes hésitations se reproduisaient dans une affaire qui était connexe à celle du mariage anglais. Que ferait-on de Mansfeld, choyé par l'Angleterre comme le vengeur désigné du Palatin? « Mansfeld, écrit le Florentin, a été en Angleterre; il en est revenu chargé de caresses et de présents. On prétend ici à la cour qu'il a signé un traité avec le roi d'Angleterre, et qu'on lui a donné une somme d'argent pour lever une puissante armée qu'il conduirait en Allemagne pour le recouvrement du Palatinat. Quelques-uns veulent encore qu'on soit disposé à le laisser faire en France de grandes levées d'hommes, et qu'une des conditions du mariage avec l'Angleterre soit que cette couronne-ci donne également de l'argent à Mansfeld pour la même fin. Ce qu'il y a de certain, c'est que Mansfeld est à deux lieues de Paris, à Saint-Denis, et demain il doit aller à Grosbois, lieu de plaisance du duc d'Angoulême, et il attend la permission du roi pour venir voir Paris; jusqu'à cette heure, on n'a point voulu la lui accorder; on n'a pas voulu davantage lui permettre de se montrer à la cour, ni de voir Sa Majesté dans quelque endroit écarté. La plupart pensent qu'on n'use de cette sévérité que pour complaire aux ministres du pape et du roi

1. Ambass. florent., 6 juillet 1624.

d'Espagne, mais qu'on ne laisse point pour cela d'écouter sous main bien des propositions dudit Mansfeld et peut-être même de traiter avec lui. Où veut-il aller? On en parle bien diversement; les uns disent que c'est vers Genève et Berne, pour y mettre sur pied son armée et se trouver dans une situation favorable pour se porter en Franche-Comté ou pour entrer en Valteline si la France ne reçoit pas satisfaction dans cette affaire; d'autres disent que ce n'est pas de ce côté, mais dans les environs de Metz, qu'il formera son armée, pour passer directement en Allemagne et agir en faveur du Palatin seulement; en attendant, cet homme fait discourir chacun sur son compte et cause de grandes inquiétudes aux ambassadeurs d'Espagne et de Flandre, et vraiment il doit être un puissant instrument de fomentation contre les intérêts de la maison d'Autriche, et il y a pour elle un grand danger dans l'inclination naturelle qui croit de jour en jour ici dans un sens contraire à ses intérêts. « C'est d'ailleurs suivant l'issue des négociations actuellement pendantes en Angleterre que cette affaire prendra elle-même tournure [1]. »

On ne s'étonnera point, d'après ces dernières paroles, que, lorsqu'au milieu de juillet l'affaire du mariage semblait entravée, Mansfeld fût aussi peu fixé que six semaines auparavant sur ce qu'on voulait faire de lui. « Mansfeld, dit le résident florentin, se tient toujours au large de la cour, et c'est du succès de la négociation en Angleterre qu'il dépendra pour lui d'être ou de ne pas être employé [2]. »

La négociation qui marcha le mieux fut engagée avec les députés de la Hollande. Richelieu s'attribue le mérite d'avoir conseillé le traité de subsides qui fut conclu avec eux et d'avoir introduit dans les conventions une clause en faveur de la religion catholique. Nous ne le contesterons pas; nous remarquons seulement, que, dans un traité antérieur à celui que Richelieu indique comme portant la date du 29

---

1. Ambass. florent., 24 mai 1624.
2. Ambass. florent., 6 juillet 1624.

juillet 1624, l'alliance était contractée avec la Hollande, et la clause religieuse déjà admise. Or ce traité ne porte même pas la signature de Richelieu [1].

En Valteline, les choses restèrent en l'état; c'était cependant un progrès que d'avoir envoyé en Suisse le marquis de Cœuvres pour essayer de soulever les cantons contre les prétentions autrichiennes et espagnoles.

On jugera par tout ce qui précède, que, s'il y eut beaucoup de mollesse et de faiblesse même dans le fait de La Vieuville, il y a tout au moins de l'exagération dans ce résumé méprisant que le cardinal donne de la politique étrangère de son prédécesseur : « Il promet aux Espagnols que Mansfeld ne viendra point; que le mariage d'Angleterre ni le traité avec la Hollande ne se feront point; de se contenter que le roi d'Espagne ait les passages par la Valteline, pourvu qu'il les demande. »

L'ambassadeur de Venise dont on sait que les instructions tendaient à faire sortir la France de sa réserve, ne s'exprime point, tant s'en faut, avec la même dureté que Richelieu sur le compte de La Vieuville : « Le marquis, dit-il, a toujours été porté vers les résolutions généreuses et, pendant le temps de son ministère, la France a montré au monde qu'elle était décidée à maintenir sa réputation, et

---

[1]. Articles accordez et convenuz entre le roi de France et les ambassadeurs extraordinaires de messieurs les Estatz des Provinces-Unies. (Bib. Min., Mss. X. V, 36.) Alliance offensive et défensive :

    Prêt de   1 200 000 livres en 1624
    »   100 000   —   1625
    »   100 000   —   1626

Pour la religion romaine, il est convenu que l'exercice en sera permis dans la maison de l'ambassadeur, c'est-à-dire aux Français seulement et non aux Hollandais.

Signé : Lesdiguières, La Vieuville, Bouillon, Henri d'Essen, Nicolas de Bouchert, Adrian Favis, J. de Bostzeler et d'Aspren.

Cf. Ambass florent., 6 juillet 1624 : « Les ambassadeurs de Hollande sont venus à Paris, et après en leurs expéditions pour les subsides ont reçu chacun un collier d'or de douze cents écus et sont repartis pour leur pays. »

à prendre la défense des intérêts de ses amis et alliés, chose à laquelle n'ont jamais pensé ses prédécesseurs depuis une longue série d'années [1]. »

La politique intérieure du marquis de La Vieuville causait aussi de grands mécontements; on lui reprochait sa hauteur, sa présomption, ses paroles irrévérencieuses à l'égard du roi; un libelle célèbre intitulé : *La voix publique au roi*, et que l'opinion attribua au cardinal de Richelieu, bien que le résident florentin le défende d'être homme à s'abaisser jusqu'à de certains moyens, fut porté à la connaissance du roi; il est certain que cet écrit contribua singulièrement à précipiter la chute du surintendant; tous nos témoignages sont d'accord sur ce point. La Vieuville commit la faute de se mettre au plus mal avec un personnage qui n'abusait pas de son influence et qui s'en servit cette fois de la façon la plus active contre lui : nous voulons parler du maréchal de Bassompierre qu'il accusa de rece-

---

[1]. Ambass. vénit., 22 août 1624. Voy. l'appendice, n° 15.
[2]. Nous extrayons quelques mots des passages les plus significatifs de ce libelle. Après avoir loué le roi d'avoir rendu à la reine mère sa place dans le conseil, l'auteur continue par cette attaque contre le cardinal de La Rochefoucault, destinée évidemment à faire valoir Richelieu : « Quant au cardinal de La Rochefoucault, c'est un prélat digne véritablement de grande considération; car, s'il fait ou tolère le mal, on dit que ce n'est à mauvaise intention, son esprit et son corps n'allant qu'en tant que les Pères le poussent, employant toutes les forces de son âme non aux affaires de vostre royaume, mais bien au soin d'introduire par toutes vos villes une fourmilière de couvents au lieu des églises que feu son grand-père a ruinées; comme aussi à convertir avec l'argent du clergé force ministres en compensation de tant de pauvres catholiques que son père a assommez durant les guerres civiles de la religion. » L'apologie suivante de l'autre cardinal membre du conseil, de Richelieu, ne peut être attribuée qu'à une plume bien dévouée ou bien intéressée : « Pour le cardinal de Richelieu, les courtisans le tiennent raffiné jusques à 22 carats, et les clair-voyans ont opinion que son naturel courageux l'engagera à bien faire pour avoir de la gloire; car, étant habile et prudent comme il est il n'y a point d'apparence qu'il aille chercher autre appuy qu'en l'autorité légitime de Votre Majesté ny autre subject pour employer la grandeur de son esprit que dans la bonne conduite de vos affaires : autrement tout le monde lui coureroit sus et seroit descrédité à jamais, qui est tout ce qu'il doit appréhender. Quelques autres ont encore cette espérance, qu'étant issu d'un père

voir pension des Espagnols. On trouve dans ses Mémoires et dans ceux de Richelieu des détails circonstanciés sur la révolution qui, six mois après les Brûlarts, fit tomber aussi La Vieuville. Redoutant le sort qui l'attendait, le marquis voulut enfin se démettre; Louis XIII le maintint à son poste, afin de pouvoir lui infliger une disgrâce plus dure que celle des ministres que La Vieuville avait fait tomber. Nous laissons la parole au résident florentin, qui ajoute sur ce point quelques traits nouveaux à ceux que nous ont fait connaître les historiens du temps :

« Le pronostic fait à la cour, il y a quelques mois, au marquis de La Vieuville, de sa chute prochaine, est, en somme, devenu vrai; il a été, il y a trois jours, déposé par le roi de sa charge de surintendant général des finances; et on l'a fait conduire en toute hâte de Saint-Germain au château d'Amboise, sous la conduite de M. de Tresmes, capitaine de la garde du roi, dans un carrosse à six chevaux, escorté de trente arquebusiers à cheval.

« On discourt beaucoup sur cette chute; les uns l'attri-

bon Français et qui comme fidèle subject a si dignement servy Henri III durant les furieuses bourrasques de la Ligue, il imitera un si brave cavalier; et que sans s'arrêter aux intérêts d'Espagne ni des cagots il embrassera ceux de Votre Majesté, comme un autre cardinal Georges d'Amboise, afin de relever cest état menassé de toutes parts de ruines évidentes, s'il n'y est généreusement, je répète encore généreusement et promptement remédié. »

Voici maintenant une attaque des plus vives contre La Vieuville :

« Pour ce qui est de la personne du marquis de La Vieuville, on dit que plusieurs des siens s'efforcent de persuader au monde qu'il est très habile homme; mais il a ce malheur que personne n'y veut ajouter foy, non plus qu'aux nouvelles de l'arrivée de la flotte d'Espagne. Il est copieux en telles conceptions; mais sa tête ressemble à ces cavaliers des pays méridionaux qui ne conçoivent que du vent. »

Après avoir dénoncé son « agitation perpétuelle d'esprit et un changement perpétuel de desseins », le pamphlétaire ajoute :

« Le bruit est partout, Sire, que La Vieuville fait le maréchal d'Ancre, le Luynes, le Puisieux et la Puisieuse tout ensemble, présumant tant de lui que dans votre conseil il entreprend de proposer, délibérer et résoudre tout. » — La Vieuville est encore accusé de « conserver monsieur le prince pour un dernier usage à la fortune. » L'auteur termine par cet avis : « Que le cardinal sçache que le surintendant le craint comme le diable et le hait comme la mort. »

buent à l'hostilité générale de la cour; les autres disent que le coup est venu du cardinal de Richelieu, parce que celui-ci aurait acquis la certitude que le marquis commençait à lui donner des crocs-en-jambe. Mais la véritable raison doit être celle que le roi a fait connaître au Parlement de Paris [1], à savoir : que cet homme s'était arrogé trop d'autorité; que, dans plusieurs affaires graves, il en avait fait à sa tête et qu'il avait donné des ordres aux ministres du roi à l'étranger, et des réponses aux ambassadeurs des princes à cette cour, à l'insu de Sa Majesté, et sans en avoir même fait part aux autres ministres du roi; on rapporte en particulier qu'il aurait dit à l'ambassadeur extraordinaire du roi d'Angleterre, milord Rich, de continuer à travailler sur le sujet du mariage projeté, et qu'il fallait là-bas accorder les conditions demandées pour le fait de la religion, afin de sauver ici les apparences; car c'était tout ce que l'on demandait, et la France s'en tiendrait satisfaite [2]; mais, pour le fond de l'affaire, l'Angleterre ferait en somme ce qu'elle voudrait. La chose a été portée à la connaissance de Sa Majesté par l'intermédiaire de son ambassadeur à la cour d'Angleterre; cette manière de voir étant tout à fait contraire aux intentions de Sa Majesté et souverainement préjudiciable à sa conscience et à sa réputation, lui a si extraordinairement déplu que, à partir de ce moment, non seulement le roi a commencé à devenir plus ferme que jamais sur la prétention d'obtenir les mêmes conditions que l'Espagne, mais qu'il s'est mis à faire des sorties contre le ministre assez osé pour avoir pris sur lui de manifester une intention pareille à l'ambassadeur d'Angleterre. En effet, on dit qu'à Compiègne Sa Majesté a interrogé

---

[1]. Voir cette lettre dans Avenel, t. II. p. 25. Elle est citée dans plusieurs autres collections (Cf. Lettre du roi à M. le Marquis d'Effiat. Ibid., p. 20.)

[2]. « La Vieuville disait que le roi avait pour indifférent le traitement que le roi de la Grande-Bretagne ferait aux catholiques et que ce qu'il en parlait n'était que pour la forme et pour contenter le pape et les catholiques en France. » (Richel., Mém., p. 293.)

elle-même et séparément tous ses ministres sur ce fait, et qu'au bout de quelque temps elle a acquis la conviction formelle que le coupable était le marquis, bien que celui-ci ait présenté la chose sous un autre jour.

« On dit encore que c'est lui qui a fait venir Mansfeld, à l'insu de Sa Majesté, et qu'il a aussi donné au conseiller Marescot, qui doit aller en Allemagne, des ordres et des instructions différentes de celles que lui avaient expédiées les secrétaires d'État, sur l'ordre du conseil. On ajoute tant d'autres griefs aux susdits que, en définitive, tout ce qui n'est pas suivant le bon ordre est mis sur son compte.

« Dans l'administration des finances, toutefois, quoi que disent les libelles contre lui, la cour ne pense pas qu'il ait mal agi, si ce n'est en tolérant que son beau-père, M. de Beaumarchais, trésorier de l'épargne, ait guidé ses mains [1]. »

Richelieu est loin de se montrer aussi indulgent que le Florentin; il énumère les malversations que la chambre des finances instituée bientôt après la chute du marquis aurait relevées à sa charge. Ces assertions sont difficiles à contrôler; il est certain toutefois que le marquis de La Vieuville avait une disposition toute particulière pour les tripotages financiers; car lorsque, après une vie très agitée, il eut, au commencement du règne de Louis XIV, retrouvé sa place de surintendant, on le voit retenir l'argent des rentiers pour subvenir aux dépenses de la cour. Il y a de l'unité dans cette assez triste carrière.

La chute de La Vieuville mit incontestablement le cardinal de Richelieu au premier rang; son grand ministère commence à partir de cette date [2]. Il est curieux de savoir ce qu'après

---

1. Ambass. florent., dép. du 16 août 1624. Voy. l'appendice, nos 11, 12, 13, 14, 15, les dépêches de l'ambass. vénit., qui confirment l'ambass. florent.

2. C'est au mois d'août 1624 seulement que les pièces recueillies par M. Avenel ont un caractère officiel, si nous en exceptons celles du court ministère de 1617. La responsabilité de Richelieu ne commence qu'à partir de ce moment.

tant de disgrâces successives on augurait à la cour de la durée du nouveau ministère. « Le cardinal de Richelieu, écrit le résident florentin, étant resté le maître, l'autorité de la reine mère se trouve complètement établie aujourd'hui par ces éliminations successives de ministres. Il n'y a plus d'ennemis pour lui faire obstacle, plus de jaloux pour la dénigrer. Il est vrai que le cardinal, se trouvant maintenant plus exposé aux coups de l'envie et de la malignité, s'il ne tient pas bon, s'il ne sait pas résister avec prudence, court le risque d'être victime des premiers troubles qui, suivant les vicissitudes ordinaires, peuvent naître dans cette cour, et le dommage pourrait atteindre jusqu'à la reine. Il semble cependant que Sa Majesté soit en train d'établir les fondements de son autorité sur l'amour de son fils, qui extérieurement se montre plein d'attention pour elle et qui montre, par les effets, que ses sentiments intimes correspondent aux apparences. Autant qu'il est humainement possible de prévoir l'avenir, ce nouvel édifice ne s'écroulera point aussi facilement que les autres [1]. »

En effet, cet édifice ne devait pas s'écrouler; mais qui aurait pu prévoir que celle qui en paraissait encore le fondement le plus solide serait un jour renversée, après avoir déployé tant de persévérants et courageux efforts pour porter le cardinal au point où nous le voyons maintenant ? Quant à Richelieu, il était sûr de lui et de l'avenir : « Ces fréquents changements sont du désordre, dit-il à l'ambassadeur vénitien ; mais la règle sera telle à l'avenir que l'on connaîtra le bon ordre et les avantages qui en résultent [2]. »

---

1. Ambass. florent., 13 août 1624.
2. Ambass. vénit., 15 août 1624.

La révolution du 13 août 1624 nous amène à la fin de cette étude. Nous avons fait voir comment pendant trois années le gouvernement de Louis XIII fut indécis dans sa marche, inconstant et incertain dans le choix des dépositaires du pouvoir. De Luynes au prince de Condé, du prince de Condé aux Brûlarts, des Brûlarts à La Vieuville, l'incapacité devient de plus en plus grande. Le premier prince du sang, qui conduit l'expédition contre les huguenots du Midi, montre dans la guerre plus de violence que de talent militaire. Le chancelier et son fils Puisieux signent avec eux la paix boiteuse de Montpellier et se décident à contracter, pour chasser les Espagnols et les Autrichiens de la Valteline, la ligue de Paris; mais des préoccupations égoïstes, l'amour de l'argent, le soin de raffermir leur pouvoir menacé les rendent incapables d'agir au dehors. La Vieuville, qui croit jouer les autres, se laisse prendre au piège; ses imprudentes habiletés de politique extérieure, ses profondes combinaisons de cour échouent misérablement. Cependant la considération de la France, dans un temps si troublé, diminue de jour en jour. Louis XIII le sent, le voit; il connaît l'homme que l'opinion lui désigne comme à la hauteur d'une aussi grande tâche que celle du relèvement de ses affaires à l'intérieur et au dehors; mais il ne l'aime pas, et son grand ministre ne lui est imposé que par la force des choses.

En montrant la main de Richelieu dans toutes les intrigues diverses qui renversent les uns sur les autres les fantômes arrivés au pouvoir pendant ces trois années qui font, entre le connétable de Luynes et le cardinal-ministre, un véritable interrègne, nous ne pensons avoir diminué en rien la gloire d'un des plus grands hommes de notre pays. De son temps, on ne parvenait aux honneurs que par l'intrigue et on ne s'y soutenait encore que par l'intrigue; il dut, pour arriver, faire comme les autres; qui oserait lui en faire un reproche? Mais il se maintint, contrairement à ses prédécesseurs, par la seule force de son génie et par la hauteur de son caractère. Ils avaient subordonné les intérêts du pays à des considérations personnelles; Richelieu fit passer avant tout la gloire de son prince et la grandeur de la France. Le secret de l'ascendant qu'il réussit à exercer sur Louis XIII est là tout entier.

Le cadre de ce travail ne nous permet pas d'aborder l'histoire du second ministère de Richelieu; mais cette étude resterait sans conclusion, si nous n'indiquions en quelques mots ce que le cardinal fit dès le début pour la solution des différentes questions sur lesquelles nous nous sommes étendus dans ce livre.

A l'intérieur, un nouvel édit sur les duels fut un premier rappel à l'obéissance adressé aux nobles du royaume; la réorganisation de l'administration des finances, par la suppression du titre de surintendant, et la répartition des fonctions de cette charge entre trois directeurs, MM. de Champigny, de Marillac et Molé, diminuèrent le gaspillage, commencèrent à reconstituer les ressources dont le manque avait souvent paralysé les efforts du roi soit au dedans, soit au dehors, et assurèrent au cardinal la haute main dans cette partie considérable de l'administration publique.

En ce qui est des affaires extérieures, toutes les négociations importantes que nous avons vu traîner en longueur reçoivent ou une impulsion vigoureuse, ou une solution. On sort des difficultés du mariage d'Angleterre par un traité qui engage formellement l'honneur de la couronne britannique en vue de la protection des catholiques. Par contre, Mansfeld est pris à la solde de la France, qui promet sa coopération pour le recouvrement du Palatinat. Enfin le marquis de Cœuvres, envoyé comme ambassadeur en Suisse, fait révoquer les capitulations de Milan et de Lindau, et, à la tête des contingents helvétiques, rend le Saint-Père moins indécis en mettant ses garnisons hors de la Valteline, tout en lui renvoyant ses enseignes. Par là était enfin obtenu l'exécution du traité de Madrid et terminée la comédie diplomatique si longtemps jouée par Madrid, Rome et Milan en Valteline.

Sans aucun doute, Richelieu put profiter de l'expérience et des travaux de ses devanciers[1]; car, on a pu s'en convaincre en nous lisant, la plupart de ces affaires furent longuement, trop longuement sans doute étudiées avant lui. On n'en sera pas moins frappé de ce fait qu'à la fin de l'année 1624 étaient résolues conformément aux intérêts de la France les difficultés dont la faiblesse, l'inertie, les malversations des ministres et peut-être la corruption étrangère avaient différé le règlement pendant l'époque dont traite cette étude. L'œuvre imparfaitement ébauchée pendant trois ans fut faite en trois mois.

---

1. « Il prit tout ce qu'il y avait de bon dans tous les gouvernements précédents et non pas leurs faiblesses. » Fontenay-Mareuil, *Mém.*, p. 176.

APPENDICE

N° 1. — Analyse et extraits de la biographie de Grégoire XV, par Amayden.

« Gregorius XV. Pont. Max. obiit die 8 julii 1623.

Après avoir dit que la famille des Ludovisi, à Boulogne, était « non ampla », *l'auteur ajoute :* « Comitum titulo pro gentis more indigetantur Ludovisii non quod castrum aliquod cui inhæreat comitatus possideant, sed quia Bononiæ qui civilitatem aliquo temporis cursu præscripserunt comitis nuncupationem pro libitu assumant, non alio plerumque auctore quam nutrice, ut in dicterium transierit : Comes est, ergo Bononiensis : Marchio est, ergo Ferrariensis. »

De cette famille sortit Alexandre ; il vint à Rome sous le pontifical de Grégoire XIII, son concitoyen. Il commença par plaider, fut juge capitolin, puis, sous Clément VIII, devint lieutenant du cardinal-vicaire et auditeur de rote ; il s'acquitta louablement de ces dernières fonctions ; Paul V le fit archevêque de Bologne.

« Quia eodem tempore Allobrox Mantuanum armis aggressus esset, idem pontifex archiepiscopum eo delegat Bononiensem, ut rem inter Sabaudum et Mantuanum componat, delinito Hispano. Nihil tamen effecit, quinimmo nec illius ulla habita ratio, quod pontificis animum non leviter pupugit, arguentis irreverentiam erga virum qui sibi merito subrogari posset.

« Retulit mihi Joannes Andreas Castellanus, qui et modo superstes est, et Ludovisio quoquo tempore summe familiaris, quod cum adhuc judicis vicarii munere fungeretur sub cardinale Rusticuccio, præstigiatorem quemdam eum pertranseuntem admiratum esse et in hydria effigiem Ludovisii ostendisse infulâ et pontificalibus ornatum. Cùm una aliquando rusticaremur, Ludovisius joci causa asellum ascendit ;

compositi gressus, manus in benedictionem attollens; quod ille ad Christi exemplum referebat, reliqui illico ad præsagium pontificatus retulerunt; immo illemet publice dictitabat nullum sibi esse dubium de pontificatu assequendo, modo consequatur cardinalatum.

« Cardinalium albo adscribitur, dum adhuc obiret munus Isnubriæ legationis; inde Romam venit, ubi paucos menses commorans suam repetit ecclesiam, non tam ut muneri incumberet quam ut per absentiam omnem propulsaret invidiam, et occasionem tolleret simultatum et offensionum. Quamvis enim Bononienses in universum industrii sint ad fingendum et in omnem simulationis modum, ut rem suam agant, probe compositi, attamen conducere rebus suis ratus est, si absens nullum indicium dederit conceptæ ambitionis.

« Vix Bononiam venit, cum ad curiam remittit Ludovicum Ludovisium suum ex fratre nepotem qui primo referendarium numero adscribitur, deinde congregationi boni regiminis status ecclesiastici, mox sacræ consultæ supremæ rector, honores conferri soliti prælatis magnis magistratibus functis, non junioribus ac tironibus ut tunc erat Ludovisius.

« Moritur Paulus V pontifex; Alexander cardinalis Ludovisius archiepiscopus Bononiensis, data opera, non prius urbem ingreditur quam cardinalibus ad comitia ingressis et eadem illa vespera, quarto cardinalatûs sui anno, quod paucis contigit, summus pontifex, rejecto Camporeo, renunciatur.

« Sane cardinalis de Marquemont (quem virum ego sæpius honoris et auctoritatis causa adduco) cum cardinalem Bononiensem quondam collegam suum pontificem renunciatum videret : multum, inquit, pro sua tenuitate consecutus est, quia videlicet agnoverat hominem in scientia debilem, et tamen circumferuntur ejus decisiones quæ a viro docto notis illustrari meruerunt, tantum interest collegiis adscribi et collegarum virtute juvari.

« In primo quod Gregorius convocavit consistorio, Ludovicum nepotem Ludovisium cardinalem et archiepiscopum Bononiensem dicit, translata pensione Burghesio reservata in archiepiscopatum Ravenatensem tunc ob mortem Petri cardinalis Aldobrandini vacantem et cardinali Capponio collatum. Decessit Aldobrandinus in ipsis comitiis improvisa fere morte, quæ largam dedit magistratuum, munerum et ecclesiasticorum beneficiorum vacationem, quæ omnia uni cesserunt Ludovisio, omniaque illa pinguia sacerdotia quæ Aldobrandinus toto et diuturno Clementis pontificatu congesserat, sua fecit una die, e quibus ei redirent longe ultra centies centena millia.

« Hæc ipsa et summa auctoritas rerum per patruum in eum collocata juvenis animum suapte natura elatum transversum egerunt ut omnia ista sibi virtutique suæ debita existimaret, et palam præ se ferret. In præsentiam sufficiat dixisse omnem regiminis molem Ludovisio impositam fuisse et pontificem nonnisi conservationi sui ipsius et quieti totum se dedisse, ut dicterium ipsius ad suos in publicum prodierit : Pascite me et vobis pro libitu divitias quærite. Ita effectum omnino ; nullæ enim omissæ artes acquirendi nummi.

« Officia curiæ venalia non distrahuntur, ut solet, numerata pecunia in emere volentes, sed nulla mora interposita conferuntur Ludovisio, ne videlicet antequam reperiatur emptor, patruus senex et caducus inexpectato decedat, et illa relinquantur successori, quo tam exacto rei quærendæ studio effectum, ut parvo quoque tempore emerentur nedum magnatum latifundia, villæ et rura et principum in urbe palatia, ac ingentes horti, sed municipia et magni pretii castra : Pianum trecentis quinquaginta, Zagarolam octingentis et sexaginta aureorum millibus, summa sane regno comparanda acto, et hæc quidem paucorum mensium spatio, ut fortuna omnes divitiarum gazas in Ludovisios effundere visa sit. »

Amayden flagelle ensuite l'ambition démesurée de Ludovisio : il voulait faire porter à 100 le nombre des cardinaux. « Deinde per Benedictum Justinianum jesuitam examinatum an pontifex sibi possit eligere successorem. » *Le pape meurt dans le 29ᵉ mois de son pontificat, environ à l'âge de 73 ans.*

« In legali scientia mediocris fuit, ut sæpius mihi testatus est cardinalis de Marquemont. Reliquum in communi vita lenis erat, immo comis amicisque perfamiliaris, nec jocos et scommata deseruit Bononiensibus peculiaria; mane quodam, cum de communibus amicis cum eo sermonem haberem, duos ex iis præcipuos dixi cardinalatu dignos et Sanctitatem suam toti curiæ rem gratam facturam si illos promoveat. Tum ille : Hispaniarum rex, inquit, non nisi unum singula possit postulatione. Suffusus ego rubore tacui.

« Constantis animi argumentum exhibuit Gregorius cum, misso cardinale Verospio ad Cæsarem, cardinalem Klesselium carceri mancipatum sibi tradi, nullo admisso subterfugio juberet; facinus pontifice dignum et a Paulo V neglectum. »

Après la mort d'un médecin qui l'avait contraint à observer un régime des plus simples, Grégoire XV se laissa aller et mourut, dit Amayden : « Nimium pastus. »

L'impartialité d'Amayden est évidente; il loue ce qu'il y a de bien dans le pontificat de Grégoire XV, par exemple de n'avoir pas voulu ne créer cardinal que son neveu Ludovisio dans la première promotion, et de n'avoir pas voulu à ses derniers moments compléter le collège des cardinaux. Marquemont cite également ces deux faits dans sa correspondance.

N° 2. — Dépêche du nonce, relative a la frivolité de l'entourage d'Anne d'Autriche.

23 février 1622.

« Sono tenuti di risponder i principi de costumi e dell' attioni di coloro che stanno loro d'attorno, si che tal volta per loro bonta e simplicita si tiranno addosso il biasimo di quelle cose delle quali sono innocentissimi. Cosi e intervenuto alla regina regnante, la quale non havendo nell' animo cosa che contravenga alla sua grandezza et alla purita delle sua conscienza, col sopportar benignamente la liberta piu che francese d'alcune dame ch'ella per la lor qualita e obligata d'amare, ha dato occasione di mormorare in tanto ch'a me ne stato fatto intendere che conviene all'offitio meo procurar che vi sia messo remedio, accioche pervenendo agli orecchi del re per rapporti di persone maligne non entrasse in sospetto di maggior male e se ne sentissero scandoli dannevolissimi a tutta la christianita. Molte signore de principali vivendo troppo licentiosamente in presenza di lei, et usando senza ritegno la lingua in conversatione d'altre dame non meno dedite a passatempi non contengono le loro speranze dentro a cancelli della modestia e della convenevolezza, onde se ne teme horribili moti. Sono da alcuni pregato di operare che la regina intenda come ella e sottoposta alle maledicenze del popolo e d'altri, che si procuri di slontanar da se la principessa Madamosella de Virnoglio, la vedova e la sorella del morto contestabile; nel che io mi trovo in un grandissimo laberinto; ma perche quelle persone che me n'hanno parlato sono genti del consiglio et altri familiari, et affinatissimi di questa principessa, che ajuterano a rimediare, mi risolvo trattarne col confessore di lei molto accortamente, conoscendo con quanta delicatezza si devono toccare certe materie; ma la grandezza del pericolo e la consideratione degl'inconvenienti acerbissimi, che ne possono sopravenire non lasciano che io mene scusi del tutto come dovrei. »

N° 3. — Dépêche de l'ambassadeur florentin, relative au renouvellement de la mésintelligence entre la reine mère et le prince de Condé.

12 mars 1622.

« Fece il principe di Condé hieri sera l'altra la sua commedia, et la regina madre sebene non haveva punto voglia di trovarvisi, nondimeno pregatane instantissimamente fino in tre o quattro volte dalla regina giovane, per compiacerle et anco per non far credere al Principe che non vi volesse andare per dispregio di lui, acconsenti finalmente di andarvi et cosi avvicinandosi l'hora, sali sopra nelle stanze della prefata regina giovane, et fermandosi quivi in camera di sua maesta per intrattenersi un poco con lei, et con le principesse della corte che vi erano quasi tutte, fino a che fussero chiamate: et ecco monsignore Rucellai che comparisce, et benche vedesse la regina madre, non lascio per questo di mettersi innanzi et vicino di detta regina a quatro passi, con cominciare a guardarla con faccia ardita fisso fisso.

« La collera si risenti subito a sua maesta onde le venne un gran rossore al viso; Rucellai se ne accorse, come fecero tutti quelli ancora che erano presenti, et nell' istesso tempo si e messo a discorrere con la principessa di Conde et di Conty, mezzo sorridendo insieme. La regina che dubito, che si ridessero del suo cambiamento di volto, irritata interamente chiamò il Sig^r Bonoil che era ancora egli quivi, et li comando di andare a dire a Rucellai, che si levasse davanti, et che non li avvenisse piu di trovarsi dove ella sarebbe. Bonoil obbedi, et Rucellai subito si ritiro in un altra stanza.

« Andarono poi le loro maesta alla commedia, et finita che fu si ritirarono nelle loro stanze. Monsignor Rucellai entro poi nella stanza della commedia, et ando a trovare il principe de Conde, al quale raccontando quanto li era successo lo prego a volerlo tenere nella sua protezione, et di volere supplicare il re, che in somma sua maesta volesse parlare della medesima alla regina sua madre per vedere di placarla, poiche non era potuto riuscire ne al cardinale della Valletta ne al duca di Bellegarde, ne a tanti altri signori che se ne erano intromessi di ricevere questa grazia.

« Il re rispose a Conde che non manco di andare subito a parlagliene, che sapeva che la regina era talmente esacerbata contro Rucellai che non voleva trattare di questa cosa; ma il Principe insistendo sempre et proponendo che sua maesta mandasse alla regina per fare questo offizio il presidente Jannin, ma che la maesta sua quasi nell istesso tempo v'andasse ancora ella, er mostrando d'arrivarvi a caso, con la occasione di vedere il presidente quivi, entrasse ancora ella a parlare del negozio; fece tanto esso principe che il re acconsenti, et cosi hieri fu mandato alla regina subito che fu levata il presidente suddetto; quale esponendo la sua commissione entro la regina in tale escandescenza che il povero presidente vecchio rimase tutto attonito e disse sua maesta fra le cose piu essenziali, queste: che Rucellai l'haveva offesa troppo sensibilmente in molte et molte occasioni e che pero non gli perdonerebbe mai, et che si teneva tanto piu maggiormente offesa, quanto che egli era suddito della sua casa serenissima, et che il re doveva piu tosto farlo gastigare che procurarli il perdono, ma che sapeva bene che cio non veniva da S. M.ta, ma dal principe di Condé che per fare displacere a lei, ne haveva presa la protezione. Pero, polche esso principe si tirava cosi apertamente gia la beffa verso di lei, poteva aspettarsi, dal canto suo, una corrispondenza simile in tutto et per tutto.

« Su questo arrivo il re et innanzi che cominciasse a parlare, la regina lo prevenne con dire, che si maravigliava grandemente come egli si fusse lasciato indurre dal principe di Conde a darle un displacere si estremo quanto era quello di averlo voluto fare parlare in favore del Rucellai, che l'aveva, per dire come disse lei, tradita, schernita et gridata, di piu dentro, et fuor del regno, et comincio a dire su ogni cosa che haveva sul cuore, di che ne ha fatto poi far una scena che e di otto fogli, quale penso di havere fra due giorni et la mandero quanto prima, et che non solo non voleva dimenticare queste ingiurie, ma ne domandava giustizia a sua maesta, et che se non gliela faceva, sarebbe stata in necessita di farsela da se, et ci havrebbe fatto distendere per terra il Rucellai.

« Il re, vedendola in una collera cosi grande, rispose : Madama, vostra maesta non si incollerisca; io non vengo per parlarle in favore del Rucellai, ne per darle disgusto alcuno, ma le diro bene che mi pareva che ella si potesse passare di mostrare il senso che ella mostro eri sera nella stanze della regina mia moglie, perche mi parrebbe che ella si havesse a contentare che Rucellai non entrasse nelle stanze della M.a V.a, come non vi entra.

« La regina soggiunse : Io lo feci a posta per mostrare alla regina mia nuora, che ella come piu giovane mi ha da portare rispetto, perche mi accorsi bene, che ella era consentiente che Rucellai venisse comme venne a vedermi a quel modo sul viso; ma non importa, non entrero mai piu in quelle stanze.

« Il re ebbe un poco per male di vederla irritata contro la moglie, et disse mezzo fra denti una cosa simile a questa : che ella si havrebbe havuto a contentare di essere padrona in casa sua, ovvero, che a ogni uno piace di essere padrone in casa sua, o cosa simile, et che quanto a principe di Conde non haveva tanto potere sopra il suo spirito, che l'haveva mai a potere indurre a perdere l'amore et il rispetto a lei, che li era madre, et madre che amava tenerissimamente.

« A questo la regina soggiunse con molte lacrime, che gia haveva cominciato a spargere che era risolutissima di non si volere piu lasciare mettere il piede sulla gola da nessuno, et fusse che si volesse ; peroche sua maesta procurasse che il principe di Conde non si mettesse a questa impresa perche vederebbe di aiutarsi ancora ella et che quanto a Rucellai non ne parlerebbe piu, ma se del fatto suo non ricercava soddisfazione, li havrebbe fatto conoscere quanto la temerita sua fosse stata troppo grande.

« Il re non rispose altro, et sebene dette buone parole alla madre, si vidde che egli se ne usci piu presto in collera che altrimenti. Di li a poco torno sua maesta dalla madre per licenziarsi poiche se ne andava a S. Germano dove si tratterra ancora quattro a sei giorni; et la regina, che non era tanto in collera, disse a sua maesta: Per quello che e successo di avere lo usato di superiorita in camera della regina, me ne displace, et prego sua maesta et lei di scusare la mia collera et di imputare tutta la colpa al Ruccellai, che mi veniva come ogni uno vidde, a farmi lo affronto che mi fece cosi sfacciatamente, et di quello che per questo rispetto possa toccare alle maesta vostre sono pronta a darne loro ogni conveniente soddisfazione. Ma per quel che riguardi il Ruccellai, non mi quietero mai, che non sia soddisfatto a me esemplarmente come e dovuto, et soggiunse che se egli fusse stato franzese, o servitore attuale di sua maesta, l'havrebbe comportato piu pazientemente, ma che egli era forestiero et suddito della casa di lei et non servitore attuale di lui, ne meno servitore necessario, ne utile in conto alcuno ne alla maesta sua, ne alla Francia, anzi al contrario, non era buono ad altro che a seminare zizanie; et che sua maesta, considerasse di quante male conseguenze potesse essere cagione il comportare che il principe di Conde non havendo altro in che potere fare dispiacere a lei, s'ingerisse di volere proteggere il Ruccellai et per questo verso mettere una divisione nella corte.

« Il re non rispose altro, se non che le farebbe dare contento, et se ne ando. La sera poi perche questa dichiarazione aperta di nimicizia fra la regina et Conde venne a notizia di ogniuno, tutta la corte si divise et si risvegliarono le fattioni della regina et di Condé, che per ancora erano andate dissimulando le loro passioni; alla regina andarono i duchi di Longavilla, di Nemours et di Vendome, et il gran Priore di Francia, ad offerirsi scopertamente, et il conte di Soisson, ma questo sottomano, ne fece ancora egli il simile, et si dice che non solo si sieno offerti di servirla sempre contro Conde, ma aggiungono alcuni che Vendome specialmente offerisse ancora di fare ammazzare il Ruccellai.

« Ma la regina non ha voluto dare cagione di maggior disordine, ne in questo particolare, ne in altro, et gli ringrazio del buon animo che havevano di assisterla, ma che vivendo ella nella protezione et benivolenza del re suo figlio, non sarebbe stato necessario ch'havesse havuto ricorso ad altri.

« A Conde ando il duca di Guisa et il fratello, et dall' una et dall' altra parte poi molti, et molti signori. Il re ha Conde seco et non lo lascera mai partire da lui per ogni buon rispetto. Intanto il duca di Bellegarde va innanzi et indietro per vedere di raggiustare le cose, et monsignore nunzio ancora se ne intromette; et si crede che la cosa si accomodera cosi, che Conde lascera la protezione di Ruccellai, et conseguentemente la regina si pacifichera con detto Conde; et che Rucellai per un tempo si ritirera dalla corte, et se ne stara alla sua abbazia; sebene la regina sta ancora forte sul punto che egli habbia a uscire del regno: Ma il vescovo di Lusson che deve temere che questo intrigo non guasti le cose della sua promotione e tornato qui, et si impiega quanto piu a fine che la regina si plachi et si contenti di quello potra et monsignore nuntio la esorta a rimettere il tutto liberamente nel re, perche per questa via l'obbligera tanto piu a darle la soddisfazione che desidera, se non hora, almeno fra qualche poco di tempo, quando ella placidamente chiedesse che Ruccellai fusse rimandato in Italia.

« Questo e tutto il fatto che io racconto nudamente come e passato, per quanto ho inteso da monsignore nuntio, dal Sir di Marillac, che hoggi e il primo dopo Lusson nella confidenza della regina, et dal segretario di sua maesta, pero siccome rappresento il tutto senza alcuna sorte di passione, cosi supplico V. S. Illustrissima che questo avviso resti solo dove ha da restare, affine che niuno possa cavare fuori che io havessi scritto contro monsignore Ruccellai.

« Le cose della regina andavano troppo bene senza questo nuovo intoppo, che bisogna dire, che la sua mala fortuna non sia ancora finita di sfogarsi, et veramente ella ha un potente nemico, il principe di Conde, che, e per la sua nascita et per la sua assiduita grande appresso il re, ha grande autorita nel governo et nella corte; ma senza questo procedere altiero et superbo del Ruccellai non sarebbe mai nato questo accidente, per qualsifusse protettione che il principe havesse voluto pigliare di lui. »

N° 4. — Dépêche du nonce sur les causes de la paix de Montpellier et sur le départ du prince de Condé pour l'Italie.

14 octobre 1622.

« Scrissi ultimamente a V. S. Ill.ma ch'il trattato della pace era alquanto raffreddato, e cio feci sopra il fondamento ch'in un consiglio tenuto a 7 s'era assolutamente deliberato di non porger orecchie all'impertinenze degli ugonotti. Ma il giorno seguente degli 8 fu veduto uscir pur del consiglio il sig. principe di Conde tutto turbato e collerico dicendo : qualcun me la paghera. A 9. S. E. parti di notte dalla corte et arrivato in Arles mi spedi un huomo a posta con l'incluso biglietto avvisandomi di voler venire in Italia, per lo che stimai dover trasferirmi, sicome feci, in Arles per parlar seco et intender meglio la sua volonta, et egli ha poi voluto stamane venir meco in Avignone, di che ho dato subitamente conto alla corte per toglier tutt'i sospetti. La cagione della sua partita dice esser stata per haver veduto le cose cosi disposte alla pace che non potendovi rimediare, ha chiesto licenza a S. M^{ta} di far questo viaggio affinche non si possa mai dire ch'egli habbia o prestato il consenso o trovatosi presente a cosa tanto obbrobriosa. Et in effetto a 9 entro il duca di Rohano in Monpolieri per proponer le conditioni et indur quei cittadini ad accettarle e se bene l'istesso giorno, et anco tutt' hieri tiro semper il cannone furiosamente, nientedimeno egli ha riportato hieri a S. M^{ta} che le conditioni erano state accettate, onde S. M^{ta} spera d'entrar domenica che saremo a 16 in Monpolieri et a Nimes, Castres et Uzès dovran mandare un gentilhuomo. Le particolarita d'essa pace per ancora non si sanno, ma si credono tali, quali puo concedere un re infastidito della guerra e desiderosissimo di ritornare a Parigi a far volare i falconi in quelle belle pianure e da consiglieri timorosissimi della morte e dell' incommodita a gente ostinatissima et informatissima dell' intentione d'ogn' uno. Si dice che sia universale, cioe per la Roccella ancora e per Montalbano, il che reca maraviglia perche in questo tempo l'armata di S. M^{ta} era di 20 000 uomini e 10 000 s'aspettavan'ancora di Borgognona e di Sciampagna, che sono in camino. L'armata di mare era bellissima et fatta con gran spesa et ogni cosa invitava piu tosto alla guerra che alla pace. Questa manifattura e stata del contestabile il quale e peggiore ugonotto che quando ne portava il nome, e dalle sue attioni le persone disappassionate lo riconoscono facilmente; ma il vanto d'haverne condotto e persuaso il re si deve al sig^r di Pisius. Credono i piu sensati che questa pace non sia per durare perche gli heretici per lor natura sono vendicativi et ostinatissimi, et havendo conosciuto la debolezza del consiglio, quando il re sara slontanato, cominceranno a sollevarsi di nuovo e rivoler quel che fin qui hanno perduto. Piaccia a Dio ch'il tutto si converia in maggior utile della religione e bene del regno et honor del re.

« In tanto il sig^r principe di Conde partira domattina alla volta di Torino o post domani al piu lungo; di la se ne passera a Milano, a Venetia, a Parma, a Modena, a Bologna, a Loreto, a sadisfare un voto, a Roma per baciare i piedi a N. S. e se ne ritornera per Firenze e per Genova; si fermera pochissimo per luogo disegnando trovarsi a Lione avanti Natale e vuol venire incognito per non esser messo in necessita di complimento e di spese, ma non gia perche la sua persona non sia conosciuta come lo potra raccogliere dal suo qui incluso biglietto. Egli porta dispacci del re per tutto, disegnando al suo ritorno ritirarsi in corte e ripigliare il suo logo in consilio regio, accioche conosca ciascuno ch'egli non parte senz'espressa e buona licenza del re. Desidera pairticolarmente che V. S. Illma et N. S. sappiano quant' egli e bene merito della religione sperando per questo dover esser meglio raccolto; e in verita, che lo merita, poiche ha molti buoni pensieri, come sentira da lui. Egli e nemicissimo del sig. di Pisyeulx et del Comm^{re} di Sillery e per conseguenza non si vuol fidare dal cardinale Bentivoglio e m'ha con grand' instanza domandato di chi egli si possa fidare in tutte le sue cose et io gli ho detto che solamente a V. S. Illma e percio viene benissimo disposto verso la persona sua; della natura sua altre volte ho discorso nelle mie lettere; replico hora che egli e di grand ingegno, di gran memoria, prontissimo e vivissimo, e che si come nel suo corpo non si trova fermezza, cosi molte volte si desidera anco nell' animo. L'interesse e in lui di gran forza e coltiva quell' amicitie che possono servirgli a suoi fini. I costumi assai osseguenti al senso, benche non lascia pur d'havere buona conscienza, la quale non ha tanto potere che lo ritenga spesso dal satiare i suoi appetiti; finalmente egli e primo principe del sangue, e doppo al re, che non ha per ancora figliuoli e doppo il duca d'Angiu, ch'e di poca sanita, la corona cade sopra la sua testa. »

N° 5. — BREF DU PAPE AU CARDINAL DE RICHELIEU A L'OCCASION DE SA PROMOTION AU CARDINALAT.

« Gregorius P. P. XV.

« Dilecte fili noster salutem,

« Non modo virtuti præmium tribuere, sed catholicam religionem novo præsidio communire et apostolici senatus decora augere voluimus, dum christianissimarum majestatum suffragationi annuentes, te nuper cardinalitia purpura decoravimus. Etenim si triumphos iis militibus prudenter castrensis disciplinæ leges decernebant, quorum fortitudo Reipublicæ propugnaculum atque hostium excidium fuerat, merito amplissimam dignitatem tu nuper in romana Ecclesia consecutus es. In eâ enim colluctatione quæ nobis est adversus Principem tenebrarum, sapientia ac pietas tua gladius salutis in istis regionibus habitus est ad hæreticorum ferociam refringendam et faciendam vindictam in populis non credentibus. Quare fruere, dilecte fili noster, non solum regalis patrocinii et pontificiæ beneficentiæ testimonio, sed etiam fama meritorum tuorum. Adeo enim laudum tuarum splendor in christiana republica nitebat, ut totius Galliæ interfuisse videatur virtutes tuas sacris gloriæ ornamentis insigniri. Ea enim plerumque ad hominum mentes alliciendas majus momentum faciunt quam ipsa, detractis phaleris, nuda virtutis pulchritudo. Tibi vero adeo gratum accidisse hoc tuorum meritorum præmium et nostræ voluntatis documentum vehementer lætamur. Scito autem gratias a te cumulate nobis tunc relatum iri, cum tui te similem præbens, religionis dignitatem in Gallia amplificaveris atque hæreseos vires contuderis, nullis difficultatibus exterritus, sed super aspides et basilicos ambulans confidenter. Tanta a te beneficia romana ecclesia exigit atque espectat. Nos autem ea certissime sperantes paterna te charitate amantissime complectimur atque apostolica benedictione communimus.

« Dat. Rom. ap. sanct. Mar. Major, die 3 nov. 1622, Pontific. secundo. »

Nº 5 bis. — Bref du pape au roi a l'occasion de la promotion de Richelieu.

« Gregorius P. P. XV.

« Charissime in Christo fili noster salutem.

« Provinciarum saluti ac principatus gloriæ reges illi sapienter consulunt, quorum patrocinium est virtutis aut præmium aut incitamentum. Ejusmodi fama haud difficulter populis felicitatem parare potest. Cum enim regiam voluntatem omnes fere demereri cupiant, facile conjicere possumus quæ eorum studia futura sint, si ad eam consequendam non nisi per bonas artes aditus patefiat. Ejus laudis quam cupida sit majestas tua, nuper Lucionensis episcopi cardinalatus declaravit. Ei enim præsuli regiæ preces suffragatæ sunt, cujus sapientia catholicæ religionis propugnaculum et hæreticæ temeritatis flagellum in Gallia habetur, qui præstabilius semper existimavit amplissimas dignitates mereri quam adipisci. Quare cum illum in apostolicum senatum nuper legimus, majestati tuæ gratificantes et romanæ Ecclesiæ decora augere et gallicanos antistites ad tantæ virtutis imitationem inflammare voluimus. Gaudemus autem id gratum obtigisse Majestati tuæ in quam de catholica religione merentem et majorum tuorum labores et triumphos fortiter æmulantem, illustriora semper exstare curabimus pontificiæ charitatis monumenta. Ap. M. T. benedictionem amantissime impartimur, Deum orantes ut juventutem tuam uberrimo christianarum virtutum proventu et regnorum istorum felicitate lætificet.

« Dat. Rom. ap. S. Mar. Major, die 4 nov. 1622. Pont. secundo [1]. »

N° 6. — Dépêche du nonce exposant la géographie des passages d'Italie en Allemagne par les Alpes.

6 juillet 1623.

Les Français veulent que, suivant leur ancienne ligue, le passage à travers la Valteline soit libre pour eux seuls et leurs alliés. Les Espagnols veulent qu'il devienne libre pour tous les princes.

« Nel vero se si guarda il tutto attentamente non pare che cio si dovesse disporre meglio che con lasciare in liberta delle quattro Leghe il darlo e negarlo a chi si sia, purche il principe cattolico fosse, perche cio sarebbe piu a favore della loro liberta, della giustitia e meno offenderebbe i Francesi che tengono gia la confederatione con Grisoni, et in virtu di essa possono haverlo per loro et ajutarsi poi con le loro diligenze, accioche a niuno lo concedano, si come all'incontro possono gli Spagnuoli et Venetiani guadagnarsi gl'animi di quelli genti et impetrarlo ad ogni bisogno.

« Ma poiche V. S. nel suo discorso ha presupposto che un passo solo in quell' Alpe e che questo sia in potesta de Valtellini, mi convien dirle che sono due se non tre e l'uno cosi distante dall'altro che si possono condurre eserciti dall' Alsatia e dalla Germania in Italia, senza che gl'uni impediscono gl'altri.

« L'uno camino e quello della Valtellina, il quale partendosi del lago di Como a Colico et al forte di Fuentes se ne va a lungo il corso della corda nel contado di Bormio e quivi piegandosi alla destra, sali il monte Brolio e per le valli di Santa Maria e di Monasterio sene va ne i Grisoni e nel Tirolo et in Germania e se li piega alla sinistra, se ne va nel Trentino et anco per Valfurba puo arrivare nel Tirolo senza toccare ne il paese de Grisoni, ne quello de Venetiani, benche le strade sieno malagevoli.

« Per la qual ragione, mentre la Valtellina fosse in potesta d'altri o delle genti delli paesi non possono il Grisoni impedire che dal Trentino et anco dal Tirolo non si condurrano genti in Italia, ma il padrone della Valtellina puo bene vietare che a Venetiani non passino genti loro amiche e privarli d'ogni soccorso.

1. Bib. Corsini. Cod. 713. Miscellan., p. 53.

« L'altro camino si e quello della valle di Chiavenna, e da quel ramo del lago Lario detto di Chiavenna, se verra per la valle di Bregaglia nell' Egnadina superiore e poi calando nell' inferiore, va' nel Tirolo et in Germania, overo della Bregaglia et dell' Egnadina superiore volgendosi alla sinistra passa per Alpe Julia nella valle del Reno verso Coira, e puo andare nelli Swizzeri e nella Germania.

« Aggiunse di sopra il terzo camino, perche andandosi per la valle di Chiavenna, prima che si giunga al Borgo di essa si piega alla sinistra per la valle di San Giacomo e si passa la montagna della Spuglia dalla quale calandosi nella valle del Reno, si camina per tutti li paesi de Grisoni e perche questo viaggio per andare d'Italia ne Grisoni e piu breve et anco piu frequentato, benche la montagna sia malagevole, ma percio che ambe due queste vie riescono alla Ripa di Chiavenna e ch'il forte della Ripa signoreggia ancora l'una e l'altra.

« Posto questo che e verissimo, io dico a V. S. che per la via dell' Egnadina, Bregaglia e Chiavenna possono venire eserciti fino allo stato di Milano, senza che i Valtellini l'impedischino, anzi questa strada e tenuta migliore e piu spedita in guisa che vengono e vanno a tempi nostri tutte le mercantie per essa, ne per questo si e adoprato il duca di Feria a farle venire per il contado di Bormio, e per la Valtellina, come dicono che gia vi andavano, ha potuto muovere i mercanti tedeschi a lasciarla gia usata da loro forze, perche i cavallari e conduttieri sono tutti Grisoni poveri et vogliono tenere il commercio nel paese loro, ma anche al tempo degl' antichi Romani apparisce dalle reliquie delle strade e delle fortificationi loro, che tenevano la medesima via.

« Possono dunque i Francesi col mezzo della confederatione de Grisoni etiamdio che questi non fussero padroni della Valtellina haver passo dell' Alpi per Italia senza che possa loro esser concesso da niuno. Similmente potranno li Spagnuoli, quantunque fussero privi del nuntio della Valtellina, perche con la necessita delle vettovaglie et del commercio constringono i Grisoni ad esser loro amici, per cavar quante genti vorranno della Germania.

« A i soli Venetiani si chiede ogni strada togliendosi loro il transito della Valtellina, ma oltre a cio non mancono altri camini per venir di Germania in Italia senza toccare li paesi dell' Austriaco. V'e l'ordinario frequentissimo di Lugano e Bellinzona e della montagna di San Gottardo per andare nelli Svizzeri, il quale e tutto in potesta di questa natione, e vi e l'altro della Vallesia per li cui disegni si perviene nel Lago Maggiore, e percio il duca di Feria cerca con ogni studio di confederarsi con quelle genti.

« E anco a Vossignoria quattro o cinque strade non una sola, senza quella di Trento e del Tirolo per le quali pur troppo i Barberi hanno l'entrata della Germania in Italia, onde si schema grandemente l'importanza e la reputatione della Valtellina, e si toglie il timore all' Italiani e quindi si puo dire a Francesi che se si vogliono contentare d'havere un passo, il migliore che vi sia, egli non potra mai venir loro meno, mentre Chiavenna si rende a Grisoni, et essi mantengano la confederatione con loro, ma se vogliono impedire che niun altro che essi medesimi che non hanno Stati di qua dei monti vi possa far venir genti, non lo conseguironno gia mai se non fosse in carta per questi patti facciano con Grisoni et Valtellini; li Spagnuoli et Venetiani per ragione di commercio e de denari loro ne caveranno alla fine tutto quel che vorranno, come l'esperienza de tempi antichi l'ha dionostrato. »

N° 7. — DÉPÊCHE DU NONCE RELATIVE A LA DISGRACE DES BRÛLARTS.

10 février 1624.

Le nonce, à la suite de la révolution ministérielle, a eu une audience du roi dans laquelle il lui a demandé ce qu'il devait en écrire à Sa Sainteté.

« Mi rispose subitamente che voleva ch'io intendessi per l'appunto come il neg° era passato, per doverlo scrivere giusto com'gli raconterebbe e comincio :

« Io ho mandato Tronson mio secret° a dir loro ch'egli e gran tempo che m'erano fatte molte querele del fatto loro e ch'io non havevo mai voluto porgervi orecchie; ma che multiplicando giornalmente e di cose concernenti il mio servitio, m'havevano reso l'animo assai sospeso, sforzandomi dentro me medesimo di non volerle credere. Ma che in fine ell' erano venute a tal eccesso che doppo d'haverle ben verificate e tocche con mano, non potevo far di meno d'ordinar loro che sene ritirassero alle lor case fuora della corte. Ma che se si sentivano innocenti e se credevano potersi giustificare, ch'io volentierissimo l'ascolterei e che in tal caso non occorreva che partissero di Parigi ma che s'addirizzassero al Parlamento, che darei ordine che fosse lor fatta buona e favorevole giustitia. Il cancelliere altro non rispose se non che m'ubbidirebbono, e replicando il mio secret° che cosa doveva risponder per conto del giustificarsi, egli non replico altro se non che m'ubbidirebbono e partirebbono di Parigi e cosi fecero hiermattina senza voler cimentarsi alla giustificatione. Le cose poi che mi hanno mosso a questo sono l'havermi celato la maggior parte dei negozi che passavano per le lor mani, e l'haver ritenuto per se medesimi gran quantita di quei denari dei quali si dovevano pagar le pensioni agli stranieri com' in Alemagna, in Fiandra, in Italia e molt' altre cose e cosi scriverete a S. Sta. »

N° 8. — Dépêche de l'ambassadeur florentin relative aux commandes de tableaux faites par la reine mère pour l'ornement du palais du Luxembourg.

29 mars 1624.

« Io referij subito alla maesta della regina madre quanto mi veniva comandato di farle intendere per parte delle loro Altezze intorno a dieci quadri; in proposito dei quattro che ella haveva detto di voler pagare, et sua maesta, mostrando con molta benignita di esserle accettissima l'amorevole et cortese dimostrazione delle altezze loro, mi comando di fare loro intendere che ella le ringraziava affettuosissimamente di cosi bel regalo, che le volevano fare con il donarle l'ornamento intero per il suo gran gabinetto; et che come di cosa inviatale dalla serenissima sua casa et che havrebbe anco rappresentato azioni eminenti di essa, avrebbe goduto sempre nell animo suo di lasciarne nel suo proprio palazzo cosi nobile memoria.

« Et inoltre mi comando di scriverle che ella s'offeriva con altrettanta prontezza a loro altezze, se desiderando esse qualche cosa di queste parti, se ne fussero con altrettanta liberta, ch'a fatto ella verso di loro, lasciate intendere, perche avrebbe sentito sempre gusto particolarissimo di poter mostrare alle altezze loro la dovuta corrispondenza dell' ottima sua volonta.

« Feci vedere a sua maesta la nota delle quattro istorie gia cominciate, et le piacquero interamente, et in particolare quella degli aiuti stati mandati a Carlo nono; che ella domandandomi, di che sorte et in che maniera fussero stati, le dissi, per un poco, di sovvenire che hebbi d'avere sentito discorrere, che havevo inteso essere stato un soccorso di 2000 fanti et 400 cavalli mandato sotto il comando di un tal signore di casa Santa Fiora, il che le gusto et disse che sarebbe stato bene di fare notare in un canto della tela il numero; et poi soggiunse che poiche loro altezze volevano pure dare l'elezione a lei dell' istorie ell' havrebbe avuto caro che fussero state per i sei quadri restanti, quattro di azioni della serenissima casa, della sorte simile a quella dell' aiuto dato a Carlo nono, et in particolare se fussero state verso la Francia; et mette in considerazione se si avrebbe potuto rappresentare qualche cosa sopra castel d'If... che fu conservato dal serenissimo granduca Ferdinando al re marito di lei, per far vedere una memoria della buona intelligenza passata fra quei due gran Principi, et avverte che fra queste azioni della serenissima casa non vorrebbe che s'entrasse nelle cose di Siena perche questi Franzesi non dicessero che ella facesse trofeo di cosa nella quale questa nazione andò al disotto. Et piu presto in luogo di questo, se vi restera luogo nelle quattro tele, si metta qualche bella impresa di mare, fatta dalle galere di loro altezze. Et nelle altre due restanti vorrebbe, cioe in una qualche cosa che rappresentasse la magnificenza dei suoi sponsali in Fiorenza, et nell'altra il suo imbarcamento a Livorno per Marsilia, in che havrebbe gusto che si potesse rappresentare la ricchissima galera reale sopra la quale ella venne. Et che il tutto fusse fatto vago il piu che fusse possibile con invenzioni. Che e quanto mi occorre dire sopra questa materia.

« Et bacio a V. S. Illustrissima reverentemente le mani. »

« Di Parigi, 29 mars 1624. »

« Alla V. S. Illma et Clarissima alla quale replico per esplicarmi meglio che delle azioni della serenissima casa da rappresentarsi nei sopra detti quattro quadri, quelle sarebbero piu grate a s. maesta, che potessero far vedere, et ricordare a i Franzesi che la Francia non sia senz'obblighi alla casa serenissima di sua maesta. »

N° 9. — DÉPÊCHE DE L'AMBASSADEUR FLORENTIN, RELATIVE A LA RENTRÉE DE RICHELIEU DANS LE CONSEIL.

10 mai 1624.

« Vedra V. S. Illma nel foglio degli avvisi quel che io narravo circa la introduzione del cardinale di Richelieu nel consiglio che e conforme a questo che se ne discorre comunemente, ma havendo io penetrato qualche cosa di piu particolare, ho giudicato a proposito, nel dare avviso di farlo cosi a parte.

« Il cardinale, da che hebbe la berretta rossa, e stato sempre con il desiderio di entrare in consiglio, ma il cancelliere et Puysieux contrari della regina et temendo la destrezza et spirito predominante di questo huomo, gli lo impediron sempre. Cascati essi per mezzo della regina, ne ha fatto lo sforzo maggiore verso il re, et da due mesi in qua in particolare; ma il re, benche desiderasse, per quanto ho compreso, nel rinvenir questa cosa, di compiacer la regina sua madre, tuttavia non risolveva niente, raffreddato forse anco dai ministri presenti, perche insomma quest' huomo e temuto da ciascuno come quello che ne sappia troppo et sia troppo lesto.

« La regina per tanto, di questa irresoluzione mostrandosi mal soddisfatta, se ne tratteneva cosi in Parigi senza andare in corte. Ma essendosi poi giudicato bene di contentarla, et a questo inclinando assai il re, che e stato il punto principale, si risolvette la sopradetta introduzione del cardinale, ma la gelosia degli altri ministri deve avere operato che cio sia con questa limitazione che il cardinale s'habbia da contentare d'entrare in consiglio per dirvi il suo parere sopra le materie occorrenti, ma non habbia a potere a guisa del ministro del re negoziare in casa sua, ne trattarvi con alcuno dei negozi del re, et cio senz' altro, per non lo lasciar venire in quella autorita et in quel credito che per essere egli cardinale et di spirito eminente per natura, verrebbe; et all' incontro gli altri ministri mantenervisi soli. Et cio lo riscontro ancora dal discorso che mi volse fare un di il cardinale sopra questo suo nuovo impiego che dal modo del parlare et dai gesti pareva che si conoscesse evidentemente la contrarieta poi che era dentro et rappresentava che cio li fusse successo senza haverlo ne cercato ne desiderato, ma solo da proprio moto del re, et che egli piu cara havesse la vita piana et quieta che la travagliosa et pericolosa per le invidie et malignita degli huomini a quelli che entrano nei maneggi grandi.

« Et che per questo et per la sua poca sanita, non havendo potuto ottenere dal re d'essere sgravato di questo peso, benche li fusse di grande honore, s'era pero lasciato intendere assai liberamente che non havrebbe potuto servire sua maesta se non con l'andare a udire i suoi pareri in consiglio, quando la sanita glielo havesse permesso; ma che per il negoziare in casa sua, dove li era necessario il riposo, non poteva farlo ne ricevervi l'affluenza del popolo, poiche non vi si poteva sottomettere non glielo concedendo le sue forse. Onde sua maesta, pregata da lui di dispensarlo gli aveva fatto anche questa seconda grazia. Ma chi conosce il cardinale non cosi poco sano, et di natura ambiziosissima, ben potra giudicare che in questa sua figurata elezione di vita, sia stata una necessita di qualche altra cagione.

« Basta che in ogni modo li deve espere bastato di esservi balzato, che col tempo poi si conseguiscono molte cose et massime da chi ha spirito. Et il pronostico che si fa di questa materia, e, o che il cardinale habbia presto a trovare la gretola d'essere padrone di tutti gli altri ministri, o che si habbia a rovinare et consequentemente la sua padrona, con restare escluso da ogni cosa; ma quanto ci e di buono, e che i piu concorrono nel primo, con il fondamento della buona intelligenza, che veramente passa fra il re et la madre, dell' essere egli cardinale, onde e in un certo modo sostituito nella successione del carico de cardinale de La Rochefoucault; ma sopra tutto poi del valore del suo spirito, stimato senza pari.

« Non so se fusse bene a risposta di queste passar seco qualche complimento a nome di loro altezze et aspettero di sentire da V. S. Ill.ma quanto occorrera comandarmi, perche egli e ambiziosissimo. »

N° 10. — AUTRE DÉPÊCHE SUR LE MÊME SUJET DE L'AMBASSADEUR FLORENTIN.

10 mai 1624.

« Nel consiglio ristretto ha il re aggiunto un altro ministro, poiche preparandosi negozi gravi per le materie forestiere, ha sua maesta voluto fortificare gli altri suoi ministri che sono tutti nuovi con l'intervento ed assistenza del Sig. cardinale di Richelieu, come di persona di gran virtu et di gran valore in generale, ma in speciale poi dotata d'una vivacita di spirito, d'una previdenza et d'una destrezza singolare; et per essere inoltre personaggio ancora d'esperienza, havendo egli maneggiato non solo i negozi particolari della regina madre, ma prima, vescovo allova di Lusson, esercitato qualche spazio di tempo quando la medesima regina madre governava, il carico di primo segretario di stato di questo regno. Fu fatta questa dichiarazione lunedi mattina 29 del passato, essendo sua maesta in camera della regina sua madre a solo a solo, conforme all' uso solito su quell' hora del levare della regina, quale in quel punto il re quotidianamente va a salutare et a trattare delle cose piu secrete.

« La regina madre che haveva desiderato lungamente questo implego al cardinale, n'ha ricevuto contento indicibile, non per il riguardo di lui, tanto quanto per il testimonio pubblico, che puo cio essere al mondo, della buona affezione del re suo figlio verso di lei, et della loro buona et purificata intelligenza. Et havendo la regina il suo principal ministro in grado che hoggi e considerato ancora per ministro del re, l'autorita di lei non puo se non riceverne augumento, et maggior poi lo potra ricevere fra un poco di tempo poiche se il cardinale di Richelieu si governa con prudenza come si tiene che sapra molto ben fare essendo egli cardinale, et gia introdotto, non havra da temere che altri li metta il piede innanzi nel carico di capo del consiglio, quanto il cardinale della Rochefoucault, molto vecchio et mal sano, passando all' altra vita, cedera il luogo.

« Al principe di Conde non sara cio piaciuto molto, ma il re per mostrarli di stimare ancora lui, le ha spedito a Bourges il sigr Tronson segretario del gabinetto per darli parte del tutto et per farli intendere che desidera che egli venga in corte, dove gli promette ogni conveniente soddisfazione a lui ancora et il medesimo Tronson ha carica di vedere ancora, passando per Sulli quel duca, del quale pare che il re abbia qualche intenzione di volersi servire, come di grande huomo di stato et di gran ministro che fu del re suo padre, benche sia ugonotto ma forse si potrebbe far cattolico, come da due anni in qua, s'e piu volte sperato, et quando non si facesse, non sarebbe in ogni modo da maravigliarsi che si vedesse impiegato in tempo, che si vuol commuovere tutto quel che si possa contro gli interessi di Spagna, et che non si fugge di entrare in corrispondenza et unione stretta con potentati eretici, et sarebbe anche nell' istesso tempo un levare agli ugonotti del regno questo strumento potente in piu conti, se per sorte il re obbligato a cose di fuori, essi volessero pigliare il tempo di turbare quelle di dentro per rifarsi dei danni frescamente ricevuti. Cosi si discorre di questo particolare et del principe di Conde. »

No 11. — DÉPÊCHE DE L'AMBASSADEUR VÉNITIEN, RELATIVE AUX MANŒUVRES DE RICHELIEU POUR FAIRE TOMBER LA VIEUVILLE.

2 août 1624.

« Corre qualche mutatione di governo contro il marchese della Vieville, professando gli nemici suoi di haver guadagnato nell' animo del re qualche dispositione. Si vendono libelli famosi in conformita, tutti preludi della caduta ancorche non vi sij intiero fondamento. Ma le pratiche sono tenute con il cardinale di Richelieu al quale si e fatto comprendere, che il marchese tratti molte cose da se stesso senza participatione, e contrarie del consiglio. E vogliono che reciproche doglianze e rapatumati per due volte siano passate insieme.

« Il cardinale ha l'ambitione di restar il tutto, ma per non dar gelosia con l'autorita della regina madre pensa al condursi cautamente. Non resta pero di dar orecchie al marescial di Bassompier, et al conte di Tillières piu scoperti inemici della Vieville, sempre per meglio stabilirsi forse nell' intiero de gl'affari.

« L'asprezza delli termini della Vieville et il vedere che tutto sia nelle sue mani, l'haver aspirato al armiragliato del mare contro l'interesse di Guisa : negozio che non passa per hora piu oltre; l'haver diminuto il pane a molti con la regolatione delle pensioni lo rende implacabilmente odioso. Si parla di poner nella sua carica il duca di Solli, il quale deve hoggi esser in questa citta con pretesto di ordinar à Rhoni suo figliuolo li disordini che lascia correre nella carica di gran maestro dell' Artiglieria. Vogliono alcuni, che il re medesimo lo habbi fatti chiamar espressamente, che sarebbe il peggio de gli argomenti contro La Vieville.

« Il re di queste voci mostra disgusto, e dice che gl'inimici del suo servitio fanno a studio tali disseminationi, assicura La Vieville pienamente. Ma delle assicuranze di sua Maesta poco dev' essere il capitale, mentre, nodrito piu nella simulatione, sa assicurar gli animi e far li colpi all' improvviso.

« La novita non e certa, e piuttosto lontana, ma li pretensori non lasciano di travagliare, che sara o la rovina del ministro o l'accomodamento del cardinale per piu comune autorita o per gli' altri piu utile dimostratione. Ma tali successi pregiudicano al publico, mentre tutti s'affaticano nel proveder la propria conservatione, diminuendo l'applicatione a gli interessi piu importanti.

« Monsieur fratello di sua maesta, che nella liberta e nel conoscere il potere di se stesso accrese, si e disgustato con il marchese della Vieville, che gli ha voluto far levare un gentilhuomo nominato Cominges suo favorito, perche ha servito in casa et e confidente di Bassompier. Ma sua altezza ha parlato al marchese risentito che se cosi succedera, si risarcira sopra di lui onde ha convenuto la Vieville supplicar il re di contenersi come e seguito con sodisfatione del fratello. Ma gli emuli non lasciano di andarsi fortificando nell' appoggio di questo gran principe, che con deboli radici di divisione potra con il tempo far effeti di conseguenza.

« In queste confusioni Puysieulx non ha lasciato con il mezzo di propri amici e parenti di procurar di guadagnar il cardinale con offerirgli che il cancelliero deponera la sua carica per rasignarla al medesimo cardinale. Ma non ha havuto orecchi, mentre si e ricercato la conditione che Puysieulx ritorni nelli servitij di sua maesta. Ma il vecchio cancelliero non e consentiente di tali pratiche et ancorche si tratti di far risorgere il figliuolo, corre certissima opinione, che mai cedera che con la vita per propria ambitione, e perche tra essi nella casa sono nelli disgusti e diffidenze, ciascun volendo adossar al compagno la causa della lora caduta.

« Zuane Pesaro, Amb.re.   Marc' Anto Morosini, Amb.re.

N° 12. — AUTRE DÉPÊCHE DE L'AMBASSADEUR VÉNITIEN SUR LE MÊME SUJET.

Paris, 6 août 1624.

« Il primo disparere che si e publicato dalle Vieville et il cardinale di Richelieu si e fondato che l'espeditione di Millord Ritz fosse seguita per declinatione nelle cose della religione senza consenso del cardinale, il quale tenesse pratica et intelligenza con il conte di Tilliers allora ambasciatore del re per sostener l'avantaggio de cattolici. Ma alcun intendenti iudicano, che il tutto sia di comun senso, e che il cardinale vogli in questo fatto coprire se stesso e lasciar la colpa al marchese, come Francesi saviamente hanno addossato per colpa al conte di Carlil la rimossa del proprio ambasciatore, come troppo ardente all' avantaggio de cattolici, benche tutto sia seguito contro gusto di esso ma repentinamente per le gelosie scritte di questi ministri.

« Il nuntio del Pontifice ha passato caldissimi ufficii, perche sua maesta s'interponga all' avantaggio di quei cattolici, ne la trattatione di Francia di matrimonio con madama apporti cosi palese et importante pregiudicio con la persegutione, e con l'essegutione delle leggi; Inglesi escusano quello si va facendo con la necessita di ordinar la quiete del regno e che obligar maggiormente la Francia e necessario per conoscere che il beneficio de cattolici non dipende dalle trattationi con Spagnoli, ma che con le nozze di Madama si rimetteranno tutti gli avvantaggi possibili. Ha nondimeno il re spedito corriero espresso per far rimonstranze vivissime del pregiudicio che riceve il suo honore e conscienza e che la continuatione della persegutione puo rompere ogni trattato. »

N° 13. — DÉPÊCHE DE L'AMBASSADEUR VÉNITIEN, RELATIVE A LA DISGRACE DE LA VIEUVILLE.

15 août 1624.

« Doppo molta fluttuatione di tutti li giorni passati il marchese della Vieville e caduto dalle gratie di sua maesta et hor e in cammino per condursi guardato, prigione nel Castello di Ambuosa, et al suocero Bonmarche con la moglie si e comandato di sortire di Parigi.

« Parea prima la sua fortuna ristabilita, havendo il cardinale per dubbio di non ritrovar intera dispositione in sua maesta sostenuta la sua parte et il re comando al guardasigilli di rappresentar alli deputati della camera de conti et della corte des Aides di restar ben servito da suoi ministri con intiera sodisfatione, e dalli termini parea che lo studio fosse di bilanciare il potere del marchese con il sospetto di abbassarlo, ma non di perderlo.

« Il duca di Solli arrivo ben veduto dal re e dalla corte, ricevuto nell' Arsenale al suono dell' artiglieria, incontrato da proprij figliuoli e dal marechial di Chrichi fuori della citta. Della venuta sua hanno fabbricato gli inimici del marchese e sopra li libelli famosi, ma non pare che questo signore possi esser facilmente rimesso in quella carica.

« Continuamente poi si e battuto l'animo del re contro il marchese, onde resto guadagnata intieramente l'inclinatione sua, et e chiaro che la regina madre con il cardinale n'hanno ordito il precipitio. Il primo punto principale e stato la persuasione di mala condotta negli affari di stato, ma in queste sue turbolenze per haver parlato liberamente come disgustato del re e delli suoi costumi, rimproverato di poca fede e di minor amore ha causato la sua rovina. Il cardinale nel darci parte di questo successo, disse che il re per le piene informationi ricevute contrarie al suo servitio era venuto in questa deliberatione, e che ancorche il cambiare frequentement fosse disordine, che la regola nell' avvenire sara tale che si conoscera il buon ordine e l'avvantaggio.

« Disse che il marchese con suprema autorita tenea in se stesso tutte le cose, in particolare la esatione e dispensatione delle finanze senza participatione di alcuno; che ne gl'ordini di sua maesta variava le essecutioni a modo suo, che degli affari non riuscibili adossava l'odio e la colpa al re, che habbi sparlato della persona di sua maesta con temerita, che nelle facende de prencipi parlava a tutti gli ambasciatori differentemente secondo le instanze e con inegualita e contro le deliberationi dell' intiero consiglio, nominando particolamente di haversi governato con alteratione dannosa nell'affare de Mansfelt, di haver nel negotio d'Inghilterra trapassato da se stesso e di haver anco promesso a Spagnuoli, che richiedendo il passo de Grisoni, sarebbero gratiati, che si convenne poi ritrattare. Et in altre disse, ma con apparenza quasi di voler tacere : il re e informato che habbi promesso; che le nostre armate nulla faranno a danno de Spagnuoli, ma hora si ritroveranno ben ingannati. Parlo di affetti privati; che habbi voluto pagare Lopetz prigioniero perche accusasse li grandi del regno e principalmente Bassompier di haver pensioni da Spagnuoli, quasi come impossibile.

« Dice il cardinale che habbi procurato tendergli mille insidie e discreto appresso sua maesta che un mese fa habbi trattato per procurar d'introdurre il Prencipe di Condé in Corte volendo dire per opporsi alla Regina madre. Queste sono le accuse; quali siano le piu vere? Si puo credere tutte, e quelle in particolare dell' odio universale e della vendetta de gli inimici e dell' opportunita per il cardinale di farsi piu grande.

« Questo signore pero copre l'ambitione con modestissimi concetti con insinuationi appresso il re intiere verso il suo servitio e vole nell' apparenza diminuir il potere con haver compagni nel governo. Onde per le finanze si delibera che oltre li quattro ordinarij intendenti, tre consigliari siano aggionti, e di questo modo sopita la carica di Sopraintendente generale. Questo corpo di consiglio dovera maturare tutte le materie di finanze, ogni mese render general conto al consiglio private del re, al quale stara pure il dar gli ordini della dispensatione di ogni sorte di denaro.

« Per li tre sono dichiariti Monsr Champigni e Marsegliach vecchio d'anni e dalla carica di consigliero di Stato, la terza piazza sta tuttavia nel petto del re e si nominano Flori, Duhallier et il conte di Tremes. Al consiglio si aggiongeranno altre persone, et il cardinale ci disse, che saranno capaci et fedeli, e che a tutti si divideranno le materie per maggior facilita degli negotij, ma tutto si deliberera unitamente, e si eseguira di comun consenso.

« Prima di queste novita il re restitui a Bassompier li suoi gagi trinciatigli dal marchese con parole di honore. Questo disgusto tocco grandemente il ministro che poi sparlo, e per la continuatione delli mali ufficij, giudico sbrigarsi da se stesso della carica e dalle commissioni, ma non in tempo, et il re gli nego la sua retirata, ma gli confermo la carica e la confidenza trattando seco degli negotij piu segreti, e la medesima notte mando il capitan delle guardie con 50 moschettieri alla sua stanza e fu trattenuto sin alla mattina e poi condotto al viaggio sopradetto. Dicono che il re lo haverebbe solamente allontanato, come pur lo ha assicurato, che non gli fara male. Et aggiongono che havendo nella sua carica contratto molte inimizie, parte private per la sua natura, e parte publiche per l'interesse del re, e sapendo egli tutti li segreti che sia bene di preservarlo e di torgli occasione di parlare; che per questo sia prigione.

« Si parla di far quella camera ardente che La Vieville nel principio del suo ministero volea introdurre et con maggior apparenza si potrebbe esseguire, mentre il governo non ha interesse et il maggior colpo potrebbe cadere sopra Bonmarche, piu ricco e piu infarinato di tutti li finanzieri.

« Si e ordinato che il conte di Chiombergh ritorni in corte; non e certo se per ponerlo nel governo e nel consiglio o per dargli qualche carica di guerra; valera pero per fortificare con quest' huomo il presente partito contro la casa del cancelliero, che con l'autorita del cardinale sempre sara piu lontana dall' essere restituita. Questa nominatione ha il re portato alla regina madre come negotio fatto, senza ricever i suoi consigli. E Chiombergh congionto al Principe et al guardasigillo; non si sa conoscere le conseguenze, se sua maesta non havesse il riguardo di dar contrapeso al partito della madre, benche il cardinale habbi mostrato di far stima di questo cavaliere e tenuto seco conveniente amicitia, e si tiene che quelli favoriti di caccia che hanno procurato la rovina della Vieville habbino nel medesimo tempo con l'istesso cardinale stabilito la remissione di Chiombergh.

« Si dice che il marchese habbi lasciato nell' espargne dieci millioni di libbre, ma tutti non credono la somma si grande. Tutte le sue scritture sono state sigillate piu per la continuatione della amministratione che per riguardo della persona. Piaccia a Iddio, che con la mutatione sempre gli affari accreschino in meglio. »

N° 14. — Dépêche de l'ambassadeur florentin, relative a la disgrace de La Vieuville et a l'élévation de Richelieu au rang de ministre principal.

15 août 1624.

« Dall' aggiunto foglio d'avvisi sentira V. S. Illma la caduta del Marchese di Vieuville, siche essendo il cardinale di Richelieu restato superiore, viene l'autorita della regina madre a restare hoggi per le due evacuazioni di ministri successe in quest' anno et senza ostacolo di inimici et senza offoscazione di gelosi.

« E'ben vero, che venendo il cardinale anche piu esposto ai colpi della invidia et della malignita, se non stia saldo, resistendo con la prudenza, puo toccare adesso a lui a patire dei primi sconcerti, che sono per poter derivare della vicissitudine ordinaria delle cose di questa corte, et in consequenza farne passare il danno fino alla regina, sebbene per apparire che sua maesta assodi molto bene i suoi fondamenti giornalmente nell' amore del re suo figlio che esteriormente se le mostra ossequiosissimo, et dagli effetti fa conoscere la corrispondenza anco nell' interiore ; per quel di che humanamente si puo fare argomento non sara questa machina cosi facile a scrollare come lo ordinario et comune et la forma nuova che si da al carico di soprintendente, puo anco essere di molto benefizio a sua maesta, polche oltre che verra ad havere nei consigli et nella direzione delle finanze un'altra sua creatura, il S^r di Marillac, si viene anco ad assicurare, che l'autorita grande di questo carico in un solo, non potra tenerla piu in sacco a beneplacito di esso solo, come a questo cominciava a camminare il marchese per gelosia con il voltare mezzo l'animo al principe di Conde del quale s'e ai giorni passati sospettato che sottomano non habbia cercato di mettere il duca d'Aniou su, salti di fare qualche scappata ultimamente quando ebbe quel disgusti della privazione del suo aio, siche sarebbe stata una lunga et fastidiosa catena d'intrighi ; perchè sebbene il detto duca d'Aniou odiando il marchese fino a tal segno, che non lo poteva vedere senza alterarsi, onde poi per il gusto avuto della sua caduta li fece all uscire di San Germano fare una solennissima fischiata dietro, nondimeno si sarebbe dubitato, che per l'opera et astuzia di Conde et per ragion di proprio interesse, non si fusse poi lasciato andare da quella parte. Di quello che andra succedendo daro sempre minuto conto con ogni occasione; ma ho sempre gran dubbio di non venire a noia coi miei lunghi et malcomposti discorsi, et massime questa volta per la moltiplicita di lettere che si sara, et bacio a V. S. Illma riverentemente le mani. »

N° 15. — Dépêche de l'ambassadeur vénitien sur le même sujet.

22 août 1624.

« Li discorsi et le voci comuni sono hora sopra queste mutationi seguite, et ogni uno ne parla secondo il gusto del proprio interesse et del proprio capricio; egli è ben vero che la parte maggiore apre gli occhi al morto lume, ne vi e alcuno che adori il sole quando tramonta. Il re medesimo con impatienza attese la venuta di Sciombergh; mando ad incontrarlo per la piu parte della corte, lo raccolse con somma benignita, lo destina subito del consiglio et parve che alla sua venuta rasserenasse l'aspetto, et si scaricasse di una gran somma. Quei Prencipi et quei grandi poi a quali la volonta e l'inclinatione del padrone e il solo movimento di loro cuori, l'hanno ricevuto con termini di grand' honore et con apparenze di somma consolatione. Ogni uno in fine se gli ha in questa occasione dimostrato amico, scordando o differendo ogni antica rissa et publicandolo lor confidente. Cosi quell' istesso re che 20 mesi fa caccio Sciombergh nel piu basso centro del disprezzo e dell' odio lo ha sollevato hora nella cima del favore e della gloria senza che egli habbia in questo tempo operato cosa alcuna in servitio suo. Vogliono che la regina madre et il cardinale Riscialeu habbino coaiutato grandemente questa venuta, et che si siano aggiustati insieme con lui facendolo rinuntiare ad ogni amicitia col principe di Conde, et collegandosi seco il cardinale col vincolo anco di parentella, dando una nipote sua molto ricca ad un nipote del detto Sciombergh chiamato Pongibo, fortificando in questa maniera da vantaggio il partito suo et levando le gelosie et l'occasioni di far dire che egli solo vogli governare la mente del re, cosi nascondendo l'ambitione et facendo altri ministro dell' odio comune; si conferma al cardinale ogni giorno piu l'autorita nel governo et la gratia del padrone et de gli altri. Vi e tuttavia chi dice che questa venuta di Sciombergh sij stato solo motivo di sua maesta che lo ha sempre conosciuto per huomo di valore e di spirito con qualche eccitamento pero di que' cacciatori che favoriti et amati dal re per la continua famigliare conversatione delle selve e de boschi, si rendono autorevoli piu che ogni altro nell' anima regio, e tutto possono sopra la volonta di lui. Nella variazione di simili discorsi fondamento sicuro non si puo gettare per prevedere se questo governo presente durera senza alteratione qualche tempo ancora; ben e vero che li piu intelligenti di questa cabale e di questi rigori pronosticano vicina generale mutatione, se questa venuta per solo desiderio del re e seguita, et fra pochi mesi aspettano il prencipe di Conde in corte et in autorita.

« A Sciombergh io non ho ancora potuto parlare per esser egli stato grandemente occupato in questi primi giorni a ricevere le visite et ad aggiustare le cose sue. Dimani ho pero l'ordine di vederlo, ne manchero di procurare con tutto lo spirito di renderlo ben affetto et meglio intentionato a gli affari del publico bene e de gli interessi di Vostra Serenita di quello che e stato per lo passato. Non so per ancora quello che l'Eccellenze Vostre se ne possino promettere la lega; non fu mai da lui ben sentita anzi nel principio contrariata; cade egli dalla gratia regia prima che fosse conclusa; onde non ne ha parte che di contraditione; fu sempre ardente alla guerra civile, et alla distruttione degli ugonotti; e stato uno degli istrumenti principali della rovina dell' Allemagna; presento nel consiglio regio, nel principio di quei rumori, una scrittura tutta contro li principi protestanti et fu esseguito il suo consiglio come piu pratico di quegli affari, essendo egli di Padre Alemano, nato con poche fortune nella Sassonia; ma quello che mi fa di vantaggio temere e l'ordinario costume di questa corte di chi viene novo a maneggi grandi, che e di portare anco nove massime, et di disfar tutto cio che ha fatto il precessore, o sij per malignita, o per desiderio di esser tenuto piu saggio, o pure per una tal quale fatalita.

« Il marchese della Vieville fu sempre inclinato alle rissoluzioni generose, et nel tempo del suo ministerio ha la Francia dimostrato al mondo di essere risoluta di conservare la riputatione sua et gl'interessi insieme dei suoi amici et collegati, quello che non pensorno giammai li suoi antecessori per lunghissima serie di anni. Faccia Iddio che li concetti d'hora sieno gli istessi, il che le risolutioni presenti declinino.

« Mando sua maesta Monsr di Bonoil a darmi parte delle cause che lo havevan fatto risolvere a privare Vieville delle cariche et a mandarlo prigione; queste si riducono a quattro: prima che di autorita propria operasse et disponesse diverse cose senza participatione de colleghi ne del re medesimo; che havesse promesso diverse cose a ministri de Prencipi et Republiche contro la volonta del re e del suo consiglio;

che havesse procurato di corrompere huomini degni di fede perche accusassero al re li suoi piu fedeli servitori et ministri et che havesse sparlato contro la persona dell'istesso re. Non mancano pero da diffensori, che dicono che ritrovandosi la Vieville innocente de fatti, e stato condannato per le parole; che per quello che tocca al servitio di sua maesta, non se gli puo opporre in conto alcuno, ma che veramente alle volte scappava in parole altiere, inconsiderate, che aggrandite da suoi nemici, senza che si habbia potuto giustificare, gli hanno partorito la rovina, et per me credo, che in questi ultimi giorni sbalordito et atterito dalle voci comuni et da libelli, et conoscendo che il pericolo era tutt'uno con la caduta habbi parlato con manco rispetto di quello che si conveniva verso sua maesta; la piu parte delli disinteressati affermano che li preti et li Spagnoli gli habbino fatto la ruina; et che egli stesso l'habbi poi fatta scovare per la imprudenza et per la violenza, che quel fu spirito pronto et vehemente.

« E ritornato Millord Riz, ma non ha ritrovato qui quel calore, che lascio al suo partire per la conclusione del suo matrimonio; gli hanno negato questi ministri alcuni articoli concernenti al fatto della religione che gli haveva accordato La Vieville; questi affermano che la Vieville promettesse di suo capriccio, senza partecipatione loro, ne di sua maesta, et gli ambasciatori si dolgono che non hanno essi da guardare se il ministro parla senza consenso, poiche da sua maesta gli fu commesso di negotiare con lui; si procura pero di raddolcirli et di rimettere l'affare in buon termine, ma veramente vi sono delle freddezze hora da questa parte et si parla, ma con somma secretezza, la regina madre, le cause, il pretesto apparente e per gratificare la casa de Suisson et dimorare nelle sue antiche promesse, ma si puo dubitare, se questo e vero, che piu alta sii la cagione, et che gli Spagnuoli habbino preso qualche posto nell'animo di questa principessa; fra pochi giorni spero di sapere l'intiero, et vostra serenita ne sara immediate avvisata. Il Padre Berul che e andato a Roma, mandato da questa parte per la dispensa non era ancora arrivato a Turino, et si ha scritto di qui à sua altezza perche non sij trattenuto a quella corte, o sij per causa di sospetto di peste o per altro rispetto.

« Per l'instanze di Monsignor si e richiamato il colonnello Ornano che sara questa sera alla corte, et la regina madre col cardinale hanno di cio anco pregato il re per non si rendere odioso con tante prigionie e per compiacere a Monsgre che ha dimandato anco permissione di andarlo ad incontrare. Non sara piu governatore; ma con titolo di primo gentilhuomo della camera havera la soprintendenza della casa che nella minorita di questo prencipe haveva gran bisogno di simil appoggio.

« Per tutte le parti rissuona, che Sassonia habbia assentito alle instanze di Baviera, et che sij chiamata una Dieta elettorale per l'aggiustamento totale de gli affari della Germania. Vostra Serenita da proprij luoghi ne havera l'intiero.

« Si e l'Eccellentissimo Pesaro ritirato a Parigi sollevato dalle sue indispositioni, e sbrigato dalle visite della corte; ivi con ogni possibile celerita si va allestendo per passare il mare, e per portare anco alla corte d'Inghilterra li semi del suo gran valore, et somma virtu.

« Marco' Antonio Morosini, *Ambr*. »

N° 16. — DÉPÊCHE DE L'AMBASSADEUR FLORENTIN, RELATIVE AUX COMMANDES DE TABLEAUX DE LA REINE MÈRE ET A L'ORNEMENTATION DU PALAIS DU LUXEMBOURG.

11 octobre 1624.

« Viene la regina madre in questa citta per vedere i quadri di Mantova che io avviso nel foglio qui annesso, che da sua maesta furono trovati molto belli et commendati straordinariamente.

« Parlai ancora di quei due quadri che restano di cominciarsi, aspettandosi di sapere il gusto di sua maesta; la quale stette in questo discorso un gran pezzo, et doppo haver detto che se ne voleva rimettere a quel sarebbe piaciuto a loro altezze, finalmente poi doppo molte instanze fatte da me, usci in dire, che tornava sempre in su quel suo pensiero di castel d'If, intorno a che havendole io detto tutto quello che ne scriveva il cardinale d'Ossat in quelle sue lettere, conclude in somma sua maesta in questo che alla fine quel fatto con tutto vi occorresse quella sorpresa fatta della gente del serenissimo gran-duca Ferdinando che sia in gloria, che non fu approvata dai Franzesi, nulla dimeno la verita era che il re suo marito havendo poi havuto restituzione di tutto in effetto veniva ad averne conseguito un segnalato et singolar beneficio nelle cose sue di Provenza et di Marsilia specialmente che furon liberate dai disegni della fazione di Spagna per via degli impedimenti che l'arme di sua altezza in detto Castel d'If et isole di Pomegue dettero in quell' occasione; et pero, che in un quadro si potrebbe rappresentare la presa, et nell' altro poi la restituzione amichevole che ne fu fatta, et il tutto al maggior vantaggio possibile del serenissimo gran-duca sopradetto poiche con questo vorrebbe insomma rappresentare sua maesta alla Francia la buona intelligenza che passo tra quei due gran Principi dalla quale poi nascono la negoziazione et conclusione del suo matrimonio, che va poi rappresentato con invenzioni poetiche nei quadri della galleria che sara contigua al gran gabinetto dove saranno quelli di costa. Et vorrebbe sua maesta che la presa con qualche invenzione si figurasse come di concerto segreto, et consenso del re o non si potendo per via della pittura, si facesse con due versi di dichiarazione in piede del quadro, qual dichiarazione vorrebbe ancora che fusse meglio formare queste dichiarazioni in un foglio per farlo vedere a sua maesta, prima perche se vi volesse fare aggiungere o levar qualche cosa si potra sempre da un pittor di qua fare notare nei quadri quel che ella vorra che vi sia.

« Et disse sua maesta ancora che se pure loro altezze havessero qualche scrupolo di questo fatto di castel d'If, almeno vorrebbe che con qualche invenzione poetica in detti due quadri rappressentasse in generale l'intelligenza buona, et amorevole corrispondenza di questi detti due principi, perche insomma ella vorrebbe che in qualche modo ivi si vedesse che questa corona non e senza qualche obbligazione a cotesta serenissima sua casa; et in ultimo disse ancora che se al suo primo pensiero si potesse fare troppo di obiezione et che il secondo fusse troppo malagevole, loro altezze ordinino quello che parra loro meglio; che il tutto si ricevera da lei con sommo gusto come l'aspetta con infinito desiderio. »

N° 17. — AUTRE DÉPÊCHE DE L'AMBASSADEUR FLORENTIN SUR LE MÊME SUJET.

22 novembre 1624.

« Io ho fatto una tratta at Sir depositario di scudi 350, parte per conto di spese fatte, per porti di lettere et altro, come nelle note et in questa sara specificato, et parte per un conto, nel quale ho creduto di poter far cosa giovevole al servizio de padroni serenissimi, o per il meno di lor gusto, et tanto piu ci sono stato ardito quanto che sottoponendo quest'azzione al rifacimento con la provvisione, in caso che non fusse approvata, mi son dato ad intendere di non poter dar disgusto a loro altezze.

« Questo e, che la settimana passata io fui avvertito essere state esposte in pubblica vendita all' incanto due statue di marmo delli serenissimi granduchi Ferdinando et Francesco di gloriosa memoria, uscito di casa un monsieur di Sanserra morto da non molto in qua che fu marito di una figliola naturale del signor Girolamo Gondi, delle delizie del quale furono queste due statue, belle et grande et da lui fatte gia venire di Firenze e sono per quanto ne rinvengo di mano di Gio. Bologna.

« Ho considerato che nel tempo che si havranno a presentare i quadri alla regina madre si potrebbe fare un regalo accettissimo alla maesta sua di queste due figure, poiche per l'ornamento del suo palazzo ella cerca pitture et statue per tutto ; et in una galleria in particolare, separata, vuol far mettere tutti ritratti dei personaggi della serenissima casa, quali fa fare interi cavando lo testo da certi quadri piccoli che havera, sebene non molto ben fatti, et di tempi antichi, et quelli in particolare delle serenissime due padrone viventi, le rappresentano in eta di molti anni a dietro, et non in habito vedovile. In questa galleria voleva anche sua maesta fare mettere una testa di bronzo del serenissimo suo padre, venutale di costa, quando venne il cavallo, ma per esser sola e stata destinata per la faccia del gabinetto grande, dove hanno da andare i quadri che verranno di costa sicche, nella galleria sopradetta, resterebbe un proporzionato et honorevole luogo per queste altre due statue, una per ciascuna testa della galleria.

« Oltre il gusto che ne havrebbe senz' altro la regina, mi e venuto questo pensiero anche per rispetto delli serenissimi defunti padroni rappresentati in esse statue, come che potrebbero essere le figure loro piu condegnamente collocate in quel luogo reale, che in una casa di persona ordinaria che lo potesse comperare.

« Percio ne ho fatta firmare la vendita con haver depositato 150 scudi con faculta di poter dichiarare in termine di due mesi, se vorro dette statue nel qual caso si troveranno pagate per detta somma et non lo volando, ne retirero il denaro con usar solo qualche poco di cortesia per il tempo che havro fatto aspettare.

« Questo pensiero di cercare di perpetuare queste statue in luogo tanto degno, et la considerazione di far cosa gratissima alla regina, mi si sono di tal sorte impresse nell' immaginazione che io mi son persuaso, che a loro altezze non sia per dispiacere che io mi sia risoluto a quanto di sopra ho narrato con la condizione pero di fare che vadino li 150 scudi a dono alla provvisione, mentre che non fusse cosa da potere piacere. »

FIN

TABLE DES MATIÈRES

Introduction 1

I

LE ROI, LES DEUX REINES ET LE PRINCE DE CONDÉ.

Situation intérieure de la France à la mort du duc de Luynes. — L'opinion publique demande au roi de gouverner lui-même. — La faveur royale objet de compétitions diverses. — Attentions du roi pour la famille du connétable de Luynes. — Rivalité de la reine mère et du prince de Condé. — Rentrée de Louis XIII à Paris. — Son attitude vis-à-vis des deux reines et de la duchesse de Luynes. — Nouvelles démarches de la reine mère en vue du cardinalat de Richelieu. — Marie de Médicis rentre au conseil. — Démêlés de la reine mère et du prince de Condé à propos d'une insolence de l'abbé Ruccellai. — Scène entre le roi et sa mère. — Le prince de Condé l'emporte dans l'esprit de Louis XIII. (15 décembre 1621 — mars 1622.) 1

II

LES AFFAIRES DE LA VALTELINE ET LE TRAITÉ DE MILAN.

Situation de la France vis-à-vis de l'étranger. — Caractère des principaux ministres de Louis XIII. — Le gouvernement pontifical pousse Louis XIII à continuer la guerre contre les protestants. — Obstacles suscités par les Espagnols à l'exécution du traité de Madrid, relatif à la Valteline. — Prise d'armes des Grisons. — Le gouverneur de Milan et l'archiduc Léopold s'emparent de points fortifiés sur leur territoire. — Menaces impuissantes du gouvernement français. — Découragement des Grisons. — Ils se livrent à l'Espagne par le traité de Milan. — Duplicité de la cour d'Espagne. — Indécision du gouvernement français. — Revirement de la cour de Rome en faveur des intérêts français. — Causes de cette évolution. — La situation du cardinal secrétaire d'État Ludovisi est ébranlée. — La France réclame l'annulation pure et simple du traité de Madrid. — Louis XIII fait part au conseil de sa résolution de reprendre la guerre contre les protestants. (Mai 1621 — mars 1622.) 29

III
LA CAMPAGNE CONTRE LES PROTESTANTS. — LE COMMANDEMENT DU PRINCE DE CONDÉ.

Situation du parti protestant au commencement de l'année 1622. — Les progrès du duc de Soubise empêchent le succès des négociations entamées avec eux. — Le prince de Condé partisan passionné de la guerre contre les huguenots. — Nécessité de cette guerre. — Nouveaux embarras suscités au gouvernement par Marie de Médicis. — Elle veut suivre le roi et faire rester le duc d'Anjou à Paris. — Elle arrive à ses fins. — Accident survenu à la jeune reine. — Départ du roi. — Inexactitude des Mémoires de Richelieu. — Louis XIII veut éloigner d'Anne d'Autriche la veuve du connétable de Luynes. — Résistances de la reine. — Mariage de la duchesse de Luynes avec le prince de Joinville. — Continuation de la défaveur de Marie de Médicis. — Campagne du Poitou et de la Guienne. — Le prince de Condé perd les bonnes grâces de Louis XIII. — La faveur du secrétaire d'État Puisieux s'établit. — Commencement des hostilités dans le Languedoc. (Mars — juillet 1622.) 59

IV
LA CONVENTION D'OCCAGNA ET LE COMPROMIS DE BÉZIERS.

La direction prise par les forces de Louis XIII vers le Poitou rassure l'Espagne. — Mauvais accueil fait par Louis XIII dans la ville de Saintes aux députés des cantons helvétiques. — Convention conclue à Occagna par l'ambassadeur de France en Espagne pour rectifier et compléter le traité de Madrid. — Le nonce réprouvé cette convention, mais il essaye de la faire accepter au gouvernement français. — Nouvelle prise d'armes des Grisons. — Ils repoussent les Espagnols et les Autrichiens. — Le gouvernement de Venise presse Louis XIII d'employer la force des armes pour rendre la Valteline aux Grisons, ses maîtres légitimes. — Appréhensions du Saint-Siège. — Les ministres de Louis XIII ne profitent point de la situation critique où se trouvent les deux branches de la maison d'Autriche au milieu de l'année 1622. — Le roi refuse de ratifier la convention d'Occagna. — Le nonce Corsini propose un nouveau compromis relativement à la Valteline. (Mars — août 1622.) 82

V
LESDIGUIÈRES CONNÉTABLE. — RICHELIEU CARDINAL. LA PAIX DE MONTPELLIER.

— Sa promotion à la connétablie, signe d'une paix prochain avec Abjuration du maréchal de Lesdiguières, depuis longtemps préparée.

les protestants. — Ambiguïté des Mémoires de Richelieu relativement aux intrigues qui traversent son élévation au cardinalat. — Revirement du roi en faveur de l'évêque, coïncidant avec son antipathie croissante pour Condé. — Le nonce fait échec à la candidature de Richelieu. — Correspondance à ce sujet du secrétaire d'État des affaires étrangères et de l'ambassadeur à Rome. — Richelieu cardinal. — Brefs du pape. — Résistance de Montpellier. — Mansfeld menace la frontière du nord-est. — Le connétable de Lesdiguières au camp royal. — Les opérations autour de Montpellier mal conduites par le prince de Condé. — Pourparlers en vue de la paix. — Fureur et départ du prince de Condé. — Paix de Montpellier. (Août — novembre 1622.)............ 106

VI

LES CONFÉRENCES D'AVIGNON ET DE LYON. — RETOUR EN GRACE DE LA REINE MÈRE. — VOYAGE DU PRINCE DE CONDÉ.

Le nonce remet en avant le compromis de Béziers pour le règlement des affaires de la Valteline. — Retour offensif et succès de l'archiduc Léopold dans le pays des Grisons. — Capitulation de Lindau imposée aux Grisons. — La cour d'Espagne repousse le compromis de Béziers. — Voyage du roi en Provence. — Conversation de Puisieux et de l'ambassadeur vénitien relativement à une alliance éventuelle. — Entrevue de Louis XIII et de Charles-Emmanuel de Savoie à Avignon. — Voyage de Louis XIII jusqu'à Lyon. — Ses attentions pour la reine mère, sa froideur pour la reine régnante. — Entrée à Lyon du prince et de la princesse de Savoie. — Formation d'une alliance éventuelle entre la France, la Savoie et Venise. — Lacunes dans les Mémoires de Richelieu. — La reine mère cherche à se fortifier contre le prince de Condé et se rapproche de Puisieux. — Voyage de Condé en Italie, plus utile aux intérêts du prince qu'à ceux de la France. (Août 1622 — janvier 1623.)........................... 141

VII

LE GOUVERNEMENT DU CHANCELIER BRULART. — LA LIGUE DE PARIS. LA DÉCHÉANCE DU PALATIN.

Rentrée de Louis XIII à Paris. — Disgrâce de Schomberg. — Apogée de la puissance des Brûlarts de Sillery. — Affaire de la préséance des cardinaux sur le chancelier au conseil. — Affaires de la Valteline. — Les Espagnols désignent le pape comme dépositaire éventuel des forts de la Valteline. — Ligue de Paris entre la France, Venise et la Savoie. — Protestation de l'Espagne et du Saint-Siège. — Affaires d'Allemagne. — Diète convoquée à Ratisbonne par l'empereur Ferdinand II, pour régler la situation de l'électeur palatin, dépouillé de ses États. — Les Espagnols s'opposent au transfert de l'électorat au duc de Bavière. — La France appuie cette solution. — Maximilien de Bavière proclamé électeur. — Situation de la France en Europe au commencement de l'année 1623. (Décembre 1622 — mars 1623.)..................... 171

VIII

LE CARNAVAL DE 1623. — LES CHASSES DE FONTAINEBLEAU. LES COMPÉTITIONS DE COUR.

Etat embrouillé des affaires de la cour. — Rivalité de la maison de Guise et de la maison de Bourbon. — Fêtes à la cour. — Scène faite par le roi au duc de Montmorency. — Passage et séjour du prince de Galles à Paris. — Étonnement et mécontentement de la cour. — Retour du prince de Condé en France. — Il s'enferme dans sa province de Berri. — Ses occupations. — L'autorité des Brûlarts semble raffermie. — Chasses du roi. — Contestations entre la reine mère et le grand-duc de Toscane relativement à certains intérêts financiers. — Services rendus par Richelieu à ce sujet. — Compétitions de cour insupportables au roi. — Essai de rapprochement entre la reine mère et le prince de Condé. — Le marquis de La Inojosa à Fontainebleau. — Maladie d'Anne d'Autriche. — Causes de mécontentement de la jeune reine. — Compétitions pour la surintendance de sa maison. — Richelieu et la reine mère se ménagent et observent. (Mars — juillet 1623.).   197

IX

LE JOURNAL DES SIX DERNIERS MOIS DE L'ANNÉE 1623. LA DISGRACE DES BRULARTS.

Peste à Paris. — Séjour de la cour à Saint-Germain. — Visites de Louis XIII à la reine mère à Monceaux. — Faveur du chancelier et de Puisieux de plus en plus menacée. — Menées et cabales de cour. — On essaye de faire venir à la cour le prince de Condé. — Suppression de la surintendance de la maison de la reine. — Accommodement des affaires d'argent de la reine mère. — Intrigues du surintendant La Vieuville contre les Brûlarts. — Disgrâce du chancelier. — Efforts désespérés de Puisieux pour se maintenir aux affaires. — Louis XIII le chasse également. — Organisation nouvelle du gouvernement. — Le roi paraît avoir moins d'aversion pour Richelieu. (Juillet 1623 — février 1624.)   222

X

LES AFFAIRES ÉTRANGÈRES AVANT ET APRÈS LA CHUTE DU CHANCELIER BRULART. — LA POLITIQUE DE LA VIEUVILLE.

Mémoire remis par le nonce à Louis XIII sur l'état des affaires extérieures. — Le duc de Fiano, frère du pape, prend possession de la Valteline au nom du Saint-Siège. — Le duc de Féria retient Chiavenne et Rive. — Propositions du pape pour l'accommodement définitif des affaires de la Valteline. — Difficultés relatives à la liberté des passages par les montagnes. — Géographie des passages des Alpes. — Partialité du Saint-Siège en faveur de l'Espagne. — Le prince de Galles à Madrid. — Ambitions démesurées du pape Grégoire XV. — Sa mort. — Politique plus modérée du nouveau pontife Urbain VIII. — Proposition d'alliance faite à

Louis XIII en vue d'une intervention active dans les affaires de l'Europe. — Faiblesse et inertie des ministres français. — Richelieu déplore la mollesse de leur politique. — L'Espagne propose à la France de former une ligue contre les hérétiques. — Rupture du projet de mariage entre le prince de Galles et l'infante d'Espagne. — Chute des Brûlarts. — Le ministère La Vieuville. — Sa politique aussi indécise que celle de ses prédécesseurs. — Articles dressés par Urbain VIII pour le règlement des affaires de la Valteline. — Mécontentement du gouvernement français. — Mansfeld à la frontière. — Départ du nonce Corsini. (Mars 1623 — avril 1624.) 245

XI

RICHELIEU PREMIER MINISTRE.

Le cardinal de Richelieu entre au conseil étroit. — Il n'a ni toutes les prérogatives ni toutes les obligations des ministres. — Richelieu revendique et obtient la préséance sur le connétable et sur le chancelier. — Faiblesse de l'administration du marquis de La Vieuville. — Les négociations pour le mariage d'Angleterre demeurent stationnaires. — Mansfeld à Saint-Denis. — Le gouvernement hésite à l'engager au service de la France. — Traité avec la Hollande. — Le marquis de Cœuvres envoyé en Valteline. — Le libelle *La voix publique au roi* attaque violemment le marquis de La Vieuville. — La disgrâce du marquis de La Vieuville. — Richelieu prend définitivement possession du pouvoir. — Résumé et conclusion. (Avril-août 1624.) 279

APPENDICE 361

www.ingramcontent.com/pod-product-compliance
Lightning Source LLC
Chambersburg PA
CBHW070903170426
43202CB00012B/2180